高等院校会计学专业应用型人才培养系列教材

中级财务会计

（第三版）

林　源　周　婵　主编

张梦洮　刘颖婷　关寒近　白改侠　副主编

清华大学出版社
北京

内 容 简 介

本书按照新会计准则体系,系统介绍了中级财务会计课程所需要掌握的相关会计理论知识和会计核算方法,包括资产、负债、所有者权益、收入、费用、利润等会计要素的确认、计量与报告的基本理论和实务处理方法。本书的特点在于:内容新,结合了 2017—2019 年的《企业会计准则》有关长期股权投资、收入、金融工具确认与计量等修订内容,以及最新的增值税政策及税率等;应用性强,注重会计业务流程的分析,结合财务报表的解读与分析,解读不同会计方法在实务中的应用差异。本书注重会计理论与实践的结合,强调专业思维和技能的培养。

本书可作为应用型本科院校会计、审计、财务管理及相关专业教学用书,也可作为函授、夜大等成人院校会计及相关专业教学用书,还可供读者自学使用。

图书在版编目(CIP)数据

中级财务会计/林源,周婵主编. —3 版. —北京:清华大学出版社,2020.5(2023.1 重印)
高等院校会计学专业应用型人才培养系列教材
ISBN 978-7-302-54376-3

Ⅰ.①中… Ⅱ.①林… ②周… Ⅲ.①财务会计-高等学校-教材 Ⅳ.①F234.4

中国版本图书馆 CIP 数据核字(2019)第 264034 号

责任编辑:左卫霞
封面设计:傅瑞学
责任校对:赵琳爽
责任印制:沈　露

出版发行:清华大学出版社
　　　　网　　　址:http://www.tup.com.cn,http://www.wqbook.com
　　　　地　　　址:北京清华大学学研大厦 A 座　　　　　　邮　编:100084
　　　　社 总 机:010-83470000　　　　　　　　　　　　　邮　购:010-62786544
　　　　投稿与读者服务:010-62776969,c-service@tup.tsinghua.edu.cn
　　　　质量反馈:010-62772015,zhiliang@tup.tsinghua.edu.cn
　　　　课件下载:http://www.tup.com.cn,010-83470410
印 装 者:三河市龙大印装有限公司
经　　销:全国新华书店
开　　本:185mm×260mm　　　　印　　张:22.75　　　　字　　数:553 千字
版　　次:2014 年 9 月第 1 版　　2020 年 6 月第 3 版　　印　　次:2023 年 1 月第 4 次印刷
定　　价:59.00 元

产品编号:086156-01

第三版前言

由于近两年部分会计准则相继发生重大修订,有关增值税政策也发生很大变化,为适应教学需要,我们结合最新的准则修订内容及第二版使用过程中师生的反馈意见,对原教材进行修订。

本版教材中,会计理论和核算体系的整体编写框架、体系和风格不变,继续保持原教材规范、新颖和全面的特点,具有较强的应用性和可操作性,并将主要会计项目在财务报表中的列报和分析结合到"中级财务会计"课程教学体系中。对涉及《企业会计准则第 14 号——收入》《企业会计准则第 22 号——金融工具确认与计量》等的章节,包括金融资产、收入等相关内容的会计核算方法、相关例题,均根据最新修订的会计准则和增值税政策做了相应的修改,以适应新形势的变化。

本教材由林源、周婵担任主编,张梦洮、刘颖婷、关寒近和白改侠担任副主编。

由于水平有限,书中难免有疏漏和不当之处,敬请读者批评指正,在使用过程中有何意见和建议请与主编联系,我们将进一步修改完善。

在本教材的修订过程中,我们参考了不少专著和教材,得到了有关专家、学者、领导及清华大学出版社的大力支持,在此表示感谢!

编 者
2020 年 1 月

第二版前言

《中级财务会计》自 2014 年 9 月出版以来,承蒙广大师生的厚爱,我们收到了许多宝贵的修订建议。加之长期股权投资等会计准则的修订及全面实施营业税改征增值税政策,相关会计业务的核算方法发生相应变化,为适应这些变化,我们结合教材使用过程中的反馈意见对原教材进行修订。

再版后的《中级财务会计》在第一版的基础上做了如下修订。

(1) 整体会计理论和核算体系的编写框架、体系和风格不变,保持原有教材规范、新颖和全面的特点,具有较强的应用性和可操作性,并将主要会计项目在财务报表中的列报和分析结合到课程教学体系中。但对原有教材的部分知识点的安排和分析做了适当调整,包括长期股权投资核算、所有者权益核算、负债核算、会计调整等章节的相关内容,以及原来涉及营业税的不动产、无形资产购置及处置等业务的会计核算方法、相关例题,均根据最新修订的会计准则和"营改增"政策做了相应的修改,以适应新形势的变化。

(2) 增加了各章课后习题的题量,并针对新修订的知识点改编了相关的习题。

(3) 对第一版教材的一些内容描述及例题中出现的疏漏做了进一步的完善和修订。

本次修订由林源、周婵担任主编,张梦洮、关寒近、刘颖婷和白改侠担任副主编。其中第 1~7 章由刘颖婷、张梦洮修订;第 8~13 章由周婵、白改侠和关寒近修订;林源负责全书审定。

由于时间匆忙、水平有限,书中难免有疏漏和不当之处,敬请读者批评指正,在使用过程中有何意见和建议请发邮件至主编邮箱 27407475@qq.com,我们将进一步修改完善。

在本教材修订过程中,我们参考了不少专著和教材,得到了有关专家、学者、领导及清华大学出版社的大力支持,在此表示感谢!

本教材可作为应用型本科院校会计、审计、财务管理及相关专业教学用书,也可作为函授、夜大等成人院校会计及相关专业教学用书,还可供读者自学使用。

编　者
2016 年 11 月

第一版前言

中级财务会计是财务会计知识体系的核心,它系统地介绍有关资产、负债、所有者权益、收入、费用、利润等会计要素的确认、计量与报告的理论和实务的相关内容,最终以财务报表的形式,将企业的财务状况、经营成果及现金流量等信息传递给内外部会计信息使用者,以帮助他们进行各种经济决策。面对如此丰富的内容体系,如何兼顾好会计理论与实务,让学生经过会计专业的学习后既"上手快"又"后劲足",是应用型本科院校会计人才培养的关键。

基于上述考虑,我们在认真总结现有教材编写经验与不足的基础上,结合多年的教学积累与体会,以我国会计准则为依据编写了这本《中级财务会计》。本教材作为会计学基础课程的延续,旨在承前启后,让学生在掌握了会计的基本理论、基本方法后,对财务会计的理论、方法及其应用有深入的了解。

本教材的编写突出三大特点。

第一,内容规范、新颖、全面。本教材紧紧围绕《企业会计准则》,尤其是 2014 年修订的准则内容,以及相应的法律规范(包括营业税改增值税等),结合会计要素的特点,对企业日常的会计事项进行全面的阐释,强调会计业务的分析和专业思维的培养,突出实务操作的规范性,并通过知识链接、案例分析等将《小企业会计准则》、最新的公司法和税法,以及其他相关的内容结合起来,体现出内容编排的新颖性和全面性。

第二,应用性、可操作性强,且便于理解和掌握。本教材内容属于会计实务范畴,因此编写时强调会计基本方法的实际应用,突出业务流程及其处理过程,合并、简化了一些难度较大或实务中较少涉及的内容,在逻辑结构、语言表述等方面力求准确清楚、通俗易懂。例如,本教材将难度较大且涉及以长期资产为合并对价的长期股权投资核算安排在资产的最后部分;简化成本核算内容,将收入、费用和利润合并为一章;将所有者权益中的留存收益核算合并到利润分配部分等,更有利于相关知识的衔接和理解。同时,对重要的章节内容配以相应的核算流程图、相关知识点的归纳总结(图表),以及大量业务实例,帮助学生理解相应的会计业务核算程序,掌握学习方法和专业知识的应用。

第三,将主要会计项目在财务报表中的列报、分析结合到中级财务会计的教学内容中。本教材在涉及会计要素确认计量的第 2 章至第 11 章都专门安排了一节阐述相关的会计要素在财务报表中的披露要求,并结合上市公司案例分析了财务报表使用者如何对该项会计要素的信息披露进行合理正确的解读,以期让学生在学习并掌握基本会计核算方法的基础上了解不同会计核算方法对财务报表信息的影响,从而加深对会计要素及其确认、计量的理解,熟悉会计核算方法的应用,提高对财务报表的解读能力,并进一步培养学生的会计思维能力和专业应用能力。

本教材共分13章:第1章总论;第2章至第11章六项会计要素确认、计量和会计处理(包括货币资金及应收款项、存货、金融资产、固定资产、无形资产、投资性房地产、长期股权投资、负债、所有者权益以及收入、费用和利润等);第12章会计调整(包括会计政策、会计估计及其变更,会计前期差错及其更正,资产负债表日后事项等);第13章财务报表(包括资产负债、利润表和综合收益表、现金流量表、所有者权益变动表以及财务报表附注等)。

本教材由中山大学新华学院林源、孙晓梅任主编,周婵、张梦洮、关寒近等任副主编。其中,第1、2、3、4、11章由林源撰写;第5、6、12章由关寒近撰写;第7、10章由张梦洮撰写;第8章由周婵撰写;第9章由白改侠撰写;第13章由林源、周婵撰写。全书由林源、孙晓梅负责写作大纲的拟定和编写的组织工作,林源、周婵负责总纂。

我们在编写本教材时参阅了一些不同版本、不同层次的教材和书籍,从中受到了一些启发,为此我们向这些作者和出版者深表谢意。

我们还要感谢清华大学出版社、中山大学新华学院对本教材的编写工作提供的诸多支持与帮助!感谢刘翠蓉、陈晓兰、钟情锋、李韩苑、蔡育萍等在教材编撰、校阅过程中给予的大力协助。

由于时间仓促,加之水平有限,书中疏漏之处在所难免,敬请广大读者和同行批评、指正。

编　者

2014 年 6 月

目　　录

第 1 章 总 论

本章的学习将会使你:

(1) 理解财务会计的概念、特征。

(2) 了解我国会计准则体系。

(3) 熟悉和掌握财务会计的核算内容(包括会计要素、会计信息质量特征)和核算基础(包括会计假设、权责发生制、会计确认与计量)等基本知识。

1.1 财务会计的概念、体系及目标

1.1.1 财务会计的概念及其相关体系

1. 财务会计的概念与特征

财务会计是现代企业会计的一个重要分支,它是按照会计准则要求,遵循一定的程序和方法对企业的日常经济业务进行相关账务处理,并通过定期编制财务报告,向外部会计信息使用者提供企业有关财务状况、经营成果和现金流量等会计信息的对外报告会计。财务会计与现代会计的另一分支——管理会计相互配合,共同服务于现代企业。

与旨在向企业内部管理人员提供相关经营决策信息的管理会计不同,财务会计主要是为企业外部信息使用者,包括投资者、债权人、供应商及政府机构等,提供有关投资、信贷等决策所需的会计信息。财务会计具有如下特征。

(1) 以会计准则框架为指导。会计准则是会计人员从事财务会计工作的规则和指南。现行企业会计准则于 2006 年 2 月 15 日财政部令第 33 号公布,自 2007 年 1 月 1 日起施行。我国企业会计准则体系包括基本准则与具体准则和应用指南。迄今为止,财政部共发布1 项基本准则和 42 项具体准则,最新的一项为 2017 年 5 月发布的《企业会计准则第 42号——持有待售的非流动资产、处置组和终止经营》。基本准则、具体准则、应用指南三个方面自上而下形成企业会计准则的三个层次,构成我国的企业会计准则体系(2006 年),并具有法律法规效力,在全国范围内(我国港、澳、台地区除外)强制执行。

最新的企业会计准则体系包括以下内容。

① 企业会计准则——基本准则。基本准则在整个准则体系中起到统驭作用,主要规范会计目标、会计基本假定、会计信息的质量要求、会计要素的确认和计量等。

② 企业会计准则——具体准则。具体会计准则分为一般业务准则、特殊行业的特定业务准则和报告准则三类。其中,一般业务准则主要规范各类企业普遍适用的一般经济业务的确认和计量,如存货、固定资产等准则项目;特殊行业的特定业务准则主要规范特殊行业中特定业务的确认和计量,如农业等准则项目;报告准则主要规范普遍适用于各类企业通用的报告类准则,如合并财务报表等准则项目。目前我国已陆续颁布了包括存货、长期股权投

资、投资性房地产、固定资产、无形资产、资产减值、职工薪酬、收入、所得税、金融工具列报、财务报表列报、公允价值计量等 42 项具体准则。

③ 企业会计准则应用指南和 1～12 号准则解释。具体会计准则相应的应用指南及 1～12 号准则解释进一步诠释了具体准则的含义与概念,并对相关难点进行讲解,有利于具体准则的实施,提高会计信息质量。

与国际会计准则理事会(IASB)的《编报财务报表的框架》和美国财务会计准则委员会(FASB)的《财务会计概念公告》类似,我国的会计准则框架规范、指导财务会计有关会计确认、计量和报告,及具体业务核算的要求。

(2) 以传统会计模式作为会计处理的基本方法。现代财务会计仍然主要采用传统的会计模式即历史成本模式来计量和处理会计信息,包括复式簿记系统、以权责发生制为基础的收入与费用确认方法、以历史成本原则为基础的资产与负债计量模式等。随着经济社会的发展,现代财务会计逐步开始引入一些新的会计模式,但整体而言,传统会计方法仍然是其主导模式。

(3) 以财务报告为目的和核心。财务会计以计量和传送企业的相关经营决策信息为主要目标,而会计信息最终是以财务报告的形式反映出来的。因此,如何正确编制包括资产负债表、利润表、现金流量表等的财务报告,从而让企业的外部信息使用者得以全面准确地了解企业的财务状况和经营成果,并使企业管理人员能据此改善其管理水平,成为财务会计的工作核心。

2. 财务会计的学科体系

财务会计的学科体系主要包括会计学基础、中级财务会计、高级财务会计和专业(行业)会计。其中,中级财务会计发挥着承上启下的重要作用,承担了对财务会计学知识中的主体部分进行全面、系统讲述的任务。它以企业的资金运动为研究对象,以会计信息系统的四大环节(会计要素的确认、计量、记录和报告)为主线,全面阐述企业财务会计的基本理论和方法,并紧密结合企业的基本经济业务,重点介绍财务会计核算的一般过程,是一门理论与应用并重的课程。通过本课程的学习,应期望达到如下目标。

(1) 使学生掌握会计要素及其确认与计量的基本概念、理论与方法。

(2) 使学生掌握企业基本经济业务的账务处理和报告编制方法。

与财务会计密切相关的另一门重要学科是财务管理。财务管理是根据一定的原则和理念,组织管理企业的资金筹集、运用及分配等相关财务活动,并处理与之相对应的各种财务关系,使企业价值得以最大化的一项企业管理工作。相对于财务会计的信息流处理("算"),财务管理重在资金流管理("理"),两者在目标、方法和内容等方面都有很大不同,但财务会计与财务管理又存在密不可分的关系,财务会计通过账簿和财务报告生成的会计信息是财务管理的重要数据来源,在实务中,两者在很多时候是交叉互补的。

1.1.2 财务会计的目标

因为财务会计的核心是财务报告,故财务会计的目标也称财务报告目标,它是指在一定的会计环境中,人们期待会计活动所能达到的效果。

1. 向财务报告的使用者提供与企业财务状况、经营成果和现金流量等有关的会计信息

在财务报告的众多使用者中,由于投资者向企业投入了资金并承担了相应的风险,对会计信息的质量要求相应也很高,所以一般来说,能满足投资者要求的信息,同时也能满足其他的财务报告使用者的信息要求。

根据投资者决策有用目标,财务报告所提供的会计信息应当有助于其评价企业未来现金流量的金额、时间和不确定性,以评价投资企业的价值。为此,企业的财务报告应进一步提供有关的企业资金占用(资产),与之相对应的资金来源(债务和所有者权益)的信息,以便于分析企业在经营过程中综合利用各项经济资源产生现金流量的能力及承担义务所付出现金的规模,并判断企业在经营过程中的变现能力和偿债能力,评价相应的经营财务风险。另外,企业的财务报告还应该提供有关的收益及其构成的信息,有助于投资者据此预测企业未来的业绩及相关的营利能力和投资回报水平。

值得注意的是,虽然财务会计的主要目的在于向企业外部,包括投资者和债权人提供相关会计信息,但不能忽视的是,财务会计也应当服务于企业管理,企业应当在会计准则框架下结合其经营特点和管理需要,确定合适的会计程序和方法,使管理人员能通过会计核算工作获取有助于改善其经营管理活动的准确信息。

2. 反映企业管理层受托责任的履行情况

现代企业制度强调企业所有权和经营权的两权分离,企业管理层接受委托人(股东)委托,经营和管理企业及其各项资产、负债,负有相应的受托(契约)责任,以保证企业资产得到合理、有效的运用。为此,企业投资者需要及时了解有关资产运用效率、负债程度和经营获利能力等相关的信息,以评价企业管理层的受托责任履约情况,并决定是否需要调整相应的投资政策和委托契约、企业管理制度及管理架构等。

1.2　财务会计的核算内容

1.2.1　财务会计要素及其确认

财务会计依据会计准则对企业经济业务活动进行相关账务处理,而企业的经济业务活动实质上是其资金活动(包括资金的流入、使用和流出)过程,所以财务会计的核算对象即企业的资金活动,财务会计需要将企业资金活动所表现出来的各种形态和转化过程予以合理、真实的确认、计量和报告。

财务会计要素是依据财务报告的目标,对财务会计核算对象的基本分类,它们构成企业财务会计的基本核算内容。《企业会计准则》将财务会计要素分为两类六项,即反映企业财务状况的资产、负债、所有者权益;反映企业经营成果的收入、费用、利润。

1. 反映企业财务状况的会计要素

企业财务状况是指企业在某一特定日期经营资金的来源(构成)和占用(分布)情况,一般通过资产负债表反映。其基本要素包括资产、负债和所有者权益。

1) 资产

根据《企业会计准则》的定义,资产是指企业过去的交易或者事项形成的,由企业拥有或控制的,预期会给企业带来经济利益的资源,包括各种财产、债权和其他权利。该定义强调了资产的三个特征。

(1) 资产是由企业过去的交易或者事项形成的,即只有已经发生的交易或事项,如购置资产、生产产品、销售产品等,才可能形成(现实)资产。而预期未来可能发生的交易或事项则不会形成资产。

(2) 资产是由企业拥有或控制的,即只有企业对某项资源享有所有权,或者对其构成实质控制(如融资租入固定资产),可以按照自己的意愿使用或处置,才能将其视为企业的资产。

(3) 资产是预期会给企业带来经济利益的资源,这是资产的重要特征。如果某一项目预期不能给企业带来经济利益就不能确认为资产,如果前期已经确认为资产的项目预期不再为企业带来经济利益,就不能继续挂账,也不能在财务报告上作为资产予以反映。

资产按其流动性分为流动资产和非流动资产。其中,流动资产是预计能在一个正常营业周期中变现、出售或耗用,或主要为交易目的而持有的资产,包括货币资金、应收票据、应收账款、存货和交易性金融资产等。流动资产以外的资产即非流动资产,如债权投资、其他债权投资、其他权益工具投资、固定资产、无形资产、投资性房地产和长期股权投资等。

2) 负债

根据《企业会计准则》的定义,负债是指企业过去的交易或者事项形成的,预期会导致经济利益流出企业的现时义务。负债具有以下基本特征。

(1) 负债是企业过去的交易或事项形成的,企业将在未来发生的承诺、签订的合同等交易或事项,不会形成负债。

(2) 负债预期会导致经济利益流出企业,即无论负债的表现形式如何,包括交付资产、提供劳务及债转股等,其最终清偿都会导致经济利益流出企业。

(3) 负债是企业承担的现时义务,即企业在现有条件下已承担的义务,包括法定义务和推定义务。未来发生的交易事项所形成的义务不应当确认为负债。

负债按其偿还期的长短分为流动负债和非流动负债。其中,流动负债是指清偿期不超过一个正常营业周期的短期债务,包括短期借款、应付账款、应付职工薪酬、应交税费等;除流动负债外的其他负债即非流动负债,包括长期借款、应付债券、长期应付款等。

3) 所有者权益

根据《企业会计准则》的定义,所有者权益是指企业资产扣除负债后,由所有者享有的剩余权益,即投资人对企业净资产的所有权。所有者权益的来源包括所有者投入的资本、直接计入所有者权益的利得和损失(其他综合收益)、留存收益等,通常由股本(或实收资本)、资本公积(含股本溢价或资本溢价、其他资本公积)、其他综合收益、留存收益(包括盈余公积和未分配利润)构成,是企业主要资金来源,同时反映了所有者投入资本的保值增值情况。

2. 反映企业经营成果的会计要素

经营成果是指企业在一定时期内生产经营活动的结果。一般通过利润表来反映,并最终体现在资产负债表上经营增值所形成的留存收益。其基本要素包括收入、费用和利润。

1) 收入

根据《企业会计准则》的定义,收入是指企业在日常活动中形成的,会导致所有者权益增加的,与所有者投入资本无关的经济利益的总流入。收入具有以下基本特征。

(1) 收入是企业在其日常活动,即为完成经营目标所从事的经常性经济活动及与之相关的活动中形成的。如企业因制造并销售产品、出售原材料、提供劳务、让渡资产使用权(如固定资产出租)等形成的经济利益流入,而非日常活动所形成的经济利益流入,如资产的处置净收益不能确认为收入,而应当计入利得。

(2) 收入会导致所有者权益增加,即无论是表现为一定期间的现金流入还是其他资产的增加或负债的清偿,收入最终会导致企业所有者权益的增加,否则不能定义为收入。

(3) 收入是与所有者投入资本无关的经济利益的总流入,即收入在相关经济利益很可能流入企业时会导致企业资产增加或负债减少,且这种经济利益的流入是一个未经扣减(费用)的总流入,非净值概念,但不包括所有者投入资本的增加,后者应该直接确认为所有者权益。

2) 费用

根据《企业会计准则》的定义,费用是指企业在日常活动中形成的,会导致所有者权益减少的,与向所有者分配利润无关的经济利益的总流出。费用具有以下基本特征。

(1) 费用是企业在其日常活动中形成的,包括销售成本和期间费用等。而非日常活动所形成的经济利益流出,如资产的毁损净损失等不能确认为费用,而应当计入损失。

(2) 费用会导致所有者权益减少,否则不能定义为费用。如企业因偿还银行借款本金而导致经济利益流出,但该项流出并未减少企业的所有者权益,不应确认为费用。借款利息则应计入费用。

(3) 费用是与向所有者分配利润无关的经济利益的总流出,即费用在相关经济利益很可能流出企业时会导致企业资产减少或负债增加,且这种经济利益的流出是一个总量的概念,但不包括向所有者分配利润导致的经济利益流出。

3) 利润

根据《企业会计准则》的定义,利润是企业在一定会计期间的经营成果,包括收入减去费用后的净额、直接计入当期利润的利得和损失等。通常情况下,如果企业实现了利润,其所有者权益将会增加,反之则会减少所有者权益。因此,利润往往是评价企业管理层业绩的一项重要指标,也是财务报告使用者进行相关决策的重要参考。

以上六项财务会计要素相互影响,彼此相关,构成财务报告的主体框架,全面综合地反映了企业的经济活动。

【知识链接】 收入与利得、费用与损失的区别

收入是企业在其日常经营活动中取得的经济利益的总流入,一般需要相关的费用与之相配比,在会计核算中通过"主营业务收入"和"其他业务收入"科目来核算;而利得是指企业非日常活动所形成的、会导致所有者权益增加的、与所有者投入资本无关的经济利益的流入。利得是企业因偶然性经济行为而取得的有关经济利益的净流入,无须相关费用配比。

相应地,费用是企业在其日常经济活动中发生的经济利益的总流出,在会计核算中通过"主营业务成本""其他业务成本"及相关的期间费用等科目来核算;而损失是指由企业非日常活动所发生的、会导致所有者权益减少的、与向所有者分配利润无关的经济利益的流出。损失是企业因偶然性经济行为而出现的有关经济利益的净流出。

按照我国会计制度的规定,利得和损失分为直接计入所有者权益的利得和损失、直接计入当期损益的利得和损失。一般来说,已实现的利得和损失计入当期损益,未实现的利得和损失计入其他综合收益。

1.2.2　财务会计信息的质量要求

财务会计的职能和目标决定了财务会计是通过对六大会计要素的核算，编制出有关企业财务状况、经营成果和现金流量等信息的财务报表，以便于财务报告的使用者据此作出相关的投资、信贷和其他方面的决策。为此，只有明确会计信息应达到的要求（具备的质量特征）才能满足使用者的要求（会计信息有用），会计核算时才能在相应的对会计要素的确认、计量和报告中，有针对性地提高和保证会计信息的质量，从而有效地保证会计核算内容和完整准确，实现财务会计的目标。

财务会计信息的质量要求是对企业财务报告中所提供会计信息质量的基本要求，是使财务报告中所提供的会计信息对信息使用者决策有用所应具备的基本特征，主要包括可靠性、相关性、可理解性、可比性、实质重于形式、重要性、谨慎性和及时性等。

1. 可靠性

可靠性要求企业应当以实际发生的交易或者事项为依据进行确认、计量、记录和报告，如实反映符合确认和计量要求的各项会计要素及其他相关信息，保证会计信息真实可靠、内容完整。

会计信息要有用，必须以可靠为基础，如果财务报告所提供的会计信息是不可靠的，就会对投资者等使用者的决策产生误导甚至导致损失。可靠性要求企业：①不得根据虚构的、没有发生的或者尚未发生的交易或者事项进行确认、计量和报告；②不能随意遗漏或者减少应予披露的信息，与使用者决策相关的有用信息都应当充分披露；③会计信息应当是中立的、无偏的，企业不得在财务报告中为了达到事先设定的结果或效果，通过选择或列示有关会计信息以影响决策和判断。

【例 1-1】某公司于 2019 年年末发现公司销售情况不理想，无法实现年初确定的销售收入目标，但考虑到在 2020 年春节前后，公司销售可能会出现较大幅度的增长，公司为此提前预计库存商品销售，在 2019 年年末制作了若干存货出库凭证，并确认销售收入实现。公司这种处理不是以其实际发生的交易事项为依据的，而是虚构的交易事项，违背了会计信息质量要求的可靠性原则，也违背了我国《会计法》的规定。

2. 相关性

相关性要求企业提供的会计信息应当与投资者等财务报告使用者的经济决策需要相关，有助于投资者等财务报告使用者对企业过去、现在或者未来的情况作出评价或者预测。

会计信息是否有用，是否具有价值，关键是看其与使用者的决策需要是否相关，是否有助于决策或者提高决策水平。相关的会计信息应当能够有助于使用者评价企业过去的决策，证实或者修正过去的有关预测，因而具有反馈价值。相关的会计信息还应当具有预测价值，有助于使用者根据财务报告所提供的会计信息预测企业未来的财务状况、经营成果和现金流量。例如，区分收入和利得、费用和损失，区分流动资产和非流动资产、流动负债和非流动负债及适度引入公允价值等，都可以提高会计信息的预测价值，进而提升会计信息的相关性。

会计信息质量的相关性要求企业在确认、计量和报告会计信息的过程中，充分考虑使用者的决策模式和信息需要。但是，相关性是以可靠性为基础的，两者之间并不矛盾，不应将两者对立起来。也就是说,会计信息在可靠性前提下,尽可能地做到相关性,以满足投资者等财务报告使用者的决策需要。

3. 可理解性

可理解性要求企业提供的会计信息应当清晰明了,便于投资者等财务报告使用者理解和使用。

企业编制财务报告、提供会计信息的目的在于使用,而要使使用者有效使用会计信息,应当能让其了解会计信息的内涵,弄懂会计信息的内容,这就要求财务报告所提供的会计信息应当清晰明了,易于理解。只有这样,才能提高会计信息的有用性,实现财务报告的目标,满足向投资者等财务报告使用者提供决策有用信息的要求。

会计信息毕竟是一种专业性较强的信息产品,在强调会计信息的可理解性要求的同时,还应假定使用者具有一定的有关企业经营活动和会计方面的知识,并且愿意付出努力去研究这些信息。对于某些复杂的信息,如交易本身较为复杂或者会计处理较为复杂,但其与使用者的经济决策相关的,企业应当在财务报告中予以充分披露。

4. 可比性

可比性要求企业提供的会计信息应当相互可比。这主要包括以下两层含义。

(1) 同一企业不同时期可比。为便于投资者等财务报告使用者了解企业财务状况、经营成果和现金流量的变化趋势,比较企业在不同时期的财务报告信息,全面、客观地评价过去、预测未来,从而作出决策。会计信息质量的可比性要求同一企业不同时期发生的相同或者相似的交易或者事项,应当采用一致的会计政策,不得随意变更。但是,满足会计信息可比性要求,并非表明企业不得变更会计政策,如果按照规定或者在会计政策变更后可以提供更可靠、更相关的会计信息,可以变更会计政策。有关会计政策变更的情况,应当在附注中予以说明。

(2) 不同企业相同会计期间可比。为便于投资者等财务报告使用者评价不同企业的财务状况、经营成果和现金流量及其变动情况,会计信息质量的可比性要求不同企业同一会计期间发生的相同或者相似的交易或者事项,应当采用规定的会计政策,确保会计信息口径一致、相互可比,以使不同企业按照一致的确认、计量和报告要求提供有关会计信息。

5. 实质重于形式

实质重于形式要求企业应当按照交易或者事项的经济实质进行会计确认、计量和报告,不仅仅以交易或者事项的法律形式为依据。

企业发生的交易或事项在多数情况下,其经济实质和法律形式是一致的。但在有些情况下,会出现不一致。例如,以融资租赁方式租入的资产虽然从法律形式来讲企业并不拥有其所有权,但是由于租赁合同中规定的租赁期相当长,接近于该资产的使用寿命;租赁期结束时承租企业有优先购买该资产的选择权;在租赁期内承租企业有权支配资产并从中受益等,因此,从其经济实质来看,企业能够控制融资租入资产所创造的未来经济利益,在会计确认、计量和报告上就应当将以融资租赁方式租入的资产视为企业的资产,列入企业的资产负债表。

又如,企业按照销售合同销售商品但又签订了售后回购协议,虽然从法律形式上实现了收入,但如果企业没有将商品或服务的控制权转移给购货方,没有满足收入确认的各项条件,即使签订了商品销售合同或者已将商品交付给购货方,也不应当确认销售收入。

6. 重要性

重要性要求企业提供的会计信息应当反映与企业财务状况、经营成果和现金流量有关的所有重要交易或者事项。

在实务中,如果会计信息的省略或者错报会影响投资者等财务报告使用者据此作出决策的,该信息就具有重要性。重要性的应用需要依赖职业判断,企业应当根据其所处环境和实际情况,从项目的性质和金额大小两方面加以判断。

例如,我国上市公司要求对外提供季度财务报告,考虑到季度财务报告披露的时间较短,从成本效益的原则考虑,季度财务报告没有必要像年度财务报告那样披露详细的附注信息。因此,中期财务报告准则规定,公司季度财务报告附注应当以年初至本中期末为基础编制,披露自上年度资产负债表日之后发生的、有助于理解企业财务状况、经营成果和现金流量变化情况的重要交易或者事项。这种附注披露就体现了会计信息质量的重要性要求。

7. 谨慎性

谨慎性要求企业对交易或者事项进行会计确认、计量和报告时应当保持应有的谨慎,不应高估资产或者收益、低估负债或者费用。

在市场经济环境下,企业的生产经营活动面临着许多风险和不确定性,如应收款项的可收回性、固定资产的使用寿命、无形资产的使用寿命、售出存货可能发生的退货或者返修等。会计信息质量的谨慎性要求企业在面临不确定性因素的情况下作出职业判断时,应当保持应有的谨慎,充分估计到各种风险和损失,既不高估资产或者收益,也不低估负债或者费用。例如,要求企业对可能发生的资产减值损失计提资产减值准备、对售出商品可能发生的保修义务等确认预计负债等,就体现了会计信息质量的谨慎性要求。

谨慎性的应用也不允许企业设置秘密准备,如果企业故意低估资产或者收益,或者故意高估负债或者费用,将不符合会计信息的可靠性和相关性要求,损害会计信息质量,扭曲企业实际的财务状况和经营成果,从而对使用者的决策产生误导,这是会计准则所不允许的。

8. 及时性

及时性要求企业对于已经发生的交易或者事项,应当及时进行确认、计量和报告,不得提前或者延后。

会计信息的价值在于帮助所有者或者其他方面作出经济决策,具有时效性。即使是可靠、相关的会计信息,如果不及时提供,就失去了时效性,对于使用者的效用就大大降低甚至不再具有实际意义。在会计确认、计量和报告过程中贯彻及时性,一是要求及时收集会计信息,即在经济交易或者事项发生后,及时收集整理各种原始单据或者凭证;二是要求及时处理会计信息,即按照会计准则的规定,及时对经济交易或者事项进行确认或者计量,并编制出财务报告;三是要求及时传递会计信息,即按照国家规定的有关时限,及时地将编制的财务报告传递给财务报告使用者,便于其及时使用和决策。

在实务中,为了及时提供会计信息,可能需要在有关交易或者事项的信息全部获得之前进行会计处理,这样就满足了会计信息的及时性要求,但可能会影响会计信息的可靠性;反之,如果企业等到与交易或者事项有关的全部信息获得之后再进行会计处理,这样的信息披露可能会由于时效性问题,对于投资者等财务报告使用者决策的有用性将大大降低。这就需要在及时性和可靠性之间作相应权衡,以最好地满足投资者等财务报告使用者的经济决策需要为判断标准。

1.3　财务会计信息的核算基础

1.3.1　会计假设

由于企业的经营环境复杂多变,财务会计需要核算的业务(事项)也是变化不定,为了尽可能准确有效地实施正常的会计核算工作,需要就企业会计核算所处的时间、空间环境等做出一些合理的假定,作为会计确认、计量和报告的前提。会计基本假设包括会计主体假设、持续经营假设、会计分期假设和货币计量假设。

其中会计主体假设确定了财务会计核算内容所涉及的有关确认、计量和报告的空间范围,明确解决"为谁核算,核算谁的业务"的问题。这在实务工作中往往容易被忽视。作为企业会计,只能站在特定主体的角度,尤其需要注意的是必须独立于企业所有者(业主)之外,对该独立主体的自身经营活动予以核算。

企业是否持续经营,在会计原则、方法的选择上有很大不同。持续经营假设使得相应会计主体能按照既定用途使用资产,按照既定的合约条件清偿债务,会计核算上可以以历史成本对资产计价,可以采用权责发生制作为收入或费用的确认依据,可以正确区分资本性支出和收益性支出等,解决了实务中常见的资产计价和收益确认问题。根据持续经营假设,企业的经营活动将按当前规模和状态无限期地延续下去,但对于企业的投资者、债权人来说,最重要的是及时获取相关会计信息。因此客观上要求会计在核算时假定企业持续不断的生产经营活动能被人为地分割成连续的、长短相同且首尾相接的会计期间,据以提交相关会计信息。

会计分期假设对于确定会计核算程序和方法具有重要作用。会计分期导致本期与非本期的区分,进而产生权责发生制,并相应出现了折旧、摊销及应收应付等会计方法。

会计核算客观上要求采用统一的计量单位来计量各种不同形态的资产、负债,而货币作为衡量一般商品价值的共同尺度,成为会计计量的必然选择。当然,在有些情况下,统一采用货币计量也有其缺陷。例如,企业的人力资源、经营战略、研发能力等已日渐成为影响企业财务状况和经营成果的重要因素,但因为暂时难以用货币计量而无法纳入会计核算体系,在会计报告中无法得以充分揭示,只能通过报表附注来披露有关非财务信息。

1.3.2　权责发生制

实务中,企业交易或者事项的发生时间与相关货币收支时间往往不一致,如款项已经收到但销售尚未在本期实现,或为以前的生产经营活动而在本期支付相关款项等。为了真实、公允地反映特定会计期间的财务状况和经营成果,《企业会计准则》规定:"企业应当以权责发生制为基础进行会计的确认、计量和报告。"

以权责发生制作为会计核算基础,要求对当期已经实现的收入和已经发生或应当负担的费用,无论款项是否收付,都应当作为当期的收入和费用处理,计入利润表;凡是不属于当期的收入和费用,即使款项已在当期收付,也不应当作为当期的收入和费用。

与之相对应的另一种会计核算基础是收付实现制,是以收到或支付的现金作为确认收入与费用的依据,目前我国的行政单位、事业单位除经营业务外的其他业务采用收付实现制。

1.3.3　会计确认与计量

财务会计核算的主要内容即六大会计要素,要真实而准确地通过反映会计要素变动来揭示企业的财务状况和经营成果,就必然要解决这些要素的确认及计量问题。

1. 会计确认

财务会计要素的确认是指将某一业务或事项作为资产、负债、收入或费用等正式加以记录和列入财务报表的过程,包括初始确认和再确认。

财务会计的初始确认要解决的问题是确定会计所要核算的具体事项,并确定何时,以何种金额,通过何种要素及相关的账簿来予以记录。

企业在其经营过程中产生的经济数据并非都是财务会计核算的内容,包括很多不能直接用货币形式加以计量的,或者不符合会计要素定义的业务或事项。财务会计首先要将其核算的对象在众多的经济数据中分离出来,根据《企业会计准则》的定义,分别将相关的业务或事项记为某项会计要素,再通过对应的科目(账户)设置来进行分门别类的核算。

《企业会计准则》规定了财务会计要素确认的以下基本条件。

(1) 资产的确认,一方面要满足资产的定义,另一方面还要同时满足以下条件,才能确认为资产。一是与该资源有关的经济利益很可能流入企业;二是该资源的成本价值能够可靠地计量。

(2) 负债的确认,一方面要满足负债的定义,另一方面还要同时满足以下条件,才能确认为负债。一是与该义务有关的经济利益很可能流出企业;二是未来流出的经济利益能够可靠地计量。

(3) 所有者权益的确认主要取决于资产、负债、收入和费用等要素的确认。

(4) 收入只有在满足了其定义,并确认其相应的经济利益很可能流入从而导致企业资产增加或者负债减少,且该项经济利益的流入能够可靠计量时才能确认,具体视不同收入来源的特征而有所不同。

(5) 费用的确认也需要满足严格条件,在符合费用定义的同时,要确定与之相关的经济利益应当很可能流出企业,结果导致资产的减少或负债的增加,且该项经济利益的流出能够可靠计量才能确认为费用。

(6) 利润的确认主要取决于收入、费用及利得、损失的确认。

要将符合确认条件的会计要素登记入账,首先需要根据会计分期假设,以权责发生制为基础,结合会计准则规定的具体要求,明确其确认的时点。原则上,凡是本期购置的资产、承担的债务、实现的收入、确认的费用应当在本期记录,既不能提前也不能推迟,以便真实反映企业当期的财务状况和经营成果。其次需要采用一定的技术方法来确定其记账和列报的金额,即选择适当的会计计量模式。

2. 会计计量

会计计量是将符合确认条件的财务会计要素以一定的金额登记入账,并列报于财务报告的过程,包括计量单位和计量属性两个要素。

1)计量单位

财务会计核算应当以货币为其主要计量单位,根据《企业会计准则》的规定,我国的企业一般应以人民币作为其会计核算的计量单位,即记账本位币,且一般不考虑其购买力的变化对会计信息的影响。

2)计量属性

计量属性反映的是会计要素金额的确定基础。《企业会计准则》要求企业根据规定的计量属性对会计要素进行计量,确定相关金额,同时对历史成本、重置成本、可变现净值、现值和公允价值五项计量属性做出了明确的解释。

(1)历史成本又称为实际成本,是取得或者制造某项资产所实际支付的现金或现金等价物。在历史成本计量模式下,资产按照其购置时支付的现金或现金等价物的金额,或者付出的对价的公允价值来计量。相应的负债按其因承担现时义务而实际收到的款项或者资产的金额,或者承担现时义务的合同金额,或者按照日常活动中为偿还负债预期需要支付的现金或者现金等价物的金额计量。

(2)重置成本又称现行成本,是指按照当前市场条件,重新取得同样一项资产所需支付的现金或现金等价物的金额。在重置成本计量模式下,资产按照现在购买相同或者相似资产所需支付的现金或现金等价物的金额计量,相应的负债按照其现在偿付所需支付的现金或现金等价物的金额计量。与历史成本相比,重置成本更具有决策相关性。

(3)可变现净值是指在正常生产经营过程中,以预计售价减去进一步加工的成本和销售所必需的预计税金及费用后的净值。在可变现净值计量模式下,资产按照其正常对外销售所能收到的现金或者现金等价物的金额扣减该项资产至完工时估计将要发生的成本及估计的税费后的金额计量。

(4)现值是指对未来现金流量以恰当的折现率进行折现后的价值,是考虑了货币时间价值等因素的一种计量属性。在现值计量模式下,资产按照预计从其持续的使用和最终处置中所获得的现金流入量净额的折现金额来计量;负债则按照预计期限内需要偿还的未来现金流出量的折现余额来计量。

(5)根据《企业会计准则第 39 号——公允价值计量》的定义,公允价值是指市场参与者在计量日发生的有序交易中,出售一项资产所能收到或者转移一项负债所需支付的价格。公允价值计量的相关资产或负债可以是单项资产或负债(如一项金融工具、一项非金融资产等),也可以是资产组合、负债组合或者资产和负债的组合。企业以公允价值计量相关资产或负债,使用的估值技术主要包括市场法、收益法和成本法。

在上述各种计量属性中,历史成本通常反映的是资产或负债过去的价值,而重置成本、可变现净值、现值和公允价值通常反映的是资产或者负债的现时成本或者现值,是与历史成本相对应的计量属性。但它们之间有着密切的联系,例如,历史成本往往就是过去交易环境下某项资产或负债的公允价值,包括非货币性资产交换中的换入资产、非同一控制下的企业合并交易中的合并成本等,都是以相关资产或负债的公允价值作为其计量基础;而在应用公允价值模式计量时,相关资产和负债需要采用市场法、收益法和成本法等估价方法来确定其公允价值。

根据《企业会计准则》的规定,企业在对会计要素进行计量时,一般应当采用历史成本。采用重置成本、可变现净值、现值及公允价值计量的,应当保证所确定的会计要素金额能够取得并可靠计量。需要注意的是,公允价值计量模式的引入是适度、谨慎和有条件的,因为包括我国在内的新兴市场经济国家,如果不加限制地引入公允价值,有可能出现公允价值计量不可靠,甚至出现借此操纵利润的现象。目前会计核算中各种计量属性的应用如表 1-1 所示。

表 1-1　会计计量属性、计量方法及其应用

计量属性	计量方法	应　　用
历史成本	按购置时的金额	大部分的交易或事项
重置成本	按现时购买的金额	盘盈固定资产
可变现净值	按现时销售的金额	存货减值
现值	按预计使用和处置产生的未来现金流入量折现金额	非流动资产可收回金额、摊余成本计量的金融资产
公允价值	有序交易中,出售一项资产所能收到或者转移一项负债所需支付的价格	交易性资产、其他债权投资、其他权益工具投资、投资性房地产

【知识链接】　小企业适用的会计计量属性

《小企业会计准则》规定小企业适用的计量属性为历史成本,企业资产按照成本计量,也不计提资产减值准备。

本 章 小 结

本章主要内容包括财务会计的概念、特征及目标和财务会计的核算。

1. 财务会计的概念、特征及目标。财务会计是按照会计准则要求,遵循一定的程序和方法对企业的日常经济业务进行相关账务处理,并通过定期编制财务报告,向外部会计信息使用者提供企业有关财务状况、经营成果和现金流量等会计信息的对外报告会计,它与管理会计相互配合,共同服务于现代企业。

2. 财务会计的核算内容。财务会计主要就企业经济活动中的六项基本要素(资产、负债、所有者权益、收入、费用和利润)进行合理的分类、确认、计量和核算;会计核算是基于四项假设(会计主体、持续经营、会计分期和货币计量)、一项基础(权责发生制)及五项计量属性(历史成本、重置成本、可变现净值、现值和公允价值)而进行的,最终揭示的会计信息应具备可靠性、相关性、可理解性、可比性、实质重于形式、重要性、谨慎性、及时性八项质量特征。

本章重点:会计要素的分类和确认;会计计量属性的计量方法和应用;会计信息的质量特征。

本章难点:会计要素的确认;不同会计计量属性的计量方法和应用。

本章练习题

一、单项选择题

1. 下列关于会计基本假设的表述中,正确的是( )。
    A. 基金管理公司管理的证券投资基金不属于会计主体
    B. 会计分期确立了会计核算的空间范围
    C. 会计主体必然是法律主体
    D. 货币计量为确认、计量和报告提供了必要的手段

2. 某工业企业的下列做法中,不符合会计信息质量可比性要求的是( )。
    A. 企业于 2007 年 1 月 1 日执行新企业会计准则
    B. 发出存货的计价方法一经确定,不得随意变更,如需变更需在财务报告附注中说明
    C. 因客户的财务状况好转,将坏账准备的计提比例由应收账款余额的 30% 降为 15%
    D. 鉴于本期经营亏损,将已达到预定可使用状态的工程借款的利息支出予以资本化

3. 甲公司 2019 年 10 月购入一项生产设备,闲置至 12 月才开始使用投入生产乙产品,会计人员在 12 月对上述设备登记入账。甲公司上述处理违背的会计信息质量要求是( )。
    A. 相关性　　　　B. 可靠性　　　　C. 及时性　　　　D. 谨慎性

4. 下列各项中,符合资产会计要素定义的是( )。
    A. 计划购买的原材料　　　　　　B. 委托加工物资
    C. 待处理财产损失　　　　　　　D. 预收款项

5. 下列关于会计要素的表述中,正确的是( )。
    A. 资产应为企业拥有所有权的资源
    B. 负债既可以是企业承担的现时义务,也可以是潜在义务
    C. 所有者权益是指企业资产扣除负债后,由所有者享有的剩余权益
    D. 费用是导致所有者权益减少的经济利益总流出

6. 下列各项中,不属于企业收入要素范畴的是( )。
    A. 销售商品收入　　　　　　　　B. 提供劳务取得收入
    C. 出租固定资产取得的收入　　　D. 出售无形资产取得的收益

7. 下列计价方法中,不符合历史成本计量属性的是( )。
    A. 固定资产分期计提折旧
    B. 其他权益工具投资期末采用公允价值计价
    C. 发出存货计价所使用的先进先出法
    D. 发出存货计价所使用的移动加权平均法

8. 存货采用成本与市价孰低进行期末计价,所体现的会计信息质量要求是( )。
    A. 重要性　　　　B. 谨慎性　　　　C. 相关性　　　　D. 可比性

9. 我国企业进行会计确认、计量和报告的基础是( )。
    A. 收付实现制　　B. 集中核算制　　C. 分散核算制　　D. 权责发生制

10. 企业将融资租入的固定资产作为自有固定资产管理,体现了会计信息质量要求中的(   )。

    A. 可比性   B. 及时性   C. 实质重于形式   D. 谨慎性

二、多项选择题

1. 下列各项中,符合资产定义的有(   )。

    A. 经营租出的设备   B. 经营租入的设备

    C. 准备购入的设备   D. 融资租入的设备

2. 下列选项中,会引起负债和所有者权益同时变动的有(   )。

    A. 以盈余公积补亏   B. 以现金回购本公司股票

    C. 宣告发放现金股利   D. 转销确实无法支付的应付账款

3. 按权责发生制原则要求,下列收入或费用应归属本期的有(   )。

    A. 对方暂欠的本期销售产品的收入   B. 预付明年的保险费

    C. 本月收回的上月销售产品的货款   D. 尚未付款的本月借款利息

4. 下列各项中,影响企业当期营业利润的有(   )。

    A. 销售商品发生的展览费   B. 出售包装物取得的净收入

    C. 出售固定资产的净损失   D. 确认的资产减值损失

5. 以下有关会计基础的表述中,正确的是(   )。

    A. 企业应当以权责发生制为基础进行会计确认、计量和报告

    B. 权责发生制要求当期已经实现的收入和已经发生或应当负担的费用,都应当作为当期的收入和费用,不论款项是否收付

    C. 权责发生制是指若是不属于当期的收入和费用,无论款项是否在当期收付,都不应作为当期的收入和费用

    D. 我国行政事业单位一定采用收付实现制

三、判断题

1. 折旧、摊销、计提减值准备的会计处理方法都体现了谨慎性原则。   (   )

2. 企业费用的增加会导致企业所有者权益的减少,所以所有者权益的减少一定会使费用增加。   (   )

3. 企业负债与所有者权益的区别在于负债需要企业还本付息,而所有者权益则不需要。

    (   )

4. 会计主体为会计核算确定了空间范围,会计分期为会计核算确定了时间范围。

    (   )

5. 业务收支以外币为主的单位,也可以选择某种外币作为记账本位币,并按照记账本位币编制财务会计报告。   (   )

第 2 章　货币资金及应收款项

本章的学习将会使你：
(1) 了解货币资金的类别、银行转账结算方式及各种应收款项的性质。
(2) 掌握货币资金增减变动的核算方法。
(3) 掌握应收账款、应收票据及其他应收款项的核算方法。
(4) 掌握应收款项的坏账计提和核销的核算方法。

2.1　货币资金的核算

货币资金是指企业经营资金在周转过程中停留在货币形态上的那部分资金，是企业流动性最强的一项资产，主要包括库存现金、银行存款和其他货币资金。

2.1.1　库存现金的核算

1. 现金的定义及特征

现金是一种通用的交换媒介，也是对企业资产计量的一般尺度。从会计核算角度上看，现金有广义和狭义之分。狭义的现金仅指企业的库存现金，即存放在企业财会部门，由出纳经管的现金，包括各种纸币和硬币等。广义的现金则指一切具有购买力的，可以自由流通与转让的交换媒介，包括库存现金、银行存款、银行本票、银行汇票等。现金一般具有货币性、通用性和流动性的特点。

目前，国际惯例中的现金概念一般是指广义的现金，而我国的会计惯例则是狭义的现金概念与广义的现金概念并存：企业日常的交易事项及相应的会计核算使用的是狭义的现金概念；而在企业的财务报告及金融资产核算等方面则使用了广义的现金概念。本章所指的现金为狭义的现金概念。

2. 库存现金的管理

根据国务院颁发的《现金管理暂行条例》的规定，企业的现金管理制度主要包括以下内容。

1) 现金使用范围

企业可以在下列范围内使用现金：①职工工资、津贴；②个人劳务报酬；③根据国家规定颁发给个人的科学技术、文化艺术、体育等方面的各种奖金；④各种劳保、福利费用以及国家规定的对个人的其他支出；⑤向个人收购农副产品和其他物资的款项；⑥出差人员必须随身携带的差旅费；⑦结算起点以下的零星支出；⑧中国人民银行确定需要支付现金的其他支出。

企业应根据上述规定，结合实际情况确定其现金的使用范围，对不属于现金开支范围的业务应当通过其开户银行进行转账结算。

2）现金的管理和控制

为保证企业日常零星开支所需的现金，企业的开户银行应根据企业的实际需要核定其库存现金的最高限额。核定的依据是企业 3～5 天的日常零星开支所需的现金量，超定额的现金应及时送存开户银行。

企业支付现金应从其库存现金中支付，或从开户银行提取，不得从现金收入中直接支取（即"坐支"）。企业在银行提取现金时要写明用途，不能以编造虚假凭证、利用支票及为他人开户等手段违规套取现金，不能私设"小金库"保留账外公款等。

现金因其具有普遍的可接受性和高度的流动性，在日常收支过程中极易因挪用、盗窃或其他舞弊行为而发生短缺。为了保证其安全完整，企业必须建立健全严格的现金内部控制制度。

（1）职能分开，定期轮岗。企业库存现金的收支与保管应由出纳负责，出纳不能兼管收入、费用、债权、债务等账簿的登记及会计稽核、档案保管等工作；填写银行结算凭证的有关印鉴不能集中由出纳保管，应实行印鉴分管制度；出纳应定期轮换岗位。通过这些措施分清职责并形成相互牵制的控制机制，防止挪用或隐藏流入的现金。

（2）凭证合法，手续完备。企业收到现金时，要有现金收入的原始凭证，以保证现金收入的来源合法，同时办理签收手续；支付现金时，要按规定的授权程序进行，并附有合规的原始凭证，以保证支付的有效性。

（3）加强监督，定期盘查。除了要求出纳对库存现金日清月结外，企业要组织相关人员对现金的管理工作进行经常性、突击性的监督和检查，包括现金收付的程序和记录、现金的盘点及溢缺处理等，以保证现金内控机制的有效性。

3. 库存现金的核算

为了加强对库存现金的管理和核算，企业应设置"库存现金日记账"对库存现金进行序时核算，由出纳根据审核无误的收付款凭证，按经济业务发生的先后顺序在日记账上逐日逐笔登记库存现金的增减变动，并做到日清月结，账实相符。

为了总括反映和监督库存现金的收支和结存情况，企业应设置"库存现金"科目，由会计人员根据审核后的现金收付款凭证和银行付款凭证负责登记。该科目属于资产类科目，其借方登记库存现金的收入（增加）金额；贷方登记库存现金的支出（减少）金额；期末余额在借方，反映企业现金的库存余额，该余额应当与"现金日记账"余额核对相符。

【例 2-1】 新华公司从开户银行提取现金 60 000 元备发工资，编制会计分录如下。

借：库存现金　　　　　　　　　　　　　　　　60 000

　贷：银行存款　　　　　　　　　　　　　　　　60 000

【例 2-2】 新华公司出售暂不需要的材料，收入现金 1 200 元，假定不考虑相关税费，编制会计分录如下。

借：库存现金　　　　　　　　　　　　　　　　1 200

　贷：其他业务收入　　　　　　　　　　　　　　1 200

【例 2-3】 新华公司以现金支付员工工资 60 000 元，编制会计分录如下。

借：应付职工薪酬　　　　　　　　　　　　　　60 000

　贷：库存现金　　　　　　　　　　　　　　　　60 000

【例 2-4】　新华公司行政部报销办公用品 800 元,以现金付讫,编制会计分录如下。

借:管理费用　　　　　　　　　　　　　　　　　　　　　　　800

　　贷:库存现金　　　　　　　　　　　　　　　　　　　　　　　　　800

4. 备用金制度及其核算

备用金是指企业预付给员工或内部有关部门用作差旅费、零星采购和零星开支,事后报销的款项。备用金业务在企业日常的现金收支业务中占有很大的比重,企业应当建立必要的手续制度,包括预借审核、严格用途、及时报销等,来规范备用金的预借和报销,以有效控制企业的现金流出和费用水平。

在会计核算上,企业应设置"其他应收款"科目来核算备用金业务,如果备用金数额较大或者相关业务较多,根据重要性原则,也可以单独设置"备用金"科目进行核算。"其他应收款"和"备用金"都属于资产类科目,其借方登记预借给员工(定额备用金制度,待收回或报销)的金额,贷方登记收回或报销的金额,期末余额一般在借方。

实务中对备用金的管理有两种方法:一是随借随用、用后报销制度,适用于不经常使用备用金的企业;二是定额备用金制度,适用于经常使用备用金的企业。两种制度在会计核算上区别如下。

(1) 随借随用、用后报销制度。其会计核算特点是报销时直接核销预借的备用金,(预借)备用金余额随之减少,且一般需要将报销后的备用金余额退回财务部门,如果备用金不足,则以库存现金补足。

【例 2-5】　新华公司的业务经理李峰经批准申请了备用金 3 000 元,在实际支出 2 800 元后经审核予以报销,剩余现金交回财务部。

预借时根据审核后的借款单编制的会计分录如下。

借:备用金——李峰/其他应收款——李峰　　　　　　　　　3 000

　　贷:库存现金　　　　　　　　　　　　　　　　　　　　　　　　3 000

报销时根据审核后的报销单编制的会计分录如下。

借:管理费用　　　　　　　　　　　　　　　　　　　　　2 800

　　库存现金　　　　　　　　　　　　　　　　　　　　　　200

　　贷:备用金——李峰/其他应收款——李峰　　　　　　　　　　3 000

如果实际支出金额为 3 300 元,经审核后应编制的会计分录如下。

借:管理费用　　　　　　　　　　　　　　　　　　　　　3 300

　　贷:备用金——李峰/其他应收款——李峰　　　　　　　　　　3 000

　　库存现金　　　　　　　　　　　　　　　　　　　　　　300

(2) 定额备用金制度。其会计核算特点是报销时按报销金额支取现金,以便及时补足经办人手上应有的备用金额度。

【例 2-6】　新华公司对其市场部实行定额备用金制度,根据公司核定的定额,付给定额备用金 30 000 元,编制会计分录如下。

借:备用金——市场部/其他应收款——市场部　　　　　　30 000

　　贷:库存现金　　　　　　　　　　　　　　　　　　　　　　30 000

市场部在一周内因业务支出 18 000 元,经审核批准后予以报销,并补足备用金定额,编制会计分录如下。

借：销售费用　　　　　　　　　　　　　　　　　　　　18 000

　　贷：库存现金　　　　　　　　　　　　　　　　　　　　18 000

根据公司规定,市场部在年底持未报销的开支凭证 20 000 元和余款 10 000 元,办理备用金缴销手续,编制会计分录如下。

借：销售费用　　　　　　　　　　　　　　　　　　　　20 000

　　库存现金　　　　　　　　　　　　　　　　　　　　10 000

　　贷：备用金——市场部/其他应收款——市场部　　　　30 000

5. 现金清查及溢缺处理

为了保证现金的安全完整,做到库存现金的账实相符,企业应当对其进行定期或不定期的盘查,根据清查结果填制"现金盘点报告单",注明实存数与账面余额。如发现库存现金与其账面余额不符,应及时查明原因,并做出相应的处理。

对于现金清查中发现的账实不符,即现金溢缺情况,企业应通过"待处理财产损溢——待处理流动资产损溢"科目进行相应的会计核算。该科目既是资产类科目,又是调整类科目。属于现金短缺的,应按实际短缺金额借记"待处理财产损溢——待处理流动资产损溢"科目,贷记"库存现金"科目;属于现金溢余的,按实际溢余金额借记"库存现金"科目,贷记"待处理财产损溢——待处理流动资产损溢"科目。经此调整后库存现金得以账实相符,待查明溢缺原因后进一步做如下的会计处理。

(1) 如为现金短缺,属于应由责任人赔偿的部分,借记"其他应收款——应收现金短缺款"或"库存现金"科目,贷记"待处理财产损溢——待处理流动资产损溢"科目;属于应由保险公司赔偿的部分,借记"其他应收款——应收保险赔款"(××个人或单位)科目,贷记"待处理财产损溢——待处理流动资产损溢"科目;属于无法查明原因的部分,经授权批准作为盘亏损失处理,借记"管理费用"科目,贷记"待处理财产损溢——待处理流动资产损溢"科目。

(2) 如为现金溢余,属于应支付给有关人员或单位的部分,应借记"待处理财产损溢——待处理流动资产损溢"科目,贷记"其他应付款——应付现金溢余"科目;属于无法查明原因的部分,经批准后作为盘盈利得处理,借记"待处理财产损溢——待处理流动资产损溢"科目,贷记"营业外收入——盘盈利得"科目。

上述会计核算流程如图 2-1 所示。

【例 2-7】 新华公司 2019 年 10 月 31 日在对现金进行清查时,发现短缺 300 元,编制会计分录如下。

借：待处理财产损溢——待处理流动资产损溢　　　　　　300

　　贷：库存现金　　　　　　　　　　　　　　　　　　　300

经查明,其中 100 元应由出纳个人赔付,另外 200 元无法查明原因,转入管理费用,编制会计分录如下。

借：其他应收款——应收现金短缺款(××个人)　　　　100

　　管理费用　　　　　　　　　　　　　　　　　　　　200

　　贷：待处理财产损溢——待处理流动资产损溢　　　　　300

【例 2-8】 新华公司 2019 年 11 月 30 日在对现金清查时,发现溢余 120 元,编制会计分录如下。

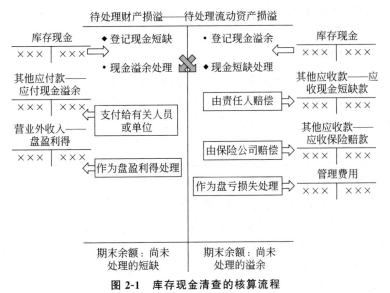

图 2-1　库存现金清查的核算流程

借：库存现金　　　　　　　　　　　　　　　　　　　120

　　贷：待处理财产损溢——待处理流动资产损溢　　　　　　120

如现金溢余原因不明，经批准记入"营业外收入"科目，编制会计分录如下。

借：待处理财产损溢——待处理流动资产损溢　　　　　120

　　贷：营业外收入　　　　　　　　　　　　　　　　　120

2.1.2　银行存款的核算

1. 银行存款的管理

银行存款是指企业存放在(本地)银行或其他金融机构的货币资金。企业收入的一切款项，除留存限额内的现金之外，按规定都必须送存银行；企业的一切支出除规定可用现金支付之外，都必须遵守银行结算办法的有关规定，通过银行办理转账结算。

为了维护金融秩序，规范银行账户的开立与使用，中国人民银行制定的《银行账户管理办法》规定，一个企业可以根据需要在银行开立基本存款账户、一般存款账户、临时存款账户和专用存款账户。

根据规定，企业只能选择在一家银行的一个营业机构开立一个基本存款账户，用于办理日常结算和现金收付业务；一般存款账户是企业在基本存款账户以外开立的用于办理银行借款转存业务，以及办理与基本存款账户的企业不在同一地点的附属非独立核算的单位结算业务的账户，企业可以根据业务需要在不同银行的营业机构开立多个一般存款账户，并通过该账户办理转账结算(不含增值税业务)和现金缴存业务，但不能支取现金；临时存款账户是企业因临时经营活动的需要而开立的账户，企业可以通过该账户办理转账结算业务，并根据国家的现金管理规定办理相关的现金收付；专用存款账户是指企业因特定用途而开立的账户。

企业在开立了相关的存款账户后，在使用时应严格执行银行结算纪律的规定，包括不得利用银行账户进行非法活动；不得出借银行账户；不得签发没有资金保证的远期支票和空头支票;不得签发、取得和转让没有真实交易和债权债务的票据,套取银行和他人的资金;不准无理拒绝付款、任意占用他人资金;企业应及时与银行核对账目等。

2. 银行转账结算方式

银行转账结算是指企业之间的款项收付不是以现金方式进行,而是由银行从付款方的存款账户划转到收款方的存款账户的资金清算行为。根据中国人民银行《支付结算办法》的规定,银行转账结算方式包括银行汇票、银行本票、支票、商业汇票、汇兑、委托收款、托收承付及信用卡、信用证等。其中银行汇票、银行本票、支票和商业汇票均为票据,但商业汇票是远期票据,在应收(应付)票据中介绍;其他为即期票据,属于银行存款核算的范畴(为获得银行汇票和银行本票而存入的款项应进入"其他货币资金")。

(1)银行汇票。银行汇票是汇款人将款项交存当地出票银行后,出票银行签发的,由其在见票时按照实际结算金额无条件支付给收款人或者持票人的票据。银行汇票具有使用灵活、票随人到和兑现性强的特点,适用于先收款后发货或钱货两清的异地商品交易。银行汇票可以用于转账也可以用于支取现金,其付款期限为自出票日起1个月。

企业支付购货款等款项时,应向出票银行提交"银行汇票申请书",填写收款人名称、支付金额、申请人、申请日期等事项并签章,签章为其预留银行的印鉴。银行在受理申请并受托款项后签发银行汇票交给汇款人,汇款人据此向汇票指明的收款单位办理结算。

收款方在收到付款方送来的银行汇票时,应在出票金额以内,根据实际需要的款项办理结算,将实际结算金额填写进账单并在汇票背面"持票人向银行提示付款签章"处签章,连同解讫通知一并交其开户银行,经银行审核无误后通过银行结算系统办理转账结算。

(2)银行本票。银行本票是指由银行签发的,承诺自己在见票时无条件支付确定的金额给收款人或持票人的票据,适用于同一票据交换区域内需要支付各种款项的结算。银行本票可以用于转账,也可用于支取现金。

银行本票分为定额本票和不定额本票两种,提示付款期期限自出票日起最长不得超过2个月。

企业使用银行本票,应填写"银行本票申请书"并将相应款项交存银行,在取得银行本票后将其交付给本票上记明的收款人,收款人可以据此向开户行提示付款(结算),或将其背书转让。

(3)支票。支票是指由出票人签发的,委托办理存款业务的银行在见票时无条件支付确定的金额给收款人或持票人的票据,适用于同一票据交换区域内的各种款项的结算。

支票分为现金支票、转账支票和普通支票三种,分别用于支取现金和转账结算(普通支票既可用于支取现金,也可用于转账),支票的提示付款期自出票日起10日。

(4)汇兑。汇兑是汇款人委托银行将其款项支付给收款人的结算方式,分为信汇和电汇两种。

(5)委托收款。委托收款是指收款人委托银行向付款人收取款项的结算方式,单位和个人凭已承兑商业汇票、债券、存单等付款人债务证明办理结算的,均可使用委托收款结算方式,且在同城、异地均可使用。

(6)托收承付。托收承付是根据购销合同由收款人发货后委托银行向异地付款人收取款项,并由付款人向银行承诺付款的结算方式。办理托收承付结算的款项必须是商品交易及因商品交易而产生的劳务供应的款项。收款人办理托收,应具备商品确已发出的证件(包括运输部门签发的运单及副本等)以及其他有效证件。

上述常见的银行转账结算方式归纳如表 2-1 所示。

表 2-1　银行转账结算方式

名　称	定　义	用　途	备　注
银行汇票	由出票银行签发的,由其在见票时按照实际结算金额无条件支付给收款人或者持票人的票据	企业与异地单位和个人的各种款项结算	提示付款期限自出票日起 1 个月 可以背书转让
银行本票	由银行签发的,承诺自己在见票时无条件支付确定的金额给收款人或者持票人的票据	单位和个人在同一票据交换区域需要支付各种款项的结算	提示付款期限自出票日起最长不得超过 2 个月 可以背书转让
支票	由出票人签发的,委托办理支票存款业务的银行在见票时无条件支付确定的金额给收款人或者持票人的票据	单位和个人在同一票据交换区域的各种款项的结算	提示付款期限自出票日起 10 日
汇兑	是指汇款人委托银行将其款项支付给收款人的结算方式	企业与异地单位和个人的各种款项的结算	
委托收款	是指收款人委托银行向付款人收取款项的结算方式	单位和个人凭付款人债务证明办理款项的结算,均可以使用委托收款结算方式	
托收承付	是指根据购销合同由收款人发货后委托银行向异地付款人收取款项,由付款人向银行承诺付款的结算方式	收款单位和付款单位间的结算必须是商品交易,以及因商品交易而产生的劳务供应的款项	

3. 银行存款的核算

为了如实反映银行存款的收入、付出和结存情况,企业应设置"银行存款"科目对其进行会计核算。该科目属于资产类科目,借方登记银行存款的增加数,贷方登记银行存款的减少数,余额在借方,表明期末企业银行存款的(账面)结存数额。

除了总分类核算,企业还应当设置"银行存款日记账",由出纳根据审核后的银行存款收付款凭证和现金付款凭证,按照业务发生的先后顺序逐日逐笔登记,以全面系统而连续地反映银行存款的收支情况。

【例 2-9】　新华公司 2019 年 10 月 15 日发生以下银行存款的收入业务:因销售商品收到 A 公司转账结算的货款 67 800 元,其中价款为 60 000 元,增值税销项税为 7 800 元;根据购销合同预收购货方 B 公司的货款 50 000 元。编制会计分录如下。

(1) 收到 A 公司结算款。

借:银行存款　　　　　　　　　　　　　　　　　　　　67 800

　　贷:主营业务收入　　　　　　　　　　　　　　　　　　60 000

　　　　应交税费——应交增值税(销项税额)　　　　　　　 7 800

(2) 收到 B 公司预付货款。

借:银行存款　　　　　　　　　　　　　　　　　　　　50 000

贷：合同负债——B公司   50 000

【例2-10】 新华公司2019年10月18日发生以下银行存款的支付业务：因采购生产用原材料(未入库)，通过银行转账向C公司支付了45 200元，其中增值税进项税额5 200元；根据购销合同向D公司预付材料款35 000元。编制会计分录如下。

借：在途物资   40 000
　　应交税费——应交增值税(进项税额)   5 200
　　贷：银行存款   45 200
借：预付账款   35 000
　　贷：银行存款   35 000

4. 银行存款的清查

为保证银行存款的安全完整，及时准确地掌握银行存款的实有数额，企业应定期对银行存款进行清查，即将"银行存款日记账"的账面余额与其开户银行转来的对账单余额进行核对，如果二者不符，应查明原因，属于记账错误的，要立即予以更正；属于未达账项的，应编制"银行存款余额调节表"予以调整，经过调整，企业的银行存款日记账与银行对账单的余额应一致。银行存款余额调节表只是为了核对账目，不能作为调整企业银行存款账面余额的记账依据。

所谓未达账项，是指企业与银行之间由于结算凭证传递导致的双方记账时间不一致，使得一方已经入账而另一方尚未入账的款项。未达账项包括以下内容。

(1) 企业已经收款入账，而银行尚未收款入账。如企业将收到的转账支票存入银行，但银行尚未转账。

(2) 企业已经付款入账，而银行尚未付款入账。如企业开出支票而持票人尚未办理转账或提取现金。

(3) 银行已经收款入账，而企业尚未收款入账。如托收的货款，银行已经入账而企业尚未收到收款通知。

(4) 银行已经付款入账，而企业尚未付款入账，如借款利息，银行已经划款入账而企业尚未收到付款通知。

对于上述未达账项，企业应通过编制"银行存款余额调节表"进行调节，以确定企业银行存款的实有数额，方法为

　　　　银行对账单余额＋企业已收银行未收款项－企业已付银行未付款项
　＝企业银行存款日记账余额＋银行已收企业未收款项－银行已付企业未付款项

【例2-11】 新华公司2019年12月31日银行存款日记账余额为174 500元，银行对账单余额为182 200元。经核对，发现的未达账项如下。

(1) 12月公司开出的2张转账支票合计金额15 000元，持票人尚未到银行办理转账手续。

(2) 12月28日，委托银行收款，金额5 500元，银行已收妥入账，但企业尚未收到相应的收款通知。

(3) 12月29日，存入银行支票一张，金额4 800元，银行已承办，企业已凭回单记账，但银行尚未入账。

(4) 12月31日，银行代付水电费等8 000元，企业尚未收到付款通知。

根据上述资料编制银行存款余额调节表，如表2-2所示。

表 2-2　银行存款余额调节表

2019 年 12 月 31 日　　　　　　　　　　　　　　　　　　单位：元

项　　目	金　额	项　　目	金　额
企业银行存款日记账余额	174 500	银行对账单余额	182 200
加：银行已收，企业未收到收款通知	5 500	加：已存入银行，银行尚未入账	4 800
减：银行划付，企业未收到付款通知	8 000	减：已开出支票，持票人未结算	15 000
调整后的余额	172 000	调整后的余额	172 000

2.1.3　其他货币资金的核算

其他货币资金是指除库存现金、银行存款之外的货币资金，包括外埠存款、银行汇票存款、银行本票存款、信用卡存款、信用证保证金存款以及存出投资款等。

（1）外埠存款是指企业到外地进行临时或零星采购时，汇往采购地银行开立采购专户的款项。

（2）银行汇票存款是指企业为取得银行汇票按照规定存入银行专户的款项。

（3）银行本票存款是指企业为取得银行本票按照规定存入银行专户的款项。

（4）信用卡存款是指企业为取得信用卡按照规定存入银行信用卡专户的款项。

（5）信用证保证金存款是指企业为开具信用证而按照规定存入银行信用证保证金专户的保证金。

（6）存出投资款是指企业已经存入证券公司但尚未购买股票、基金等金融产品的款项。

为了总括地反映上述其他货币资金项目的增减变动和结存情况，企业应设置"其他货币资金"科目对其进行相应的会计核算。该科目属于资产类科目，记账方法与"银行存款"相同，同时需要在"其他货币资金"科目下按其他货币资金的组成内容不同分设明细科目。相关的会计核算流程如图 2-2 所示。

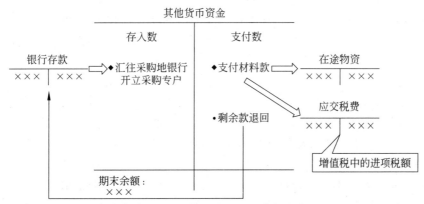

图 2-2　其他货币资金的核算流程

【例 2-12】　新华公司 2019 年 10 月 10 日将采购资金 450 000 元汇往上海并开立采购专户，会计部门根据银行转来的回单联记账，编制会计分录如下。

借：其他货币资金——外埠存款　　　　　　　　　　　　450 000

  贷：银行存款　　　　　　　　　　　　　　　　　　450 000

　　假定会计部门收到采购人员寄来的采购材料发票等结算凭证(材料未到)，价款350 000元，应交增值税59 500元，编制会计分录如下。

　　借：在途物资　　　　　　　　　　　　　　　　　350 000
　　　　应交税费——应交增值税(进项税额)　　　　　45 500
　　　　贷：其他货币资金——外埠存款　　　　　　　　395 500

　　假定该项采购业务结束，采购人员将剩余款项54 500元(450 000−395 500)转回，会计部门根据银行转来的收款通知记账，编制会计分录如下。

　　借：银行存款　　　　　　　　　　　　　　　　　54 500
　　　　贷：其他货币资金——外埠存款　　　　　　　　54 500

【例2-13】　新华公司2019年10月20日向银行提交"银行汇票委托书"，并交存款项500 000元，银行受理后签发银行汇票和解讫通知，公司会计部门根据"银行汇票委托书"存根联记账，编制会计分录如下。

　　借：其他货币资金——银行汇票　　　　　　　　　500 000
　　　　贷：银行存款　　　　　　　　　　　　　　　　500 000

　　公司在2019年11月5日用银行汇票支付采购材料款452 000元，其中应交增值税52 000元，材料尚在运输途中。会计部门根据银行转来的银行汇票相关联及所附发票账单等记账，编制会计分录如下。

　　借：在途物资　　　　　　　　　　　　　　　　　400 000
　　　　应交税费——应交增值税(进项税额)　　　　　52 000
　　　　贷：其他货币资金——银行汇票　　　　　　　　452 000

　　假定该项采购完毕，会计部门根据收到的银行退回多余款项收款通知记账，编制会计分录如下。

　　借：银行存款　　　　　　　　　　　　　　　　　48 000
　　　　贷：其他货币资金——银行汇票　　　　　　　　48 000

【例2-14】　新华公司2019年11月15日向银行申请办理信用卡，并开具了一张转账支票将100 000元存入信用卡专户，会计部门根据支票存根及进账单等记账，编制会计分录如下。

　　借：其他货币资金——信用卡　　　　　　　　　　100 000
　　　　贷：银行存款　　　　　　　　　　　　　　　　100 000

　　待收到银行的信用卡对账单，金额82 000元，其中购置办公用品10 000元，业务招待费72 000元，附相关发票一并记账，编制会计分录如下。

　　借：管理费用　　　　　　　　　　　　　　　　　82 000
　　　　贷：其他货币资金——信用卡　　　　　　　　　82 000

【例2-15】　新华公司2019年11月10日向银行申请开具信用证，并向银行缴纳信用证保证金1 000 000元，编制会计分录如下。

　　借：其他货币资金——信用证保证金　　　　　　　1 000 000
　　　　贷：银行存款　　　　　　　　　　　　　　　　1 000 000

【例2-16】　新华公司2019年11月18日在某证券公司开立证券户，并开具金额为

2 000 000 元的转账支票将拟进行股票投资的交易资金存入该证券户,编制会计分录如下。

借:其他货币资金——存出投资款   2 000 000

    贷:银行存款   2 000 000

2.2　应收及预付款项的核算

应收款项是指企业因销售商品、提供劳务等发生的,应向有关债务人收取的款项,是企业流动资产的重要组成,主要包括应收账款、应收票据、预付账款和其他应收款等。

2.2.1　应收账款的核算

1. 应收账款及其计价

应收账款是指企业因销售商品、提供劳务等原因应向客户收取而暂未收取的款项。需要注意的是,应收账款是在企业正常经营活动中产生的,且没有采用票据形式结算的纯信用债权;其确认与企业的收入确认密切相关,一般以销售(劳务)收入的确认日期作为其入账时间。

应收账款通常按实际的发生额计价入账,其入账价值包括“价、税、费”,即销售商品或提供劳务形成的价款、增值税,以及代购货方垫付的包装费、运杂费等。在确认应收账款的入账价值时,还应当考虑有关的折扣因素。

1) 商业折扣

商业折扣是指企业为促销而在商品标价上给予的折扣。例如,企业在促销某种商品时规定购买 10 件以上者可享受 10% 的价格折扣。商业折扣一般在商品交易发生时即已确定,对应收账款的入账价值没有实质性影响,企业可以采用“净价法”,即只需按扣除商业折扣后的实际销售价来确认应收账款的入账价值。

2) 现金折扣

现金折扣作为企业激励客户尽早给付货款的一种手段,在与客户的合同中约定的对价金额会因为现金折扣的原因而变化,属于交易价格中的可变对价,账务处理作为对销售收入和应收账款的调整。具体来讲,附有现金折扣条件的商品赊销时,“应收账款”科目登记的金额为应收账款扣减极有可能发生的现金折扣后的余额,“主营业务收入”或“其他业务收入”科目登记的金额为不含增值税价款扣减现金折扣后的余额,“应交税费——应交增值税(销项税额)”科目登记的金额由不含增值税价款和适用税率确定的金额。

资产负债表日,重新估计可能收到的对价金额,如果实际收款时间晚于估计收款时间,客户丧失的现金折扣金额作为可变对价,相应调增“应收账款”科目及“主营业务收入”或“其他业务收入”科目;如果实际收款时间早于估计收款时间,客户获得的现金折扣金额作为可变对价,则相应调减“应收账款”科目及“主营业务收入”或“其他业务收入”科目。

净价法是将扣减了可能的最大现金折扣后的净额作为应收账款的入账价值,也就是销售方把客户取得现金折扣视为正常现象,认为客户一般都会出于降低资金成本的考虑提前付款,故将因超过折扣期限而多收入的金额视为向客户提供信贷资金获得的收入,在会计核算上于收到账款时入账,并冲减财务费用。净价法可以一定程度上弥补总价法的不足,但在期末可能加大应收账款的调整工作量。

根据《企业会计准则》的规定,企业应收账款的入账价值应按总价法确定。

2. 应收账款的核算

为了总括反映和监督企业应收账款的增减变动及其结存情况,企业应设置"应收账款"科目(账户)进行相关的核算。该科目属于资产类科目,其借方登记应收账款的增加数;贷方登记应收账款的收回金额及确认的坏账损失金额;期末余额一般在借方,反映企业尚未收回的应收账款金额,如果期末余额出现在贷方,则可能是企业预收的账款。应收账款的核算流程如图 2-3 所示。

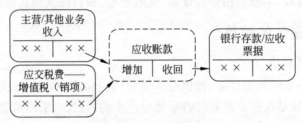

图 2-3　应收账款的核算流程

【例 2-17】　新华公司 2019 年 8 月 12 日赊销商品一批,价款 60 000 元,适用的增值税税率为 13%,另外,用现金支付代垫运杂费 1 000 元(假定不作为计税基数)。编制会计分录如下。

借:应收账款	68 800
贷:主营业务收入	60 000
应交税费——应交增值税(销项税额)	7 800
库存现金	1 000

【例 2-18】　新华公司 2019 年 8 月 23 日赊销商品一批,按价目表的价格计算,商品价款总计 100 000 元,经协议给予客户的商业折扣为 10%,适用的增值税税率为 13%。另以支票代垫运杂费 1 700 元(假定不作为计税基数)。编制会计分录如下。

借:应收账款	103 400
贷:主营业务收入	90 000
应交税费——应交增值税(销项税额)	11 700
银行存款	1 700

假定新华公司于 2019 年 8 月 30 日收到客户签发的商业承兑汇票,则编制会计分录如下。

借:应收票据	103 400
贷:应收账款	103 400

【例 2-19】　新华公司 2019 年 9 月 5 日赊销一批商品,商品售价为 200 000 元,规定对货款部分的付款条件为 2/20,n/30,适用增值税税率为 13%,假设折扣时考虑增值税。新华公司根据客户以往付款的经验,估计客户很可能在 20 天内付款,并获得 4 520 元的现金折扣。编制会计分录如下。

借:应收账款	221 480
贷:主营业务收入	195 480(200 000－4 520)
应交税费——应交增值税(销项税额)	26 000(200 000×13%)

如果客户在 9 月 24 日付款,编制会计分录如下。

借:银行存款   221 480

 贷:应收账款   221 480

如果客户在 2019 年 10 月 4 日付款,编制会计分录如下。

借:应收账款   4 520

 贷:主营业务收入   4 520(226 000×2%)

借:银行存款   226 000

 贷:应收账款   226 000

如果客户在 2019 年 10 月 4 日仍未付款,则应将应收账款 226 000 元做逾期处理,估计可能的坏账。

2.2.2　应收票据的核算

1. 应收票据及其分类

应收票据是指企业以商业汇票的结算方式销售商品、提供劳务而收到的(未到期兑现)的商业汇票。在会计核算上,一般根据以下方法对商业汇票进行分类。

(1) 按承兑人不同分为商业承兑汇票和银行承兑汇票。商业承兑汇票是指由付款人签发并承兑,或由收款人签发经付款人承兑的汇票,须由付款人在汇票上签署“承兑”字样并加盖与预留银行印鉴相符的印章。对其所承兑的汇票,付款人附有到期无条件支付票款的责任和义务。

银行承兑汇票是指由出票人签发,并由承兑申请人向其开户银行申请承兑的汇票。银行根据相关规定,对承兑申请人所持汇票和(真实)购销合同进行审查,决定是否承兑。如果同意承兑,将向承兑申请人收取一定比例的承兑手续费,并负有到期向收款人或贴现银行无条件履行付款的责任和义务。

(2) 按票据是否计息分为不带息商业汇票和带息商业汇票。不带息商业汇票是指票据到期时,承兑人只按票面金额向收款人支付款项的汇票,即票据的到期值等于其面值。

带息商业汇票是指票据到期时,承兑人应按照票面金额,并根据票面规定的利率计算的到期利息,向收款人支付款项的汇票,即票据的到期值等于其面值加上应计利息。公式为

$$应收票据到期值 = 票据面值 \times \left(1 + 票面利率 \times \frac{票据期限}{360}\right)$$

2. 应收票据的核算

为了总括反映和监督应收票据的变动情况,企业应设置“应收票据”科目(账户)进行相关的会计核算,该科目属于资产类科目,其借方登记取得的应收票据面值及应计的利息金额;贷方登记到期收回的票款(含利息)及到期前向银行贴现的金额;期末余额在借方,反映企业期末持有的尚未兑现或贴现的应收票据金额。

(1) 不带息票据的核算。不带息票据的核算流程如图 2-4 所示。

【例 2-20】　新华公司 2019 年 7 月 20 日销售一批产品给 A 公司,新华公司开具的增值税专用发票上注明的产品价款为 200 000 元,增值税销项税额 26 000 元,当日收到 A 公司签发的不带息商业承兑汇票一张,票据期限 3 个月。

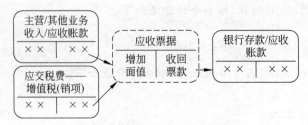

图 2-4 不带息票据的核算流程

假定该项交易符合收入的确认条件,7 月 20 日应编制会计分录如下。

借:应收票据——A 公司　　　　　　　　　　　　226 000
　　贷:主营业务收入　　　　　　　　　　　　　　　200 000
　　　　应交税费——应交增值税(销项税额)　　　　 26 000

假定新华公司在 10 月 20 日票据到期时收回款项并存入银行,编制会计分录如下。

借:银行存款　　　　　　　　　　　　　　　　　226 000
　　贷:应收票据——A 公司　　　　　　　　　　　　226 000

如果 A 公司在票据到期时未能及时支付票款,新华公司应将该项应收票据转为应收账款。

(2) 带息票据的核算。核算带息票据时,应将票据持有期间的应计利息记入"应收票据"科目的借方;到期收回款项大于票据面值的部分为票据利息额,应冲减企业的财务费用。

【例 2-21】　新华公司 2019 年 9 月 1 日收到 B 公司为偿付当年 8 月 20 日购货款(含税) 113 000 元而开具的商业承兑汇票,票据期限 2 个月,年利率 6%,假定新华公司每月月末确认该票据的应计利息,应编制会计分录如下。

① 收到票据。

借:应收票据　　　　　　　　　　　　　　　　　113 000
　　贷:应收账款　　　　　　　　　　　　　　　　　113 000

② 9 月 30 日和 10 月 31 日分别确认应计利息。

借:应收票据　　　　　　　　　　　　　　　　　　　565
　　贷:财务费用　　　　　　　　　　　　　　　　　　565

③ 票据在到期日如数兑现。

借:银行存款　　　　　　　　　　　　　　　　　114 130
　　贷:应收票据　　　　　　　　　　　　　　　　　114 130

④ 票据到期无法兑现。

借:应收账款　　　　　　　　　　　　　　　　　114 130
　　贷:应收票据　　　　　　　　　　　　　　　　　114 130

(3) 应收票据的贴现。应收票据贴现是指票据持有人在票据到期前,因急需资金而将票据背书转让给银行,并贴付给银行一定的利息后收取剩余票款的交易行为,其实质是企业向银行融通资金。

应收票据的贴现利息(贴息)和贴现金额应按下列公式计算:

$$贴息 = 票据到期值 \times 贴现率 \times 贴现期$$
$$贴现净额 = 票据到期值 - 票据贴(现)息$$

式中,票据到期值是票据的面值加上按票面利率计算的票据持有期间利息;贴现期是银行支付贴现票款日起至票据到期日前一天止的天数。

注意:实务中也可以根据具体的贴现情形将票据期限和贴现期改为以月为单位计算。

【例 2-22】 新华公司 2019 年 7 月 20 日销售一批产品给 A 公司,新华公司开具的增值税专用发票上注明的产品价款为 200 000 元,增值税销项税额 26 000 元,当日收到 A 公司签发的不带息承兑汇票一张,票据期限 3 个月。假定新华公司应资金周转需要,在取得该票据一个月后将其贴现给银行,贴现利率为 8%。贴现额的计算及相关会计分录如下。

$$贴现净额 = 票据面值 - 贴息 = 226\,000 - \left(226\,000 \times 8\% \times \frac{2}{12}\right) = 222\,986.67(元)$$

借:银行存款　　　　　　　　　　　　222 986.67
　财务费用　　　　　　　　　　　　　3 013.33
　贷:应收票据　　　　　　　　　　　　　226 000

【例 2-23】 新华公司 2019 年 9 月 1 日收到 B 公司为偿付当年 8 月 20 日购货款(含税)113 000 元而开具的银行承兑汇票,票据期限 2 个月,年利率 6%。新华公司在 9 月 30 日将该票据办理贴现,贴现利率为 10%。贴现额的计算及相关会计分录如下。

① 9 月 1 日。

借:应收票据　　　　　　　　　　　　113 000
　贷:应收账款　　　　　　　　　　　　　113 000

② 9 月 30 日计提利息。

借:应收票据　　　　　　　　　　　$565\left(113\,000 \times 6\% \times \frac{1}{12}\right)$

　贷:财务费用　　　　　　　　　　　　　565

③ 9 月 30 日贴现。

$$票据到期值 = 票据面值 + 票据利息 = 113\,000 + \left(113\,000 \times 6\% \times \frac{2}{12}\right)$$
$$= 114\,130(元)$$

$$贴现净额 = 票据到期值 - 贴息 = 114\,130 - \left(114\,130 \times 10\% \times \frac{1}{12}\right)$$
$$= 113\,178.92(元)$$

借:银行存款　　　　　　　　　　　　113 178.92
　财务费用　　　　　　　　　　　　　386.08
　贷:应收票据　　　　　　　　　　113 565(113 000+565)

【知识链接】 银行承兑汇票和商业承兑汇票的贴现

企业将银行承兑汇票贴现基本上不存在到期不能收回票款的风险,所以这类贴现被称为不带追索权的商业汇票贴现,按金融资产终止确认的原则进行账务处理,直接贷记"应收票据"科目;如果企业贴现的票据是商业承兑汇票,不符合金融工具确认和计量准则有关金融资产终止确认条件,不能直接贷记"应收票据"科目,而应该贷记"短期借款"科目。

2.2.3　预付账款及其他应收款的核算

1. 预付账款的核算

预付账款是指企业按照购销合同规定预先支付给供货商的款项,其性质是企业暂时被供货商占用待收回的资金。企业在预付货款后,有权要求对方按合同规定发货或收回资金。

为了反映预付账款的增减变动情况,企业应设置"预付账款"科目(账户)进行相关核算。该科目属于资产类科目,其借方登记预付及补付的款项;贷方登记收到采购物资时按发票金额转销的预付账款数额及因预付货款多余等原因退回的款项;期末余额一般在借方,反映企业实际预付的金额;如期末余额在贷方,表示企业应付而尚未支付的货款。

如果企业的预付账款不多,也可以不单独设置"预付账款"科目,而直接使用"应付账款"科目核算,将预付账款直接记入"应付账款"科目的借方。

【例 2-24】 新华公司向某公司采购材料,按照合同规定在 2019 年 8 月 18 日预付了货款 50 000 元,8 月 23 日实际收到材料经验收无误入库,增值税专用发票上记载的价款为 60 000 元,增值税额 7 800 元。新华公司以银行存款补付所欠款项 17 800 元,编制会计分录如下。

(1) 预付货款。

借:预付账款　　　　　　　　　　　　　　　　50 000

　　贷:银行存款　　　　　　　　　　　　　　　　50 000

(2) 收到材料验收入库。

借:原材料　　　　　　　　　　　　　　　　　60 000

　　应交税费——应交增值税(进项税额)　　　7 800

　　贷:预付账款　　　　　　　　　　　　　　　　67 800

(3) 补付货款。

借:预付账款　　　　　　　　　　　　　　　　17 800

　　贷:银行存款　　　　　　　　　　　　　　　　17 800

2. 其他应收款的核算

其他应收款是指除应收账款、应收票据、预付账款以外的其他各种应收、暂付款项,包括:不设置"备用金"科目的企业拨出的备用金、应收的各种赔款和罚款、应收的出租包装物租金、存出保证金、应向职工收取的各种垫付款项(如应由职工负担的水电、房租等)及其他各种应收、暂付款项。

为了反映其他应收款的增减变动情况,企业应设置"其他应收款"科目(账户)进行相关核算。该科目属于资产类科目,其借方登记企业发生的各种其他应收款项;贷方登记收到的款项和结转情况;期末余额一般在借方,反映企业尚未收回的各项其他应收款金额。

【例 2-25】 新华公司 2019 年 9 月 5 日为某职工垫付应由其个人负担的医疗费 3 250 元,待从其工资中扣回,编制会计分录如下。

(1) 垫支。

借:其他应收款　　　　　　　　　　　　　　3 250

贷：银行存款   3 250

（2）扣款。

借：应付职工薪酬   3 250

贷：其他应收款   3 250

2.2.4 应收款项减值及其会计核算

应收款项属于广义金融资产的一部分,适用金融资产减值处理。对于企业向客户转让商品或提供劳务等交易形成的应收款项,可以采用简化的方法,始终按照相当于整个存续期内预期信用损失的金额计量其损失准备,不必采用预期信用损失的三阶段模型(预期信用损失三阶段模型详见 4.6 节金融资产减值相关内容)。

由于应收款项属于短期债权,预计未来现金流量与其现值相差很小,在确定应收款项预期信用损失金额时,可以不对未来现金流量进行折现。因此,应收款项的预期信用损失应当按照应收取的合同现金流量与预期收取的现金流量二者之间的差额计量,即按照预期不能收回的应收款项金额计量。在会计实务中,经常使用的确定应收款项预期信用损失的具体方法有应收款项余额百分比法和账龄分析法。

1. 应收款项余额百分比法

应收款项余额百分比法是指按应收款项的期末余额和预期信用损失率计算确定应收款项预期信用损失,据以计提坏账准备的一种方法,即在资产负债表日,企业可按下列公式计算确定本期应计提的坏账准备金额。

本期预期信用损失金额＝本期应收款项期末余额×预期信用损失率

其中,预期信用损失率是指应收款项的预期信用损失金额占应收款项账面余额的比例。企业应当以应收款项的历史信用损失率为基础,结合当前营业情况并考虑无须付出不必要的额外成本或努力即可获取的合理且有依据的前瞻性信息,合理确定预期信用损失率。预期信用损失应当可以反映相当于整个存续期内预期信用损失的金额,即应收款项的合同现金流量超过其预期收取的现金流量的金额。为了最大限度地消除预期信用损失和实际发生的信用损失之间的差异,企业应当定期对预期信用损失率进行检查,并根据实际情况做必要调整。

在确定了预期信用损失率后,企业应当在每个资产负债表日根据下列公式计算确定当期应计提的坏账准备金额。

当期应计提坏账准备金额＝"坏账准备"期末数－坏账准备科目原有贷方余额

（＋坏账准备科目原有借方余额）

"坏账准备"科目属于资产类/调整类科目,其贷方登记当期计提的坏账准备金额;借方登记实际发生的坏账损失金额;期末余额一般在贷方,表示已计提但尚未转销的坏账准备金额。

企业在核算应收款项的坏账计提时还应当设置"信用减值损失"科目,该科目属于损益类科目,其借方登记实际发生的各项金融资产信用减值损失(此处即应收款项的坏账损失),贷方登记结转到"本年利润"科目的金额,期末没有余额。

应收款项坏账准备的确认和计提办法如表 2-3 所示。

表 2-3　应收款项坏账准备的确认和计提办法

坏账准备	减值金额 （本期应收款项期末余额×预期信用损失率）	借　记	贷　记
无余额	计提坏账准备	信用减值损失	坏账准备
已有贷方余额	减值额大于"坏账准备"科目原有贷方余额的差额——补提坏账准备	信用减值损失	坏账准备
	减值额小于"坏账准备"科目原有贷方余额的差额——冲减已计提的坏账准备	坏账准备	信用减值损失
	等于"坏账准备"科目原有贷方余额不计提坏账准备	—	—
已有借方余额	加上"坏账准备"科目原有借方余额计提坏账准备	信用减值损失	坏账准备

会计核算流程如图 2-5 和图 2-6 所示。

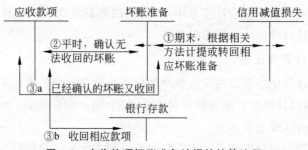

图 2-5　应收款项坏账准备计提的核算流程

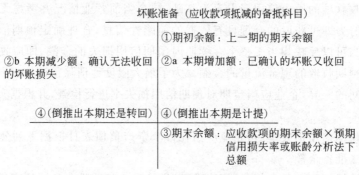

图 2-6　坏账准备期末计提流程

【知识链接】　有关坏账准备计提的税法依据

根据税法规定，纳税人发生的坏账损失，原则上应按实际发生额据实扣除。经报税务机关批准，也可提取坏账准备金。提取坏账准备金的纳税人发生的坏账损失，应冲减坏账准备金；实际发生的坏账损失，超过已提取的坏账准备的部分，可在发生当期直接扣除；已核销的坏账收回时，应相应增加当期的应纳税所得。经批准可提取坏账准备金的纳税人，除另有规定者外，坏账准备金提取比例一律不得超过年末应收账款余额的 5‰。由于财税处理的差异,企业计提的坏账准备在计算所得税时就会形成"可抵扣的暂时性差异"。

【例 2-26】 2018 年 12 月 31 日,新华公司对应收 A 公司的账款进行减值测试。应收账款余额为 1 000 000 元,拟以 10％计提坏账准备。假定"坏账准备"科目期初无余额。假定新华公司采用应收账款余额百分比法计提坏账准备。编制会计分录如下。

2018 年 12 月 31 日,应收账款的预计减值损失金额＝1 000 000×10％－0＝100 000(元)。

借:信用减值损失——计提坏账准备　　　　　　100 000
　　贷:坏账准备　　　　　　　　　　　　　　　　　100 000

2018 年 12 月 31 日,"坏账准备"科目的期末余额为 100 000 元。

新华公司 2019 年对 A 公司的应收账款实际发生坏账损失 30 000 元。

借:坏账准备　　　　　　　　　　　　　　　　30 000
　　贷:应收账款　　　　　　　　　　　　　　　　　30 000

2019 年年末,新华公司应收 A 公司账款余额 1 200 000 元,应收账款的预计减值损失金额＝1 200 000×10％＝120 000(元)。

而"坏账准备"科目原有贷方余额＝100 000－30 000＝70 000(元)。

故应计提的坏账准备金额＝120 000－70 000＝50 000(元),编制会计分录如下。

借:资产减值损失——计提坏账准备　　　　　　50 000
　　贷:坏账准备　　　　　　　　　　　　　　　　　50 000

(计提坏账准备后,"坏账准备"科目余额为贷方 120 000 元。)

2020 年 4 月 20 日,收到 2019 年已转销的坏账 20 000 元,编制会计分录如下。

借:应收账款　　　　　　　　　　　　　　　　20 000
　　贷:坏账准备　　　　　　　　　　　　　　　　　20 000

借:银行存款　　　　　　　　　　　　　　　　20 000
　　贷:应收账款　　　　　　　　　　　　　　　　　20 000

2020 年年末,新华公司应收 A 公司账款余额 600 000 元,应收账款的预计减值损失金额＝600 000×10％＝60 000(元)。

而"坏账准备"科目原有贷方余额＝120 000＋20 000＝140 000(元)。

应计提的坏账准备＝60 000－140 000＝－80 000(元),应予冲减资产减值损失,编制会计分录如下。

借:坏账准备　　　　　　　　　　　　　　　　80 000
　　贷:资产减值损失——计提坏账准备　　　　　　　80 000

(此时,"坏账准备"科目余额为贷方 60 000 元。)

新华公司 2021 年对 A 公司的应收账款实际发生坏账损失 100 000 元。

借:坏账准备　　　　　　　　　　　　　　　100 000
　　贷:应收账款　　　　　　　　　　　　　　　　100 000

2021 年年末,新华公司应收 A 公司账款余额 500 000 元,应收账款的预计减值损失金额＝500 000×10％＝50 000(元)。而"坏账准备"科目原有借方余额＝100 000－60 000＝40 000(元)。应计提的坏账准备＝40 000＋50 000＝90 000(元),编制会计分录如下。

借:资产减值损失——计提坏账准备　　　　　　90 000
　　贷:坏账准备　　　　　　　　　　　　　　　　　90 000

(计提坏账准备后,"坏账准备"科目余额为贷方 50 000 元。)

2. 账龄分析法

账龄分析法是指企业对各项应收款项按其账龄长短进行分组,并分别确定相应的坏账比率,据以计算减值金额、计提坏账准备的方法。所谓账龄,是指客户所欠账款的时间,虽然应收款项是否能及时收回或能收回多少,并不完全取决于欠款时间的长短,但通常情况下,欠款时间越长,即应收款项的账龄越长,发生坏账的可能性会越大。所以企业在期末一般都要编制"应收款项账龄分析表",对各项应收款项按其账龄长短分组,并分别确定各组应收款项的坏账比率,从而计算出各组应收款项的减值金额(预计坏账金额),再汇总确定期末应收款项的坏账准备计提金额。

【例 2-27】 新华公司 2019 年年末应收账款余额为 2 450 000 元,通过分析客户明细账的历史资料并结合当前情况,对各个账龄组的应收账款估计了相应的坏账比率,编制了"应收账款账龄分析表"(见表 2-4)。假定新华公司采用账龄分析法计提坏账准备。

表 2-4　新华公司应收账款账龄分析表 　　　　　　　　　　　　单位:元

账龄分组	应收账款余额	坏账比率/%	预计坏账损失
未到期	1 450 000	1	14 500
逾期 1 个月	420 000	2	8 400
逾期 3 个月	280 000	4	11 200
逾期 6 个月	125 000	6	7 500
逾期 1 年	85 000	10	8 500
逾期 2 年以上	90 000	20	18 000
合　计	2 450 000		68 100

根据表 2-4 及"坏账准备"科目原有的余额情况,企业应编制相应会计分录如下。

(1) 假定"坏账准备"科目原有余额为零。

借:资产减值损失——计提坏账准备　　　　　　　　68 100
　　贷:坏账准备　　　　　　　　　　　　　　　　　　　　68 100

(2) 假定"坏账准备"科目原有贷方余额为 35 000 元。

借:资产减值损失——计提坏账准备　　　　　　　　33 100
　　贷:坏账准备　　　　　　　　　　　　　　　　　　　　33 100

(3) 假定"坏账准备"科目原有借方余额为 12 000 元。

借:资产减值损失——计提坏账准备　　　　　　　　80 100
　　贷:坏账准备　　　　　　　　　　　　　　　　　　　　80 100

【知识链接】　备抵法和直接注销法的区别

应收款项余额百分比法和账龄分析法实质上都是备抵法,即要求企业在每一个资产负债表日按一定的方法估计坏账损失,计入当期损益并形成坏账准备,待实际发生坏账时,再冲销坏账准备和应收款项,一定程度上体现了会计信息质量要求的谨慎性原则。显然,坏账损失的估计是否切合实际,是合理使用备抵法的关键,需要有专业、科学的判断。根据《小企业会计准则》,小企业不需计提资产的减值准备;应收款项的坏账损失处理采用直接注销法,记入"营业外支出"科目。

【例 2-28】 江中公司为小企业,2019 年确认应收 A 公司的 12 000 元货款已无法收回。编制会计分录如下。

借:营业外支出　　　　　　　　　　　　　　　　12 000

　　贷:应收账款——A　　　　　　　　　　　　　　　12 000

2.3　货币资金及应收款项的披露与分析

2.3.1　货币资金项目的披露与分析

1. 货币资金的披露

为加强库存现金、银行存款和其他货币资金的管理、控制,明确责任以确保相关财产的安全与完整,企业在会计核算中分别设置相应科目进行单独的核算。但在资产负债表上,库存现金、银行存款和其他货币资金是以"货币资金"项目总括列示,以对外提供企业有关库存现金、存放于银行或其他金融机构的活期存款、本票和汇票存款等可以立即用于对外支付的交换媒介物的总括信息。

需要注意的是,凡是不能立即用于支付使用的,或使用受到限制的货币资金,不能列入"货币资金"项目,而应当根据重要性原则,区分不同情况,分别列入"其他流动资产""其他长期资产"项目,或单独列示,以准确反映企业的短期付现(偿债)能力。受限制的货币资金一般包括被依法冻结的银行存款、存入境外银行而流通受到限制的外币存款、用于固定资产重置或企业扩建的专项存款、根据银行借贷合同规定的"最低余额"存款、偿债基金等。

2. 货币资金的分析

对企业货币资金的分析主要基于其真实性和效益性而展开。如同人体中的血液一样,任何企业要进行生产经营活动都必须拥有货币资金。也正是因为其本身流动性最强的这个特点货币资金成为控制风险最高的资产,在解读货币资金项目时,应当通过研究分析货币资金的构成和余额合理性来判断其真实性,分析其效益性。

实务中有些企业出于借贷资金的压力,或某些上市公司因为大股东违规占用资金等,可能违反《企业会计准则》规定,不恰当地披露货币资金的相关信息,甚至通过伪造银行对账单、虚拟关联方交易等手段虚构货币资金,掩饰可能的财务舞弊行为,主要表现在报表上的货币资金余额比例过高、余额变动小等。

案例 2-1

某上市公司 20×3—20×5 年的主营业务收入分别为 4.38 亿元、6.12 亿元和 6.34 亿元,相应的货币资金为 5.79 亿元、6.14 亿元、6.12 亿元,看似收入与货币资金水平保持平稳,但令人不解的是 20×6 年上半年的营业收入为 2.15 亿元,货币资金却也高达 6.12 亿元,在收入水平不等的情况下保持了不正常的平稳水平。而 20×6 年年末,该公司的货币资金为

5.64 亿元,其中 5.31 亿元为定期存款,占到了公司货币资金总额的 94%,但同期公司短期借款为 4.59 亿元,长期借款 1.12 亿元,合计达 5.71 亿元。银行借款一直居高不下且多为短期借款,公司为此每年都要付出巨额的利息,但同时又闲置了大量的货币资金,为什么公司不去偿还银行贷款以减少利息的支出呢?这不得不让人怀疑公司的存单是否已因为他人提供质押等原因而受到了限制,因此公司已经无法正常支配。事实上,近几年,上市公司的货币资金舞弊案例很多,包括 ST 圣方(000620.SZ)、西安达尔曼(600788.SH)、天一科技(000908.SZ)、金花股份(600080.SH)等,都因为货币资金造假而付出了惨重的代价。

而货币资金的效益性分析,关键在于澄清一个认识误区,即货币资金并不是多多益善,相反,货币资金占用过多,反而意味着企业资金的运作效率和水平较低。为此,报表使用者在分析企业的货币资金时可以结合现金流量表,对其会计期间内的现金流量水平、结构及其与利润关系等进行综合分析,以判断货币资金构成的合理有效性。其中的现金流量水平分析主要通过对比不同时期的各项现金流量变动情况,揭示企业当期现金流量水平及变动情况;现金流量结构分析主要通过计算企业各项现金流入(流出)占现金总流入(流出)的比重来揭示企业当期经营活动、投资活动和筹资活动的特点及其对现金净流量的影响方向和程度;现金流量与利润关系的分析则通过对现金流量与净利润的对比分析反映企业的盈利质量和财务状况。

2.3.2 应收款项的披露与分析

1. 应收款项的披露

应收款项是企业流动资产的重要组成,在资产负债表中按其流动性排列在货币资金、交易性金融资产之后,分别"应收票据""应收账款""预付账款"和"其他应收款"等项目单独列示(期末金额应当是减去"坏账准备"科目相应明细的期末余额后的净额)。

应收票据的贴现情况、应收账款质押与出售的有关业务情况等应当在财务报表的附注中进行充分披露,财务报表附注还应当披露企业主要的应收账款客户及金额情况。

2. 应收款项的分析

应收款项因为与营业收入关系密切,容易成为企业虚构收入的助推器,所以报表使用者应当结合利润表、现金流量表的数据去分析应收款项的规模和明细情况,尤其要关注营业现金流落后于净收入、应收账款相对于收入的跳跃及不正常的其他应收款等情况。

案例 2-2

某药业上市公司 20×4—20×6 年及 20×7 年一季度的净利润分别为 6 107.88 万元、17 317.36 万元、21 729.00 万元和 25 831.92 万元。但在连续正增长的净利润背后,经营活动产生的现金则由净流入变为净流出,同期经营活动产生的现金流量净额分别为 1 280.71 万元、−21 541.82 万元、−55 872.12 万元和 −5 843.26 万元,公司应收账款分别为 13 443.25 万元、14 823.35 万元、58 578.22 万元和 51 189.29 万元,在同类医药企业的应收账款期末水平普遍下降的情况下,其应收账款水平畸高,存在高估赊销收入、修饰报表的可能。

由于应收款项的坏账准备计提及其追溯调整法在操作上存在较大的灵活性,一些企业能从中寻找新的利润操纵空间,对此报表使用者要注意辨别,关注其会计方法的变更。据公开资料统计,20×7 年工程机械行业的 13 家上市公司,合计实现净利润 133.12 亿元,同比下滑 15.73%,行业龙头三一重工(600031.SH)、徐工机械(000425.SZ)及柳工(000528.SZ)的净利润则出现 13%~70% 的同比下降幅度。但"万绿丛中一点红",某家同为工程机械类的上市公司中报显示其上半年营业收入、净利润分别逆市同比增长 20.59%、21.47%。究其原因,主要是自 20×6 年 10 月起,该公司宣布变更坏账准备计提比例,"1 年以内(含 1 年)""1~2 年"的应收账款计提比例由 5%、10% 大幅下滑至 1%、6%,按其 20×7 年上半年的应收账款合计 189.71 亿元计算,计提坏账准备总额由 11.39 亿元降至 4.17 亿元,变更前后的差额高达 7.22 亿元。显然该中报业绩的增长存在悬疑:在行业陷入周期性低迷的情况下,公司一方面持续进行激进的信用销售,另一方面却缩减了坏账的计提比例,因为会计估计的变更便为公司"贡献"了半年逾 7 亿元的利润。

作为企业最大的流动资产之一,除了关注应收款项核算、披露的准确与合理性外,报表使用者还应当借助账龄分析、结构比重分析等方法,结合利润表与现金流量表进一步评估企业应收款项的流动性、风险性和盈利性,以对其质量做出合理判断。须知,应收账款的起点是销售,终点是现金,正常的情况是销售增加引起应收账款增加,现金的存量和经营现金流量也会随之增加。如果一个企业应收账款日益增加,而销售和现金日益减少,则企业的营销政策就可能已出现问题,甚至变得比较可疑,有虚构收入操纵利润之嫌疑。

🔖 案例 2-3

某上市公司的净利润 20×5 年较 20×4 年提高了 1 194 万元,而 20×6 年的净利润只比 20×5 年提高了 681 万元,显示其净利润的增速是在下降的,但其应收账款却在逐年递增。从 20×7 年的招股说明书中可以看到,该公司 20×5 年年末的应收账款比 20×4 年增加了 2 432 万元,20×6 年年末的应收账款更是比 20×5 年增加了 6 498 万元,是 20×6 年净利润增加额度的近 10 倍。净利润增速逐年降低,而应收账款增速逐年加大,一定程度上说明该公司的业绩是靠赊账来提升的,更让人担忧的是,20×6 年 12 月 31 日公司的净资产仅 36 177 万元,而应收账款就占了 59.8%。显然,公司的业绩背后隐藏了应收账款的巨大风险。

本 章 小 结

本章主要内容包括货币资金、应收票据和应收账款的核算。

1. 企业的货币资金包括库存现金、银行存款和其他货币资金,是企业流动性最强的资产,应当对其加强管理,并按《企业会计准则》的要求进行相关的账务处理。

2. 企业的应收账款通常按实际的发生额计价入账,其入账价值包括"价、税、费",同时考虑可能出现的商业折扣和现金折扣的因素,分别采用净价法和总价法进行相关的核算;企业应当定期或者至少每年年度终了,对应收款项进行相应的减值测试,分析各项应收款的可收回性,预计可能发生的减值损失,并以适当方法据以计提坏账准备。

本章重点:涉及商业折扣和现金折扣的应收账款核算;应收款项的坏账准备计提和核算。

本章难点:应收款项的坏账准备计提和核算。

本章练习题

一、单项选择题

1. 企业将款项委托开户银行汇往采购地银行,开立采购专户时应借记( )。
   A. 银行存款　　　　B. 材料采购　　　　C. 其他应收款　　　　D. 其他货币资金

2. 企业已存入证券公司,但尚未进行投资的款项,应记入( )科目核算。
   A. 其他货币资金——存出投资款　　　　B. 其他应收款
   C. 预付账款　　　　D. 其他货币资金——有价证券

3. 属于无法查明原因的现金溢余,经批准后应转入的科目是( )。
   A. 其他业务收入　　B. 冲减管理费用　　C. 营业外收入　　D. 冲减营业外支出

4. 甲企业 2019 年 9 月 1 日向 A 公司销售商品一批,售价 10 000 元,增值税税率为 13%,合同规定的现金折扣条件为 2/10,1/20,n/30(假定计算现金折扣时考虑增值税)。则 9 月 1 日,甲企业应该确认的应收账款为( )元。
   A. 11 300　　　　B. 11 500　　　　C. 11 466　　　　D. 10 000

5. 2019 年 4 月 16 日,A 企业销售产品一批,价款 400 万元,增值税 52 万元,收到期限为 6 个月的商业承兑汇票一张,年利率为 7%,则该票据到期时 A 企业收到的票款为( )万元。
   A. 468　　　　B. 467.82　　　　C. 400　　　　D. 414

6. 2019 年某企业"坏账准备"科目的年初余额为 4 000 元,"应收账款"和"其他应收款"科目的年初余额分别为 30 000 元和 10 000 元。当年,不能收回的应收账款 2 000 元确认为坏账损失。"应收账款"和"其他应收款"科目的年末余额分别为 50 000 元和 20 000 元,假定该企业年末确定的坏账提取比例为 10%,该企业年末应提取的坏账准备为( )元。
   A. 1 000　　　　B. 3 000　　　　C. 5 000　　　　D. 7 000

7. 企业已计提坏账准备的应收账款确实无法收回,按管理权限报经批准作为坏账转销时,应编制的会计分录是( )。
   A. 借记"资产减值损失"科目,贷记"坏账准备"科目
   B. 借记"管理费用"科目,贷记"应收账款"科目
   C. 借记"坏账准备"科目,贷记"应收账款"科目
   D. 借记"坏账准备"科目,贷记"资产减值损失"科目

8. C 企业 2019 年 5 月 31 日的"坏账准备"贷方余额 1 000 元;2019 年 6 月末,"应收账款"借方余额 68 000 元,当月发生坏账损失 1 500 元,按应收账款余额的 2% 计提坏账准备,则该企业 2019 年 6 月末"坏账准备"的期末余额为( )。
   A. 借方 2 500 元　　B. 贷方 1 360 元　　C. 贷方 1 500 元　　D. 借方 1 140 元

9. 预付账款不多的企业,可以不设"预付账款"科目,而将预付账款记入( )。
   A. "应收账款"科目的借方　　　　B. "应收账款"科目的贷方
   C. "应付账款"科目的借方　　　　D. "应付账款"科目的贷方

10. 企业的应收票据在到期时,承兑人无力偿还票款的,应将其转入( )科目。
    A. 应收账款　　　　B. 应付账款　　　　C. 其他应收款　　　　D. 预收账款

二、多项选择题

1. 下列各项中,会引起其他货币资金发生增减变动的有(　　)。

　　A. 企业销售商品收到商业汇票

　　B. 企业用银行本票购买办公用品

　　C. 企业将款项汇往外地开立采购专用户

　　D. 企业为购买基金将资金存入在证券公司指定银行开立的投资款专户

2. 下列各项中,在确认销售收入时,会影响应收账款入账金额的有(　　)。

　　A. 销售价款　　　　　　　　　　　B. 增值税销项税额

　　C. 现金折扣　　　　　　　　　　　D. 销售产品代垫运杂费

3. 下列各项中,应通过"其他应收款"科目核算的内容有(　　)。

　　A. 应收保险公司的赔款　　　　　　B. 代购货单位垫付的运杂费

　　C. 应收出租包装物租金　　　　　　D. 应向职工收取的各种垫付款

4. 企业在现金清查中发现有待查明原因的现金短缺或溢余,已按管理权限批准,下列各项中,有关会计处理正确的是(　　)。

　　A. 属于无法查明原因的现金溢余,应借记"待处理财产损溢"科目,贷记"营业外收入"科目

　　B. 属于应由保险公司赔偿的现金短缺,应借记"其他应收款"科目,贷记"待处理财产损溢"科目

　　C. 属于应支付给有关单位的现金溢余,应借记"待处理财产损溢"科目,贷记"其他应付款"科目

　　D. 属于无法查明原因的现金短缺,应借记"营业外支出"科目,贷记"待处理财产损溢"科目

5. 下列各项中,会导致企业应收账款账面价值减少的有(　　)。

　　A. 备抵法下转销无法收回的应收账款　　　B. 收回应收账款

　　　C. 计提应收账款坏账准备　　　　　　D. 收回已转销的应收账款

6. 甲、乙公司均为增值税一般纳税人,增值税税率为13%,甲公司2019年5月5日向乙公司销售商品一批,价款120万元,由于成批购买,甲公司给予乙公司5%的商业折扣,并且规定了现金折扣的条件为 2/10,1/20,n/30(假定计算现金折扣时不考虑增值税)。乙公司于5月13日支付了上述款项,则甲公司下列处理中正确的是(　　)。

　　A. 确认主营业务收入金额为 111.72 万元　　B. 确认主营业务收入金额为 120 万元

　　C. 确认应收账款金额为 126.54 万元　　　　D. 确认应收账款金额为 136.5 万元

三、判断题

1. 企业应收款项发生减值时,应将该应收款项账面价值高于预计未来现金流量现值的差额,确认为减值损失,计入当期损益。　　　　　　　　　　　　　　　　(　　)

2. 企业在确定应收款项减值的核算方法时,应根据本企业实际情况,按照成本效益原则,在备抵法和直接转销法之间合理选择。　　　　　　　　　　　　　　　(　　)

3. 企业持不带息的商业汇票到银行办理贴现,其贴现利息应计入财务费用。　(　　)

4. 应付银行承兑汇票到期,企业无力支付票据的,应将应付票据账目余额转入应付账款。

　　　　　　　　　　　　　　　　　　　　　　　　　　　　　　　　(　　)

5.购买商品支付货款取得的现金折扣应列入利润表"财务费用"项目。　　　（　　）

6.企业采购商品或者接受劳务采用银行汇票结算时,应通过"应付票据"科目核算。

　　　　　　　　　　　　　　　　　　　　　　　　　　　　　（　　）

四、综合题

1.练习现金业务的核算。

(1)拨付总经理办公室备用金 2 000 元(假定实行定额备用金制度)。

(2)用现金预支职工李某差旅费 800 元。

(3)职工李某报销差旅费 700 元,余款 100 元交回现金。

(4)现金清查中发现溢余 50 元,经批准转作营业外收入处理。

(5)总经理办公室凭报销单据报销购买办公用品的零星开支 500 元,补付现金。

要求:根据以上经济业务编制会计分录。

2.练习银行存款业务的核算。

(1)购进原材料一批货款 100 000 元,增值税 13 000 元,材料已经验收入库,开出支票支付货款。

(2)以银行存款支付本月行政管理部门电费 1 800 元。

(3)用银行存款上缴所得税税金 3 500 元。

(4)销售一批商品 50 000 元,应交增值税 6 500 元,商品已发运,并向银行办妥托收手续。

(5)购买一批原材料 40 000 元,应交增值税 5 200 元,开出一张期限 3 个月的商业承兑汇票,材料尚未运达。

要求:根据以上业务,进行必要的计算和账务处理。

3.试编制下列经济业务的会计分录(该公司为一般纳税人,增值税税率为 13%)。

(1)12 月 5 日,销售货物一批,价款 200 000 元,增值税税款 26 000 元,代购货方垫付运费 1 300 元,销货款尚未收到。

(2)12 月 8 日,销售货物收到一张商业承兑汇票,票面金额 11 300 元。

(3)12 月 16 日,收到 A 公司前欠劳务费 5 000 元。

(4)12 月 20 日,收到 B 公司的商品预付款 20 000 元。

(5)12 月 21 日,以支票代 C 公司垫付其购买材料的运费 1 000 元。

(6)12 月 28 日,向 B 公司发货,B 公司收到货后支付剩余货款 80 000 元,增值税 13 000 元。货款已收到。

(7)12 月 31 日,"应收账款"借方余额 300 000 元,按坏账计提比例 5% 提取坏账准备。

4.甲公司为一般纳税企业,增值税税率为 13%,该公司历年采用应收账款余额 0.5% 计提坏账准备。有关资料如下。

(1)2019 年期初应收账款余额 4 000 万元,坏账准备贷方余额 20 万元;2019 年 8 月销售商品一批,含增值税价款 3 390 万元,尚未收到货款,2019 年 12 月实际发生坏账损失 30 万元。

(2)2020 年 4 月收回以前年度的应收账款 2 000 万元存入银行,2020 年 6 月销售商品一批,含增值税价款 2 260 万元,尚未收到货款,2020 年 12 月实际发生坏账损失 30 万元。

(3)2021 年 3 月收回以前年度的应收账款 5 000 万元存入银行,2021 年 7 月销售商品一批,含税增值税价款 6 780 万元,尚未收到货款,2021 年 9 月收回已确认的坏账损失 25 万元。

要求:计算并编制各年有关计提坏账准备的相关会计分录。

5. 5 月初新华公司"应收账款"所属明细科目借方余额为 35 000 万元(其中应收丁企业账款 5 000 万元),"坏账准备——应收账款"科目贷方余额 260 万元。假定销售均符合收入确认条件,销售成本逐笔结转。2019 年 5 月新华公司发生有关交易或事项如下。

(1) 3 日,采用托收承付结算方式向甲企业销售一批商品,增值税专用发票注明的价款为 1 000 万元,增值税税额 130 万元,代垫运杂费 2 万元,全部款项已办妥托收手续。该批商品成本为 800 万元。

(2) 14 日,向乙企业赊销商品一批,按商品价目表计算其金额为 2 000 万元(不含增值税),这批商品成本为 1 500 万元。由于成批销售,新华公司给予乙企业 10% 的商业折扣。

(3) 20 日,向丙企业销售商品一批,增值税专用发票上注明的价款是 3 000 万元,增值税税额为 390 万元。双方签订销售合同中规定的现金折扣条件为 2/10,1/20,n/30。假定计算现金折扣时不考虑增值税。25 日收到丙企业支付的该笔款项。

(4) 30 日,收到丁企业交来银行承兑汇票一张,面值为 4 000 万元,用以偿还其前欠货款。丁企业所欠其余款项无法收回,确认为坏账损失。

要求:根据新华公司相应业务编制会计分录。

第3章 存 货

本章的学习将会使你：

（1）明确存货的范围及入账价值的确定；掌握存货的初始计量方法、存货按实际成本和计划成本核算的方法。

（2）理解存货按实际成本和计划成本核算时发出存货及期末存货成本的确定原理与方法。

（3）了解存货可变现净值的确定方法及存货跌价准备的会计处理。

3.1 存货及其分类

存货是企业重要的流动资产之一，其核算准确与否决定了企业会计期间的生产成本、期末结存成本和经营成果确定的正确性。为了加强存货的会计核算和管理，《企业会计准则第1号——存货》规范了存货的确认、计量、发出存货成本的确定及存货信息的披露等内容。

3.1.1 存货的概念及其确认

存货是指企业在日常经营活动中持有以备出售的产成品或商品、处在生产过程中尚未完工的在产品，及在生产或提供劳务过程中被消耗的材料和物料等。与其他资产相比，存货具有以下特征。

（1）存货是以在正常经营活动过程中被销售或耗用为目的而持有的，而持有目的是判定资产分类的重要标准。同样的机器设备，对于生产和销售该设备的企业来说，属于该企业的存货；对于使用该项设备进行其他产品生产的企业而言，则属于固定资产。另外，企业为国家储备而持有的特种、专项物资，及用于固定资产建造的工程物资也不属于存货。

（2）存货是有形资产，它泛指企业各种具有物质实体形态的材料物资的总称，有别于金融资产、无形资产等非实物形态资产。

（3）存货属于流动资产，因为存货处于不断的耗用（销售）和重置的循环过程，其价值通常可以被视为一次性转移，并随着销售的实现一次性得到补偿，与固定资产的价值逐步转销有明显不同，所以具有较大的流动性。

（4）存货属于非货币性资产，具有一定的时效性，也存在价值减损的可能性。存货的价值容易受到市场等多种因素影响，能够转换的货币资金数额不是固定的，具有一定的不确定性。

作为资产的重要组成部分，存货在其确认时同样要符合资产确认的基本条件。企业在确认其存货时，首先要看其是否符合存货的概念，其次要看该项资产是否同时满足两个条件，即与该项存货有关的经济利益很可能流入企业；存货的成本能够可靠地计量。

一般而言，随着存货所有权的转入，存货的主要风险和报酬也一并转入，其包含的经济利益也就能够流入企业,因此企业对该项存货是否拥有所有权,是存货确认的重要标志。根据实质重于形式的原则,凡在盘存期其法定所有权属于企业的材料物资,不论其存放何处,都应确认为企业的存货;反之,法定所有权不属于企业的材料物资,即便是存放于企业,也不能视为企业的存货。例如,企业外购的材料物资,已经取得其所有权但仍在运输途中而未入库,应视为企业存货;而某些已被售出的材料物资,所有权已经转移却暂未运离企业,则不能视为企业的存货。

需要注意的是,在某些交易方式下,存货所有权的转移并非与主要的风险报酬转移同步,对此,企业应关注交易的经济实质,而不能仅仅依据所有权归属来确认存货。例如,在分期收款销售方式下,商品的所有权在最后一期账款全部收到前并没有转移出去,但就其交易实质来看,企业在交付该项商品时,已经同时转移了该项商品所有权上的主要风险和报酬,可以确认销售收入,并相应结转销售成本,所售商品已属于购货方的存货。

3.1.2　存货的分类

企业的存货分布于生产经营的各个环节,种类繁多,用途各异。为了加强存货的核算和管理,企业应对存货做出适当的分类。

1. 存货按经济用途分类

企业可以根据其性质、经营范围,确定存货的不同经济用途。存货按经济用途可以分为以下几种类型。

(1)原材料是指在生产过程中经加工改变其形态或性质并构成产品主要实体的各种原料及主要材料、辅助材料、外购半成品、修理用备件、包装材料及燃料等。

(2)在产品和自制半成品,其中在产品是指仍处于生产过程中、尚未完工入库的产品,包括正处于各个生产工序加工且尚未完工的产品和已经完工但尚未检验或未办理入库手续的产品;自制半成品是指经过一定生产工序加工并已验收入库,但尚未最终制造完成,仍需进一步加工的中间产品,但不包括不能单独计算成本的中间产品。

(3)产成品是指已经完成全部生产过程并已验收入库,可以按照合同规定的条件送交订货单位,或者可以作为商品对外销售的产品。企业接受外来原材料加工制造的代制品和为外单位加工修理的代修品在验收入库后应视为企业的产成品。

(4)库存商品是指商品流通企业外购或委托加工验收入库,用于销售的各种商品。

(5)周转材料是指企业能够多次使用,但因不符合固定资产定义而不能确认为固定资产的各种材料,主要包括包装物和低值易耗品。其中,包装物是指为包装本企业产品而储备的各种包装容器,如桶、箱、瓶、袋等,主要作用在于盛装、装潢产品;低值易耗品是指单位价值较低、使用期限较短或使用中容易损耗的各种用具物品,如工具、管理用具、玻璃器皿、劳保用品等。

2. 存货按取得的方式分类

企业取得存货的方式有很多种,不同渠道获得的存货,其成本构成也有所不同,为了准确核算存货的初始成本,可以根据其取得方式的不同分为以下类型。

(1)外购存货是指企业从外部购进的各种存货,如商业企业的外购商品、工业企业的外购材料、外购零部件等。

（2）委托加工存货是指企业委托外单位加工成新的材料或包装物、低值易耗品等物资。

（3）自制存货是指由企业内部加工制造的各种存货,如自制材料、自制半成品和产成品等。

（4）其他方式取得的存货是指企业通过投资者投入、非货币性资产交换、债务重组、捐赠等方式取得的各项存货。

此外,由于存货不断地处于消耗和重置的过程,其分布见于企业的产、供、销各环节,按其存放地点的不同还可以分在途存货、在库存货、在制存货和在售存货等。

有关企业存货的分类如表 3-1 所示。

表 3-1　存货分类表

存货按经济用途的分类	存货按存放地点的分类	存货按取得方式的分类
• 原材料 • 在产品 • 自制半成品 • 产成品 • 库存商品 • 周转材料	• 在库存货 • 在途存货 • 在制存货 • 在售存货	• 外购存货 • 委托加工存货 • 自制存货 • 其他方式取得的存货

3.2　存货取得的核算

企业对取得存货的会计核算,首先要合理、准确地对其进行初始计量,即确定其入账价值。企业在对存货进行初始计量时应采用历史成本计量模式,即以取得存货的实际成本为基础,根据存货不同的取得方式具体确定其成本构成。在此基础上,通过设置"原材料""在途物资""材料采购"及"应交税费——应交增值税(进项税额)"等科目来进行相关的会计账务处理。

3.2.1　外购存货的成本和会计处理

外购存货的成本是指企业以外购方式取得存货所发生的全部支出,包括"价、税、费"三部分。

（1）购买价款是指购入材料或商品的发票账单上列明的价款,但不包括按规定可予抵扣的增值税进项税额。

（2）相关税金是指购入材料或商品时发生的进口关税、消费税、资源税、不能抵扣的增值税进项税额等。

（3）相关费用是指购入材料或商品时发生的运输费、装卸费、保险费,以及其他可归属于存货采购成本的费用,包括存货入库前发生的仓储费、包装费、运输途中的合理损耗、大宗物资的市内运杂费、入库前的挑选整理费等。对于零星小额的市内运费,或其他难以直接归属于某项存货的费用支出,根据重要性原则可不计入存货的采购成本,而是直接计入企业的当期损益。另外,企业的采购人员差旅费、采购机构的经费以及供应部门经费等,一般不应当包括在存货的采购成本中。采购过程中发生的非正常损耗、采购入库后发生的储存费用及其他不能归属于使存货达到目前场所和状态的支出,也应在发生时计入当期损益,不能计入存货成本。

值得注意的是,商品流通企业在采购商品过程中发生的运输费、装卸费、保险费,以及其他可归属于存货采购成本的费用,可以计入存货的采购成本,也可以先进行归集,期末根据所购商品的存销比例进行分摊。已售商品应分摊的进货费用,计入当期损益;未售商品应分摊的进货费用,计入期末存货成本。进货费用金额较小的,也可以在发生时直接计入当期损益。

为了总括反映和监督外购存货的收支和结存情况,企业应设置"原材料""在途物资"(适用于实际成本法核算)和"材料采购"(适用于计划成本法核算,详见 3.3 节)等科目进行相关的会计核算。其中"在途物资"属于资产类科目,其借方登记企业购入的尚未验收入库的在途材料的实际成本;贷方登记已验收入库的材料的实际成本;期末余额在借方,反映企业已购在途的原材料实际成本。"原材料"科目属于资产类科目,在企业采用实际成本法核算的情况下,其借方登记验收入库材料的实际成本;贷方登记领用(发出)材料的实际成本;期末余额在借方,反映企业原材料的库存余额(实际成本),该科目应当按材料的类别及品种规格等进行明细核算。

企业外购存货时支付的,按规定可以抵扣的增值税进项税额,应通过"应交税费——应交增值税(进项税额)"科目进行核算。

另外,企业外购存货时因结算方式等原因会造成经常性的存货验收入库和货款结算不能同步完成的现象,对此应根据具体情况分别进行不同的会计处理。

【例 3-1】 新华公司购入一批原材料,增值税专用发票上注明的价款为 20 000 元,增值税进项税额为 2 600 元,货款已通过转账支票支付,材料已经验收入库。

该例属于存货验收入库与货款结算同时完成的业务,一般多见于当地采购,可直接登记"原材料"科目。编制会计分录如下。

借:原材料 20 000
　　应交税费——应交增值税(进项税额) 2 600
　　贷:银行存款 22 600

【例 3-2】 新华公司购入一批原材料,增值税专用发票上注明的价款为 120 000 元,增值税进项税额为 15 600 元,货款已通过转账支票支付,同时销货方代垫运费 3 000 元不含税(取得增值税专用发票,增值税税率为 9%)。上述款项已通过银行转账方式支付,但材料尚在运输途中。

该例属于货款已经结算但存货尚在运输途中的业务,多见于异地采购,应首先将所购原材料确认为在途物资,待其验收入库后,再转为(在库)原材料。编制会计分录如下。

(1) 采购分录。

借:在途物资 123 000
　　应交税费——应交增值税(进项税额) 15 870
　　贷:银行存款 138 870

(2) 入库分录。

借:原材料 123 000
　　贷:在途物资 123 000

【例 3-3】 新华公司在 2019 年 10 月 28 日购入一批原材料,材料已运达企业并验收入库,但月底结账时尚未收到相关的发票账单等结算凭证,公司先对该批材料估价 80 000 元入账。11 月 1 日冲回估价入账,在 11 月 4 日收到结算凭证后再按确定的存货成本确认入账。该批材料的增值税专用发票上注明的价款为 78 000 元,增值税进项税额为 10 140 元,货款已通过银行转账支付。

该例属于存货已经验收入库但货款尚未结算的业务,要注意不同时点上的会计处理方法。编制会计分录如下。

(1) 10 月 28 日,暂不做会计处理。

(2) 10 月 31 日,估价入账。

借:原材料   80 000

    贷:应付账款——暂估材料款   80 000

(3) 11 月 1 日,红字冲回。

借:原材料   80 000

    贷:应付账款——暂估材料款   80 000

(4) 11 月 4 日,确认成本入账。

借:原材料   78 000

    应交税费——应交增值税(进项税额)   10 140

    贷:银行存款   88 140

【例 3-4】 新华公司 2019 年 11 月 5 日向 A 公司预付货款 100 000 元,采购一批原材料。A 公司于 11 月 25 日交付其所购材料,并开具了增值税专用发票,材料价款 80 000 元,增值税进项税额为 10 400 元,材料验收入库。新华公司 11 月 28 日收到了 A 公司退回的多付货款 9 600 元。

该例属于预付货款方式购入存货的业务,企业应在预付时按实际预付的金额登记“预付账款”账户,待所购存货验收入库时,再根据结算凭证确定存货成本并入账,同时转销预付账款。编制会计分录如下。

(1) 11 月 5 日预付货款。

借:预付账款——A 公司   100 000

    贷:银行存款   100 000

(2) 11 月 25 日验收入库。

借:原材料   80 000

    应交税费——应交增值税(进项税额)   10 400

    贷:预付账款——A 公司   90 400

(3) 11 月 28 日收到退款。

借:银行存款   9 600

    贷:预付账款——A 公司   9 600

【例 3-5】 新华公司在 2019 年 11 月 10 日从 B 公司赊购一批原材料(已验收入库),增值税专用发票上注明的价款 200 000 元,增值税进项税额为 26 000 元。根据购销合同的约定,新华公司应于 2020 年 1 月 10 日前支付货款。

该例属于采用赊购方式购入存货的业务,企业应在确认入库存货成本的同时,按应付未付的货款金额确认应付账款,待支付货款时再转销应付账款。编制会计分录如下。

借:原材料 200 000

应交税费——应交增值税(进项税额) 26 000

贷:应付账款——B 公司 226 000

如果赊购附有现金折扣条件,会计处理上应参照第 2 章介绍的应收账款现金折扣方法,即采用总价法核算,相应的应付账款按实际交易金额入账,如果购货方在现金折扣期限内付款,则取得的现金折扣作为一项理财收入,冲减当期财务费用。

【例 3-6】 假定例 3-5 的购销业务附有现金折扣条件:5/10,2/30,n/60(现金折扣不含增值税),则

(1)假定新华公司于 2019 年 11 月 18 日支付货款。

取得的现金折扣=200 000×5‰=10 000(元)

借:应付账款——B 公司 226 000

贷:银行存款 216 000

财务费用 10 000

(2)假定新华公司于 2019 年 12 月 8 日支付货款。

取得的现金折扣=200 000×2‰=4 000(元)

借:应付账款——B 公司 226 000

贷:银行存款 222 000

财务费用 4 000

(3)假定新华公司于 2020 年 1 月 10 日支付货款,即放弃了现金折扣。

借:应付账款——B 公司 226 000

贷:银行存款 226 000

【知识链接】 具有融资性质的采购业务的处理

企业赊购存货支付的货款,如果超过了正常的信用条件(一般为 3 年),则该项赊购业务实质上具有融资性质,企业不能直接按合同价款,而应按合同价款的现值确定购货成本,并将合同价款与其现值之间的差额作为未确认融资费用,在合同约定的(分期)付款期限内采用实际利率法进行摊销,计入各期财务费用。

3.2.2 自制存货的成本和会计处理

企业自制存货的成本主要由投入生产的各种原材料的采购成本和加工成本构成,其计量重点是确定加工成本及其他成本。

加工成本是指存货制造过程中发生的直接人工和制造费用,包括向直接从事产品生产的工人支付的职工薪酬和为生产产品而发生的各项间接费用;其他成本是指除采购成本和加工成本外,使存货达到目前场所和状态所发生的其他支出,如为特定客户设计产品所发生的可直接确定的设计费用、在生产过程中为使存货达到下一个生产阶段所必需的仓储费用等,但不包括加工过程中产生的非正常损耗的材料、人工和其他支出,也不包括存货在加工和销售环节发生的一般仓储费用。

企业自制并已验收入库的存货,在会计核算时应按计算确定的实际成本,借记"库存商品"科目,贷记"生产成本"科目。

【例3-7】 新华公司2019年10月制造完成一批产成品,已验收入库。经计算,该批产品的实际生产成本为185 000元。编制会计分录如下。

借:库存商品	185 000	
贷:生产成本		185 000

3.2.3　其他方式取得存货的成本及会计处理

1. 委托加工物资

委托加工物资是指企业委托外单位加工的各种材料、商品等物资,其成本构成包括发外加工的原材料或半成品成本、委托加工费用、运输费、装卸费,及按规定应计入加工成本的税金。

其中的增值税,一般纳税人在收回委托加工物资时应视同存货采购业务,将受托方代收代缴的增值税作为进项税额单独入账,借记"应交税费——应交增值税(进项税额)"科目;而小规模纳税人在收回委托加工物资时,应将由受托方代收代缴的增值税计入委托加工物资的成本,借记"委托加工物资"科目。

属于消费税应税产品的委托加工物资,应按以下情况分别处理。

(1) 加工物资收回后直接用于销售的,受托方代收代缴的消费税计入委托加工物资的成本,借记"委托加工物资"科目,待销售该项委托加工物资时不需要再缴纳消费税。

(2) 加工物资收回后用于连续生产的,受托方代收代缴的消费税可予抵扣,应先借记"应交税费——应交消费税"科目,待连续生产的应税消费品生产完成并销售时,从生产完成的应税消费品应纳消费税额中抵扣。

企业主要通过设置"委托加工物资"科目来核算委托加工物资。该科目属于资产类科目,借方登记发给外单位加工的原材料或半成品的实际成本、加工费用、应计入成本的税金和运杂费等;贷方登记加工完成并收回验收入库的委托物资实际成本;期末余额一般在借方,反映企业委托外单位加工但尚未加工完成的实际成本。

【例3-8】 新华公司发出一批甲材料,委托C公司代为加工成乙材料(属于消费税应税产品)。发出的甲材料实际成本为180 000元,支付加工费和往返运杂费85 000元,支付由C公司代收代缴的增值税10 400元,消费税39 750元。假定委托加工的乙材料收回后用于连续生产应税消费品。编制会计分录如下(假定新华公司为一般纳税人)。

(1) 发出委托加工的甲材料。

借:委托加工物资	180 000	
贷:原材料——甲材料		180 000

(2) 支付加工费和往返运杂费。

借:委托加工物资	85 000	
贷:银行存款		85 000

(3) 支付C公司代缴的增值税和消费税。

借:应交税费——应交增值税(进项税额)	10 400	
——应交消费税	39 750	
贷:银行存款		50 150

（4）收回加工完成的乙材料。

乙材料实际成本=180 000+85 000=265 000（元）

借：原材料——乙材料 265 000

贷：委托加工物资 265 000

假定新华公司将委托加工的乙材料收回后直接用于对外出售，则支付 C 公司代缴的增值税和消费税的会计处理如下。

借：应交税费——应交增值税（进项税额） 10 400

委托加工物资 39 750

贷：银行存款 50 150

收回的乙材料实际成本=180 000+85 000+39 750=304 750（元）

借：原材料——乙材料 304 750

贷：委托加工物资 304 750

2. 接受投资者投入的存货

投资者对企业的投资可以根据具体情况及投资协议的约定，采用货币资金、存货、固定资产及无形资产等不同方式来完成，其中作为资本投入的存货，其成本应当根据投资合同或协议约定的价值来确定，相关的会计处理包括以下内容。

（1）根据合同确定的存货价值，借记“原材料”“库存商品”等科目。

（2）按照同时取得的增值税专用发票上注明的增值税税额，借记“应交税费——应交增值税（进项税额）”科目（投资者在以其存货、固定资产等非货币性资产进行对外投资时应视同销售处理）。

（3）根据投资协议确定的投资份额，贷记“实收资本”或“股本”科目，并按其差额贷记“资本公积”科目。

3. 接受捐赠的存货

对于接受捐赠的存货成本，企业应根据其公允价值确定实际成本。如果在接受捐赠时获得捐赠方提供的相关存货的结算凭证，应按凭证上注明的金额确定存货成本，按捐赠方已代缴的增值税专用发票注明的增值税额作为进项税抵扣，同时确认营业外收入；如果接受捐赠时未能取得相关凭证，应当参照同类或类似存货的公允价值确定其入账成本。

3.3　存货发出的核算

存货发出的核算包括存货发出的计量及其会计处理。其中存货发出的计量主要是指企业发出存货的实际成本的确定。企业在其不间断的存货购入、消耗或销售过程中形成了存货的实物流转，理论上这种实物流转应当与其成本结转相一致。但在会计实务中，由于存货品种多、进出数量大，且不同方式不同批次取得的同一类型存货的成本也存在差异，如果要在每次发出存货时准确计量其实际成本，需要消耗企业极大的人力、物力，违背经营管理上的成本效益原则。因此，会计核算上通常按照假定的成本结转方式来确定发出存货的成本，而不强求存货的成本结转与实物流转完全一致。

企业在对发出的存货进行会计核算时，可以按实际成本核算，也可以按计划成本核算。

前者可以采用个别计价、先进先出、加权平均等成本结转假设来确定发出存货的成本；后者则在存货收发时均采用计划成本核算，期末再调整为实际成本。

显然，采用不同的存货成本结转假设，在期末存货与本期发出存货之间合理分配存货成本，会产生不同的（发出）存货计价方法，如先进先出法、加权平均法、个别计价法等，相应计算出来的存货计价结果也各不相同，对企业的财务状况和经营成果产生一定的影响。例如，在物价持续上涨的背景下，采用先进先出法计价，相对于加权平均法，会在一定程度上低估发出存货的成本，在高估了当期利润的同时也高估了期末存货的成本，同时对企业的利润表和资产负债表的编制产生影响。

3.3.1 实际成本法

实际成本法要求企业在发出存货时需合理确定其实际成本，并据此进行相关的账务处理。根据《企业会计准则》的规定，企业在确定发出存货的实际成本时，可以采用先进先出法、加权平均法（包括月末一次加权平均法和移动加权平均法）或者个别计价法。企业应当根据其实际情况，综合考虑存货的性质、实物流转方式和管理的需要，选择适当的存货计价方法，以合理确定发出存货的实际成本。在选定了适当的存货计价方法后，前后各期应当保持一致，并在会计报表附注中予以披露。

1. 发出存货的计价方法

（1）先进先出法。先进先出是以先入库的存货先发出去这一存货成本结转假设为前提，对先发出的存货按先入库的存货单位成本计价，后发出的存货按后入库的存货单位成本计价，据以确定本期发出存货和期末结存存货成本的一种方法。

【例3-9】 新华公司2019年8月A商品的购入、发出和结存资料如表3-2所示。

表3-2 A商品存货明细账

存货明细账

存货名称及规格：A商品　　　　　　　　　　　数量单位：件　　　金额单位：元

2019		凭证编号	摘要	购 入			发 出			结 存		
月	日			数量	单价	金额	数量	单价	金额	数量	单价	金额
8	1		期初结存							300	80	24 000
	3		购入	800	83	66 400				1 100		
	5		发出				900			200		
	12		购入	500	85	42 500				700		
	15		发出				400			300		
	23		购入	700	82	57 400				1 000		
	25		发出				800			200		
	31		期末结存	2 000		166 300	2 100			200		

假定企业采用先进先出法，A商品本月发出和月末结存成本计算如下。

8月5日发出存货成本 $= 300 \times 80 + 600 \times 83 = 73\ 800$（元）

8月15日发出存货成本 $= 200 \times 83 + 200 \times 85 = 33\ 600$（元）

8月25日发出存货成本 $= 300 \times 85 + 500 \times 82 = 66\ 500$（元）

$$本月发出存货成本 = 73\,800 + 33\,600 + 66\,500 = 173\,900(元)$$

$$月末结存存货成本 = 200 \times 82 = 16\,400(元)$$

显然,采用先进先出法进行存货计价,可以即时确定存货发出的成本,保证企业成本计算的及时性,而且这种方法计算出来的期末存货成本是按最近的购货成本确定的,较为接近现行市场价值,最大限度反映企业现有资产的价值。但该方法计算过程较为烦琐,如果使用电算化系统则可以有效避免此弊端。

(2) 月末一次加权平均法。月末一次加权平均法是指以月初结存的存货数量和本月购入存货数量作为权数,计算本月存货的加权平均单位成本,据以确定本月发出存货成本和月末结存存货成本的方法。计算公式为

$$加权平均单位成本 = \frac{月初结存存货成本 + 本月购入存货成本之和}{月初结存存货数量 + 本月购入存货数量之和}$$

$$本月发出存货成本 = 加权平均单位成本 \times 本月发出存货的数量$$

$$月末结存存货成本 = 加权平均单位成本 \times 本月结存存货的数量$$

考虑到计算误差,为保证月末结存存货数量、单位成本与总成本的一致,在实务中通常先计算月末结存存货成本,再倒挤出本月发出存货成本,从而将计算误差挤入发出存货成本。

【例 3-10】 接例 3-9 资料,假定新华公司采用月末一次加权平均法,A 商品本月发出和月末结存成本计算如下。

$$加权平均单位成本 = \frac{24\,000 + 166\,300}{300 + 2\,000} = 82.74(元/件)$$

$$月末结存存货成本 = 82.74 \times 200 = 16\,548(元)$$

$$本月发出存货成本 = (24\,000 + 166\,300) - 16\,548 = 173\,752(元)$$

采用月末一次加权平均法进行存货计价可以有效降低日常核算工作量,但因此也无法及时提供发出存货和结存存货的单价、金额,不利于企业的存货管理。

(3) 移动加权平均法。移动加权平均法是指平时每购入一批存货,即以原有存货数量和本批购入存货数量为权数,计算一个加权平均单位成本,据以计算其后发出存货成本的方法。计算公式为

$$移动加权平均单位成本 = \frac{原有存货成本 + 本批购入存货成本}{原有存货数量 + 本批购入存货数量}$$

$$本批发出存货成本 = 最近移动加权平均单位成本 \times 本批发出存货的数量$$

$$月末结存存货成本 = 期末移动加权平均单位成本 \times 本期结存存货的数量$$

与月末一次加权平均法类似,采用移动加权平均法也常用倒挤方法将计算误差挤入发出存货的成本。

【例 3-11】 接例 3-9 资料,假定新华公司采用移动加权平均法,A 商品本月发出和月末结存成本计算如下。

$$8 月 3 日购入存货后移动加权平均单位成本 = \frac{24\,000 + 66\,400}{300 + 800} = 82.18(元/件)$$

$$8 月 5 日结存存货成本 = 82.18 \times 200 = 16\,436(元)$$

$$8 月 5 日发出存货成本 = 90\,400 - 16\,436 = 73\,964(元)$$

$$8 月 12 日购入存货后移动加权平均单位成本 = \frac{16\,436 + 42\,500}{200 + 500} = 84.19(元/件)$$

8 月 15 日结存存货成本 $= 84.19 \times 300 = 25\ 257$（元）

8 月 15 日发出存货成本 $= 58\ 936 - 25\ 257 = 33\ 679$（元）

8 月 23 日购入存货后移动加权平均单位成本 $= \dfrac{25\ 257 + 57\ 400}{300 + 700} = 82.66$（元/件）

8 月 25 日结存存货成本 $= 82.66 \times 200 = 16\ 532$（元）

8 月 25 日发出存货成本 $= 82\ 657 - 16\ 532 = 66\ 125$（元）

本月发出存货成本 $= 73\ 964 + 33\ 679 + 66\ 125 = 173\ 768$（元）

月末结存存货成本 $= 82.66 \times 200 = 16\ 532$（元）

与月末一次加权平均法相比，移动加权平均法将存货的计价分散在平时进行，可以随时掌握发出存货的成本和结存存货的成本，有利于加强企业的存货管理，但相应的计算工作量比较大，需要电算化系统配合效果更好。

（4）个别计价法。个别计价法也称个别认定法或具体辨认法，是指本期发出存货和期末结存存货的成本，完全按照该（认定的）存货所属购入（或生产）批次入账时的实际成本进行确定的方法，显然该方法实现了存货成本结转与实物流转一致，能准确反映本期发出存货和期末结存存货的成本，但对相应的核算工作要求较高，需要对每一件存货的品种规格、入账时间、单位成本和存放地点等做详细记录。

2. 发出存货的会计处理

1）生产经营领用原材料

原材料在生产经营过程中被领用后即发生了实物形态上的一系列变化，在其消耗过程中转化为费用或形成产品的成本。为此，企业应当在月末根据本月签收的各种发料凭证按用途分类汇总，编制"发出材料汇总表"，并据此将材料成本直接计入产品生产成本或当期费用。即领用原材料时

借：生产成本

　　制造费用

　　销售费用

　　管理费用

　　其他业务成本（材料对外销售）

　贷：原材料

【例 3-12】 新华公司本月领用的原材料实际成本为 248 000 元，发出材料汇总表如表 3-3 所示。

表 3-3　发出材料汇总表

2019 年 12 月 31 日　　　　　　　　　　　　　　　单位：元

领用部门	用　途	材料类别			合　计
		主要材料	辅助材料	燃　料	
生产车间	产品生产	164 000	25 000	9 200	198 200
	一般消耗		17 500	3 800	21 300
行政部门	一般消耗			5 500	5 500

续表

领用部门	用 途	材料类别			合 计
		主要材料	辅助材料	燃 料	
销售部门	销售	20 000	3 000		23 000
合 计		184 000	45 500	18 500	248 000

企业据此编制以下会计分录。

借：生产成本   198 200
  制造费用   21 300
  管理费用   5 500
  其他业务成本   23 000
 贷：原材料   248 000

2）生产经营领用的周转材料

周转材料是指企业能够多次使用，其价值逐渐转移但仍然保持原有实物形态，且不能确认为固定资产的材料，包括常见的包装物和低值易耗品。

企业一般应设置"周转材料"科目，或依照重要性原则单独设置"包装物""低值易耗品"科目，核算各种周转材料的成本及其结转。企业购入、自制、委托加工完成并已验收入库的周转材料，比照"原材料"科目进行相关处理；在领用时，根据其消耗方式、价值大小等选择适当的摊销方法，将其账面价值分别结转计入：生产成本或制造费用（生产部门领用）、管理费用（行政管理部门领用）、销售费用（随同商品出售但不单独计价）、其他业务成本（随同商品出售且单独计价，或用于出租、出借等）等科目。

常用的周转材料摊销方法有一次转销法、五五摊销法等。

（1）一次转销法是指在领用周转材料时，将其账面价值一次性全部计入领用当期的有关成本费用项目的结转方法，一般适用于价值低或极易损坏的低值易耗品，及生产领用或随同商品出售的包装物。其核算方法如图 3-1 所示。

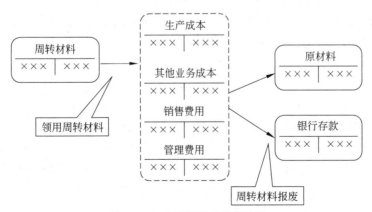

图 3-1 一次摊销法的核算流程

【例 3-13】 新华公司的管理部门 2019 年 11 月领用了一批低值易耗品，账面价值 1 500 元，采用一次摊销法核算。当月报废一批管理用低值易耗品，残料变价收入现金

180元。编制会计分录如下。

（1）领用。

借：管理费用 1 500

　贷：周转材料 1 500

（2）报废。

借：库存现金 180

　贷：管理费用 180

（2）五五摊销法是指在领用周转材料时先摊销其账面价值的50%，待报废时再摊销其剩下的50%的结转方法。采用五五摊销法时，应在"周转材料"科目下分设"在库""在用"和"摊销"明细目，具体核算方法如图3-2所示。

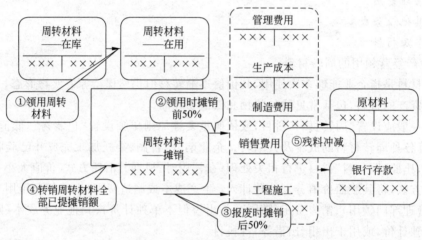

图3-2　五五摊销法的核算流程

显然，从核算角度看，五五摊销法略显烦琐，但采用这种方法可以使得领用的周转材料在报废前，始终有50%的价值保留在账面上，有利于企业加强对周转材料的管理与核算。该方法适用于领用数量多且金额较大的周转材料。

【例3-14】　新华公司在2019年11月领用一批包装箱出借给客户周转使用。该批包装箱的账面价值为24 000元，采用五五摊销法摊销。该批包装箱报废时残料作价4 200元作为原材料入库。编制相关会计分录如下。

（1）领用。

借：周转材料——在用 24 000

　贷：周转材料——在库 24 000

借：销售费用 12 000

　贷：周转材料——摊销 12 000（摊销50%）

（2）报废。

借：销售费用 12 000

　贷：周转材料——摊销 12 000（摊销剩余的50%）

借：周转材料——摊销 24 000

　贷：周转材料——在用 24 000（结转成本）

（3）残料入库。

借：原材料　　　　　　　　　　　　　　　　　　　4 200

　　贷：销售费用　　　　　　　　　　　　　　　　　　　4 200

3）销售存货

企业在对外销售存货时，应在确认销售收入的同时，按发出存货的账面价值结转销售成本。其中发出（销售）库存商品的成本结转到"主营业务成本"科目；发出（销售）原材料的成本结转到"其他业务成本"科目。相关核算举例可参见本书第 11 章。

4）在建工程领用存货

企业因自行建造、安装固定资产领用原材料和库存商品，应在领用时将其账面价值计入有关的工程成本，即借记"在建工程"科目，贷记"原材料"或"库存商品"科目。

3.3.2　计划成本法

上述存货的取得及发出核算，均以实际成本计价为计量基础，这对于存货品种、规格、数量较多且收发频繁的企业来说，日常核算工作量很大，核算成本也很高，为了简化存货的核算，实际工作中企业也可采用计划成本法对其存货进行会计处理。即存货的日常收、发和结存均按照预先制订的计划（预算）成本计价，同时登记实际成本与计划成本的差异数，在月末对本月发出存货和结存存货进行相应的成本差异分摊，最终将发出存货和结存存货的计划成本调整为实际成本。在会计核算上一般通过设置"材料采购""原材料""材料成本差异"等科目来进行相关的账务处理。

1. 计划成本法的基本核算方法

在计划成本法下，"原材料"科目借方登记验收入库原材料，贷方登记原材料领用，均按照计划成本计价。

同时使用的"材料采购"和"材料成本差异"科目也属于资产类科目。其中"材料采购"科目的借方登记原材料购入的实际成本，贷方登记验收入库的原材料计划成本；如果购入材料的实际成本大于计划成本，表明成本超支，其差额应从"材料采购"科目的贷方转出，记入"材料成本差异"科目的借方；反之，原材料采购时出现的成本节约，差额应从"材料采购"科目的借方转出，记入"材料成本差异"科目的贷方；该科目的余额一般在借方，表明采购的在途（未验收入库）原材料的实际成本。

"材料成本差异"科目的借方登记采购成本的超支金额，贷方登记采购成本的节约金额，期末在计算出成本差异率后，应据此计算发出材料应分摊的成本差异，自"材料成本差异"科目转出，进入相关的成本费用科目，最终将发出材料及库存材料的计划成本调整为实际成本。

有关核算流程如图 3-3 所示。

【例 3-15】　假定新华公司的存货采用计划成本法核算。2019 年发生了下列原材料采购业务。

（1）4 月 10 日，购入一批原材料并已验收入库，该批原材料的计划成本为 123 000 元，取得的增值税专用发票上注明的价款为 120 000 元，增值税进项税额为 15 600 元，实际款项已经通过银行转账支付。编制会计分录如下。

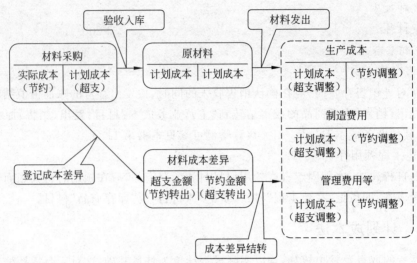

图 3-3　计划成本法的核算流程

① 采购。

借：材料采购	120 000	
应交税费——应交增值税（进项税额）	15 600	
贷：银行存款		135 600

② 按计划成本入库。

借：原材料	123 000	
贷：材料采购		123 000

③ 确认采购节约差异。

借：材料采购	3 000	
贷：材料成本差异		3 000

上述②、③分录可合并为材料入库并确认采购节约差异。

借：原材料	123 000	
贷：材料采购		120 000
材料成本差异		3 000

（2）4 月 15 日，购入一批原材料，增值税专用发票上注明价款为 180 000 元，增值税进项税额为 23 400 元，款项已经通过银行转账支付，材料尚未验收入库。编制会计分录如下。

借：材料采购	180 000	
应交税费——应交增值税（进项税额）	23 400	
贷：银行存款		203 400

（3）4 月 20 日，收到 4 月 15 日购入的原材料并验收入库。该批原材料的计划成本为 172 000 元。编制会计分录如下。

借：原材料	172 000	
贷：材料采购		172 000
借：材料成本差异	8 000	
贷：材料采购		8 000

上述两组分录可合并为如下分录。

借：原材料 172 000

材料成本差异 8 000

贷：材料采购 180 000

（4）4月25日，购入一批原材料，增值税专用发票上注明价款为100 000元，增值税进项税额为13 000元，款项已经通过银行转账支付，材料尚在运输途中。编制会计分录如下。

借：材料采购 100 000

应交税费——应交增值税（进项税额） 13 000

贷：银行存款 113 000

（5）4月28日，购入一批原材料，材料已经运抵并验收入库，但因公司尚未收到相关的发票等结算凭证，未支付货款，故暂不做会计处理。

4月30日，仍未收到该批材料的结算凭证，需按该批材料的计划成本86 000元暂估入账，编制会计分录如下。

借：原材料 86 000

贷：应付账款——暂估应付款 86 000

（6）5月1日，用红字冲回上月末暂估入账分录。

借：原材料 $\boxed{86\ 000}$

贷：应付账款——暂估应付款 $\boxed{86\ 000}$

（7）5月3日，收到4月28日已经入库的原材料的结算凭证，增值税专用发票上注明的价款为88 000元，增值税进项税额为11 440元，货款通过银行转账支付。编制会计分录如下。

借：材料采购 88 000

应交税费——应交增值税（进项税额） 11 440

贷：银行存款 99 440

借：原材料 86 000

贷：材料采购 86 000

借：材料成本差异 2 000

贷：材料采购 2 000

（8）6月5日，收到4月25日购入的原材料并验收入库。该批原材料的计划成本为96 000元。编制会计分录如下。

借：原材料 96 000

贷：材料采购 96 000

借：材料成本差异 4 000

贷：材料采购 4 000

2. 成本差异的分摊方法

在计划成本法下，企业应当在月末将材料成本差异总额在发出材料和期末结存材料之间分摊，以调整计划成本至实际水平。会计核算中一般使用"材料成本差异率"来进行成本差异的分摊。

$$材料成本差异率 = \frac{月初结存材料的成本差异 + 本月购入材料的成本差异}{月初结存材料的计划成本 + 本月购入材料的计划成本}$$

本月发出材料应分摊的成本差异 = 发出材料计划成本 × 材料成本差异率

应当注意的是,发出材料应负担的成本差异,必须按月进行分摊,不得在季末或年末一次分摊;在计算材料成本差异率时,本月购入材料计划成本金额不包括以下内容。

(1) 已验收入库但发票等结算凭证月末尚未到达,企业按计划成本估价入账的原材料金额。

(2) 在途尚未入库的材料。

【例 3-16】 新华公司 2019 年 4 月 1 日的期初原材料计划成本为 48 000 元,"材料成本差异"科目的借方余额为 1 000 元。4 月的材料采购业务见例 3-15 资料。经汇总,4 月已经付款并已验收入库的原材料计划成本为 295 000 元,实际成本为 300 000 元,材料成本差异为超支 5 000 元。4 月领用原材料的计划成本 300 000 元,其中,基本生产领用 240 000 元,车间耗费领用 30 000 元,管理部门领用 5 000 元,对外销售 25 000 元。编制会计分录如下。

(1) 按计划成本发出原材料。

借:生产成本　　　　　　　　　　　　　　240 000
　　制造费用　　　　　　　　　　　　　　 30 000
　　管理费用　　　　　　　　　　　　　　　5 000
　　其他业务成本　　　　　　　　　　　　 25 000
　　贷:原材料　　　　　　　　　　　　　　　　　300 000

(2) 计算本月的材料成本差异率。

$$材料成本差异率 = \frac{1\ 000 + 5\ 000}{48\ 000 + 295\ 000} \times 100\% = 1.75\%$$

注意:在计算本月材料成本差异率时,本月购入材料的计划成本不包括尚未验收入库的在途材料,及已经验收入库但尚未收到发票等结算凭证而按计划成本暂估入账的原材料金额。

(3) 分摊材料成本差异。

生产成本 = 240 000 × 1.75% = 4 200(元)

制造费用 = 30 000 × 1.75% = 525(元)

管理费用 = 5 000 × 1.75% = 87.5(元)

其他业务成本 = 25 000 × 1.75% = 437.5(元)

借:生产成本　　　　　　　　　　　　　　 4 200
　　制造费用　　　　　　　　　　　　　　　 525
　　管理费用　　　　　　　　　　　　　　　 87.5
　　其他业务成本　　　　　　　　　　　　　437.5
　　贷:材料成本差异　　　　　　　　　　　　　 5 250

(4) 计算月末结存原材料的实际成本。

"原材料"科目余额 = 48 000 + 295 000 + 86 000(暂估入库) − 300 000
　　　　　　　　 = 129 000(元)

"材料成本差异"科目月末余额 = 1 000 + 5 000 − 5 250 = 750(元)

月末结存原材料的实际成本＝129 000＋750＝129 750(元)

3.4 存货的期末计量及核算

存货的期末计量是指企业在会计期末对其存货价值的重新计量。根据《企业会计准则》的规定,企业应当在资产负债表日对其期末存货按照(账面)实际成本与可变现净值孰低的原则进行重新计量。即当存货成本低于可变现净值时,存货按其成本计量;当存货成本高于可变现净值时,存货按其可变现净值计量,并按照成本与可变现净值的差额计提存货跌价准备,计入当期损益。其实质是基于谨慎性原则,提前确认企业在持有存货上很可能发生的减值损失,否则在存货的可变现净值持续下跌时,会虚增当期利润和期末存货的价值。

3.4.1 存货的可变现净值及其确定

1. 存货的可变现净值

存货的可变现净值是指存货的预计售价减去至完工时估计将要发生的成本、销售费用以及相关税费后的金额,即存货在正常的生产经营环境下可获得的未来现金流入,并非仅指存货的预计售价(或合同价)。

2. 存货可变现净值的确定

在会计实务中,企业应当对直接销售的存货和用于生产的存货分别确定其可变现净值。

(1) 直接用于出售的库存商品和原材料等,应当以其预计售价减去估计的销售费用和相关税费后的金额确定其可变现净值。

(2) 用于生产的原材料和继续加工的在产品或自制半成品等,应当以其所生产的或加工形成的产成品的预计售价,减去至完工时估计将要发生的成本、销售费用以及相关税费后的金额确定其可变现净值。

值得注意的是,企业为执行销售合同或劳务合同而持有的存货,应当以合同价格作为其可变现净值的计量基础,即在合同规定数量范围内,存货的可变现净值应当以合同售价减去估计至完工时将要发生的成本、销售费用以及相关税费后的金额来确定。对于超出合同规定数量的部分,其可变现净值则应当以其市场价格(公允价值)为计量基础。

【例 3-17】 新华公司期末存货采用成本与可变现净值孰低法计量。2019 年 9 月 20 日,新华公司与 M 公司签订销售合同:由新华公司于 2020 年 3 月 3 日向 M 公司销售笔记本电脑 1 000 台,销售价格为每台 1.2 万元。2019 年 12 月 31 日,新华公司库存笔记本电脑 1 200 台,单位成本为每台 1 万元,账面成本为 1 200 万元。2019 年 12 月 31 日,市场销售价格为每台 0.95 万元,预计销售税费每台 0.05 万元。该笔记本电脑的可变现净值是多少?

资产负债表日,同一项存货中一部分有合同价格约定、其他部分不存在合同价格约定的,应当分别确定其可变现净值。

题中笔记本电脑一共 1 200 台,其中 1 000 台存在合同价格,采用合同价格作为其预计售价;另外 200 台没有合同价格,采用市场销售价格作为其预计售价。

销售合同约定数量 1 000 台:

可变现净值＝1 000×1.2－1 000×0.05＝1 150(万元)

超过合同部分的 200 台:

$$可变现净值＝200×0.95－200×0.05＝180(万元)$$

【例3-18】 2019年12月26日，新华公司与希望公司签订了一份不可撤销的销售合同。双方约定：2020年3月20日，新华公司应按每台62万元的价格向希望公司提供乙产品6台。2019年12月31日，新华公司还没有生产该批乙产品，但持有的库存A材料专门用于生产该批乙产品6台，其账面价值（成本）为144万元，市场销售价格总额为152万元。将A材料加工成乙产品尚需发生加工成本230万元，不考虑其他相关税费。2019年12月31日，A材料的可变现净值是多少？

A材料专门用于生产乙产品，即其可变现净值的计算应用产成品（乙产品）的预计售价（合同价格）减去完工时估计的加工成本、相关销售税费（此处不考虑）为其可变现净值。

$$A材料可变现净值＝62×6－230＝142(万元)$$

3. 存货的期末计量：成本与可变现净值孰低

（1）直接用于出售的库存商品和原材料等，按照存货的成本与可变现净值孰低进行期末价值的确定。

（2）用于生产的原材料和继续加工的在产品或自制半成品等，按照材料存货所生产的产成品的可变现净值与成本的比较为基础，区分以下两种情况确定其期末价值。

① 如果用该材料生产的产成品的可变现净值预计高于生产成本，则该材料应当按照成本计量。

② 如果材料价格的下降导致产成品的价格下降，从而导致产成品的可变现净值低于生产成本，则该材料应当按照可变现净值计量，并相应地计提存货跌价准备。

3.4.2　存货减值的判断及其会计处理

1. 判断存货发生减值的依据

会计实务中，企业一般根据下列迹象来判断期末存货发生了减值，并对其计提相应的存货跌价准备，确认资产减值损失。

（1）该项存货的市价持续下跌，并且在可预见的未来无回升的希望。

（2）企业使用该项原材料生产的产品的成本大于产品的售价。

（3）企业因产品更新换代，原有库存原材料已经不适应新产品生产的需要，而且该项原材料的市场售价低于其账面价值。

（4）其他足以证明该项存货实质上已经发生减值的情形。

2. 存货跌价准备的计量

企业在初步判定其存货发生减值后，应当采用合理方法对各个单项存货项目的成本与可变现净值进行比较，如果经证实存货的可变现净值确实低于存货成本，应当将其差额作为存货的跌价准备，用以抵减存货成本，以反映存货的可变现净值。在某些特殊情况下，也可以对同类存货合并计提存货跌价准备。

会计实务中，企业应当在资产负债表日确定存货可变现净值与账面成本的差额（以下简称"差额"）后，将该差额与"存货跌价准备"科目原有的余额进行比较，在计提存货跌价准备前，分别以下情形计算确定本期应该计提（或转回）的存货跌价准备金额。

（1）"存货跌价准备"科目无余额，按差额计提跌价准备。

（2）"存货跌价准备"科目有贷方余额,且金额小于差额,表明存货价值进一步下跌,应按两者之差继续计提存货跌价准备。

（3）"存货跌价准备"科目有贷方余额,且金额大于差额,表明存货价值有所回升,应按两者之差转回已经计提的存货跌价准备。

（4）"存货跌价准备"科目有贷方余额,且金额等于差额,表明存货价值未发生变动,无须计提存货跌价准备。

（5）如果本期存货可变现净值高于成本,则表明存货价值已经完全恢复,应将已经计提的存货跌价准备全部转回,且恢复后的存货账面价值不能超过其原有的账面成本。

3. 计提存货跌价准备的会计处理

有关存货跌价准备的会计处理方法与应收账款坏账准备的会计处理类似,企业通过设置"资产减值损失"和"存货跌价准备"科目来进行相关核算。核算流程如图 3-4 所示。

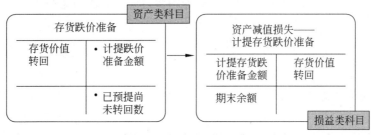

图 3-4 存货跌价准备的核算流程

【例 3-19】 2019 年 12 月 31 日,新华公司持有的乙产品的账面成本为 65 万元,市场销售价格为 58 万元,销售该项产品预计发生的销售费用及相关税费为 4.5 万元。假定公司初次采用成本与可变现净值孰低的方法来确定期末存货价值,则

$$乙产品的可变现净值＝58－4.5＝53.5（万元）$$

公司应当按 53.5 万元计量期末乙产品的价值,与成本 65 万元相比显然发生了减值损失,其差额 11.5 万元（65－53.5）应在计入资产减值损失的同时,计提存货跌价准备,编制会计分录如下。

借：资产减值损失　　　　　　　　　　　　　　　　　115 000

　　贷：存货跌价准备　　　　　　　　　　　　　　　　　115 000

【例 3-20】 2019 年 12 月 31 日,新华公司持有的用于生产甲产品的 A 材料的账面成本为 320 000 元,市价为 280 000 元。A 材料可生产 200 件甲产品,由于 A 材料的市价下跌导致相应的甲产品市价也从原来的 3 400 元降为 3 200 元。公司预计将 A 材料加工成甲产品每件需投入人工及制造费用 1 800 元,预计销售甲产品每件发生的销售费用及相关税费为 300 元。假定公司期末存货初次采用成本与可变现净值孰低方法来计量。

根据上述资料,用于生产甲产品的 A 材料的可变现净值不能简单地以其市价与账面成本比较来确定,而应当以其所生产的甲产品的预计售价,减去至完工时估计将要发生的成本、销售费用以及相关税费后的金额来确定。即

$$A 材料的可变现净值＝3\ 200×200－（1\ 800＋300）×200＝220\ 000（元）$$
$$A 材料应计提的存货跌价准备＝320\ 000－220\ 000＝100\ 000（元）$$

编制会计分录如下。

借：资产减值损失　　　　　　　　　　　　　　100 000

　　贷：存货跌价准备　　　　　　　　　　　　　　100 000

【例 3-21】 假定新华公司采用成本与可变现净值孰低的方法进行期末存货计量。2019 年 10 月 1 日至 12 月 31 日,有关甲产品期末计量的资料及相应账务处理如下。

(1) 2019 年 10 月 31 日,甲产品的账面成本 320 000 元,可变现净值为 285 000 元,假定"存货跌价准备"科目的原有余额为零,则甲产品期末应计提的存货跌价准备为:320 000－285 000＝35 000(元),编制会计分录如下。

借：资产减值损失　　　　　　　　　　　　　　35 000

　　贷：存货跌价准备　　　　　　　　　　　　　　35 000

(2) 2019 年 11 月在销售甲产品 240 000 元时,在结转成本的同时应按比例相应结转存货跌价准备:$\frac{240\,000}{320\,000}\times 35\,000＝26\,250$(元),即调减所售甲产品的主营业务成本。编制会计分录如下。

借：主营业务成本　　　　　　　　　　　　　　240 000

　　贷：库存商品　　　　　　　　　　　　　　　　240 000

借：存货跌价准备　　　　　　　　　　　　　　26 250

　　贷：主营业务成本　　　　　　　　　　　　　　26 250

结转后"存货跌价准备"科目的余额为 35 000－26 250＝8 750(元),剩余的甲产品 11 月 30 日期末账面余额(成本)为 320 000－240 000＝80 000(元)。

假定其可变现净值为 70 000 元,应计提的存货跌价准备为(80 000－70 000)－8 750＝1 250(元)。

编制会计分录如下。

借：资产减值损失　　　　　　　　　　　　　　1 250

　　贷：存货跌价准备　　　　　　　　　　　　　　1 250

11 月 30 日"存货跌价准备"科目的余额为 10 000 元。

(3) 2019 年 12 月没有发生甲产品的销售业务,期末甲产品存货的可变现净值为 75 000 元,应计提的存货跌价准备为(80 000－75 000)－10 000＝－5 000(元)。

即由于存货的可变现净值较之上月末有所回升,且回升金额小于已经计提的存货跌价准备,应当予以转回。编制会计分录如下。

借：存货跌价准备　　　　　　　　　　　　　　5 000

　　贷：资产减值损失　　　　　　　　　　　　　　5 000

3.5　存　货　清　查

3.5.1　存货清查的意义及方法

存货是企业资产的重要组成部分,其种类繁多且处于不断的销售或消耗及重置过程,具有很强的流动性,容易发生自然损耗、丢失或被贪污、盗窃等,在频繁的收发计量和核算工作中也容易发生差错。为了加强存货的管理,维护资产的安全完整,企业应当定期或不定期地对存货(实物)进行盘点。可以是全面盘点,也可以是抽查重点项目进行盘点,以确定存货的实有数量,并与其账面记录核对,确保存货账实相符。

应当注意的是,为了提高存货清查(盘点)的有效性,在每次进行清查盘点前,应当确保已经收发的存货数量全部入账,并准备好盘点清册,抄列各种存货的编号、名称、规格、数量和存放地点。盘点时应在盘点清册上逐一登记各种存货的结存数量和实存数量。对于账实不符的存货,应查明原因,厘清责任,并根据清查盘点结果编制"存货盘存报告单",作为相关账务处理的原始凭证。

3.5.2　存货清查结果的账务处理

为了核算存货的盘盈、盘亏及毁损情况,企业应设置"待处理财产损溢"科目(账户)。该科目属于资产类科目,也属于调整类科目,其借方登记各项存货的盘亏、毁损及批准后的盘盈转销数;贷方登记各项存货的盘盈数及批准后的盘亏核销数;企业的财产损益,应查明原因,在期末结账前处理完毕,处理后本科目应无余额。

1. 存货盘盈

存货盘盈是指存货的实存数量超过账面结存数量。对于盘盈的存货,企业应按其重置成本及时入账,待查明原因并报经批准后,冲减当期的管理费用(《小企业会计准则》规定小企业的存货盘盈应当计入营业外收入)。

【例 3-22】　新华公司 2019 年 12 月 31 日在存货清查中发现盘盈一批 A 材料,其重置成本为 7 200 元,相关账务处理如下。

(1) 发现盘盈。

借:原材料　　　　　　　　　　　　　　　　　　　　　　　7 200

　　贷:待处理财产损溢——待处理流动资产损溢　　　　　　　　　7 200

(2) 报经批准。

借:待处理财产损溢——待处理流动资产损溢　　　　　　　　　7 200

　　贷:管理费用　　　　　　　　　　　　　　　　　　　　　7 200

2. 存货盘亏

存货盘亏是指存货的实存数量少于账面结存数量。对于盘亏的存货,企业应将其账面价值及时核销,待查明原因并报经批准后,分以下情况进行会计处理。

(1) 属于定额内自然损耗造成的短缺,计入管理费用。

(2) 属于收发计量差错和管理不善等原因造成的短缺或毁损,在扣除了可收回的保险公司或过失人赔偿、残料价值后,将其净损失计入管理费用。应当注意的是,因管理不善造成的被盗、丢失及霉烂变质的存货,其相应的增值税进项税额不能留作抵扣,应当予以转出。

(3) 属于自然灾害等原因造成的毁损,将扣除了可收回的保险公司和过失人赔款以及残料价值后的净损失,计入营业外支出。与该项存货相关的增值税进项税额可以继续留作抵扣,无须进行转出处理。

【例 3-23】　新华公司 2019 年 12 月 31 日在存货清查中发现盘亏一批 B 材料,账面价值15 000 元,相关账务处理如下。

(1) 发现盘亏,原因待查。

借：待处理财产损溢——待处理流动资产损溢　　　　15 000
　　贷：原材料　　　　　　　　　　　　　　　　　　　　15 000

（2）查明原因，报经批准处理。

① 假定属于收发计量差错造成的存货短缺。

借：管理费用　　　　　　　　　　　　　　　　　　　15 000
　　贷：待处理财产损溢——待处理流动资产损溢　　　　15 000

② 假定属于管理不善造成存货霉烂变质，并收到过失人赔偿的现金5 000元，该批存货相应的增值税进项税额＝15 000×13％＝1 950(元)应予转出。

借：库存现金　　　　　　　　　　　　　　　　　　　5 000
　　管理费用　　　　　　　　　　　　　　　　　　　11 950
　　贷：待处理财产损溢——待处理流动资产损溢　　　　15 000
　　　　应交税费——应交增值税(进项税额转出)　　　　1 950

③ 假定属于自然灾害造成的毁损，且应收保险公司赔付12 000元。

借：其他应收款——保险赔款　　　　　　　　　　　　12 000
　　营业外支出　　　　　　　　　　　　　　　　　　3 000
　　贷：待处理财产损溢——待处理流动资产损溢　　　　15 000

3.6　存货的披露与分析

3.6.1　存货的披露

存货是企业另外一项重要的流动资产，在资产负债表中按其流动性排列在货币资金、交易性金融资产和应收款项之后，期末金额应当按减去"存货跌价准备"等科目相应明细的期末余额后的净额填列，并对一年内到期的流动资产、消耗性生物资产等予以单独反映。

为了真实、完整地反映存货对企业财务状况、经营成果的影响，按照《企业会计准则》的规定，企业应当表外披露存货核算的会计政策和存货项目的构成，包括以下内容。

（1）原材料、在产品、产成品等各类存货在报告期期初、期末的账面价值及总额。

（2）存货取得的方式、存货发出的计价方式，以及低值易耗品和包装物的摊销方法。

（3）存货跌价准备的计提方法、存货可变现净值的确定依据，以及当期计提或转回的存货跌价准备金额。

（4）用于担保的存货的账面价值等。

3.6.2　存货的分析

由于存货在取得、发出时有不同的计价方法，期末需要根据成本与可变现净值孰低的原则来计价，客观上给某些企业留下了较大的利润调节空间。例如，在原材料成本持续上涨期间，企业如果将发出存货的计价由原来的加权平均法改为先进先出法，显然会高估当期利润和资产(存货)价值。报表使用者对此应当予以关注，分析时要注意企业前后会计期间采用的存货计价方法是否一致，如有变更应分析不同计价方法对企业期末资产及当期利润的影响;注意期末计提存货跌价准备的合理性,及其对当期利润的影响等。

案例

　　某上市公司的报表显示,因存货计价方法由加权平均变更为先进先出,销售毛利率由前一会计年度的17.6%上升到报告年度的18.9%,营业利润增加2 474万元。而在行业产能过剩、公司主营产品塑料薄膜毛利率下滑的情况下,某上市公司20×3年上半年的期末存货为1.56亿元,较期初的1.5亿元增加3.85%,计提的跌价准备却仅为18.1万元,较期初计提的25.5万元下降29%,计提比例为0.12%。很自然地,该公司此举也被部分投资者质疑存货会计处理方法过于激进,涉嫌虚增利润。

　　根据20×2的年报数据,我国近300家上市公司因为计提巨额存货跌价准备向下修正业绩,其中光电股份(600184.SH)计提的存货跌价准备为6 353.54万元,ST超日(002506.SZ)计提的存货跌价准备更高达38 994.59万元,巨额的存货及其减值准备已经成为悬在上市公司头顶的达摩克利斯之剑! 存货造假的最经典案例当属美国的法尔莫公司——基于存货高估和虚假利润舞弊行为最终导致了莫纳斯及其公司的破产,同时也使当时为其提供审计服务的"五大"事务所损失了数百万美元。对此,报表使用者应当对比分析企业前后各期的存货计价方法、减值计提、存货金额及结构的变化情况,据此分析有关存货信息披露的真实性、合理性及质量。

　　事实上,企业存货水平的高低应当采用辩证的观点来看。通常而言,在"适时制"及"零存货"等新的管理理念下,存货意味着较大的成本负担,而且给人造成"积压滞销"之嫌,但也不排除企业在特殊情况下,为了"囤积居奇"或战略性目的而把持着大量存货。作为报表使用者,应当结合企业的利润表和现金流量表去评估存货质量,分析其效益。根据Wind数据统计,截至20×4年4月1日,46家已经发布20×3年年报的汽车制造业上市公司期末的存货金额共计860.5亿元,与20×2年相比,增加了近104亿元。其中,上汽集团(600104.SH)以309亿元的存货金额高居"榜首",同比增加60亿元,公司计提16亿元跌价准备。显然,企业的存货与所处行业有关,汽车行业存货金额多除了与行业大环境有关之外,与自身管理、销售问题也分不开。在20×3年整个汽车行业的形势不错的情况下,不排除部分厂商看好市场而增加产量,但库存的巨额增加无疑会加大企业销售的压力,增加财务费用以及管理费用,对后续发展带来一定风险。

本 章 小 结

　　本章主要内容包括存货购置、发出、期末结存的计量及会计核算方法。

　　1. 存货是指企业在日常经营活动中持有以备出售的产成品或商品、处在生产过程中尚未完工的在产品,及在生产或提供劳务过程中将消耗的材料和物料等。作为企业流动资产的重要组成,在确认企业存货后应加强其分类管理和核算。

　　2. 存货成本主要包括"价、税、费",但其构成应当分别外购、自制和委托加工等方式具体确定。

　　3. 存货发出的成本计量可以采用实际成本法和计划成本法,在适当确定发出存货成本后应根据发出存货的用途(如用于生产经营、销售及在建工程等)分别进行相关的账务处理,采用计划成本法的应当在期末结转成本差异。

4. 企业应当在资产负债表日对其期末存货按照(账面)实际成本与可变现净值孰低的原则进行重新计量,据此确定可能发生的存货跌价损失,并计提跌价准备。

5. 为了加强存货的管理,维护资产的安全完整,企业应当定期或不定期地对存货(实物)进行盘点,对出现的盘盈盘亏进行相关的账务处理。

本章重点:存货成本的构成及核算;计划成本法的核算原理;存货跌价的确定及跌价准备的计提。

本章难点:计划成本法的核算原理和方法。

本章练习题

一、单项选择题

1. 某企业为增值税小规模纳税企业。该企业购入甲材料 600 千克,每千克含税单价为 50 元,发生运杂费 2 000 元,运输过程中发生合理损耗 10 千克,入库前发生挑选整理费用 450 元。该批甲材料每千克成本为(   )元。

    A. 54.24   B. 54.08   C. 55   D. 50.85

2. A 公司委托 B 公司加工材料一批,A 公司发出原材料实际成本为 50 000 元。完工收回时支付加工费 2 000 元(不含增值税)。该材料属于消费税应税物资,同类物资在 B 公司目前的销售价格为 70 000 元。A 公司收回材料后将用于生产应税消费品。假设 A、B 公司均为增值税一般纳税企业,适用的增值税税率为 13%,消费税税率为 10%。该材料 A 公司已收回,并取得增值税专用发票,则该委托加工材料收回后的入账价值是(   )元。

    A. 52 000   B. 57 778   C. 59 000   D. 59 340

3. 某企业采用月末一次加权平均法计算发出原材料的成本。2019 年 2 月 1 日,甲材料结存 100 千克,每千克实际成本为 100 元;2 月共购入甲材料 150 千克,每千克实际成本为 110 元;2 月 15 日发出甲材料 200 千克。2 月 15 日发出甲材料的成本为(   )元。

    A. 5 300   B. 20 000   C. 21 200   D. 22 000

4. 某企业月初结存材料的计划成本为 100 000 元,材料成本差异为节约 1 000 元;本月入库材料的计划成本为 100 000 元,材料成本差异为超支 400 元。当月生产车间领用材料的计划成本为 150 000 元。假定该企业按月末计算的材料成本差异率分配和结转材料成本差异,则当月生产车间领用材料应负担的材料成本差异为(   )元。

    A. 450   B. −450   C. 1 050   D. −1 050

5. 东方公司和西方公司均为增值税一般纳税人,适用的增值税税率均为 13%,东方公司委托西方公司加工应征消费税的材料一批,东方公司发出原材料的实际成本为 600 万元。完工收回时支付加工费 120 万元,另行支付增值税税额 15.6 万元,支付西方公司代收代缴的消费税税额 45 万元。东方公司收回材料后直接对外出售。则东方公司该批委托加工材料的入账价值是(   )万元。

    A. 765   B. 780.6   C. 720   D. 735.6

6. 2019 年 12 月 31 日,西方公司库存甲材料的账面余额(成本)为 780 万元,未计提存货跌价准备,市场销售价格总额为 800 万元,假设不考虑其他销售税费,甲材料专门用来生产 A 产品,将甲材料加工成 A 产品尚需发生加工费 400 万元,期末 A 产品的可变现净值为 1 150 万元,A 产品的成本为 1 180 万元。2019 年 12 月 31 日,甲材料应计提的存货跌价准备为( )万元。

    A. 0   B. 50   C. 30   D. 100

7. 物价上涨时,能使企业计算出来的净利最大的存货计价方法是( )。

    A. 个别计价法   B. 移动加权平均法

    C. 先进先出法   D. 月末一次加权平均法

8. 下列各项,不会引起企业期末存货账面价值变动的是( )。

    A. 已发出商品但尚未确认销售收入

    B. 已确认销售收入但尚未发出商品

    C. 已收到材料但尚未收到发票账单

    D. 已收到发票账单并付款但尚未收到材料

二、多项选择题

1. 下列与存货相关会计处理的表述中,正确的有( )。

    A. 应收保险公司存货损失赔偿款计入其他应收款

    B. 资产负债表日存货应按成本与可变现净值孰低计量

    C. 按管理权限报经批准的盘盈存货价值冲减管理费用

    D. 结转商品销售成本的同时转销其已计提的存货跌价准备

2. 下列各项中,引起存货账面价值发生增减变动的有( )。

    A. 发出委托加工物资   B. 已发出商品但尚未确认收入

    C. 计提存货跌价准备   D. 存货暂估入账

3. 下列关于企业计提存货跌价准备的表述中正确的有( )。

    A. 当存货的成本低于可变现净值时,存货按成本计价

    B. 企业计提存货跌价准备会减少企业当期营业利润

    C. 计提存货跌价准备的影响因素消失,价值得以恢复时应在原计提的跌价准备金额内转回

    D. 转回存货跌价准备时,将转回的金额计入管理费用

4. 下列各项中属于材料采购成本的有( )。

    A. 材料采购运输途中发生的合理损耗

    B. 材料入库后的挑选整理费用

    C. 购买材料的价款

    D. 购入材料的运杂费

5. A 企业原材料采用实际成本法核算。2019 年 3 月 30 日该企业对存货进行全面清查。发现短缺原材料一批,账面成本 14 000 元。已计提存货跌价准备 3 000 元,经确认,应由保险公司赔款 5 000 元,由过失人员赔款 4 000 元,假定不考虑其他因素,下列选项中正确的有( )。

    A. 发现短缺原材料时,贷记待处理财产损溢

    B. 发现短缺原材料时,借记待处理财产损溢

    C. 经确认,应由保险公司的赔款借记其他应收款

D. 该项存货清查业务应确认的净损失为 3 000 元

三、判断题

1. 采用先进先出法核算发出存货成本的,在物价持续上涨时,期末存货成本接近市价,而发出成本偏高,利润偏低。 （　　）

2. 如果按照计划成本进行存货核算,则要对存货的计划成本和实际成本之间的差异进行单独核算,最终将计划成本调整为实际成本。 （　　）

3. 可变现净值是指存货的预计售价(或合同价)。 （　　）

4. 企业租入包装物支付的押金应计入其他业务成本。 （　　）

5. 发出存货成本计价方法可以采用成本与可变现净值孰低法。 （　　）

四、综合题

1. 某企业 2019 年 5 月初结存原材料的计划成本为 100 000 元;本月购入材料的计划成本为 200 000 元,本月发出材料的计划成本为 160 000 元,其中生产车间直接耗用 100 000 元,管理部门耗用 60 000 元。材料成本差异的月初数为 2 000 元(超支),本月收入材料成本差异为 4 000 元(超支)。要求:

(1) 计算材料成本差异率。

(2) 计算发出材料应负担的成本差异。

(3) 计算发出材料的实际成本。

(4) 计算结存材料的实际成本。

(5) 作出材料领用的会计分录,以及期末分摊材料成本差异的会计处理。

2. 甲上市公司为增值税一般纳税人,库存商品采用实际成本核算,商品售价不含增值税,商品销售成本随销售同时结转。2019 年 5 月 1 日,A 商品账面余额为 400 万元,已计提存货跌价准备 10 万元;B 商品账面余额为 230 万元,其对应的存货跌价准备余额是 0。2019 年 5 月发生的有关采购与销售业务如下。

(1) 5 月 1 日,销售期初全部库存 A 产品,开出的增值税专用发票上注明货款 500 万元,增值税税款 65 万元。商品已经发出,款项已收回。

(2) 5 月 3 日,从某公司采购 B 商品一批,收到的增值税专用发票上注明的货款为 80 万元,增值税为 10.4 万元。B 商品已验收入库,款项尚未支付。

(3) 5 月 8 日,向乙公司销售 B 商品一批,开出的增值税专用发票上注明的售价为 150 万元,增值税为 19.5 万元,该批 B 商品实际成本为 120 万元,款项尚未收到。

(4) 销售给乙公司的部分 B 商品由于存在质量问题,5 月 20 日乙公司要求退回 5 月 8 日所购 B 商品的 50%,经过协商,甲公司同意了乙公司的退货要求,并按规定向乙公司开具了增值税专用发票(红字),发生的销售退回允许扣减当期的增值税销项税额,该批退回的 B 商品已验收入库。

(5) 5 月 31 日,经过减值测试,B 商品的可变现净值为 230 万元。

要求:根据以上资料,编制相关的会计分录。

3. 安达公司为增值税一般纳税人,适用的增值税税率为 13%,存货采用计划成本法核算。A 材料的计划成本为 1.1 万元/吨。2019 年 5 月与存货有关的经济业务如下。

(1) 5 月 1 日,原材料——A 材料借方余额为 3 000 万元,材料成本差异贷方余额为 500 万元。

（2）5月3日，购入A材料1 000吨，取得增值税专用发票注明的价款为1 000万元，增值税税额为130万元，取得运费的增值税专用发票注明的运费200万元，增值税税额为18万元，材料已验收入库，以上款项均已通过银行转账方式支付。

（3）5月12日，购入A材料2 000吨，取得增值税专用发票注明的价款为2 500万元，增值税税额为325万元，取得运费的普通发票注明的运费价税合计金额为500万元，支付保险费、包装费共计200万元，支付入库前挑选整理人员工资100万元。验收入库时发现短缺1吨，经查明，属于运输途中合理损耗，以上款项均已通过银行转账方式支付。

（4）5月22日，以电汇方式购入A材料3 000吨，取得货物增值税专用发票注明价款3 000万元，增值税税额390万元。材料尚未收到。

（5）5月25日，收到22日购入的A材料3 000吨，并已验收入库。

（6）截至5月31日，安达公司基本生产车间领用A材料2 500吨；辅助生产车间领用A材料100吨；车间管理部门领用50吨；厂部管理部门领用A材料10吨。

要求：根据以上业务编制会计分录。（注：科目金额保留小数点后两位数字）

第4章 金融资产

本章的学习将会使你:

(1) 掌握金融资产的内容和分类;掌握以公允价值计量且其变动计入当期损益的金融资产、以摊余成本计量的金融资产和以公允价值计量且其变动计入其他综合收益的金融资产的特征、初始入账价值的构成;掌握三种金融资产的持有期间损益的确认及期末计量的相关核算方法。

(2) 理解以公允价值计量且其变动计入当期损益的金融资产公允价值变动的确认方法;以摊余成本计量的金融资产的实际利率法原理;以公允价值计量且其变动计入当期损益的金融资产、以摊余成本计量的金融资产和以公允价值计量且其变动计入其他综合收益的金融资产三种金融资产处置损益的方法。

(3) 了解金融资产减值的确认及会计处理方法。

4.1 金融资产及其分类

4.1.1 金融资产的内容

金融资产是指企业持有的现金、其他方的权益工具及符合下列条件之一的资产。

(1) 从其他方收取现金或其他金融资产的合同权利。例如,企业的银行存款、应收账款、应收票据均属于金融资产;而预付账款不是金融资产,因其产生的未来经济利益是商品或服务,不是收取现金或其他金融资产的权利。

(2) 在潜在有利条件下,与其他方交换金融资产或金融负债的合同权利。例如,企业持有的看涨期权或看跌期权等。

看涨期权即买入期权,是指期权的购买者拥有在期权合约有效期内按执行价格买进一定数量标的物的权利。

看跌期权即卖出期权,是指期权的购买者拥有在期权合约有效期内按执行价格卖出一定数量标的物的权利。

(3) 将来需用或可用企业自身权益工具进行结算的非衍生工具合同,且企业根据该合同将收到可变数量的自身权益工具。

(4) 将来需用或可用企业自身权益工具进行结算的衍生工具合同,但以固定数量的自身权益工具交换固定金额的现金或其他金融资产的衍生工具合同除外。其中,企业自身权益工具不包括应当按照《企业会计准则第 37 号——金融工具列报》分类为权益工具的可回售工具或发行方仅在清算时才有义务向另一方按比例交付其净资产的金融工具,也不包括本身要求在未来收取或交付企业自身权益工具的合同。

本章不涉及以下金融资产的会计处理:①长期股权投资(即企业对外能够形成控制、共同控制和重大影响的股权投资)；②货币资金(即现金、银行存款、其他货币资金)；③应收款项(应收账款、应收票据、其他应收款项)和贷款。

【知识链接】 衍生工具

衍生工具是指属于金融工具准则并同时具备下列特征的金融工具或其他合同。

(1) 其价值随特定利率、金融工具价格、商品价格、汇率、价格指数、费率指数、信用等级、信用指数或其他变量的变动而变动,变量为非金融变量的,该变量不应与合同的任何一方存在特定关系。

(2) 要求初始净投资,或者与对市场因素变化预期有类似反应的其他合同相比,要求较少的初始净投资。

(3) 在未来某一日期结算。

常见的衍生工具包括远期合同、期货合同、互换合同和期权合同等。

4.1.2 金融资产的分类

金融资产的分类是确认和计量的基础。企业应当按照其管理金融资产的业务模式和金融资产的合同现金流量特征,对金融资产进行合理的分类。金融资产一般划分为以下三类：①以摊余成本计量的金融资产；②以公允价值计量且其变动计入其他综合收益的金融资产；③以公允价值计量且其变动计入当期损益的金融资产。

1. 企业管理金融资产的业务模式

1) 业务模式评估

企业管理金融资产的业务模式是指企业如何管理其金融资产以产生现金流量。业务模式决定企业所管理金融资产现金流量的来源是收取合同现金流量、出售金融资产还是两者兼而有之。

企业管理金融资产的业务模式,应当以企业关键管理人员决定的对金融资产进行管理的特定业务目标为基础确定,应当以客观事实为依据,不得以按照合理预期不会发生的情形为基础确定。

2) 以收取合同现金流量为目标的业务模式

在以收取合同现金流量为目标的业务模式下,企业管理金融资产旨在通过在金融资产存续期内收取合同付款来实现现金流量,而不是通过持有并出售金融资产产生整体回报。

3) 以收取合同现金流量和出售金融资产为目标的业务模式

在以收取合同现金流量和出售金融资产为目标的业务模式下,企业的关键管理人员认为收取合同现金流量和出售金融资产对于实现其管理目标而言都是不可或缺的。例如,企业的目标是管理日常资金流动性需求同时维持特定的收益率,或将金融资产的存续期与相关负债的存续期进行匹配。

4) 其他业务模式

如果企业管理金融资产的业务模式不是以收取合同现金流量为目标,也不是既以收取合同现金流量又出售金融资产来实现其目标,该金融资产应当分类为以公允价值计量且其变动计入当期损益的金融资产。

2. 金融资产的合同现金流量特征

金融资产的合同现金流量特征是指金融工具合同约定的、反映相关金融资产经济特征的现金流量属性,企业分类为以摊余成本计量的金融资产和以公允价值计量且其变动计入其他综合收益的金融资产,其合同现金流量特征应当与基本借贷安排相一致,即相关金融资产在特定日期产生的合同现金流量仅为对本金和以未偿付本金金额为基础的利息的支付。

本金是指金融资产在初始确认时的公允价值,本金金额可能因提前还款等原因在金融资产的存续期内发生变动;利息包括对货币时间价值、与特定时期未偿付本金金额相关的信用风险,以及其他基本借贷风险、成本和利润的对价。

3. 金融资产的具体分类

企业应当根据其管理金融资产的业务模式和金融资产的合同现金流量特征,将金融资产划分为以下三类。

1) 以摊余成本计量的金融资产

金融资产同时符合下列条件的,应当分类为以摊余成本计量的金融资产。

(1) 企业管理该金融资产的业务模式以收取合同现金流量为目标。

(2) 该金融资产的合同条款规定,在特定日期产生的现金流量,仅为对本金和以未偿付本金金额为基础的利息的支付。

企业一般应当设"债权投资"等科目核算分类为以摊余成本计量的金融资产。

2) 以公允价值计量且其变动计入其他综合收益的金融资产

金融资产同时符合下列条件的,应当分类为以公允价值计量且其变动计入其他综合收益的金融资产。

(1) 企业管理该金融资产的业务模式既以收取合同现金流量为目标,又以出售该金融资产为目标。

(2) 该金融资产的合同条款规定,在特定日期产生的现金流量,仅为对本金和以未偿付本金金额为基础的利息的支付。

例如,企业持有的普通债券的合同现金流量是到期收回本金,及按约定利率在合同期间收取固定或浮动利息的权利。在没有其他特殊安排的情况下,普通债券的合同现金流量下可能符合仅对本金及和以未偿付本金金额为基础的利息支付的要求。如果企业管理该债券的业务模式既以收取合同现金流量为目标,又以出售该债券为目标,则该债券应当分类为以公允价值计量且其变动计入其他综合收益的金融资产。

企业应当设置"其他债权投资"科目核算分类为以公允价值计量且其变动计入其他综合收益的金融资产(债务工具)。

3) 以公允价值计量且其变动计入当期损益的金融资产

按照上述分类为以摊余成本计量的金融资产和以公允价值计量且其变动计入其他综合收益的金融资产之外的金融资产,企业应当将其分类为以公允价值计量且其变动计入当期损益的金融资产,主要包括交易性金融资产和指定为以公允价值计量且其变动计入当期损益的金融资产。

(1) 交易性金融资产。金融资产满足下列条件之一的,表明企业持有该金融资产的目的是交易性的。

① 取得相关金融资产或承担相关金融负债的目的主要是近期出售或回购,如企业以赚取差价为目的从二级市场购入的股票、债券、基金等。

② 相关金融资产或金融负债在初始确认时属于集中管理的可辨认金融工具组合的一部分,且有客观证据表明近期实际存在短期获利模式。

③ 相关金融资产或金融负债属于衍生工具,但符合财务担保合同定义的衍生工具及被指定为有效套期工具的衍生工具除外。

(2) 指定为以公允价值计量且其变动计入当期损益的金融资产。在初始确认时,如果能够消除或显著减少会计错配,企业可以将金融资产指定为以公允价值计量且其变动计入当期损益的金融资产。该指定一经做出,不得撤销。

会计错配是指当企业以不同的会计确认方法和计量属性,对在经济上相关的资产和负债进行确认或计量而产生利得或损失时,可能导致的会计确认和计量上的不一致。

企业应当设置"交易性金融资产"科目核算以公允价值计量且其变动计入当期损益的金融资产,企业持有的直接指定为以公允价值计量且其变动计入当期损益的金融资产,也在本科目核算。

4.1.3 金融资产分类的特殊规定

权益工具投资的合同现金流量评估一般不符合基本借贷安排,因此只能分类为以公允价值计量且其变动计入当期损益的金融资产。然而在初始确认时,企业可以将非交易性权益工具指定为以公允价值计量且其变动计入其他综合收益的金融资产,并按规定确认股利收入。该指定一经做出,不得撤销。企业投资其他上市公司的股票或者非上市公司股权的,都可能属于这种情形。

企业应当设置"其他权益工具投资"科目核算分类为以公允价值计量且其变动计入其他综合收益的金融资产(非交易性权益工具)。

金融资产的分类如图 4-1 所示。

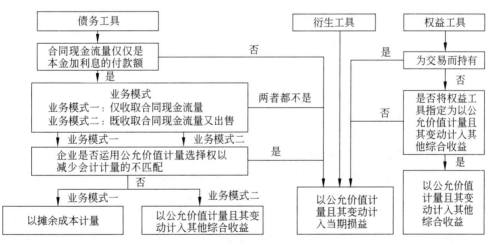

图 4-1 金融资产的分类

4.2 以公允价值计量且其变动计入当期损益的金融资产

4.2.1 初始计量(取得金融资产)

根据以公允价值计量且其变动计入当期损益的金融资产的特征,其初始计量应当以公允价值为基础。所谓公允价值,是指市场参与者在计量日发生的有序交易中,出售一项资产所能收到或者转移一项负债所需支付的价格。

对此,企业应当设置"交易性金融资产"科目对以公允价值计量且其变动计入当期损益的金融资产进行相关的会计核算。"交易性金融资产"属于资产类科目,一般分为"成本"和"公允价值变动"两个明细科目核算。

(1)"成本"明细科目的借方登记交易性金融资产的初始确认(入账)金额。

(2)"公允价值变动"明细科目反映交易性金融资产在持有期间的公允价值变动金额:借方登记交易性金融资产的公允价值增加数,贷方登记交易性金融资产的公允价值减少数。

实务中一般将以公允价值计量且其变动计入当期损益的金融资产在购买日的市价或挂牌价作为其初始入账金额,相关的交易费用则在发生时直接计入当期损益。

企业为取得以公允价值计量且其变动计入当期损益的金融资产(后文直接表述为交易性金融资产)而支出的交易费用,是指可以直接归属于购买某项交易性金融产品的外部费用,包括支付给代理机构、咨询公司、券商等的手续费、佣金及其他必要的支出,但不包括债券溢价、折价、融资费用、内部管理成本及其他与交易不直接相关的费用。对交易费用的核算一般采用直接冲减当期投资收益的办法,即借记"投资收益"科目。

企业在取得交易性金融资产所支付的款项中,如果包含了该项金融资产发行方已经宣告但尚未发放的现金股利,或已经到付息期而尚未领取的债券利息,其性质属于提前支付的待收款项,应当单独确认为应收项目,记入"应收股利"或"应收利息"科目,而不能计入交易性金融资产的初始入账金额。

具体会计处理如下。

借:交易性金融资产——成本(初始入账金额)

投资收益(交易费用)

应收股利(已经宣告但尚未发放的现金股利)/应收利息(已经到付息期而尚未领取的债券利息)

贷:银行存款(实际支付的款项)

【例 4-1】 新华公司于 2019 年 3 月 3 日按每股 9.5 元的价格购入甲公司发行的每股面值 1 元的 20 000 股股票,并支付交易费用 1 000 元。股票购买价格中包含了每股 0.2 元的已经宣告但尚未发放的现金股利,该现金股利于 2019 年 4 月 14 日发放。

新华公司根据其管理该股票的业务模式和甲公司股票的合同现金流量特征,将甲公司的股票分类为以公允价值计量且其变动计入当期损益的金融资产。编制会计分录如下。

(1)购入股票时的初始投资确认金额为(9.5−0.2)×20 000＝186 000(元)。

借:交易性金融资产——甲公司(成本)　　　　　186 000

应收股利　　　　　　　　　　　　　　　　　4 000

投资收益	1 000
贷：银行存款	191 000

（2）收到发放的现金股利。

借：银行存款	4 000
贷：应收股利	4 000

【例4-2】　新华公司于2019年7月1日支付价款110 000元从二级市场购入乙公司于2018年7月1日发行的面值100 000元、期限3年、票面利率8%、每年6月30日付息、到期还本的债券，并支付交易费用1 000元。债券购买价格中包含了已到付息期但尚未领取的利息8 000元。

新华公司根据其管理该债权的业务模式和该债券的合同现金流量特征，将该债券分类为以公允价值计量且其变动计入当期损益的金融资产。编制会计分录如下。

（1）购入债券时的初始投资确认金额为110 000−8 000＝102 000（元）。

借：交易性金融资产——乙公司债券（成本）	102 000
应收利息	8 000
投资收益	1 000
贷：银行存款	111 000

（2）收到债券利息。

借：银行存款	8 000
贷：应收利息	8 000

4.2.2　持有收益的确认和计量

企业在持有交易性金融资产期间所获得的现金股利或债券利息，应当确认为当期投资收益。

其中的现金股利应当在交易性金融资产的发行方宣告发放现金股利时，按其享有的份额，借记"应收股利"科目，贷记"投资收益"科目；债券利息则应当在资产负债表日或规定的付息日，按计提的利息借记"应收利息"科目，贷记"投资收益"科目。

具体会计处理如下。

（1）宣告发放现金股利（宣告日）/债券利息（资产负债表日或付息日）。

借：应收股利（现金股利）/应收利息（计提的利息）

　贷：投资收益（持有收益）

（2）收到上列现金股利或债券利息。

借：银行存款

　贷：应收股利/应收利息

【例4-3】　接例4-1资料，新华公司持有甲公司发行的每股面值1元的股票20 000股。甲公司于2020年3月10日宣告2019年度的利润分配方案，每股分派现金0.3元，并于2020年4月12日发放。编制会计分录如下。

（1）宣告发放现金股利。

借：应收股利	6 000
贷：投资收益	6 000

(2) 收到现金股利。

借:银行存款   6 000
  贷:应收股利   6 000

【例 4-4】 接例 4-2 资料,新华公司 2019 年 7 月 1 日持有乙公司 2018 年 7 月 1 日发行的 3 年期债券。新华公司在 2019 年 12 月 31 日计提该项债券利息,编制会计分录如下。

借:应收利息   4 000(100 000×8%÷2)
  贷:投资收益   4 000

4.2.3 期末计量

交易性金融资产在最初取得时按公允价值入账,反映了企业取得该项金融资产的实际成本,但在随后的持有期间,金融资产的公允价值不断发生变化,相应的期末公允价值也就体现了其现时可变现价值。根据《企业会计准则》的规定,交易性金融资产的价值应当按照其资产负债表日的公允价值来反映,所确认的公允价值变动金额在调整交易性金融资产的账面余额的同时,计入当期损益。

为此,企业应当设置"公允价值变动损益"科目来核算交易性金融资产在持有期间的公允价值变动情况。"公允价值变动损益"科目属于损益类科目,借方登记因交易性金融资产的公允价值下降所带来的损失;贷方登记因交易性金融资产的公允价值上升所实现的收益。

具体而言,在资产负债表日:

(1) 当交易性金融资产的公允价值高于其账面余额("成本"和"公允价值变动"两个明细科目的合计余额)时,应按两者之差额,调增交易性金融资产的账面余额,即借记"交易性金融资产(公允价值变动)"科目,同时确认公允价值上升的收益,即贷记"公允价值变动损益"科目。

(2) 当交易性金融资产的公允价值低于其账面余额("成本"和"公允价值变动"两个明细科目的合计余额)时,应按两者之差额,调减交易性金融资产的账面余额,即贷记"交易性金融资产(公允价值变动)"科目,同时确认公允价值下降的损失,即借记"公允价值变动损益"科目。

具体会计处理如下。

(1) 公允价值上升(新的公允价值高于账面余额)。

借:交易性金融资产——公允价值变动(公允价值和账面余额的差额)
  贷:公允价值变动损益

(2) 公允价值下降(新的公允价值低于账面余额)。

借:公允价值变动损益
  贷:交易性金融资产——公允价值变动(公允价值和账面余额的差额)

【例 4-5】 根据例 4-1 和例 4-2 资料,新华公司 2019 年持有甲公司面值 1 元的股票 20 000 股(初始入账金额 186 000 元),持有乙公司债券面值 100 000 元(初始入账金额 102 000 元)。假定 2019 年 12 月 31 日甲公司股票价格为 8.5 元,乙公司债券价格为

105 000 元。相关的会计处理如下。

甲公司股票的公允价值变动额＝8.5×20 000−186 000＝−16 000(元)，因而

借：公允价值变动损益　　　　　　　　　　　　　16 000

　　贷：交易性金融资产——甲公司股票(公允价值变动)　16 000

乙公司债券的公允价值变动额＝105 000−102 000＝3 000(元)，因而

借：交易性金融资产——乙公司债券(公允价值变动)　3 000

　　贷：公允价值变动损益　　　　　　　　　　　　3 000

4.2.4　处置

企业处置交易性金融资产的主要会计问题在于确认处置损益，并将持有期间累计确认的公允价值变动损益结转确认为处置当期投资收益。

交易性金融资产的处置损益是指处置交易性金融资产所实际收到的价款，减去该项资产的账面余额后的差额。其中的账面余额是指"交易性金融资产"科目下两个明细科目"成本"和"公允价值变动"的余额合计数，即该项金融资产的初始入账金额加(减)资产负债表日累计公允价值变动后的金额。

如果在处置时已计入应收项目的现金股利或债券利息尚未收回，还应当从处置价款中先扣除该部分现金股利或债券利息才能确认处置损益。

交易性金融资产在持有期间确认的公允价值变动损益，只是一种账面浮盈(浮亏)，在被处置前，其公允价值会持续上下波动，相应确认的变动损益也就没有真正得以实现(实务中税法也并不认可该项损益)，故会计核算上没有将其记入"投资收益"科目，而是使用"公允价值变动损益"科目来核算。在处置了交易性金融资产后，其持有期间累计确认的公允价值变动净损益随着处置价款的收回而得以实现，此时应将其追补确认为处置当期的投资收益，同时调整公允价值变动损益。

实际收到的银行存款(扣除已经宣告但尚未发放的现金股利或已经到付息期但尚未领取的债券利息)与此时的账面价值(交易性金融资产的"成本"和"公允价值变动"两个明细科目的合计数)的差额计入投资收益。

借：银行存款(实际收到的款项)

　　贷：应收股利(已经宣告但尚未发放的现金股利)/应收利息(已到付息期但尚未领取的债券利息)

　　　　交易性金融资产——成本

　　　　　　　　　　　　——公允价值变动(或在借方)

　　　　投资收益(或在借方)

【例 4-6】　根据例 4-1、例 4-3、例 4-5 资料，新华公司持有的甲公司股票 20 000 股，初始确认成本为 186 000 元，获派现金股利 0.3 元/股，且至 2019 年 12 月 31 日累计确认公允价值变动损失 16 000 元。假定 2020 年 4 月 15 日出售该股票并收到实际价款 176 000 元，则该项金融资产的处置损益为 176 000−(186 000−16 000)＝6 000(元)，编制会计分录如下。

借：银行存款 176 000
　　交易性金融资产——甲公司股票(公允价值变动) 16 000
　　贷：交易性金融资产——甲公司股票(成本) 186 000
　　　　投资收益 6 000

显然,新华公司因投资甲公司股票而最终实现的损益包括：

(1) 现金股利 $0.3 \times 20\ 000 = 6\ 000$(元)

(2) 持有期间公允价值下降损失 $8.5 \times 20\ 000 - 186\ 000 = -16\ 000$(元)

(3) 处置损益 $176\ 000 - (186\ 000 - 16\ 000) = 6\ 000$(元)

(4) 交易费用 $-1\ 000$ 元

合计亏损金额为 5 000 元。

【例 4-7】 根据例 4-2、例 4-4、例 4-5 资料,新华公司持有的乙公司债券面值 100 000 元,初始确认成本为 102 000 元,至 2019 年 12 月 31 日累计确认公允价值变动收益 3 000 元。假定 2020 年 7 月 3 日出售该债券并收到实际价款 112 000 元,其中包含到期尚未收取利息 8 000 元。则该项金融资产的处置损益为 $(112\ 000 - 8\ 000) - (102\ 000 + 3\ 000) = -1\ 000$(元),编制会计分录如下。

借：银行存款 112 000
　　投资收益 1 000
　　贷：交易性金融资产——乙公司债券(成本) 102 000
　　　　　　　　　　　　——乙公司债券(公允价值变动) 3 000
　　　　应收利息 8 000

显然,新华公司因投资乙公司债券而最终实现的损益包括：

(1) 债券利息 $100\ 000 \times 8\% = 8\ 000$(元)

(2) 持有期间公允价值上升收益 $105\ 000 - 102\ 000 = 3\ 000$(元)

(3) 处置损益 $(112\ 000 - 8\ 000) - (102\ 000 + 3\ 000) = -1\ 000$(元)

(4) 交易费用 $-1\ 000$ 元

合计收益金额为 9 000 元。

4.3　以摊余成本计量的金融资产

4.3.1　初始计量(取得金融资产)

企业对以摊余成本计量的金融资产应当按取得时的公允价值与相关交易费用之和作为其初始(投资)的确认金额,这一点与交易性金融资产有所不同。如果实际支付的价款中包含已到付息期但尚未领取的债券利息,应单独确认为应收(计)项目,不构成债权投资的初始入账金额。

对以摊余成本计量的金融资产的核算主要通过"债权投资"科目进行。该科目属于资产类科目,下设"成本""利息调整"和"应计利息"等明细科目。

(1)"成本"明细科目借方登记以摊余成本计量的金融资产的面值,除非增持或处置,否则不会有发生额。

(2)"利息调整"明细科目的借方(或贷方)登记以摊余成本计量的金融资产的初始入账金额大于(或小于)面值的差额,即溢价(或折价),同时反映各期按实际利率法计算的差额摊销,余额表明该项差额的摊余金额。

(3)"应计利息"明细科目的借方登记企业计提的到期一次还本付息债券应计未收的利息。

具体会计处理如下。

借:债权投资——成本(面值)

　　　　——利息调整(差额,也可能在贷方)

　　应收利息/债权投资——应计利息(已到付息期但尚未领取的利息)

　　贷:银行存款等

注意:若购买的债券为分期付息到期还本的债券,则购买价款中包含的利息,记入"应收利息"科目;若购买的债券为到期一次还本付息债券,则购买价款中包含的利息,记入"债权投资——应计利息"科目。

【例 4-8】　2019 年 1 月 1 日,新华公司购入从上海证券交易所购入甲公司同日发行的面值 500 000 元、期限 3 年、票面利率 6%、每年 12 月 31 日付息、到期还本的债券,实际支付价款(含交易费用)为 520 000 元。新华公司根据其管理该债券的业务模式和该债券的合同现金流量特征,将该债券分类为以摊余成本计量的金融资产。新华公司编制会计分录如下。

借:债权投资——甲公司债券(成本)　　　　500 000

　　　　——甲公司债券(利息调整)　　　　20 000

　　贷:银行存款　　　　520 000

【例 4-9】　2019 年 7 月 1 日,新华公司购入丙公司于 2019 年 1 月 1 日发行的面值 200 000 元、期限 2 年、票面利率 5%、每年 6 月 30 日和 12 月 31 日付息、到期还本的债券,实际支付的购买价款(含交易费用)为 201 000 元,其中还包含已到付息期但尚未领取的利息 5 000 元。新华公司根据其管理该债券的业务模式和该债券的合同现金流量特征,将该债券分类为以摊余成本计量的金融资产。编制会计分录如下。

借:债权投资——丙公司债券(成本)　　　　200 000

　　应收利息　　　　5 000

　　贷:银行存款　　　　201 000

　　　　债权投资——丙公司债券(利息调整)　　　　4 000

4.3.2　利息收入的确认

1. 以摊余成本计量的金融资产利息收入的确认方法

企业对其以摊余成本计量的金融资产在持有期间的利息收入,应按照账面余额(或摊余成本)和实际利率计算确认。

1) 实际利率

实际利率法是指计算金融资产的摊余成本及将利息收入或利息费用分摊计入各会计期间的方法。

实际利率是指将金融资产在预计存续期的估计未来现金流量,折现为该金融资产账面余额摊余成本所使用的利率。在确定实际利率时,应当在考虑金融资产所有合同条款(如提前还款、展期、看涨期权或其他类似期权等)的基础上估计预期现金流量,但不应当考虑预期信用损失。

经信用调整的实际利率是指将购入或源生的已发生信用减值的金融资产在预计存续期的估计未来现金流量,折现为该金融资产摊余成本的利率。在确定经信用调整的实际利率时,应当在考虑金融资产的所有合同条款(如提前还款、展期、看涨期权或其他类似期权等)及初始预期信用损失的基础上估计预期现金流量。

2) 摊余成本

金融资产的摊余成本,应当以该金融资产初始确认金额经下列调整后的结果确定。

(1) 扣除已偿还的本金。

(2) 加上或减去采用实际利率法将该初始确认金额与到期日金额之间的差额进行摊销形成的累计摊销额。

(3) 扣除累计计提的损失准备。

3) 利息收入

企业应当按照实际利率法确认利息收入。利息收入应当根据金融资产账面余额乘以实际利率计算确定,但下列情况除外。

(1) 对于购入或源生的已发生信用减值的金融资产,企业应当自初始确认起,按照该金融资产的摊余成本和经信用调整的实际利率计算确定其利息收入。

(2) 对于购入或源生的未发生信用减值,但在后续期间成为已发生信用减值的金融资产,企业应当在后续期间,按照该金融资产的摊余成本和实际利率计算确定其利息收入。若该金融工具在后续期间不再存在信用减值,应当转按实际利率乘以该金融资产账面余额来计算确定利息收入。

具体业务处理如下。

借:应收利息(分期付息债券按票面利率计算的利息)/债权投资——应计利息(到期一次还本付息债券按票面利率计算的利息)

　　贷:投资收益(债权投资期初账面余额或期初摊余成本乘以实际利率或经信用调整的实际利率计算确定的利息收入)

　　　　债权投资——利息调整(差额,利息调整摊销额,也可能在借方)

2. 分期付息、一次还本债券的利息收入确认与核算

企业所持有的债券如果是分期付息、一次还本的,应当在其付息日或资产负债表日计提债券利息,同时按摊余成本和实际利率确认当期利息收入并摊销利息调整数。

【例 4-10】 接例 4-8 资料,2019 年 1 月 1 日,新华公司从上海证券交易所购入甲公司同日发行的面值 500 000 元、期限 3 年、票面利率 6%、每年 12 月 31 日付息、到期还本的债券,实际支付价款(含交易费用)为 520 000 元。新华公司根据其管理该债券的业务模式和该债券的合同现金流量特征,将该债券分类为以摊余成本计量的金融资产。该公司在持有该项债券期间采用摊余成本和实际利率确认利息收入。

根据相关的财务管理基础知识,本例的债券属于溢价购入,其实际利率一定低于票面利率,假定经计算实际利率为 4.55%。相关的会计处理如下。

(1) 编制利息收入与摊余成本计算表,如表 4-1 所示。

表 4-1　利息收入与摊余成本计算表

(票面利率 6%,面值 50 万元,溢价发行,金额单位:元)

日　期	期初摊余成本	实际利息收入	现金流入(票面利息)	期末摊余成本	应摊销利息调整
	A	$B=A\times4.55\%$	C	$D=A+B-C$	$E=B-C$
2019 年 12 月 31 日	520 000	23 660	30 000	513 660	−6 340
2020 年 12 月 31 日	513 660	23 372	30 000	507 032	−6 628
2021 年 12 月 31 日	507 032	22 968*	30 000	500 000	−7 032*
合　计	—	70 000	90 000	—	−20 000

注: * 为尾数调整。

(2) 编制各期利息收入确认及利息调整摊销的会计分录(各年收到债券利息的会计分录略)。

① 2019 年 12 月 31 日。

借: 应收利息　　　　　　　　　　　　　　　30 000
　　贷: 投资收益　　　　　　　　　　　　　　23 660
　　　　债权投资——甲公司债券(利息调整)　　6 340

② 2020 年 12 月 31 日。

借: 应收利息　　　　　　　　　　　　　　　30 000
　　贷: 投资收益　　　　　　　　　　　　　　23 372
　　　　债权投资——甲公司债券(利息调整)　　6 628

③ 2021 年 12 月 31 日。

借: 应收利息　　　　　　　　　　　　　　　30 000
　　贷: 投资收益　　　　　　　　　　　　　　22 968
　　　　债权投资——甲公司债券(利息调整)　　7 032

④ 债券到期,收回本金。

借: 银行存款　　　　　　　　　　　　　　500 000
　　贷: 债权投资——甲公司债券(成本)　　　500 000

【例 4-11】　接例 4-8 资料,2019 年 1 月 1 日,新华公司从上海证券交易所购入甲公司同日发行的面值 500 000 元、期限 3 年、票面利率 6%、每年 12 月 31 日付息、到期还本的债券,新华公司根据其管理该债券的业务模式和该债券的合同现金流量特征,将该债券分类为以摊余成本计量的金融资产。但实际支付价款(含交易费用)仅为 480 000 元。公司在持有该项债券期间采用摊余成本和实际利率确认利息收入。

本例的债券属于折价购入,其实际利率一定高于票面利率,假定经计算实际利率为7.54%。相关的会计处理如下。

(1) 编制利息收入与摊余成本计算表,如表4-2所示。

表 4-2 利息收入与摊余成本计算表

(票面利率6%,面值50万元,折价发行,金额单位:元)

日　期	期初 摊余成本	实际利息 收入	现金流入 (票面利息)	期末 摊余成本	应摊销 利息调整
	A	$B=A\times7.54\%$	C	$D=A+B-C$	$E=B-C$
2019 年 12 月 31 日	480 000	36 192	30 000	486 192	6 192
2020 年 12 月 31 日	486 192	36 659	30 000	492 851	6 659
2021 年 12 月 31 日	492 851	37 149*	30 000	500 000	7 149*
合　计	—	110 000	90 000	—	20 000

注: * 为尾数调整。

(2) 编制各期利息收入确认及利息调整摊销的会计分录(各年收到债券利息的会计分录略)。

① 2019 年 12 月 31 日。

借:应收利息　　　　　　　　　　　　　　　　30 000

　　债权投资——甲公司债券(利息调整)　　　　6 192

　　贷:投资收益　　　　　　　　　　　　　　　　　36 192

② 2020 年 12 月 31 日。

借:应收利息　　　　　　　　　　　　　　　　30 000

　　债权投资——甲公司债券(利息调整)　　　　6 659

　　贷:投资收益　　　　　　　　　　　　　　　　　36 659

③ 2021 年 12 月 31 日。

借:应收利息　　　　　　　　　　　　　　　　30 000

　　债权投资——甲公司债券(利息调整)　　　　7 149

　　贷:投资收益　　　　　　　　　　　　　　　　　37 149

④ 债券到期,收回本金。

借:银行存款　　　　　　　　　　　　　　　　500 000

　　贷:债权投资——甲公司债券(成本)　　　　　　500 000

3. 到期一次还本付息债券的利息收入确认与核算

到期一次还本付息债券,因为利息是到期收取,所以核算时应该在"债权投资"科目下设置"应计利息"明细科目,以登记实际未收取的利息金额。相应的"债权投资"的摊余成本计算也有所不同。

【例 4-12】 接例 4-8 资料,2019 年 1 月 1 日,新华公司购入甲公司当日发行的面值 500 000 元、期限 3 年、票面利率 6%、到期一次还本付息(利息不计复利)的债券,实际支付价款(含交易费用)为 520 000 元。

新华公司根据其管理该债券的业务模式和该债券的合同现金流量特征,将该债券分类为以摊余成本计量的金融资产。公司在持有该项债券期间采用摊余成本和实际利率确认利息收入。假定经计算实际利率为 4.28%。相关的会计处理如下。

(1) 编制利息收入与摊余成本计算表,如表 4-3 所示。

表 4-3 利息收入与摊余成本计算表

(票面利率 6%,面值 50 万元,溢价发行,金额单位:元)

日　　期	期初 摊余成本	实际利息 收入	现金流入 (票面息)	期末 摊余成本	应摊销 利息调整
	A	$B=A\times4.28\%$	C	$D=A+B$	$E=B-C$
2019 年 12 月 31 日	520 000	22 256	30 000	542 256	−7 744
2020 年 12 月 31 日	542 256	23 209	30 000	565 465	−6 791
2021 年 12 月 31 日	565 465	24 535*	30 000	590 000	−5 465*
合　　计	—	70 000	90 000	—	−20 000

注:该例系到期一次还本付息,各期票面利息是应计提数而非实际收到的现金,记入"债权投资——应计利息"科目。

* 为尾数调整。

(2) 编制各期利息收入确认及利息调整摊销的会计分录(各年收到债券利息的会计分录略)。

① 2019 年 12 月 31 日。

借:债权投资——甲公司(应计利息)　　　　　　　30 000

　　贷:债权投资——甲公司(利息调整)　　　　　　　7 744

　　　　投资收益　　　　　　　　　　　　　　　　22 256

② 2020 年 12 月 31 日。

借:债权投资——甲公司(应计利息)　　　　　　　30 000

　　贷:债权投资——甲公司(利息调整)　　　　　　　6 791

　　　　投资收益　　　　　　　　　　　　　　　　23 209

③ 2021 年 12 月 31 日。

借:债权投资——甲公司(应计利息)　　　　　　　30 000

　　贷:债权投资——甲公司(利息调整)　　　　　　　5 465

　　　　投资收益　　　　　　　　　　　　　　　　24 535

④ 债券到期,收回债券本息。

借:银行存款　　　　　　　　　　　　　　　　　590 000

　　贷:债权投资——甲公司(成本)　　　　　　　　500 000

　　　　　——甲公司(应计利息)　　　　　　　　90 000

4.3.3 已发生信用减值的金融资产

当对金融资产预期未来现金流量具有不利影响的一项或多项事件发生时,该金融资产成为已发生信用减值的金融资产。金融资产已发生信用减值的证据包括下列可观察信息。

(1) 发行方或债务人发生重大财务困难。

(2) 债务人违反合同,如偿付利息或本金违约或逾期等。

(3) 债权人出于与债务人财务困难有关的经济或合同考虑,给予债务人在任何其他情况下都不会作出的让步。

(4) 债务人很可能破产或进行其他财务重组。

(5) 发行方或债务人财务困难导致该金融资产的活跃市场消失。

(6) 以大幅折扣购买或源生一项金融资产,该折扣反映了发生信用损失的事实。

金融资产发生信用减值,有可能是多个事件的共同作用所致,未必是可单独识别的事件所致(具体核算详见 4.6 节金融资产减值)。

4.3.4 处置

企业处置债权投资时,应将所取得的实际获得的价款(扣除已到付息期但尚未领取的分期付息债券利息)与债权投资的账面价值之间的差额计入投资收益。其中,债权投资的账面价值是指其账面余额(包括"成本""利息调整"和"应计利息"的明细合计数)扣除已经计提的减值准备后的差额。

应当注意的是,企业处置或重分类的债权投资如果已经计提了减值准备的,在处置或重分类时应同时结转相应的减值准备(重分类详见 4.5 节金融资产重分类)。

具体会计处理如下。

借:银行存款等(实际收到的价款)
　　债权投资减值准备
　贷:应收利息(已到付息期但尚未领取的分期付息债券利息)
　　　债权投资(成本、利息调整、应计利息)
　　　投资收益(差额,也可能在借方)

【例 4-13】　新华公司因管理金融资产的业务模式发生变化,于 2020 年 3 月 1 日将 2017 年 1 月 1 日购入的面值 300 000 元、期限 5 年、票面利率 6% 、每年 12 月 31 日付息的丁公司债券(新华公司根据其管理该债券的业务模式和该债券的合同现金流量特征,将该债券分类为以摊余成本计量的金融资产)售出 50% ,实际收到 158 000 元。出售前,丁公司债券的账面摊余成本为 312 000 元,其中成本 300 000 元,利息调整 12 000 元。相关账务处理如下。

债券的摊余成本=312 000×50% =156 000(元),其中:成本=300 000×50% =150 000(元),利息调整=12 000×50% =6 000(元)。

借:银行存款　　　　　　　　　　　　　　158 000
　贷:债权投资——丁公司债券(成本)　　　　150 000
　　　　　　——丁公司债券(利息调整)　　　　6 000
　　投资收益　　　　　　　　　　　　　　　2 000

注意：剩余 50％ 的债权投资由于管理金融资产的业务模式的变化应进行重分类所进行的会计核算。

4.4 以公允价值计量且其变动计入其他综合收益的金融资产

企业对以公允价值计量且其变动计入其他综合收益的金融资产的核算按照其类别，可分为债权投资和非交易性权益工具投资。

4.4.1 以公允价值计量且其变动计入其他综合收益的金融资产（债权投资）的会计处理

针对以公允价值计量且其变动计入其他综合收益的金融资产中的债权投资设置"其他债权投资"科目，并按照金融资产的类别和品种，分"成本""公允价值变动""利息调整""应计利息"等进行明细核算。

（1）"成本"明细科目登记企业取得的以公允价值计量且其变动计入其他综合收益的金融资产中的债权投资的面值。

（2）"公允价值变动"明细科目登记债权投资公允价值的变动金额。

（3）"利息调整"明细科目登记所取得的以公允价值计量且其变动计入其他综合收益的金融资产中的债权投资的初始入账金额与其面值的差额，同时反映按照实际利率法分期摊销后该差额的摊余金额。

（4）"应计利息"明细科目反映企业计提的到期一次还本付息债权投资的应计未付利息。

1. 初始计量（取得金融资产）

与以摊余成本计量的金融资产相同的是，企业对以公允价值计量且其变动计入其他综合收益的金融资产应当按取得时的公允价值与相关交易费用之和作为其初始（投资）的确认金额。

如果实际支付的价款中包含已到付息期但尚未领取的债券利息，应单独确认为应收（计）项目，不构成债权投资的初始入账金额。

具体会计处理如下。

借：其他债权投资——成本（面值）

     ——利息调整（差额，也可能在贷方）

  应收利息/其他债权投资——应计利息（已到付息期但尚未领取的利息）

 贷：银行存款等

注意：若购买的债券为分期付息到期还本的债券，则购买价款中包含的利息，记入"应收利息"科目；若购买的债券为到期一次还本付息债券，则购买价款中包含的利息，记入"其他债权投资——应计利息"科目。

2. 持有收益的确认（资产负债表日计算利息）

企业对其持有期间的利息收入，应按照实际利率和摊余成本计算确认。

1）实际利率

在确定实际利率时，应当在考虑金融资产所有合同条款（如提前还款、展期、看涨期权或其他类似期权等)的基础上估计预期现金流量,但不应当考虑预期信用损失。

2) 摊余成本

金融资产的摊余成本,应当以该金融资产的初始确认金额经下列调整后的结果确定。

(1) 扣除已偿还的本金。

(2) 加上或减去采用实际利率法将该初始确认金额与到期日金额之间的差额进行摊销形成的累计摊销额。

(3) 扣除累计计提的损失准备。

具体会计处理如下。

借:应收利息(分期付息债券按票面利率计算的利息)/其他债权投资——应计利息(到期时一次还本付息债券按票面利率计算的利息)

　贷:投资收益(其他债权投资的期初摊余成本乘以实际利率计算确定的利息收入)

　　其他债权投资——利息调整(差额,也可能在借方)

3. 期末计量——公允价值变动

以公允价值计量且其变动计入其他综合收益的金融资产在最初取得时按公允价值和相关交易费用入账,反映了企业取得该项金融资产的实际成本,但在随后的持有期间,金融资产的公允价值不断发生变化,相应的期末公允价值也就体现了其现时可变现价值。根据《企业会计准则》的规定,以公允价值计量且其变动计入其他综合收益的金融资产的价值应当按照其资产负债表日的公允价值来反映,所确认的公允价值变动金额在调整其账面余额的同时,计入其他综合收益。

为此,企业应当设置"其他综合收益"科目来核算在持有期间的公允价值变动情况。"其他综合收益"科目属于所有者权益类科目,贷方登记公允价值的增加数,借方登记公允价值的减少数。

资产负债表日公允价值正常变动具体会计处理如下。

(1) 公允价值上升。

借:其他债权投资——公允价值变动

　贷:其他综合收益

(2) 公允价值下降。

借:其他综合收益

　贷:其他债权投资——公允价值变动

4. 减值

金融资产发生信用减值,有可能是多个事件的共同作用所致,未必是可单独识别的事件所致(具体核算详见 4.6 节金融资产减值)。

5. 终止确认(出售其他债权投资)

企业在处置以公允价值计量且其变动计入其他综合收益的金融资产(债务工具)时,应将实际收到的款项(扣除已到付息期但尚未领取的分期付息债券利息)与该项金融资产的账面价值之间的差额确认为投资收益(或亏损);同时将持有期间直接计入所有者权益的公允价值变动对应处置部分的累计金额转确认为投资收益(或亏损)。即在处置可供出售金融资产时,按实际收到的金额借记"银行存款"科目;按该项金融资产的账面价值注销(借记或贷记)"其他债权投资(成本、公允价值变动、利息调整、应计利息)"科目;按应从所有者权益中转出的公允价值累计变动额,贷记或借记"其他综合收益"科目;按其差额,贷记或借记"投资收益"科目。

具体会计处理如下。

借:银行存款等

贷:应收利息(已到付息期但尚未领取的分期付息债券利息)

其他债权投资(账面价值)

投资收益(差额,也可能在借方)

同时

借:其他综合收益

贷:投资收益

或编制相反分录。

【例 4-14】 2016 年 1 月 1 日,新华公司支付价款 1 000 万元(含交易费用)从上海证券交易所购入 A 公司同日发行的 5 年期公司债券 12 500 份,债券票面价值总额为 1 250 万元,票面年利率为 4.72%,于年末支付本年度债券利息(即每年利息为 59 万元),本金在债券到期时一次偿还。合同约定,该债券的发行方在遇到特定情况时可以将债券赎回,且不需要为提前赎回支付额外款项。新华公司在购买该债券时,预计发行方不会提前赎回,新华公司根据其管理该债券的业务模式和该债券的合同现金流量特征,将该债券分类为以公允价计量且其变动计入其他综合收益的金融资产。其他资料如下。

(1) 2016 年 12 月 31 日,A 公司债券的公允价值为 1 200 万元(不含利息)。

(2) 2017 年 12 月 31 日,A 公司债券的公允价值为 1 300 万元(不含利息)。

(3) 2018 年 12 月 31 日,A 公司债券的公允价值为 1 250 万元(不含利息)。

(4) 2019 年 12 月 31 日,A 公司债券的公允价值为 1 200 万元(不含利息)。

(5) 2020 年 1 月 20 日,通过上海证券交易所出售全部 A 公司债券,取得价款 1 260 万元。

假定不考虑所得税、减值损失等因素,根据年金现值系数和复利现值系数计算该债券的实际利率 $r=10\%$。编制利息收入与摊余成本计算表,如表 4-4 所示。

表 4-4 利息收入与摊余成本计算表

(票面利率 4.72%,面值 1 250 万元,折价发行,金额单位:万元)

日 期	期初摊余成本	实际利息收入	现金流入	期末摊余成本	公允价值	公允价值累计变动额	公允价值变动累计金额
	A	$B=A\times10\%$	C	$D=A+B-C$	E	$F=E-D-$期初 G	$G=$期初 $G+F$
2016 年 12 月 31 日	1 000	100	59	1 041	1 200	159	159
2017 年 12 月 31 日	1 041	104	59	1 086	1 300	55	214
2018 年 12 月 31 日	1 086	109	59	1 136	1 250	−100	114
2019 年 12 月 31 日	1 136	114	59	1 191	1 200	−105	9
合 计		427	236				

新华公司的有关账务处理如下。

(1) 2016 年 1 月 1 日,购入 A 公司债券。

借:其他债权投资——成本   12 500 000

 贷:银行存款   10 000 000

  其他债权投资——利息调整   2 500 000

(2) 2016 年 12 月 31 日,确认 A 公司债券实际利息收入、公允价值变动,收到债券利息。

借:应收利息   590 000

 其他债权投资——利息调整   410 000

 贷:投资收益   1 000 000

借:银行存款   590 000

 贷:应收利息   590 000

借:其他债权投资——公允价值变动   1 590 000

 贷:其他综合收益——其他债权投资公允价值变动 1 590 000

(3) 2017 年 12 月 31 日,确认 A 公司债券实际利息收入、公允价值变动,收到债券利息。

借:应收利息   590 000

 其他债权投资——利息调整   450 000

 贷:投资收益   1 040 000

借:银行存款   590 000

 贷:应收利息   590 000

借:其他债权投资——公允价值变动   550 000

 贷:其他综合收益——其他债权投资公允价值变动 550 000

(4) 2018 年 12 月 31 日,确认 A 公司债券实际利息收入、公允价值变动,收到债券利息。

借:应收利息   590 000

 其他债权投资——利息调整   500 000

 贷:投资收益   1 090 000

借:银行存款   590 000

 贷:应收利息   590 000

借:其他综合收益——其他债权投资公允价值变动 1 000 000

 贷:其他债权投资——公允价值变动   1 000 000

(5) 2019 年 12 月 31 日,确认 A 公司债券实际利息收入、公允价值变动,收到债券利息。

借:应收利息   590 000

 其他债权投资——利息调整   540 000

 贷:投资收益   1 130 000

借:银行存款   590 000

 贷:应收利息   590 000

借：其他综合收益——其他债权投资公允价值变动　　1 050 000

　　贷：其他债权投资——公允价值变动　　　　　　　　　1 050 000

（6）2020 年 1 月 20 日，确认出售 A 公司债券实现的损益。

借：银行存款　　　　　　　　　　　　　　　　　12 600 000

　　其他债权投资——利息调整　　　　　　　　　　　590 000

　　　（2 500 000－410 000－450 000－500 000－550 000）

　　贷：其他债权投资——成本　　　　　　　　　　　12 500 000

　　　　　　　　　　　——公允价值变动　　　　　　　　90 000

　　　投资收益　　　　　　　　　　　　　　　　　　　600 000

借：其他综合收益——其他债权投资公允价值变动　　90 000

　　贷：投资收益　　　　　　　　　　　　　　　　　　　90 000

4.4.2　指定为以公允价值计量且其变动计入其他综合收益的金融资产（权益工具）的会计处理

权益工具投资的合同现金流量评估一般不符合基本借贷安排，因为只能分类为以公允价值计量且其变动计入当期损益的金融资产。然而在初始确认时，企业可以将非交易性权益工具指定为以公允价值计量且其变动计入其他综合收益的金融资产，并按规定确认股利收入。该指定一经做出，不得撤销。企业投资其他上市公司的股票或者非上市公司股权的，都可能属于这种情形。针对这种情形，设置"其他权益工具投资"科目，并按照类别，分"成本""公允价值变动"等进行明细核算。

（1）"成本"明细科目登记企业取得的以公允价值计量且其变动计入其他综合收益的金融资产中的非交易性权益工具投资的初始入账金额。

（2）"公允价值变动"明细科目登记其他权益工具投资公允价值的变动金额。

1. 初始计量（企业取得金融资产）

企业对以公允价值计量且其变动计入其他综合收益的金融资产（权益工具）应当按取得时的公允价值与相关交易费用之和作为其初始（投资）的确认金额。如果实际支付的价款中包含已到付息期但尚未领取的债券利息，或已宣告发放但尚未发放的现金股利，应单独确认为应收项目，不构成其他权益工具投资的初始入账金额。

具体核算如下。

借：其他权益工具投资——成本（公允价值与交易费用之和）

　　应收股利（已宣告但尚未发放的现金股利）

　　贷：银行存款等

2. 持有收益的确认（持有期间被投资单位宣告发放现金股利）

企业在持有金融资产期间所获得的现金股利，应当确认为当期投资收益。

具体核算如下。

借：应收股利

　　贷：投资收益

3. 期末计量——公允价值变动

以公允价值计量且其变动计入其他综合收益的金融资产（权益工具）在最初取得时按公允价值和相关交易费用入账，反映了企业取得该项金融资产的实际成本，但在随后的持有期间，金融资产的公允价值不断发生变化，相应的期末公允价值也就体现了其现时可变现价值。根据《企业会计准则》的规定，以公允价值计量且其变动计入其他综合收益的金融资产的价值应当按照其资产负债表日的公允价值来反映，所确认的公允价值变动金额在调整其账面余额的同时，计入其他综合收益。

为此，企业应当设置"其他综合收益"科目来核算在持有期间的公允价值变动情况。"其他综合收益"科目属于所有者权益类科目，贷方登记公允价值的增加数，借方登记公允价值的减少数。

资产负债表日公允价值正常变动，具体处理如下。

（1）公允价值上升。

借：其他权益工具投资——公允价值变动

　　贷：其他综合收益

（2）公允价值下降。

借：其他综合收益

　　贷：其他权益工具投资——公允价值变动

4. 处置（出售其他权益工具投资）

初始确认时，企业可基于单项非交易性权益工具投资，将其指定为以公允价值计量且其变动计入其他综合收益的金融资产，其公允价值的后续变动计入其他综合收益，不需计提减值准备。除了获得的股利（明确代表投资成本部分收回的股利除外）计入当期损益外，其他相关的利得和损失（包括汇兑损益）均应计入其他综合收益，且后续不得转入当期损益。

处置金融资产获得款项（扣除已经宣告但尚未发放的现金股利）与该金融资产的账面价值之间的差额计入留存收益。当金融资产终止确认时，之前计入其他综合收益的累计利得或损失应当从其他综合收益中转出，计入留存收益。

具体会计处理如下。

借：银行存款等

　　贷：应收股利（已宣告但尚未发放的现金股利）

　　　　其他权益工具投资（账面价值）

　　　　盈余公积

　　　　利润分配——未分配利润（差额计入留存收益，也可能在借方）

同时

借：其他综合收益

　　贷：盈余公积

　　　　利润分配——未分配利润

或编制相反分录。

【例 4-15】 2019 年 5 月 6 日，新华公司支付价款 1 016 万元（含交易费用 1 万元和已宣告发放现金股利 15 万元）购入乙公司发行的股票 200 万股，占乙公司有表决权股份的

0.5%。新华公司将其指定为以公允价值计量且其变动计入其他综合收益的非交易性权益工具投资。

2019 年 5 月 10 日,新华公司收到乙公司发放的现金股利 15 万元。

2019 年 6 月 30 日,该股票市价为每股 5.2 元。

2019 年 12 月 31 日,新华公司仍持有该股票,当日,该股票市价为每股 5 元。

2020 年 5 月 9 日,乙公司宣告发放股利 4 000 万元。

2020 年 5 月 13 日,新华公司收到乙公司发放的现金股利。

2020 年 5 月 20 日,新华公司由于某特殊原因,以每股 4.9 元的价格将股票全部转让。

假定不考虑其他因素,新华公司的账务处理如下。

(1) 2019 年 5 月 6 日,购入股票。

借:应收股利　　　　　　　　　　　　　　　　　　150 000
　　其他权益工具投资——成本　　　　　　　　　10 010 000
　　贷:银行存款　　　　　　　　　　　　　　　　　　　10 160 000

(2) 2019 年 5 月 10 日,收到现金股利。

借:银行存款　　　　　　　　　　　　　　　　　　150 000
　　贷:应收股利　　　　　　　　　　　　　　　　　　　150 000

(3) 2019 年 6 月 30 日,确认股票价格变动 2 000 000×5.2－10 010 000＝390 000(元)。

借:其他权益工具投资——公允价值变动　　　　　390 000
　　贷:其他综合收益——其他权益工具投资公允价值变动　390 000

(4) 2019 年 12 月 31 日,确认股票价格变动。

借:其他综合收益——其他权益工具投资公允价值变动

　　　　　　　　　　　　　　　　　　　　　　　400 000
　　贷:其他权益工具投资——公允价值变动　　　　　　　400 000

(5) 2020 年 5 月 9 日,确认应收现金股利。

借:应收股利　　　　　　　　　　　　200 000(40 000 000×0.5%)
　　贷:投资收益　　　　　　　　　　　　　　　　　　　200 000

(6) 2020 年 5 月 13 日,收到现金股利。

借:银行存款　　　　　　　　　　　　　　　　　　200 000
　　贷:应收股利　　　　　　　　　　　　　　　　　　　200 000

(7) 2020 年 5 月 20 日,出售股票。

借:银行存款　　　　　　　　　　　　　　　　　9 800 000
　　其他权益工具投资——公允价值变动　　　　　　10 000
　　盈余公积——法定盈余公积　　　　　　　　　　20 000
　　利润分配——未分配利润　　　　　　　　　　　180 000
　　贷:其他权益工具投资——成本　　　　　　　　　　10 010 000
借:盈余公积——法定盈余公积　　　　　　　　　　1 000
　　利润分配——未分配利润　　　　　　　　　　　9 000
　　贷:其他综合收益——其他权益工具投资公允价值变动　10 000

4.5 金融资产重分类

4.5.1 金融资产重分类的原则

企业改变其管理金融资产的业务模式时,应当按照规定对所有受影响的相关金融资产进行重分类。所以,金融资产(即非衍生债权资产)可以在以摊余成本计量、以公允价值计量且其变动计入其他综合收益和以公允价值计量且其变动计入当期损益之间进行重分类。企业管理金融资产业务模式的变更是一种极其少见的情形。

企业对金融资产进行重分类,应当自重分类日起采用未来适用法进行相关会计处理,不得对以前已经确认的利得、损失(包括减值损失或利得)或利息进行追溯调整。重分类日是指导致企业对金融资产进行重分类的业务模式发生变更后的首个报告期间的第一天。

需要注意的是,如果企业管理金融资产的业务模式没有发生变更,而金融资产的条款发生变更但未导致终止确认时,不允许重分类。

4.5.2 金融资产重分类的计量

1. 以摊余成本计量的金融资产的重分类

(1)企业将一项以摊余成本计量的金融资产重分类为以公允价值计量且其变动计入当期损益的金融资产,应当按照该资产在重分类日的公允价值进行计量,原账面价值与公允价值之间的差额计入当期损益。

【例 4-16】 新华公司于 2019 年 1 月 1 日以公允价值 500 000 元购入一项债券投资组合,将其分类为以摊余成本计量的金融资产。2020 年 1 月 1 日,将其重分类为以公允价值计量且其变动计入当期损益的金融资产。重分类日,该债券组合的公允价值为 490 000 元,已确认的损失准备为 6 000 元(反映了自初始确认后信用风险显著增加,因此以整个存续期预期信用损失计量)。假定不考虑利息收入的会计处理。

2020 年 1 月 1 日,新华公司会计处理如下。

借:交易性金融资产	490 000	
债权投资减值准备	6 000	
公允价值变动损益	4 000	
贷:债权投资		500 000

(2)企业将一项以摊余成本计量的金融资产重分类为以公允价值计量且其变动计入其他综合收益的金融资产,应当按照该金融资产在重分类日的公允价值进行计量,原账面价值与公允价值之间的差额计入其他综合收益。该金融资产重分类不影响其实际利率和预期信用损失的计量。

【例 4-17】 新华公司于 2019 年 1 月 1 日以公允价值 500 000 元购入一项债券投资组合,将其分类为以摊余成本计量的金融资产。2020 年 1 月 1 日,将其重分类为以公允价值计量且其变动计入其他综合收益的金融资产。重分类日,该债券组合的公允价值为 490 000 元,已确认的损失准备为 6 000 元(反映了自初始确认后信用风险显著增加,因此以整个存续期预期信用损失计量)。假定不考虑利息收入的会计处理。

2020 年 1 月 1 日,新华公司会计处理如下。

借:其他债权投资 490 000

　其他综合收益——其他债权投资公允价值变动 10 000

　贷:债权投资 500 000

借:债权投资减值准备 6 000

　贷:其他综合收益——信用减值准备 6 000

2. 以公允价值计量且其变动计入其他综合收益的金融资产的重分类

(1) 企业将一项以公允价值计量且其变动计入其他综合收益的金融资产重分类为以摊余成本计量的金融资产,应当将之前计入其他综合收益的累计利得或损失转出,调整该金融资产在重分类日的公允价值,并以调整后的金额作为新的账面价值,即视同该金融资产一直以摊余成本计量。该金融资产重分类不影响其实际利率和预期信用损失的计量。

【例 4-18】 新华公司于 2019 年 1 月 1 日以公允价值 500 000 元购入一项债券投资组合,将其分类为以公允价值计量且其变动计入其他综合收益的金融资产。2020 年 1 月 1 日,将其重分类为以摊余成本计量的金融资产。重分类日,该债券组合的公允价值为 490 000 元,已确认的损失准备为 6 000 元(反映了自初始确认后信用风险显著增加,因此以整个存续期预期信用损失计量)。假定不考虑利息收入的会计处理。

2020 年 1 月 1 日,新华公司会计处理如下。

借:债权投资 490 000

　贷:其他债权投资 490 000

借:债权投资 10 000

　贷:其他综合收益——其他债权投资公允价值变动 10 000

借:其他综合收益——信用减值准备 6 000

　贷:债权投资减值准备 6 000

(2) 企业将一项以公允价值计量且其变动计入其他综合收益的金融资产重分类为以公允价值计量且其变动计入当期损益的金融资产,应当继续以公允价值计量该金融资产。同时,企业应当将之前计入其他综合收益的累计利得或损失从其他综合收益转入当期损益。

【例 4-19】 新华公司于 2019 年 1 月 1 日以公允价值 500 000 元购入一项债券投资组合,将其分类为以公允价值计量且其变动计入其他综合收益的金融资产。2020 年 1 月 1 日,将其重分类为以公允价值计量且其变动计入当期损益的金融资产。重分类日,该债券组合的公允价值为 490 000 元,已确认的损失准备为 6 000 元(反映了自初始确认后信用风险显著增加,因此以整个存续期预期信用损失计量)。假定不考虑利息收入的会计处理。

2020 年 1 月 1 日,新华公司会计处理如下。

借:交易性金融资产 490 000

　贷:其他债权投资 490 000

借:投资收益 4 000

　其他综合收益——信用减值准备 6 000

　贷:其他综合收益——其他债权投资公允价值变动 10 000

3. 以公允价值计量且其变动计入当期损益的金融资产的重分类

(1) 企业将一项以公允价值计量且其变动计入当期损益的金融资产重分类为以摊余成

本计量的金融资产,应当以其在重分类日的公允价值作为新的账面余额。

【例 4-20】 新华公司于 2019 年 1 月 1 日以公允价值 500 000 元购入一项债券投资组合,将其分类为以公允价值计量且其变动计入当期损益的金融资产。2020 年 1 月 1 日,将其重分类为以摊余成本计量的金融资产。重分类日,该债券组合的公允价值为 490 000 元,12 个月预期信用损失为 4 000 元。假定不考虑利息收入的会计处理。

2020 年 1 月 1 日,新华公司会计处理如下。

借:债权投资	490 000	
贷:交易性金融资产		490 000
借:信用减值损失	4 000	
贷:债权投资减值准备		4 000

(2) 企业将一项以公允价值计量且其变动计入当期损益的金融资产重分类为以公允价值计量且其变动计入其他综合收益的金融资产,应当继续以公允价值计量该金融资产。

【例 4-21】 新华公司于 2019 年 1 月 1 日以公允价值 500 000 元购入一项债券投资组合,将其分类为以公允价值计量且其变动计入当期损益的金融资产。2020 年 1 月 1 日,将其重分类为以公允价值计量且其变动计入其他综合收益的金融资产。重分类日,该债券组合的公允价值为 490 000 元,12 个月预期信用损失为 4 000 元。假定不考虑利息收入的会计处理。

2020 年 1 月 1 日,新华公司会计处理如下。

借:其他债权投资	490 000	
贷:交易性金融资产		490 000
借:信用减值损失	4 000	
贷:其他综合收益——信用减值准备		4 000

4.6 金融资产减值

4.6.1 金融资产减值概述

企业应当以预期信用损失为基础,对下列金融资产进行减值会计处理并确认损失准备。

(1) 分类为以摊余成本计量的金融资产。

(2) 以公允价值计量且其变动计入其他综合收益的金融资产。值得注意的是,以公允价值计量且其变动计入其他综合收益的金融资产(权益工具)不计提减值准备。

损失准备是指针对按照以摊余成本计量的金融资产、以公允价值计量且其变动计入其他综合收益的金融资产的累计减值金额。

信用损失是指企业按照原实际利率折现的、根据合同应收的所有合同现金流量与预期收取的所有现金流量之间的差额,即全部现金短缺的现值。其中,对于企业购买或源生的已发生信用减值的金融资产,应按照该金融资产经信用调整的实际利率折现。经信用调整的实际利率是指将购入或源生的已发生信用减值的金融资产在预计存续期的估计未来现金流量,折现为该金融资产摊余成本的利率。

由于预期信用损失考虑付款的金额和时间分布,因此即使企业预计可以全额收款但收款时间晚于合同规定的到期期限,也会产生信用损失。

预期信用损失是指以发生违约的风险为权重的金融工具信用损失的加权平均值。在预期信用损失法下,如果金融资产未发生信用减值,即不存在标明金融资产发生信用减值的客观证据,相关金融资产利息收入的确认应采用总额法(即按未扣除累计计提的损失准备的金融资产的账面余额和实际利息计算利息收入);如果金融资产已发生减值,即已存在标明金融资产发生信用减值的客观证据,则相关金融资产利息收入的确认应采用净额法(按照扣除累计计提的损失准备的金融资产摊余成本和实际利率计算利息收入的方法)。

4.6.2　金融信用减值损失的确认和计量

1. 确定预期信用损失的三阶段模型

企业应当在每个资产负债表日评估相关金融资产(购买或源生的已发生信用减值的金融资产和始终按照相当于整个存续期内预期信用损失的金额计量其损失准备的应收款项等金融资产除外)的信用风险自初始确认后是否已显著增加及是否已发生信用减值,按照下列情形分别计量其损失准备,确认预期信用损失及其变动。

1)第一阶段:信用风险自初始确认后并未显著增加的金融资产

如果金融资产的信用风险自初始确认后并未显著增加,企业应当按照相当于该金融资产未来 12 个月预期信用损失的金额计量其损失准备,无论企业评估信用损失的基础是单项金融资产还是金融资产组合,由此形成的损失准备的增加或转回金额,应当作为减值损失或利得计入当期损益。

未来 12 个月内预期信用损失,是指因资产负债表后 12 个月内(若金融资产的预计存续期少于 12 个月,则为预计存续期)可能发生的金融资产违约事件而导致的预期信用损失,是整个存续期预期信用损失的一部分。

在引用风险并未显著增加的情况下,金融资产利息收入的确认应该采用总额法。

2)第二阶段:信用风险自初始确认后已显著增加但未发生信用减值的金融资产

如果金融资产的信用风险自初始确认后已显著增加但并没有客观证据表明已发生信用减值,企业应当按照相当于该金融资产整个存续期内预期信用损失的金额计量其损失准备。无论企业评估信用损失的基础是单项金融资产还是金融资产组合,由此形成的损失准备的增加或转回金额,应当作为减值损失或利得计入当期损益。

整个存续期预期信用损失是指因金融资产整个预计存续期内所有可能发生的违约事件而导致的预期信用损失。

企业在前一会计期间已经按照相当于金融资产整个存续期内预期信用损失的金额计量了损失准备,但在当期资产负债表日,该金融资产已不再属于自初始确认后信用风险显著增加的情形的,企业应当在当期资产负债表日按照未来 12 个月内预期信用损失的金额计量该金融资产的损失准备,由此形成的损失准备的转回金额应当作为减值利得计入当期损益。

在信用风险已显著增加但并未发生信用减值的情况下,金融资产利息收入的确认仍然采用总额法。

3)第三阶段:信用风险自初始确认后已显著增加且已发生信用减值的金融资产

如果金融资产的信用风险自初始确认后已显著增加且有客观证据表明已发生信用减值,企业应当按照相当于该金融资产整个存续期内预期信用损失的金额计量其损失准备。

无论企业评估信用损失的基础是单项金融资产还是金融资产组合,由此形成的损失准备的增加或转回金额,应当作为减值损失或利得计入当期损益。

在信用风险已显著增加且已发生信用减值的情况下,金融资产的利息收入的确认应当采用净额法。存续期间,若该金融资产因其信用风险有所改善而不再存在信用减值,并且这一改善在客观上可与发生的某一事件相联系,企业应当转按总额法确认利息收入。

预期信用损失模型如表 4-5 所示。

表 4-5 预期信用损失模型

初始确认后信用风险显著增加 →

项 目	第一阶段	第二阶段	第三阶段
阶段特征	初始确认后信用风险并未显著增加的金融资产(包括在报告日信用风险较低的金融资产)	自初始确认后信用风险发生显著增加的金融资产,但未发生信用减值(不存在表明发生信用损失的事件的客观证据)	在报告日发生信用减值(存在表明发生减值的客观证据)的金融资产
损失准备的确认	12 个月预期信用损失	整个存续期内预期信用损失	整个存续期内预期信用损失
利息收入的计算	按账面总额(即并未扣除预期信用损失准备的金额)计算(总额法)	按账面总额(即并未扣除预期信用损失的金额)计算(总额法)	按账面净额(即账面总额减去预期信用损失准备的金额)计算(净额法)

企业在进行相关评估时,应当考虑所有合理且有依据的信息,包括前瞻性信息。为确保自金融工具初始确认后信用风险显著增加即确认整个存续期预期信用损失,企业在一些情况下应当以组合为基础考虑评估信用风险是否显著增加。整个存续期预期信用损失是指因金融工具整个预计存续期内所有可能发生的违约事件而导致的预期信用损失。

上述三阶段的划分,适用于购买或源生时未发生信用减值的金融工具。

2. 不适用预期信用损失三阶段模型的金融资产减值处理

1) 购买或源生的已发生信用减值的金融资产

对于购买或源生的已发生信用减值的金融资产,企业应当在资产负债表日仅将自初始确认后整个存续期内预期信用损失的累计变动确认为损失准备。在每个资产负债表日,企业应当将整个存续期内预期信用损失的变动金额作为减值损失或利得计入当期损益。即使该资产负债表日确定的整个存续期内预期信用损失小于初始确认时估计现金流量所反映的预期信用损失的金额,企业也应当将预期信用损失的有利变动确认为减值利得。

对于购买或源生的已发生信用减值的金融资产,企业应当自初始确认起,按照该金融资产的摊余成本和经信用调整后的实际利率计算确认利息收入。

2) 使用简化方法确认预期信用损失的金融资产

对于下列各项目,企业应当按照相当于整个存续期内预期信用损失的金额计量其损失准备。

(1) 转让商品或提供服务交易形成的应收款项或合同资产,且符合下列条件之一。

① 该项目未包含《企业会计准则第 14 号——收入》所定义的重大融资成分,或企业根据《企业会计准则第 14 号——收入》规定不考虑不超过一年的合同中的融资成分。

② 该项目包含《企业会计准则第 14 号——收入》所定义的重大融资成分,同时企业作出会计政策选择,按照相当于整个存续期内预期信用损失的金额计量损失准备。企业应当将该会计政策选择适用于所有此类应收款项和合同资产,但可对应收款项类和合同资产类分别做出会计政策选择。

(2) 由《企业会计准则第 21 号——租赁》规范的交易形成的租赁应收款,同时企业作出会计政策选择,按照相当于整个存续期内预期信用损失的金额计量损失准备。企业应当将该会计政策选择适用于所有租赁应收款,但可对应收融资租赁款和应收经营租赁款分别作出会计政策选择。

在适用本条规定时,企业可对应收款项、合同资产和租赁应收款分别选择减值会计政策。

3. 预期信用损失的计量

企业计量金融工具预期信用损失的方法应当反映下列各项要素。

(1) 通过评价一系列可能的结果而确定的无偏概率加权平均金额。

(2) 货币时间价值。

(3) 在资产负债表日无须付出不必要的额外成本或努力即可获得的有关过去事项、当前状况及未来经济状况预测的合理且有依据的信息。

企业应当按照下列方法确定有关金融资产的信用损失。

(1) 对于金融资产,信用损失应为企业应收取的现金流量与预期收取的现金流量之间差额的现值。

(2) 对于资产负债表日已发生的信用减值但并非购买或源生已发生信用减值的金融资产,信用损失应为该金融资产账面余额与按原实际利率折现的估计未来现金流量的现值之间的差额。

企业应当以概率加权平均为基础对预期信用损失进行计量。企业对预期信用损失的计量应当反映发生信用损失的各种可能性,但不必识别所有可能的情形。在计量预期信用损失时,企业需考虑的最长期限为企业面临信用风险的最长合同期限(包括考虑续约选择权),而不是更长期间,即使该期间与业务实践相一致。

4.6.3　金融资产损失准备的会计处理

资产负债表日,企业应当以预期信用损失为基础,对摊余成本计量的金融资产(包括债券投资和应收款项,应收款项减值详见 2.2.4 小节应收款项减值及其会计核算)和以公允价值计量且其变动计入其他综合收益的债券投资(即其他债权投资)计提损失准备。以公允价值计量且其变动计入当期损益的金融资产和指定为以公允价值计量且其变动计入其他综合收益的非交易性权益工具投资,不计提损失准备。

1. 债权投资损失准备的会计处理

(1) 资产负债表日,企业应对以摊余成本计量的债权投资的信用风险自初始确认后是否已显著增加进行评估,并按照预期信用损失的三阶段模型计量其损失准备、确认预期信用损失。

借:信用减值损失
　　贷:债权投资减值准备

(2) 计提损失准备后,如因债权投资信用风险有所降低,导致其预期信用损失减少,应按减少的预期信用损失金额转回已计提的损失准备和已确认的预期信用损失。

借：债权投资减值准备

贷：信用减值损失

2. 其他债权投资损失准备的会计处理

企业对于持有的以公允价值计量且其变动计入其他综合收益的其他债权投资,应当运用预期信用损失三阶段模型,在其他综合收益中确认其损失准备,并将减值损失或利得计入当期损益,且不应减少该金融资产在资产负债表中列示的账面价值。其中,计入当期损益的减值损失,是指按照预期信用损失三阶段模型计算确定的、应于当期转回的预期信用损失。

资产负债表日,企业应当按照本期公允价值比较账面价值的下跌金额,借记"其他综合收益——其他债权投资公允价值变动"科目,贷记"其他债权投资——公允价值变动"科目;同时,按照应于当期确认的预期信用损失金额,借记"信用减值损失"科目。

对于已确认信用减值损失的其他债权投资,在随后的会计期间因其信用风险降低导致预期信用损失减少,应按减少的预期信用损失金额转回已确认的预期信用损失。资产负债表日,企业应当按照本期公允价值较上期的回升金额,借记"其他债权投资——公允价值变动"科目,贷记"其他综合收益——其他债权投资公允价值变动"科目;同时,按照应于当期转回的预期信用损失金额,借记"其他综合收益——信用减值准备"科目,贷记"信用减值损失"科目。

【**例 4-22**】 2015 年 1 月 1 日,新华公司从上海证券交易所购入乙公司同日发行的面值 200 000 元、期限 6 年、票面利率 6%、每年 12 月 31 日付息、到期还本的债券,实际支付价款(含交易费用)为 220 000 元。新华公司根据其管理该债券的业务模式和该债券的合同现金流量特征,将该债券分类为以摊余成本计量的金融资产,假定其实际利率为 4.09%。

(1) 2015 年 1 月 1 日,取得该项金融资产。

借：债权投资——乙公司债券(成本) 200 000

　　　　　　——乙公司债券(利息调整) 20 000

　　贷：银行存款 220 000

编制利息收入与摊余成本计算表,如表 4-6 所示。

表 4-6 利息收入与摊余成本计算表

(票面利率 6%,面值 20 万元,溢价发行,金额单位：元)

日　期	期初账面余额	实际利息收入	现金流入(票面利息)	应摊销利息调整	期末账面余额
	A	$B=A\times4.09\%$	C	$E=C-B$	$D=A+B-C$
2015 年 12 月 31 日	220 000	8 998	12 000	3 002	216 998
2016 年 12 月 31 日	216 998	8 875	12 000	3 125	213 873
2017 年 12 月 31 日	213 873	8 747	12 000	3 253	210 620
2018 年 12 月 31 日	210 620	8 614	12 000	3 386	207 234
2019 年 12 月 31 日	207 234	8 476	12 000	3 524	203 710
2020 年 12 月 31 日	203 710	8 290*	12 000	3 710	200 000
合　计	—	52 000	72 000	20 000	—

注：*为尾数调整。

(2) 2015 年 12 月 31 日。

① 确认利息收入并摊销利息调整额。

借：应收利息　　　　　　　　　　　　　　　　　　　　　12 000

　　贷：投资收益　　　　　　　　　　　　　　　　　　　　8 998

　　　　债权投资——乙公司债券(利息调整)　　　　　　　3 002

② 评估乙公司债券的信用风险并据以计提损失准备。自初始确认后至本期末，乙公司信用状况一直良好。新华公司通过信用风险评估认为，乙公司债券的信用风险并未显著增加，因此新华公司按照相当于乙公司未来 12 个月内预期信用损失的金额计算其损失准备。新华公司预计乙公司债券未来 12 个月内预期信用损失的金额为 0.5%；如果发生违约，则违约损失率为 50%；不发生违约的概率为 99.5%。

$$未来 12 个月内预期信用损失 = (200\,000 + 12\,000) \times (P/F, 4.09\%, 1) \times 0.5\% \times 50\%$$
$$= 509(元)$$

注意： $(P/F, 4.09\%, 1)$ 查复利现值系数表为 0.961。

借：信用减值损失　　　　　　　　　　　　　　　　　　　　509

　　贷：债权投资减值准备　　　　　　　　　　　　　　　　509

③ 收到年度债券利息。

借：银行存款　　　　　　　　　　　　　　　　　　　　　12 000

　　贷：应收利息　　　　　　　　　　　　　　　　　　　12 000

(3) 2016 年 12 月 31 日。

① 确认利息收入并摊销利息调整额。

注意： 由于新华公司上期期末判断自初始确认后至上期期末，乙公司债券的信用风险并未显著增加，因此本期债券利息收入的确认应当采用总额法。

借：应收利息　　　　　　　　　　　　　　　　　　　　　12 000

　　贷：投资收益　　　　　　　　　　　　　　　　　　　　8 875

　　　　债权投资——乙公司债券(利息调整)　　　　　　　3 125

② 评估乙公司债券的信用风险并据以计提损失准备。自初始确认后至本期末，乙公司的部分经营业务因市场竞争力降低而出现亏算，现金周转趋于紧张，如果不能采取有效措施及时应对，可能会导致其发生重大财务困难。乙公司债券的信用风险已显著增加但并没有客观证据表明已发生信用减值，因此新华公司按照相当于乙公司债券整个存续期内的违约概率为 20%，如果发生违约，则违约损失率为 50%；不发生违约的概率为 80%。

$$未来整个存续期内预期信用损失 = [12\,000 \times (P/A, 4.09\%, 4)$$
$$+ 200\,000 \times (P/F, 4.09\%, 4)] \times 20\% \times 50\%$$
$$= 21\,386 (元)$$

注意： $(P/A, 4.09\%, 4)$ 查年金现值系数表为 3.622，$(P/F, 4.09\%, 4)$ 查复利现值系数表为 0.852)。

$$本年应计提损失准备 = 21\,386 - 509 = 20\,877(元)$$

借：信用减值损失　　　　　　　　　　　　　　　　　　　20 877

　　贷：债权投资减值准备　　　　　　　　　　　　　　　20 877

③ 收到年度债券利息。

借：银行存款　　　　　　　　　　　　　　　　　　12 000
　　贷：应收利息　　　　　　　　　　　　　　　　　　　12 000

(4) 2017 年 12 月 31 日。

① 确认利息收入并摊销利息调整。

注意：由于新华公司上期期末判断自初始确认后至上期期末，乙公司债券的信用风险虽然已显著增加，但并没有客观证据表明已发生信用减值，因此，本期乙公司债券利息收入的确认仍应采用总额法。

借：应收利息　　　　　　　　　　　　　　　　　　12 000
　　贷：投资收益　　　　　　　　　　　　　　　　　　　8 747
　　　　债权投资——乙公司债券(利息调整)　　　　　　3 253

② 评估乙公司债券的信用风险并据以计提损失准备。自初始确认后至本期末，乙公司部分经营业务的亏损进一步扩大，现金周转极其困难，已出现无法按时偿付债务本金和利息的情况，正在与主债权人进行重组协商。新华公司通过信用风险评估认为，乙公司债券的信用风险已显著增加且有客观证据表明乙公司债券已发生信用减值。因此，新华公司按照相当于乙公司债券整个存续期内预期信用损失的金额计量其损失准备。新华公司预计乙公司未来整个存续期内发生违约并损失 50% 的概率为 80%，发生违约并损失 75% 的概率为 19%；不发生违约的概率仅为 1%。

未来整个存续期内预期信用损失 $=[12\,000 \times (P/A, 4.09\%, 3) + 200\,000 \times (P/F, 4.09\%, 3)] \times 50\% \times 80\% + [12\,000 \times (P/A, 4.09\%, 3) + 200\,000 \times (P/F, 4.09\%, 3)] \times 75\% \times 19\% = 114\,272(元)。$

注意：$(P/A, 4.09\%, 3)$ 查年金现值系数表为 2.770，$(P/F, 4.09\%, 3)$ 查复利现值系数表为 0.887。

本年应计提损失准备 $=114\,272 - 21\,386 = 92\,886(元)$

借：信用减值损失　　　　　　　　　　　　　　　　92 886
　　贷：债权投资减值准备　　　　　　　　　　　　　　92 886

③ 收到年度债券利息。

借：银行存款　　　　　　　　　　　　　　　　　　12 000
　　贷：应收利息　　　　　　　　　　　　　　　　　　　12 000

(5) 2018 年 12 月 31 日。

① 确认利息收入并摊销利息调整。

注意：由于新华公司上期期末判断自初始确认后至上期期末，乙公司债券的信用风险已显著增加且有客观证据表明已发生信用减值。因此，本期乙公司债券利息收入的确认应采用净额法。

乙公司债券期初摊余成本 $=210\,620 - 114\,272 = 96\,348(元)$

利息收入 $=96\,348 \times 4.09\% = 3\,941(元)$

利息调整摊销 $=12\,000 - 3\,941 = 8\,059(元)$

借：应收利息　　　　　　　　　　　　　　　　　　12 000
　　贷：投资收益　　　　　　　　　　　　　　　　　　　3 941

　　债权投资——乙公司债券（利息调整）　　　　　　　　8 059

　　② 评估乙公司债券的信用风险并据以计提损失准备。乙公司通过积极调整经营业务，与债权人进行债务重组等一系列举措，亏损势头得到遏制，现金周转困难得到极大缓解，初步摆脱了财务困境。新华公司通过风险评估认为，已不存在表明乙公司债券发生信用减值的客观证据，但是乙公司债券的信用风险仍然比较显著。因此仍应按照相当于乙公司债券整个存续期内预期信用损失的金额计量其损失准备。新华公司预计乙公司债券未来整个存续期内的违约概率为 50%，如果发生违约，则违约损失率为 80%；不发生违约的概率为 50%。

$$未来整个存续期内预期信用损失 = [12\ 000 \times (P/A,4.09\%,2) + 200\ 000$$
$$\times (P/F,4.09\%,2)] \times 50\% \times 80\%$$
$$= 82\ 883(元)$$

　　注意：$(P/A,4.09\%,2)$ 查年金现值系数表为 1.884；$(P/F,4.09\%,2)$ 查复利现值系数表为 0.923。

　　由于前三年已累计计提损失准备 114 272 元，因此本年应部分转回已计提的损失准备，本年应转回的损失准备 = 114 272 − 82 883 = 31 389(元)。

　　借：债权投资减值准备　　　　　　　　　　　　　　　　　31 389
　　　　贷：信用减值损失　　　　　　　　　　　　　　　　　　　31 389
　　③ 收到年度债券利息。
　　借：银行存款　　　　　　　　　　　　　　　　　　　　　　12 000
　　　　贷：应收利息　　　　　　　　　　　　　　　　　　　　　12 000

（6）2019 年 12 月 31 日。

① 确认利息收入并摊销利息调整。

　　注意：由于新华公司上期期末判断，乙公司债券的信用风险虽然比较显著，但已不存在表明乙公司债券发生信用减值的客观证据。因此新华公司本期应当转按总额法确认乙公司债券的利息收入。但是需要注意的是，由于上期的利息收入是按净额法确认的，因此本期应当首先调整上期按净额法少确认的利息收入和多摊销的利息调整，然后再按总额法确认本期的利息收入，以使债权投资的账面余额能够反映假定没有发生信用减值情况下的金额。

$$利息收入调整额 = 8\ 614 − 3\ 941 = 4\ 673(元)$$
$$利息调整摊销调整额 = 3\ 386 − 8\ 059 = −4\ 673(元)$$

　　借：债权投资——乙公司债券（利息调整）　　　　　　　　4 673
　　　　贷：投资收益　　　　　　　　　　　　　　　　　　　　　4 673
　　借：应收利息　　　　　　　　　　　　　　　　　　　　　　12 000
　　　　贷：投资收益　　　　　　　　　　　　　　　　　　　　　8 476
　　　　　　债权投资——乙公司债券（利息调整）　　　　　　　3 524

　　② 评估乙公司债券的信用风险并据以计提损失准备。乙公司通过进一步调整，现金周转趋于正常，已基本解决了重大财务困难。新华公司通过对乙公司债券信用风险的评估认为，虽然乙公司已不存在信用减值的客观证据，但乙公司债券的信用风险仍然比较显著。新华公司预计乙公司债券未来存续期内的违约概率为 30%，如果发生违约，则违约损失率为 50%；不发生违约的概率为 70%。

未来整个存续期内预期信用损失＝(12 000＋200 000)×$(P/F,4.09\%,1)$×30％×50％
＝30 560(元)

注意：$(P/F,4.09\%,1)$查复利现值系数表为0.961。

本年应转回损失准备＝82 883－30 560＝52 323(元)

借：债权投资减值准备　　　　　　　　　　52 323
　　贷：信用减值损失　　　　　　　　　　　　52 323

③ 收到年度债券利息。

借：银行存款　　　　　　　　　　　　　　12 000
　　贷：应收利息　　　　　　　　　　　　　　12 000

(7) 2020年12月31日。

① 确认利息收入并摊销利息调整。

注意：由于乙公司债券已经到期，因此应将尚未摊销的利息调整金额全部摊销完毕，以使债权投资的账面余额反映债券面值。

借：应收利息　　　　　　　　　　　　　　12 000
　　贷：投资收益　　　　　　　　　　　　　　8 290
　　　　债权投资——乙公司债券(利息调整)　　3 710

② 乙公司债券到期，根据其还本付息的实际结果进行相应的会计处理。

A. 假定新华公司如数收回全部债券面值和最后一期债券利息。

借：债权投资减值准备　　　　　　　　　　30 560
　　贷：信用减值损失　　　　　　　　　　　　30 560

借：银行存款　　　　　　　　　　　　　212 000
　　贷：债权投资——乙公司债券(成本)　　　200 000
　　　　应收利息　　　　　　　　　　　　　　12 000

B. 假定新华公司如数收回了最后一期债券利息，但只收回了50％的债券面值。

调整已计提的损失准备金额＝200 000×50％－30 560＝69 440(元)。

借：信用减值损失　　　　　　　　　　　　69 400
　　贷：债权投资减值准备　　　　　　　　　　69 400

借：银行存款　　　　　　　　　　　　　112 000
　　债权投资减值准备　　　　　　　　　　100 000
　　贷：债权投资——乙公司债券(成本)　　　200 000
　　　　应收利息　　　　　　　　　　　　　　12 000

4.7　金融资产的披露与分析

4.7.1　金融资产的披露

根据《企业会计准则》的规定，企业的金融资产应分别在资产负债表的不同分类项目中予以披露。其中，以公允价值计量且其变动计入当期损益的金融资产作为"交易性金融资产"项目列示在流动资产中，以摊余成本计量的金融资产以"债权投资"项目列示在非流动资产中,以公允价值计量且其变动计入其他综合收益的金融资产以"其他债权投资"(债务工具)和"其他权益工具投资"(权益工具)项目列示在非流动资产中。另外,企业应当披露编制财务报表时对金融资产所采用的重要会计政策、计量基础和与理解财务报表相关的其他会计政策等信息,主要包括以下内容。

(1) 有关金融资产的会计政策、计量基础。包括:①确定金融资产分类的依据和条件;②确定金融资产减值的依据及减值损失的计算方法。

(2) 各类金融资产的账面价值、公允价值及确定公允价值所采用的方法。

(3) 对所持各类金融资产进行重分类的原因,重分类前后相关金融资产的账面价值和公允价值变化。

(4) 所持各类金融资产的相关收入、费用、减值损失的详细信息。

(5) 关于所持各类金融资产风险的描述性信息和数量信息。

4.7.2 金融资产的分析

报表使用者对企业金融资产的分析,应当重点关注其可能利用金融资产的分类及相应处置进行的相关盈余管理活动。企业对金融资产如何分类取决于管理层对该项金融资产的持有意图。不同类别的金融资产,其初始计量和后续计量采用的会计方法有所不同,因此虽然《企业会计准则》规定企业不得随意变更其金融资产的分类,但在实务中,仍然有不少企业通过金融资产的分类,利用公允价值计量模式及适当的处置选择来影响当期利润。

交易性金融资产和其他债权投资(其他权益工具投资)在会计核算上的重大差别在于其公允价值变动是否计入当期损益。作为交易性金融资产,其公允价值变动将通过"公允价值变动损益"反映在利润表中,直接影响企业当期的净利润;而以公允价值计量且其变动计入其他综合收益的公允价值变动则记入"其他综合收益"科目,不直接影响企业当期的净利润,但如果以公允价值计量且其变动计入其他综合收益的公允价值发生较大幅度的下降,则可能需要认定发生的减值,并确认减值损失,这样又会影响当期净利润。

案例

某上市公司 20×8 年的年报数据,该公司将 20×8 年年初持有的民生银行股票 2 928.251 3 万股列为可供出售金融资产(其他权益工具投资),公允价值为 33 239.61 万元(11.35 元/股),本年度卖出 1 630 万股(4.17 元/股),年末持有余额为 1 298.251 3 万股,公允价值为 5 260.39 万元(4.05 元/股)。由于民生银行股票市价的变化,该上市公司持有的民生银行股票的公允价值本年度累计下跌了 21 184.85 万元,但因计入所有者权益,且未计提任何减值准备而没有影响到公司的当年净利润,显然,如果公司将该项金融资产确认为交易性金融资产,当期利润将大幅减少 21 184.85 万元,减少幅度高达 298.74%。另一家上市公司 20×7 年的金融投资总额占其资产总额将近 50%,其中可供出售金融资产(其他权益工具投资)占金融资产的总额始终在 65% 以上。而该公司近四年处置的可供出售金融资产(其他权益工具投资)占利润总额的比例分别为 88.81%、45.38%、50.95% 和 44.26%。可见,如果扣除这部分的损益,该上市公司的利润将明显下滑,利用处置金融资产来平滑利润的问题显而易见。

另外,报表使用者应当对企业金融资产的效益与风险予以充分的关注。对于非金融机构而言,交易性金融资产只能是微不足道的"副业",而且最好是"辅业",即辅助于现金资产,用于调剂货币资金余缺,在保持流动性的前提下获取一定的收益,避免资金闲置而给企业带来的机会损失。相对来说,作为非流动资产的以摊余成本计量的金融资产和以公允价值计量且其变动计入其他综合收益的金融资产则更要关注其收益与风险,公司的主业不应被其金融资产所"绑架"而达到主业不济副业补的目的,否则将误导投资者。

本 章 小 结

本章内容包括企业金融资产的分类,以及各项金融资产取得、持有和期末(处置)的核算方法。

1. 金融资产的分类是其确认和计量的基础,企业应当按照其管理金融资产的业务模式和金融资产的合同现金流量特征,对金融资产进行合理的分类。金融资产一般划分为以下三类:以摊余成本计量的金融资产;以公允价值计量且其变动计入其他综合收益的金融资产;以公允价值计量且其变动计入当期损益的金融资产。

2. 以公允价值计量且其变动计入当期损益的金融资产主要是指交易性金融资产,其初始成本确定基础为取得时的公允价值,相关的交易费用计当期损益;企业在持有交易性金融资产期间所获得的现金股利或债券利息,应当确认为当期投资收益;交易性金融资产的价值应当按照其资产负债表日的公允价值来反映,所确认的公允价值变动金额在调整交易性金融资产的账面余额的同时,计入当期损益;处置交易性金融资产时应确认处置损益,并将持有期间累计确认的公允价值变动损益结转确认为处置当期投资收益。

3. 以摊余成本计量的金融资产应当按取得时的公允价值与相关交易费用之和作为其初始(投资)的确认金额;企业对其持有至到期投资在持有期间的利息收入,应按照摊余成本和实际利率计算确认。

4. 以公允价值计量且其变动计入其他综合收益的金融资产应当按照取得时的公允价值和相关交易费用之和作为其初始投资的确认金额;持有期间分别按其他债权投资和其他权益工具投资处理。

本章重点:交易性金融资产和债权投资的核算方法。

本章难点:交易性金融资产处置原理、债权投资的实际利率法、金融资产减值。

本 章 练 习 题

一、单项选择题

1. 2019 年 2 月 2 日新华公司支付 830 万元取得一项股权投资,根据其管理该股票的业务模式和合同现金流量特征,分类为以公允价值计量且其变动计入当期损益的金融资产核算。支付价款中包括已宣告尚未领取的现金股利 20 万元,另支付交易费用 5 万元。新华公司购入金融资产的入账价值为( )万元。

A. 810   B. 815   C. 830   D. 835

2. 新华公司于 2019 年 5 月 20 日从证券市场购入 A 公司股票 60 000 股,根据其管理该股票的业务模式和新华公司股票的合同现金流量特征,分类为以公允价值计量且其变动计入当期损益的金融资产,每股买价 8 元(其中包含已宣告发放尚未领取的现金股利 0.5 元),另外支付印花税及佣金 5 000 元。2019 年 12 月 31 日,新华公司持有的该股票的市价总额(公允价值)为 510 000 元。2020 年 2 月 10 日,新华公司出售 A 公司股票 60 000 股,收入现金 540 000 元。新华公司出售该项金融资产时应确认的投资收益为( )元。

    A. 30 000   B. 60 000   C. 85 000   D. 90 000

3. 企业发生的下列有关分类为以公允价值计量且其变动计入当期损益的金融资产的事项中,影响投资收益科目金额的是( )。

    A. 根据以公允价值计量且其变动计入当期损益的金融资产在持有期间取得的现金股利

    B. 期末以公允价值计量且其变动计入当期损益的金融资产公允价值大于账面余额

    C. 期末以公允价值计量且其变动计入当期损益的金融资产公允价值小于账面余额

    D. 根据以公允价值计量且其变动计入当期损益的金融资产持有期间收到的包含在买价当中的现金股利

4. 新华公司 2019 年 12 月 31 日将其于 2017 年 1 月 1 日购入的债券予以转让,转让价款为 3 150 万元,该债券系 2017 年 1 月 1 日发行,面值为 3 000 万元,票面年利率为 3%,到期一次还本付息,期限为 3 年。新华公司根据其管理该股票的业务模式和新华公司股票的合同现金流量特征,将其划分为以摊余成本计量的金融资产。转让时,利息调整明细科目的贷方余额为 18 万元,2019 年 12 月 31 日,该债券投资的减值损失准备余额为 37.5 万元,新华公司转让该项金融资产应确认的投资收益为( )万元。

    A. −64.5   B. −55.5   C. −84   D. −117

5. 某股份有限公司于 2019 年 4 月 1 日购入面值为 1 000 万元的 3 年期债券,根据其管理该股票的业务模式和新华公司股票的合同现金流量特征,分类为以摊余成本计量的金融资产,实际支付的价款为 1 100 万元,支付的价款中包含已到付息期但尚未领取的债券利息 50 万元和相关税费 5 万元。该项债券投资的初始入账金额为( )万元。

    A. 1 105   B. 1 100   C. 1 050   D. 1 000

6. 2019 年 1 月 1 日,新华公司自证券市场购入面值总额为 2 000 万元的债券,购入时实际支付价款 2 078.98 万元,另支付交易费用 10 万元。该债券发行日为 2019 年 1 月 1 日,系分期付息、到期还本债券,期限为 5 年,票面年利率为 5%,实际年利率为 4%,每年 12 月 31 日支付当年利息。新华公司将该债券作为以摊余成本计量的金融资产核算。2019 年 12 月 31 日,该债券投资的信用风险自初始确认后未显著增加,新华公司由此确认的预期信用损失准备为 10 万元。假定不考虑其他因素,新华公司持有该债券投资 2020 年应确认的投资收益为( )万元。

    A. 100   B. 82.90   C. 72   D. 82.50

7. 2019 年 6 月 2 日,新华公司自二级市场购入北方公司股票 1 000 万股,支付价款 8 000 万元(与公允价值相等),另支付佣金等费用 16 万元。新华公司将购入上述北方公司股票划分为以公允价值计量且其变动计入当期损益的金融资产。2019 年 12 月 31 日,北方公司股票的市场价格为每股 10 元。2020 年 2 月 20 日,新华公司以每股 11 元的价格将所持北方公司股票全部出售,在支付交易费用 33 万元后实际取得价款 10 967 万元。不考虑其他因素,新华公司出售北方公司股票应确认的投资收益是( )万元。

    A. 2 967   B. 2 951   C. 2 984   D. 3 000

8. 新华公司取得债务工具,以收取合同现金流量和出售债务工具为目标的业务模式,应划分的金融资产为( )。

    A. 以公允价值计量且其变动计入当期损益的金融资产

    B. 以摊余成本计量的金融资产

    C. 以公允价值计量且其变动计入其他综合收益的金融资产

    D. 流动资产

9. 新华公司 2019 年 3 月 25 日支付价款 2 230 万元(含已宣告但尚未发放的现金股利 60 万元)取得一项股权投资,另支付交易费用 10 万元,新华公司将其划分为以公允价值计量且其变动计入其他综合收益的金融资产核算。2019 年 5 月 10 日,新华公司收到购买价款中包含的现金股利 60 万元。2019 年 12 月 31 日,该项股权投资的公允价值为 2 105 万元。新华公司购入的该项以公允价值计量且其变动计入其他综合收益的金融资产的入账价值为( )万元。

    A. 2 230   B. 2 170   C. 2 180   D. 2 105

10. 2019 年 1 月 1 日,新华公司从二级市场购入南方公司分期付息、到期还本的债券 12 万张,以银行存款支付价款 1 050 万元,另支付相关交易费用 12 万元。该债券系南方公司于 2018 年 1 月 1 日发行,每张债券面值为 100 元,期限为 3 年,票面年利率为 5%,每年年末支付当年度利息。新华公司将该债券分类为以摊余成本计量的金融资产,不考虑其他因素,新华公司持有南方公司债券至到期累计应确认的投资收益是( )万元。

    A. 120   B. 258   C. 270   D. 318

11. 下列各项中,不影响当期损益的事项是( )。

    A. 以公允价值计量且其变动计入当期损益的金融资产在持有期间确认应享有的现金股利

    B. 以公允价值计量且其变动计入当期损益的金融资产在资产负债表日的公允价值大于账面价值的差额

    C. 以摊余成本计量的金融资产在持有期间按摊余成本和实际利率计算确认的利息收入

    D. 以公允价值计量且其变动计入其他综合收益的金融资产在资产负债表日的公允价值大于账面价值的差额

12. 新华公司将非交易性权益工具投资指定为以公允价值计量且其变动计入其他综合收益的金融资产;资产负债表日,新华公司按公允价值计量该资产;处置时新华公司应将原计入其他综合收益对应处置部分的金额转出,计入( )。

    A. 投资收益   B. 资本公积   C. 营业外收入   D. 留存收益

13. 新华公司于 2019 年 12 月 15 日购入一项公允价值为 1 000 万元的债券,该债券期限 10 年,年利率为 5%(与购入时的市场利率一致),分类为以公允价值计量且其变动计入其他综合收益的金融资产。该债券初始确认时,新华公司确定其不属于购入或源生的已发生信用减值的金融资产。2019 年 12 月 31 日,该债券的公允价值跌至 950 万元。新华公司认为该债券的信用风险自初始确认后并无显著增加,由此确认的预期信用损失准备为 30 万元。假设不考虑利息和其他因素,新华公司上述业务对其他综合收益的影响金额是

（　　）万元。

        A. 50　　　　　　B. 30　　　　　　C. －20　　　　　　D. 80

14. 2019 年 6 月 9 日,新华公司支付价款 855 万元(含交易费用 5 万元)购入朝阳公司股票 100 万股,占朝阳公司有表决权股份的 1.5%,新华公司将其指定为以公允价值计量且其变动计入其他综合收益的金融资产。2019 年 12 月 31 日,该股票市场价格为每股 9 元。2020 年 2 月 5 日,朝阳公司宣告发放现金股利 1 000 万元。2020 年 8 月 21 日,新华公司以每股 8 元的价格将朝阳公司股票全部转让。新华公司 2020 年利润表中因该金融资产应确认的投资收益为(　　)万元。

        A. －40　　　　　B. －55　　　　　C. －90　　　　　D. 15

15. 2019 年 2 月 5 日,新华公司以 7 元/股的价格购入朝华公司股票 100 万股,支付手续费 1.4 万元。新华公司将该股票投资分类为以公允价值计量且其变动计入当期损益的金融资产核算。2019 年 12 月 31 日,朝华公司股票价格为 9 元/股。2020 年 2 月 20 日,朝华公司分配现金股利,新华公司获得现金股利 8 万元;2020 年 3 月 20 日,新华公司以 11.6 元/股的价格将其持有的朝华公司股票全部出售。不考虑其他因素,新华公司因持有朝华公司股票在 2020 年确认的投资收益是(　　)万元。

        A. 260　　　　　　B. 468　　　　　　C. 268　　　　　　D. 466.6

二、多项选择题

1. 关于金融资产的分类,下列选项中正确的有(　　)。

    A. 企业管理金融资产的业务模式是以收取合同现金流量为目标,则应分类为以摊余成本计量的金融资产

    B. 企业管理金融资产的业务模式是以短期内出售为目标,则应分类为以公允价值计量且其变动计入当期损益的金融资产

    C. 企业管理金融资产的业务模式既以收取合同现金流量为目标,又以出售该金融资产为目标,并且该金融资产的合同条款规定,在特定日期产生的现金流量,仅为对本金和以未偿付本金金额为基础的利息的支付,则应分类为以公允价值计量且其变动计入其他综合收益的金融资产

    D. 对债务工具投资,分类为以摊余成本计量的金融资产和分类为以公允价值计量且其变动计入当期损益的金融资产之外的金融资产,企业应当将其分类为以公允价值计量且其变动计入其他综合收益的金融资产

2. 2019 年 7 月 1 日,新华公司从活跃市场购入大华公司 2019 年 7 月 1 日发行的 5 年期债券 10 万份,该债券面值总额为 1 000 万元,票面年利率为 4.5%,每半年支付一次利息。新华公司购买大华公司债券支付款项(包括交易费用 10 万元)1 000 万元。新华公司将该债券作为以公允价值计量且其变动计入其他综合收益的金融资产核算。新华公司因需要资金,计划于 2020 年出售该债券投资。2019 年 12 月 31 日,债券的公允价值为 1 010 万元,确认的预期损失准备余额为 5 万元。新华公司下列会计处理中正确的有(　　)。

    A. 2019 年 7 月 1 日以公允价值计量且其变动计入其他综合收益的金融资产初始成本为 1 000 万元

    B. 交易费用应计入当期损益

    C. 持有的大华公司债券投资在 2019 年 12 月 31 日资产负债表中的列示金额为

　　　　1 010 万元

　　　　D. 因持有的大华公司债券投资在 2019 年 12 月 31 日资产负债表中其他综合收益项目列示的金额为 10 万元

　　3. 企业应以预期信用损失为基础对金融资产进行减值处理并确认损失准备。下列有关预期信用损失的说法中,正确的有(　　　　)。

　　　　A. 预期信用损失是指以发生违约的风险为权重的金融工具信用损失的最大值

　　　　B. 信用损失是指企业按照原实际利率折现的、根据合同应收的所有合同现金流量与预期收取的所有现金流量之间的差额,即全部现金短缺的现值

　　　　C. 对于金融资产,信用损失应为企业应收取的合同现金流量与预期收取的现金流量之间差额的现值

　　　　D. 对于资产负债表日已发生信用减值但并非购买或源生已发生信用减值的金融资产,信用损失应为该金融资产账面余额与按原实际利率折现的估计未来现金流量的现值之间的差额

　　4. 2019 年 1 月 1 日新华公司支付价款 1 020 万元(与公允价值相等)购入某公司同日发行的 3 年期公司债券,另支付交易费用 8.24 万元,该公司债券的面值为 1 000 万元,票面年利率 4%,实际年利率为 3%,每年 12 月 31 日支付上年利息,到期支付本金。新华公司将该公司债券划分为以公允价值计量且其变动计入其他综合收益的金融资产。2019 年 12 月 31 日,新华公司收到债券利息 40 万元,该债券的公允价值为 900 万元,因债务人发生重大财务困难,该金融资产已发生信用减值,新华公司由此确认预期信用损失准备 100 万元。不考虑其他因素,新华公司下列会计处理中正确的有(　　　　)。

　　　　A. 2019 年 1 月 1 日,该项金融资产的初始确认金额为 1 028.24 万元

　　　　B. 2019 年应确认资产减值损失 119.09 万元

　　　　C. 2019 年 12 月 31 日,资产负债表中其他综合收益余额为 −19.09 万元

　　　　D. 2020 年应确认投资收益 30.57 万元

三、综合题

　　1. 为提高闲置资金的使用效率,新华公司进行了以下投资,有关资料如下。

　　资料一:2018 年 12 月 31 日,购入乙公司于当日发行且可上市交易的债券 100 万张,支付价款 10 000 万元,另支付手续费 183.3 万元。该债券期限为 2 年,每张面值为 100 元,票面年利率为 7%,于次年开始每年 12 月 31 日支付当年利息,该债券无提前还款、展期等条款。新华公司管理该金融资产的业务模式是以收取合同现金流量为目标,该金融资产的合同条款规定,在特定日期产生的现金流量,仅为对本金和以未偿付本金金额为基础的利息的支付。

　　(1) 初始确认时,新华公司确定该债券投资不属于源生的已发生信用减值的金融资产,按照相当于该债券未来 12 个月预期信用损失的金额计量其损失准备,金额为 300 万元。

　　(2) 2020 年 12 月 31 日,新华公司认为该债券投资的信用风险自初始确认后并未显著增加,应按照相当于该债券投资未来 12 个月预期信用损失的金额计量其损失准备,金额为 200 万元。当日,乙公司按照约定的条款支付利息。

　　(3) 2020 年 12 月 31 日,乙公司按照约定的条款还本付息。

　　资料二:承资料一,假定新华公司管理该债券投资的业务模式为持有该债券以收取合

同现金流量,并将在机会出现时出售该债券以将现金再投资于回报率更高的金融资产。除此之外,初始确认时其他条件不变。

(1) 2018 年 12 月 31 日,该债券的公允价值与交易价格一致,为 10 000 万元。

(2) 2019 年 12 月 31 日,由于市场利率变动,该债券的公允价值为 9 600 万元。

(3) 2020 年 7 月 31 日,新华公司决定以当日的公允价值出售该债券,取得价款 10 300 万元。

假设不考虑中期财务报告、所得税及其他因素影响。

要求:

(1) 根据资料一,判断新华公司取得乙公司债券时应划分的金融资产类别,说明理由,并编制新华公司取得乙公司债券时的会计分录。

(2) 根据资料一,假定实际利率约为 6%,计算新华公司 2019 年度和 2020 年度因持有乙公司债券应确认的利息收入,并编制相关会计分录。

(3) 根据资料二,判断新华公司取得乙公司债券时应划分的金融资产类别,说明理由,并编制新华公司取得乙公司债券时的会计分录。

(4) 根据资料二,计算新华公司 2019 年度因持有乙公司债券应确认的利息收入和公允价值变动,并编制相关会计分录。

(5) 根据资料二,计算新华公司 2020 年度因持有乙公司债券应确认的利息收入和出售的投资收益,并编制相关会计分录。

2. 新华公司发生如下经济业务。

资料一:2019 年 5 月 6 日,新华公司支付价款 1 016 万元(含交易费用 1 万元和已宣告发放现金股利 15 万元),购入乙公司发行的股票 200 万股,占乙公司有表决权股份的 0.5%。新华公司将其指定为以公允价值计量且其变动计入其他综合收益的非交易性权益工具投资。

(1) 2019 年 5 月 10 日,新华公司收到乙公司发放的现金股利 15 万元。

(2) 2019 年 6 月 30 日,该股票市价为每股 5.2 元。

(3) 2019 年 12 月 31 日,新华公司仍持有该股票;当日,该股票市价为每股 5 元。

(4) 2020 年 5 月 9 日,乙公司宣告发放股利 4 000 万元。

(5) 2020 年 5 月 13 日,新华公司收到乙公司发放的现金股利。

(6) 2020 年 5 月 20 日,新华公司由于某特殊原因,以每股 4.9 元的价格将股票全部转让。

要求:假定不考虑其他因素,做出新华公司的账务处理。

资料二:在资料一中,如果新华公司根据其管理乙公司股票的业务模式和乙公司股票的合同现金流量特征,将乙公司股票分类为以公允价值计量且其变动计入当期损益的金融资产,且 2019 年 12 月 31 日乙公司股票市价为每股 4.8 元,其他资料不变。

要求:不考虑其他因素,做出新华公司的账务处理。

第5章 固定资产

本章的学习将会使你：

(1) 掌握固定资产的基本概念、特征及分类。

(2) 掌握固定资产的确认以及固定资产折旧的各种计算方法。

(3) 熟悉企业不同方式取得的固定资产业务、固定资产后续支出、固定资产处置的账务处理方法。

5.1 固定资产概述

5.1.1 固定资产的定义和特征

固定资产是企业维持日常生产经营活动的一项基本资产，如厂房、机器设备、生产工具等，构成了企业资产中最重要的组成部分，企业通过运用这些资产，生产、销售商品和提供劳务，以赚取收益，保证企业的正常运作和持续发展。根据《企业会计准则第 4 号——固定资产》(2014 年)的定义，固定资产是指同时具有下列特征的有形资产：①为生产商品、提供劳务、出租或经营管理而持有的；②使用寿命超过一个会计年度。从固定资产的定义看，固定资产具有以下三个特征。

(1) 固定资产是有形资产。固定资产是具有物质形态的长期资产，有别于企业的无形资产，如专利权，也不同于存货等非货币性资产。需要注意的是，企业的有些资产也具有实物形态甚至具有固定资产某些特征，如一些维修工具、周转材料等，但因为数量多、单价低，以折旧方式实现其价值转移不符合成本效益原则，在实务中通常被确认为存货。

(2) 固定资产的持有目的是生产商品、提供劳务、出租或经营管理，而非用于销售和投资。企业为生产产品、提供劳务而持有的固定资产，是企业的劳动者进行生产时所需要使用的资源或工具，是社会进行物质生产所必备的物质条件，这一特征将固定资产与主要以出售为最终目的的存货区分开来。应当区分的是，为出租而持有的固定资产是指企业持有的经营租赁方式租出的机器设备，根据《企业会计准则》的规定，经营租赁租出的建筑物需单独作为投资性房地产核算。

(3) 固定资产的使用寿命超过一个会计年度。使用寿命是指企业对固定资产使用期间或生产产品、提供劳务数量的预计。作为企业拥有的重要资产，固定资产必须具有一定的耐用性，在为企业创造经济利益的同时，固定资产可以长期参与生产经营且不改变其原有的实物形态，其账面价值通过计提折旧方式逐渐减少，这有别于存货等流动资产。

5.1.2 固定资产的确认

固定资产的确认是指企业在什么时候、以多少金额将固定资产作为企业所拥有或控制的资源加以反映。一般来讲,固定资产只有在同时满足以下两个条件时,才能加以确认。

(1)该项固定资产包含的经济利益很可能流入企业。这一条件实质上涉及固定资产的所有权问题。通常情况下,如果企业对某项固定资产拥有所有权,表明与该项资产所有权相关的风险和报酬已经归属企业,相应的未来所能带来的经济利益也应该会流入企业。但在某些特殊情况下,如融资租入资产,企业在租赁期内并未拥有该项资产的所有权,但由于企业能在实质上控制该项资产所带来的经济利益,也应视为企业的固定资产对待。

(2)该项固定资产的成本能够可靠地计量。这是资产确认的一个基本条件,也事关资产价值的确定问题。固定资产成本应当能以货币为计量单位准确地予以认定,包括企业最初取得固定资产的成本,即原始价值;以及在未来某个时点重新取得同样固定资产的成本,即重置完全价值。无论是原始价值,还是重置完全价值,都是基于历史成本计量属性,是指企业为取得某项固定资产时,以及直至该项固定资产达到预定可使用状态前所实际支付的各项必要的合理支出。

在确定固定资产的原始价值时,应当注意以下两项费用的处理。

(1)企业为购建固定资产而借入相关款项所发生的借款费用,在固定资产达到预定可使用状态前应予以资本化,计入购建固定资产的成本;在固定资产达到预定可使用状态后则计入当期费用,不能资本化。

(2)有些企业的部分固定资产在确定其原始价值时还应当考虑弃置费用,例如核电站设施等的弃置和恢复环境义务等支出,如果符合预计负债的确认条件,应当按一定的方法予以计量并体现在固定资产的原始价值中。

企业对符合固定资产特征和确认条件的有形资产,应当确认为固定资产;不符合条件的则应当确认为存货或者其他有关资产。

对于企业的环保设备和安全设备等资产,虽然不能直接为企业带来经济利益,却有助于企业从相关资产获得经济利益,也应当确认为固定资产。对于固定资产的各个组成部分,如果各自具有不同的使用寿命或者以不同的方式为企业提供经济利益,从而适用不同的折旧率或者折旧方法的,应当单独确认为固定资产。

5.1.3　固定资产的分类

企业的固定资产种类繁多,规格各异,出于正确组织对固定资产的核算,进而加强对固定资产管理的目的,有必要对固定资产进行科学合理的分类。固定资产可以按照经济用途、使用情况、产权归属和实物形态等方法进行分类。

1. 固定资产按经济用途分类

固定资产按照经济用途可分为生产经营用固定资产和非生产经营用固定资产两类。其中,生产经营用固定资产是指直接服务于生产经营全过程的固定资产,如厂房、机器设备、仓库、销售场所、运输车辆等;非生产经营用固定资产是指不直接服务于生产经营,而是为了满足企业职工物质文化、生活福利需要的固定资产,如职工宿舍、食堂、托儿所、幼儿园、浴室、医务室、图书馆以及科研等其他方面所使用的房屋、设备等。

2. 固定资产按使用情况分类

固定资产按照使用情况可分为使用中固定资产、未使用固定资产和不需用固定资产三类。其中,使用中固定资产是指企业正在使用的固定资产,还包括由于季节性和大修理等原因暂时停用以及存放在使用部门以备替换使用的机器设备;未使用固定资产是指尚未投入使用的新增固定资产,以及因为进行改建、扩建等经批准停止使用的固定资产;不需用固定资产是指企业多余或不需要使用的、待处置的固定资产。

3. 固定资产按产权归属分类

固定资产按照产权归属可分为自有固定资产、接受投资固定资产和租入固定资产三类。其中,自有固定资产是指所有权归属企业的固定资产;接受投资固定资产是指企业接受投资者作价投入的房屋、建筑物、机器设备等固定资产;租入固定资产是指企业从外部通过融资租赁方式租入的固定资产。

4. 固定资产按实物形态分类

固定资产按照实物形态可分为房屋及建筑物、机器设备、电子设备、运输设备及其他设备五大类。

实务中,企业应当根据固定资产的定义,结合本企业的具体情况,制定适合于本企业的固定资产分类方法、目录,及相应的不同种类固定资产的折旧年限、折旧方法,为进行有效的固定资产管理和核算提供切实可行的依据。

5.2 固定资产取得的核算

企业对其固定资产取得的会计核算,重在其初始计量,即固定资产取得时入账价值的确定。通常情况下,固定资产的入账价值包括使该项固定资产达到预定可使用状态前所实际支付的各项必要的合理支出,如固定资产的买价、进口关税、运输成本、销售税金、安装费用等。当然,企业取得固定资产的方式有外购、自行建造、投资者投入、非货币性资产交换换入、债务重组取得、企业合并取得、融资租赁取得等,不同来源方式取得的固定资产,其价值构成和相应的账务处理方式也不尽相同。

为了正确核算企业持有的固定资产的原始价值,企业应设置"固定资产"科目,该科目借方登记固定资产原价的增加额,贷方登记固定资产原价的减少额,期末借方余额反映企业持有的固定资产原价。下列各项满足固定资产确认条件的项目,也在本科目核算。

(1) 企业(建造承包商)为保证施工和管理的正常进行而构建的各种临时设施。

(2) 企业购置的计算机硬件所附带的无法单独计价的软件,与所购置的计算机硬件一并作为固定资产。

采用成本模式计量的已出租的建筑物,在"投资性房地产"科目核算,不在本科目核算。未作为固定资产管理的工具、器具等则在"周转材料"科目核算。

需要注意的是,固定资产一经登记入账,其原始价值一般不做变动(除非出现企业改组、解散而需要对其价值重新评估,或发生记账错误,或进行相关处置等)。

5.2.1 外购固定资产的成本和会计处理

企业外购固定资产包括购入的不需要安装的固定资产和购入的需要安装的固定资产。企业购入的不需要安装的固定资产,按照应计入固定资产成本的金额,借记"固定资产"科目,贷记"银行存款""应付账款""应付票据"等科目。购入的需要安装的固定资产,其相关成本支出先借记"在建工程"科目,达到预定可使用状态时再转入"固定资产"科目。

企业外购固定资产的成本,包括购买价款、相关税费、使固定资产达到预定可使用状态前所发生的可归属于该项资产的运输费、装卸费、安装费和专业人员服务费等。值得注意的是,员工培训费不能计入固定资产的成本,应于发生时计入当期损益。企业购建(包括购进、接受捐赠、实务投资、自制、改扩建等)固定资产时发生的增值税进项税额可以从未来的销项税额中抵扣,应当借记"应交税费——应交增值税(进项税额)"科目。

实务中,企业可能一次购入多项没有单独标价的固定资产,也就是所谓的"一揽子购买"。在这种情况下,需要将总成本按照各项固定资产公允价值的比例进行分配,以分别确定各单项固定资产的成本。

【例 5-1】 新华公司购入一台不需要安装的设备,增值税专用发票上注明设备价款30 000 元,增值税税额 3 900 元,支付的场地整理费、装卸费等合计 2 000 元。上述款项企业已用银行存款支付。其账务处理如下。

借:固定资产 32 000
    应交税费——应交增值税(进项税额) 3 900
    贷:银行存款 35 900

【例 5-2】 2019 年 5 月 1 日,新华公司购入一台需要安装的生产用机器设备,取得的增值税专用发票上注明的设备价款为 500 000 元,增值税进项税额为 65 000 元,支付的运输费为 2 500 元(不含增值税的价格),运输费适用的增值税税率为 9%,款项已通过银行支付;安装设备时,领用本公司原材料一批,价值 30 000 元,购进该批原材料时支付的增值税进项税额为 3 900 元;支付安装工人的工资为 4 900 元。假定不考虑其他相关税费。其账务处理如下。

(1)设备运抵企业,等待安装。

借:在建工程 502 500
    应交税费——应交增值税(进项税额) 65 225(65 000+2 500×9%)
    贷:银行存款 567 725

(2)设备投入安装,并支付安装成本。

借:在建工程 34 900
    贷:原材料 30 000
        应付职工薪酬 4 900

(3)设备安装完毕,达到预定可使用状态。

借:固定资产 537 400
    贷:在建工程 537 400

【例 5-3】 新华公司(增值税一般纳税人)于 2019 年 4 月 1 日,一次性从某设备生产厂家购进了三套不同型号的生产设备甲、乙、丙,其中甲、乙设备购入后即可投入使用,而丙设备则需要安装后才能投入使用。采购过程中,新华公司以银行存款支付设备价款 800 000 元、增值税 104 000 元、装卸费用 5 000 元;安装过程中,另支付了丙设备的安装费用 10 000 元。假定甲、乙、丙设备分别满足固定资产确认条件,其公允价值分别为 300 000 元、250 000 元和 250 000 元。

$$企业购入设备的总成本＝800\,000＋5\,000＝805\,000(元)$$

甲、乙、丙设备应分别确认的成本为

甲设备：$(800\,000＋5\,000)\times\dfrac{300\,000}{800\,000}＝301\,875(元)$

乙设备：$(800\,000＋5\,000)\times\dfrac{250\,000}{800\,000}＝251\,562.5(元)$

丙设备：$(800\,000＋5\,000)\times\dfrac{250\,000}{800\,000}＝251\,562.5(元)$

编制会计分录如下。

借：固定资产——甲   301 875
     ——乙   251 562.5
  在建工程——丙   251 562.5
  应交税费——应交增值税(进项税额)   104 000(800 000×13%)
 贷：银行存款   909 000
借：在建工程——丙   10 000
 贷：银行存款   10 000

待丙设备安装完毕投入使用后

借：固定资产——丙   261 562.5
 贷：在建工程——丙   261 562.5

如果企业采用双方约定分期付款购入固定资产,且付款期限较长,超过正常信用条件的,由于这种购买方式实质上具有融资性质,所以购入资产的成本应当按照各期付款额的现值之和确定,而不是单纯的各期付款额之和。具体来说,购入固定资产时,按购买价款的现值,借记"固定资产"或"在建工程"科目;按应支付的金额,贷记"长期应付款"科目;按其差额,借记"未确认融资费用"科目。固定资产购买价款的现值,应当按照各期支付的购买价款选择恰当的折现率进行折现后的金额加以确定。折现率是反映当前市场货币时间价值和延期付款债务特定风险的利率。该折现率实质上是供货企业因向购买方提供融资所要求的必要报酬率,具体的核算方法详见本书第9章。

5.2.2 自行建造固定资产的成本和会计处理

自行建造固定资产是企业为了新建、改建、扩建固定资产或者对固定资产进行技术改造、设备更新而由企业自行建造的固定资产。企业自行建造固定资产有自营建造和出包建造两种方式。自营建造方式是指企业自行采购建造固定资产所需的工程物资,自行安排人员完成固定资产的建造过程。出包建造方式是指企业(建造合同的甲方)通过与建筑承包商(建造合同的乙方)签订建造合同,委托承包商进行相关固定资产的建造。

企业自行建造固定资产,主要是通过"在建工程""工程物资"等科目核算。"在建工程"科目核算企业基础建设、技术改革等在建工程发生的价值,该科目借方登记各项发生的实际支出,贷方登记工程完工结转的实际成本,期末借方余额反映企业尚未完工的基建工程发生的各项支出。与固定资产有关的后续支出如果满足固定资产确认条件的,也在本科目核算,不满足固定资产确认条件的,应在"管理费用"科目核算。"在建工程"科目应当按照"建筑工程""安装工程""在安装设备""待摊支出"以及单项工程进行明细核算。在建工程发生减值的,应在"在建工程减值准备"明细科目进行核算。"工程物资"科目用于核算企业为在建工程准备的各种物资的价值,包括工程用材料、尚未安装的设备以及为生产准备的工器具等。该科目借方登记购入为工程准备的物资价值,贷方登记工程领用的物资价值,期末借方反映企业为在建工程准备的各种物资的价值。

自行建造固定资产的成本,由建造该项资产达到预定可使用状态前所发生的必要支出构成,具体包括工程用物资成本、人工成本、缴纳的相关税费、应予资本化的借款费用以及应分摊的间接费用等,不包括可以抵扣的增值税进项税额。

1. 自营建造固定资产

自营建造固定资产的成本应当按照直接材料、直接人工、直接机械施工费等计量。建造成本在发生时,先通过"在建工程"科目核算,待工程完工达到预定可使用状态时,再从"在建工程"科目转入"固定资产"科目。其中,作为直接材料的各种物资应当按照购入时实际支付的买价、运输费、保险费等相关税费作为实际成本,不包括可以抵扣的增值税进项税额。工程完工后,剩余的工程物资转为本企业存货的,按其实际成本或计划成本进行结转。自营工程成本的确定需注意以下几个问题。

(1) 企业建造固定资产领用外购的生产用材料时,材料购入时的增值税进项税额可以留作销项税额的抵扣,即借记"在建工程"科目,贷记"原材料"科目。

(2) 企业建造固定资产时领用自产的半成品或产成品,应借记"在建工程"科目,贷记"库存商品"科目。

(3) 建设期间发生的工程物资盘亏、报废及毁损净损失减去残料价值以及保险公司、过失人等赔款后的净损失,计入所建工程项目的成本,借记"在建工程"科目,贷记"工程物资"科目;盘盈的工程物资及处置净收益则做相反的会计处理。工程完工后发生的工程物资盘盈、盘亏、报废、毁损,计入当期营业外收支。

(4) 由于自然灾害等原因造成的在建工程报废或毁损,减去残料价值和过失人或保险公司等赔偿后的净损失,借记"营业外支出——非常损失"科目,贷记"在建工程"科目。

(5) 自营建造的固定资产,如果已达到预定可使用状态但尚未办理竣工决算手续的,可先按照估计价值入账,待确定实际成本后再进行调整。

【例 5-4】 2019 年 4 月 1 日,新华公司准备自行建造一座仓库。有关资料如下。

(1) 4 月 8 日,用银行存款购入工程物资 135 600 元用于该仓库的建设。其中,价款 120 000 元,增值税进项税额 15 600 元,工程物资验收入库,取得增值税专用发票。

(2) 5 月 3 日,因工程需要领用库存商品一批,实际成本 54 000 元,计税价格 79 000 元。

(3) 4 月 8 日—9 月 30 日,工程先后领用工程物资 89 600 元。

(4) 6 月 8 日,因工程需要临时租赁一辆吊车,租赁期一天,支付租赁费 900 元,增值税 117 元,取得增值税专用发票。

(5) 7 月 31 日,对工程物资进行清查,发现工程物资减少 28 000 元,经调查属保管员过失造成,根据企业管理规定,保管员应赔偿 20 000 元。剩余工程物资转入企业原材料,该原材料的计划成本为 1 700 元。

(6) 工程建设期间辅助生产车间为工程提供有关的劳务支出为 35 000 元。

(7) 工程建设期间发生工程人员职工薪酬 65 800 元。

(8) 9 月 30 日,仓库完工并交付使用。

上述业务的会计处理如下。

(1) 购入工程物资。

借:工程物资   120 000

  应交税费——应交增值税(进项税额) 15 600

  贷:银行存款   135 600

(2) 领用库存商品。

借:在建工程——仓库   54 000

  贷:库存商品   54 000

(3) 工程领用物资。

借:在建工程——仓库   89 600

  贷:工程物资   89 600

(4) 租赁吊车。

借:在建工程——仓库   900

  应交税费——应交增值税(进项税额) 117

  贷:银行存款   1 017

(5) 物资清查。

① 建设期间发生的工程物资盘亏、报废及毁损净损失。

借:在建工程——仓库   11 640

  其他应收款   20 000

  贷:工程物资   28 000

    应交税费——应交增值税(进项税转出) 3 640

② 剩余工程物资的实际成本=120 000-89 600-28 000=2 400(元),计划成本为 1 700 元。

借:原材料   1 700

  材料成本差异   700

  贷:工程物资   2 400

(6) 辅助生产车间为工程提供劳务支出。

借:在建工程——仓库   35 000

  贷:生产成本——辅助生产成本   35 000

(7) 计提工程人员职工薪酬。

借:在建工程——仓库   65 800

  贷:应付职工薪酬   65 800

(8) 工程完工交付使用。

固定资产的入账价值=54 000+89 600+900+11 640+35 000+65 800=256 940(元)

借:固定资产——仓库   256 940

  贷:在建工程——仓库   256 940

【例 5-5】 新华公司自行建造生产车间厂房,建造期间发生下列经济业务。

(1) 2019 年 10 月 18 日购入工程物资一批,专用发票注明买价 320 000 元,增值税

41 600 元,运费 3 500 元,增值税 315 元,以银行存款支付。

(2) 2019 年 11 月 5 日工程领用所购入的全部工程物资。

(3) 2019 年 11 月 20 日由于工程需要,领用本企业生产的电机一台,生产成本 2 400 元,售价 3 100 元。

(4) 2019 年 11 月 30 日计算应付自营工程人员工资 118 000 元。

(5) 2019 年 11 月 30 日分配并结转辅助生产部门提供的水、电、运输劳务等费用 34 000 元。

(6) 2019 年 12 月 1 日车间厂房达到预定可使用状态。

上述业务的会计处理如下。

(1) 购入工程物资。

借:工程物资	323 500(320 000+3 500)
应交税费——应交增值税(进项税额)	41 915(41 600+315)
贷:银行存款	365 415

(2) 领用工程物资。

借:在建工程——厂房	323 500
贷:工程物资	323 500

(3) 领用自产产品(电机)。

借:在建工程——厂房	2 400
贷:库存商品	2 400

(4) 计算在建工程人员薪酬。

借:在建工程——厂房	118 000
贷:应付职工薪酬	118 000

(5) 分配结转辅助生产部门生产费用。

借:在建工程——厂房	34 000
贷:生产成本——辅助生产成本	34 000

(6) 厂房达到预定可使用状态。

固定资产的入账价值=323 500+2 400+118 000+34 000=477 900(元)

借:固定资产——厂房	477 900
贷:在建工程——厂房	477 900

2. 出包建造固定资产

企业以出包方式建造固定资产,其成本由建造该项固定资产达到预定可使用状态前所发生的必要支出构成,包括发生的建筑工程支出、安装工程支出以及需分摊计入各固定资产价值的待摊支出。

【例 5-6】 新华公司在 2019 年将一新建仓库工程承包给某建筑工程公司,发生的相关业务及账务处理如下。

(1) 根据工程承包合同约定,新华公司预付建筑公司工程款 100 000 元。

借:预付账款	100 000
贷:银行存款	100 000

(2) 办理工程价款结算 230 000 元。

借:在建工程	230 000	
贷:银行存款		130 000
预付账款		100 000

(3) 仓库交付使用结转在建工程。

借:固定资产	230 000	
贷:在建工程		230 000

5.2.3　其他方式取得的固定资产的成本和会计处理

其他方式取得的固定资产主要包括投资者投入、接受捐赠及融资租入固定资产等。

(1) 投资者投入的固定资产的入账价值,等于投资合同或协议约定的价值加上应支付的相关税费,不包括可以抵扣的增值税,但合同或协议约定价值不公允的除外。转入固定资产时,借记"固定资产""应交税费——应交增值税(进项税额)"科目,贷记"实收资本"或"股本"科目;固定资产价值与实收资本的差额记入"资本公积"科目。

(2) 接受捐赠的固定资产,如果捐赠方提供了有关凭据的,按凭据上标明的金额加上应支付的相关税费作为入账凭证;如果捐赠方未提供有关凭据的,应按同类或类似固定资产的市场价格(如果存在活跃市场),或按其预计未来现金流量的现值,加上应支付的相关税费(不包括可以抵扣的进项税额),作为入账价值。转入固定资产时,借记"固定资产""应交税费——应交增值税(进项税额)"科目,贷记"营业外收入"科目等。

【例 5-7】　新华公司根据投资各方达成的协议,按资产评估确认的价值作为投资各方投入资本价值确认的标准。B 股东以一台设备作为投资投入该公司,该设备经评估确认价值为 200 000 元,应交增值税 26 000 元,按协议可折换成每股面值为 1 元、数量为 160 000 股股票的股权。此项设备需要安装才能使用,公司支付设备安装成本 3 000 元。其相关账务处理如下。

(1) B 股东投入设备,设备运抵企业,等待安装。

借:在建工程	200 000	
应交税费——应交增值税(进项税额)	26 000	
贷:股本——B 股东		160 000
资本公积——股本溢价		66 000

(2) 设备投入安装,用银行存款支付安装成本。

借:在建工程	3 000	
贷:银行存款		3 000

(3) 设备安装完毕,计算并结转工程成本。

借:固定资产	203 000	
贷:在建工程		203 000

【例 5-8】　新华公司接受捐赠一台新设备,捐赠者提供的有关凭证上显示设备的价款为 150 000 元,增值税税额 19 500 元,公司另外支付直接税费 2 000 元。相关账务处理如下。

借:固定资产	152 000	
应交税费——应交增值税(进项税额)	19 500	
贷:营业外收入		169 500

银行存款	2 000

5.3 固定资产的后续计量和会计处理

固定资产的价值在其使用过程中会不断发生变化,包括固定资产折旧的计提、必要的后续支出及可能发生的减值损失等,客观上要求企业在持有固定资产期间及时准确地对固定资产变化的价值金额和最终价值金额予以计量,并进行适当的会计账务处理。

5.3.1 固定资产折旧

所谓固定资产折旧,是指在固定资产的使用寿命内,按照确定的方法对应计折旧额进行的系统分摊。其中,应计折旧额是固定资产原价扣除预计净残值、已计提的固定资产减值准备后的金额。

虽然固定资产和原材料都是企业赖以生产经营的主要资产,但与作为生产对象的原材料不同,固定资产是企业的生产资料,两者在生产过程中的价值转移方式有所不同。原材料一旦投入生产,就会改变原始形态,被消耗的价值是一次性转移到产品成本中,原材料也是构成产成品外观形态的最主要部分;而固定资产从投入生产到使用寿命终止,其原始形态不会发生太多的改变,同时,由于其使用期限较长、价值较高等原因,企业可以在较长的时间内受益,其被消耗的价值并不是一次性转移到产品成本中,而是分次、逐渐地转移。计量固定资产这种分次、逐渐的价值转移方式的方法就是计提固定资产折旧,实质上就是一个持续的成本分配过程。

1. 应计提折旧的固定资产范围

根据《企业会计准则》的规定,企业应对所有的固定资产计提折旧,但是已提足折旧仍继续使用的固定资产和单独计价作为固定资产入账的土地除外。

固定资产应当按月计提折旧。具体来讲,当月增加(达到预定可使用状态时)的固定资产,当月不计提折旧,从下月起开始计提折旧;当月减少(终止确认时或划分为持有待售的固定资产)的固定资产,当月仍然计提折旧,从下月起不再计提折旧。

值得注意的是,已达到预定可使用状态但尚未办理竣工决算的固定资产,应当按照估计价值确定其成本,并计提折旧;待办理竣工决算后再按实际成本调整原来的暂估价值,但不需要调整原已计提的折旧额。

2. 固定资产折旧的影响因素

固定资产折旧的影响因素包括固定资产原价、预计净残值、计提的固定资产减值准备和预计使用寿命四个方面。

(1)固定资产原价是指固定资产的入账价值(入账成本)。

(2)预计净残值是假设固定资产处于使用寿命已满时,企业预期能够从该项资产处置中获得的扣除预计处置费用后的金额。

(3)计提的固定资产减值准备是指当固定资产的可回收金额低于账面价值,按照可回收金额低于账面价值的差额计提的减值准备金额。

(4)预计使用寿命是指固定资产的预计使用期限,或者是固定资产能够生产产品、提供劳务的数量。企业在确定固定资产使用寿命的时候除了考虑其生产能力、使用期限外还要考虑其有形损耗、无形损耗以及法律法规对该项资产使用的限制。其中,有形损耗是指固定资产在使用或者存放过程中发生的磨损和受到的自然侵蚀;无形损耗是指由于新技术的出现和市场需求的变化使固定资产现有的技术水平相对落后或产品过时。

3. 固定资产折旧的计提方法

固定资产折旧的计提方法不同将直接影响到应计提折旧总额在固定资产使用期内的分配结果,从而影响企业各年的净收益和所得税。因此,企业应当根据固定资产有关的经济利益的预期实现方式,结合科技发展、环境及其他因素,合理选择企业适用的方法计提折旧。根据《企业会计准则》的规定,企业可选用的固定资产折旧方法包括年限平均法、工作量法、双倍余额递减法和年数总和法等。其中,双倍余额递减法和年数总和法统称为加速折旧法。固定资产的折旧方法一经确定,不得随意变更,如果需要变更应按规定程序报经批准后备案,并在财务报表附注中予以说明。

1) 年限平均法

年限平均法又称作直线法,根据年限平均法计算出的每期折旧额是相等的。在这种方法下,固定资产的应计折旧额在固定资产预计使用寿命内被均衡地分摊。具体计算公式为

$$年折旧额 = \frac{原价 - 预计净残值}{预计使用年限} = 原价 \times \frac{1 - \dfrac{预计净残值}{原价}}{预计使用年限}$$

$$= 原价 \times \frac{1 - 预计净残值率}{预计使用年限}$$

$$= 原价 \times 年折旧率$$

$$月折旧额 = \frac{年折旧额}{12}$$

$$月折旧率 = \frac{年折旧率}{12}$$

年限平均法是建立在固定资产的应计折旧额在使用年限内平均消耗的假设上的,所以计算出的每期折旧额相等,它主要适用于各期的使用负荷程度基本相同的固定资产计提折旧。

年限平均法通俗易懂,核算简便,但是不符合会计原则中的配比原则。首先,年限平均法没有考虑固定资产的工作效能,固定资产在使用早期工作效能高,能够生产出更多的产品,为企业带来的收入也较后期高,根据收入费用配比原则,前期应该计提较多的折旧,相反,后期计提的折旧较少。其次,年限平均法没有考虑固定资产的修理费用,固定资产的总成本包括折旧和修理费用两部分,固定资产的使用强度和利用程度会随使用时间的延长而减少,到了使用后期,磨损越发严重,所需要的维修保养费用将增加,而年限平均法计算的各期折旧费用相同,就造成了固定资产的总成本前期较低,后期较高。最后,年限平均法没有考虑固定资产的无形损耗,新技术生产出的机器设备问世后,原有设备的使用价值必然会大打折扣,使用价值的降低会直接导致交换价值的减少。

2）工作量法

工作量法是根据固定资产的实际工作量计算每期应计提折旧额。具体计算公式为

$$单位工作量折旧额＝固定资产原价×\frac{1-预计净残值率}{预计总工作量}$$

固定资产月（年）折旧额＝该项固定资产当月（年）工作量×单位工作量折旧额

工作量法和年限平均法一样，比较简单实用，以固定资产预计所能提供的工作量为计算折旧金额的标准，弥补了年限平均法未考虑使用强度和利用程度的不足，体现了收入费用配比原则。但是，按照工作量法的思想，如果固定资产不使用不提供工作量则不会发生折旧，但是需要注意的是，即使未使用的固定资产也会有无形损耗，未投入使用的固定资产也要计提折旧，所以工作量法计提折旧忽视了固定资产的无形损耗。

实际工作中，工作量法适用于损耗程度与完成工作量呈正比关系的固定资产或者在使用期内不能均衡使用的固定资产，使用中季节性较为明显的大型机器设备、大型施工机械以及运输企业或其他企业专业车队的客运、货运汽车等固定资产折旧的计算。

3）双倍余额递减法

双倍余额递减法是以双倍的直线折旧率作为加速折旧率，乘以各年年初固定资产账面净值计算各年折旧额的一种方法。采用双倍余额递减法计提折旧时，开始的折旧年限内并不考虑预计净残值，每期计提的折旧额是根据每期期初固定资产原价减去累计折旧、减值准备后的金额和双倍的年限平均法折旧率进行计算，但是在折旧年限到期前的两年计算折旧时，需要将固定资产净值扣除预计净残值后的余额平均摊销。计算公式为

$$年折旧率＝\frac{1}{预计使用年限}×100\%×2$$

某年折旧金额＝该年年初固定资产账面净值×年折旧率

应当注意的是，理论上，固定资产的加速折旧应当以"月"为期间，但实务中也可以采用简便方法，在计算出年折旧率后平均计算月折旧率（额），即

$$月折旧率＝\frac{年折旧率}{12}$$

月折旧额＝月初固定资产账面净值×月折旧率

4）年数总和法

年数总和法又称年限合计法，是指将固定资产的原价减去预计净残值后的余额，乘以一个以固定资产尚可使用寿命为分子、以预计使用寿命逐年数字之和为分母的逐年递减的分数计算每年的折旧额。计算公式为

$$年折旧率＝\frac{尚可使用年限}{预计使用寿命的年数总和}×100\%$$

$$月折旧率＝\frac{年折旧率}{12}$$

年折旧额＝（固定资产原价－预计净残值）×年折旧率

$$月折旧额＝\frac{年折旧额}{12}$$

显然，双倍余额递减法和年数总和法作为加速折旧法计算过程较为烦琐，不像年限平均法或者工作量法那样简单易懂，但是其在理论上是具有合理性的。首先，固定资产为企业创

造的收益在使用期限内随时间递减,固定资产的投资者在固定资产的投入初期会加大对固定资产的利用程度,早期多计提折旧费用,符合收入费用配比原则。其次,早期多计提折旧费用,可以使固定资产价值的大部分在其使用期限的初期阶段即可收回,减少了因机器设备提前淘汰更新所造成的损失,刺激企业及时更新设备,提高企业的市场竞争能力。再次,固定资产早期生产能力强,但是修理维护费用所需较少,随着固定资产投入使用程度的加深,磨损越发严重,维护护理费用增加;而计提的折旧费用相反,前期生产能力强,为企业带来的效益多,所以前期多计提,后期少计提,这样在一定程度上均衡了固定资产使用的总成本。最后,由于科学技术发展迅速,未来收入难以估计预测,也就是说企业对固定资产投资随着时间推移越发不好预测把握,固定资产的使用年限也很难做到准确估计,加速折旧法可以在早期适当地通过计提折旧而多收回一些成本,有助于减少投资风险。

4. 固定资产折旧的会计处理

固定资产计提的折旧应通过"累计折旧"科目核算,并根据固定资产的用途计入相关资产的成本或者当期损益。具体来说,基本生产车间使用的固定资产计提的折旧应记入"制造费用"科目;未使用的固定资产和管理部门使用的固定资产计提的折旧应记入"管理费用"科目;销售部门使用的固定资产计提的折旧应记入"销售费用"科目;经营租赁方式出租的资产计提的折旧应记入"其他业务成本"科目;自主研发无形资产过程中使用的固定资产计提的折旧应记入"研发支出"科目;自行建造固定资产过程中使用的固定资产计提的折旧应记入"在建工程"科目。相关会计分录如下。

借:制造费用
　　管理费用
　　销售费用
　　其他业务成本
　　研发支出
　　在建工程
　　贷:累计折旧

【例 5-9】 新华公司系增值税一般纳税人,2019 年 4 月 5 日购入一台不需要安装的生产用设备,以银行存款支付。增值税专用发票注明:设备价款 300 万元、增值税进项税额 39 万元,付款当日设备运抵企业并达到预定可使用状态。设备预计使用寿命为 10 年,预计净残值 3 万元,采用年限平均法计提折旧。要求:计算 2019 年、2020 年应计提的折旧额并做相应的会计分录。相关账务处理如下。

(1)购入设备。

借:固定资产　　　　　　　　　　　　　　　　　　3 000 000
　　应交税费——应交增值税(进项税额)　　　　　390 000
　　贷:银行存款　　　　　　　　　　　　　　　　　　　　3 390 000

(2)计提折旧。

$$2019 年 5—12 月应计提的折旧额 = \frac{300-3}{10} \times \frac{8}{12} = 19.8(万元)$$

$$期间每月计提折旧额 = \frac{19.8}{8} = 2.475(万元)$$

借：制造费用　　　　　　　　　　　　　　　　　　24 750
　贷：累计折旧　　　　　　　　　　　　　　　　　　　24 750

$$2020 年 1—12 月应计提的折旧额 = \frac{300-3}{10} \times \frac{12}{12} = 29.7（万元）$$

$$期间每月计提折旧额 = \frac{29.7}{12} = 2.475（万元）$$

借：制造费用　　　　　　　　　　　　　　　　　　24 750
　贷：累计折旧　　　　　　　　　　　　　　　　　　　24 750

【例 5-10】　新华公司一辆货运卡车原价 80 000 元，预计总行程为 500 000 千米，预计报废时的净残值率为 5%，本月行驶了 2 500 千米。要求：计算这辆卡车当月应计提的折旧金额。

$$单位公里折旧额 = 80 000 \times \frac{1-5\%}{500 000} = 0.152（元/千米）$$

$$当月应计提折旧金额 = 0.152 \times 2 500 = 380（元）$$

【例 5-11】　新华公司系增值税一般纳税人，于 2019 年 12 月 8 日购入一台需要安装的生产用设备，增值税专用发票上注明价款 360 万元，增值税税额为 46.8 万元，支付运杂费 0.5 万元，12 月 14 日设备运抵企业，安装过程中支付安装费用 2 万元、正常运转测试费用 1.5 万元、外聘专业人员服务费 2 万元，12 月 28 日达到预定可使用状态，预计净残值率为 5%，预计使用年限 5 年，采用双倍余额递减法计提折旧。要求：计算每年应计提的折旧额并做出相应的会计处理。相关账务处理如下。

（1）2019 年 12 月 8 日购入设备。

借：在建工程　　　　　　　　　　　　　　　　　　3 605 000
　　应交税费——应交增值税（进项税额）　　　　　　468 000
　贷：银行存款　　　　　　　　　　　　　　　　　　　4 073 000

（2）2019 年 12 月 14—28 日安装设备。

借：在建工程　　　　　　　　　　　　55 000（20 000＋15 000＋20 000）
　贷：银行存款　　　　　　　　　　　　　　　　　　　55 000
借：固定资产　　　　　　　　　　　　　　　　　　3 660 000
　贷：在建工程　　　　　　　　　　　　　　　　　　　3 660 000

（3）计提折旧。

当月增加的固定资产当月不计提折旧，故该项设备应当从 2020 年 1 月开始计提折旧。

$$2020 年应计提的折旧额 = 366 \times \frac{2}{5} = 146.4（万元）$$

$$月折旧额 = \frac{146.4}{12} = 12.2（万元）$$

借：制造费用　　　　　　　　　　　　　　　　　　122 000
　贷：累计折旧　　　　　　　　　　　　　　　　　　　122 000

$$2021 年应计提的折旧额 = (366-146.4) \times \frac{2}{5} = 87.84（万元）$$

$$2022 年应计提的折旧额 = (366-146.4-87.84) \times \frac{2}{5} = 52.704（万元）$$

$$2023 年应计提的折旧额 = \frac{(366 - 146.4 - 87.84 - 52.704) - 366 \times 5\%}{2}$$

$$= 30.378(万元)$$

$$2024 年应计提的折旧额 = \frac{(366 - 146.4 - 87.84 - 52.704) - 366 \times 5\%}{2}$$

$$= 30.378(万元)$$

每年计提折旧的会计分录编制方法同上。

【例 5-12】 接例 5-11 资料，假定新华公司对固定资产采用年数总和法计提折旧。则

$$2020 年应计提的折旧额 = 366 \times (1 - 5\%) \times \frac{5}{1+2+3+4+5} = 115.9(万元)$$

$$月折旧额 = \frac{1\,159\,000}{12} = 96\,583.33(元)$$

借：制造费用　　　　　　　　　　　　　　96 583.33
　　贷：累计折旧　　　　　　　　　　　　　　　　96 583.33

$$2021 年应计提的折旧额 = 366 \times (1 - 5\%) \times \frac{4}{1+2+3+4+5} = 92.72(万元)$$

$$2022 年应计提的折旧额 = 366 \times (1 - 5\%) \times \frac{3}{1+2+3+4+5} = 69.54(万元)$$

$$2023 年应计提的折旧额 = 366 \times (1 - 5\%) \times \frac{2}{1+2+3+4+5} = 46.36(万元)$$

$$2024 年应计提的折旧额 = 366 \times (1 - 5\%) \times \frac{1}{1+2+3+4+5} = 23.18(万元)$$

各年计提折旧的会计分录编制方法同上。

5. 固定资产使用寿命、预计净残值和折旧方法的复核

在固定资产使用过程中，其所处的经济环境、技术环境以及其他环境有可能对固定资产使用寿命和预计净残值产生较大影响。例如，固定资产使用强度比正常情况大大加强，致使固定资产使用寿命大大缩短；替代该项固定资产的新产品的出现致使其实际使用寿命缩短，预计净残值减少等。为真实反映固定资产为企业提供经济利益的期间及每期实际的资产消耗，根据《企业会计准则》的规定，企业至少应当于每年年度终了对其持有的固定资产的预计使用寿命和预计净残值进行复核。例如，有确凿证据表明，固定资产使用寿命预计数与原先估计数有差异，应当调整固定资产预计使用寿命；固定资产预计净残值预计数与原先估计数有差异，应当调整预计净残值。

固定资产使用过程中所处经济环境、技术环境以及其他环境的变化也可能导致与固定资产有关的经济利益的预期实现方式发生重大改变，企业对此应当相应改变固定资产的折旧方法。例如，某采掘企业各期产量相对稳定，原来采用年限平均法计提固定资产折旧，在年度复核中发现，由于该企业使用了先进技术，产量大幅增加，可采储量逐年减少，该项固定资产给企业带来经济利益的预期实现方式已发生重大改变，需要将年限平均法改为产量法。

固定资产使用寿命、预计净残值和折旧方法的改变应作为会计估计变更，按照《企业会计准则第 28 号——会计政策、会计估计变更和差错更正》处理，有关核算方法参见本书第 12 章相关章节内容。

5.3.2　固定资产的后续支出

企业的固定资产在使用期间还会发生日常修理、大修理费用、更新改造支出、房屋的装修等,这些支出与固定资产使用效能直接相关,统称为固定资产的后续支出。

会计核算中对固定资产后续支出的处理原则为:符合固定资产确认条件的,应当计入固定资产成本,同时将被替换部分的账面价值扣除;不符合固定资产确认条件的,应当计入当期损益,如"管理费用"科目或"销售费用"科目;企业以经营租赁方式租入的固定资产发生的改良支出,应予资本化,作为长期待摊费用,在租赁期内合理进行摊销。

1. 固定资产的资本化后续支出

固定资产的资本化支出主要是指企业对固定资产实施更新改造所发生的支出,包括增置、改良、换新等。

(1) 增置实质是在原有基础上追加固定资产投资,包括添置全新的资产项目和对原有资产项目进行改建、扩建、延伸、添加和补充等,以达到扩大企业生产经营规模的目的。

(2) 改良是对现有固定资产质量进行较大改进,旨在大幅提升固定资产的实用性或使用效能。

(3) 换新是指以新的资产单元或部件替换废弃的资产单元或部件。

对于固定资产因上述更新改造而发生的资本化后续支出,会计处理中应当将固定资产原价、已计提的累计折旧和减值准备转销,同时将固定资产账面价值转入"在建工程"科目,停止计提折旧;发生的更新改造后续支出,记入"在建工程"科目核算;被替换(废弃)部分的资产账面价值从工程成本中扣除,同时作为损失计入营业外支出;固定资产更新改造完成并达到预定可使用状态时,再将"在建工程"科目的余额转入"固定资产"科目,按照重新确定的预计使用寿命、净残值和折旧方法计提折旧。

【例 5-13】 新华公司为增值税一般纳税人,2019 年 8 月 5 日,新华公司对原有的办公楼进行翻新装修,当日办公楼原价 1 800 000 元,已计提折旧 200 000 元,未计提减值准备。翻新装修时发生了如下支出:领用生产用原材料甲实际成本 120 000 元;为翻修办公楼购买装修材料乙原价 100 000 元,进项税额 13 000 元,装修全部领用;支付装修人员薪酬 100 000 元。至 2019 年 11 月 8 日,办公楼翻新工程结束,达到预定可使用状态。翻新装修后,尚可使用年限预计为 10 年,预计净残值为 200 000 元,采用直线法计提折旧。相关账务处理如下。

(1) 将固定资产账面价值转入"在建工程"科目。

借:在建工程　　　　　　　　　　　　　　　　1 600 000
　　累计折旧　　　　　　　　　　　　　　　　　200 000
　　贷:固定资产　　　　　　　　　　　　　　　　　　1 800 000

(2) 更新改造支出。

借:工程物资——乙　　　　　　　　　　　　　100 000
　　应交税费——应交增值税(进项税额)　　　　13 000
　　贷:银行存款　　　　　　　　　　　　　　　　　　113 000

借:在建工程　　　　　　　　　　　　　　　　320 000
　　贷:原材料——甲　　　　　　　　　　　　　　　　120 000
　　　　工程物资——乙　　　　　　　　　　　　　　100 000

应付职工薪酬 100 000

(3) 翻新项目完工并交付使用。

借：固定资产 1 920 000

  贷：在建工程 1 920 000

(4) 每月计提折旧额 $= \dfrac{\dfrac{1\,920\,000 - 200\,000}{10}}{12} = 14\,333$(元)。

借：管理费用 14 333

  贷：累计折旧 14 333

【例 5-14】 新华公司一套设备附带的电机因连续工作时间过长而烧毁，需要更换。该套设备原价 540 000 元，已计提折旧 180 000 元，烧毁电机的成本 21 000 元。公司已购买新电机替换，新电机成本 21 800 元，应交增值税 2 834 元。相关账务处理如下。

(1) 注销生产设备原价及相应的累计折旧。

借：在建工程 360 000

    累计折旧 180 000

  贷：固定资产 540 000

(2) 购买新电机。

借：工程物资 21 800

    应交税费——应交增值税(进项税额) 2 834

  贷：银行存款 24 634

(3) 安装新电机。

借：在建工程 21 800

  贷：工程物资 21 800

(4) 终止确认旧电机。

旧电机累计折旧 $= \dfrac{21\,000}{540\,000} \times 180\,000 = 7\,000$(元)

旧电机账面价值 $= 21\,000 - 7\,000 = 14\,000$(元)

借：营业外支出 14 000

  贷：在建工程 14 000

(5) 生产设备调试完毕，达到预定可使用状态。

新生产设备入账价值 $= 360\,000 + 21\,800 - 14\,000 = 367\,800$(元)

借：固定资产 367 800

  贷：在建工程 367 800

2. 固定资产的费用化后续支出

固定资产的费用化后续支出主要是指固定资产的改善、修理所发生的支出。固定资产在投入使用后，会有不同程度的磨损，为了保证固定资产的日常运转和使用，更好地发挥其使用效能，企业有必要对固定资产进行定期或不定期的维护、保养和修理。根据其修理范围大小、费用支出多少和修理间隔时间长短等，固定资产修理分为日常修理和大修理两种。一般而言，无论日常修理还是大修理，与固定资产可能发生的局部改善工程一样，只是对固定资产使用性能的恢复、维持或有限的提高，实务中通常不予区分和采取不同方法处理，而是在发生的当期按照固定资产的用途和使用部门的不同计入当期损益，不做资本化处理。具体来说，生产车间（部门）和行政管理部门发生的费用化后续支出记入"管理费用"科目，专设销售机构发生的与该机构有关的固定资产费用化后续支出记入"销售费用"科目。

【例 5-15】　2019 年 5 月 4 日，新华公司对其生产车间的一组机器设备例行日常检修，发生修理维护费用 10 000 元。

借：管理费用　　　　　　　　　　　　　　　　　　10 000

　　贷：银行存款　　　　　　　　　　　　　　　　　　10 000

5.3.3　固定资产减值

对于企业拥有的固定资产，应当在资产负债表日判断其是否存在可能发生减值的迹象。对于存在减值迹象的固定资产，应当进行减值测试，计算可回收金额。可回收金额低于账面价值的，应当按照可回收金额低于账面价值的金额，即将固定资产的账面价值减记至可回收金额，减记的金额确认为资产减值损失，计入当期损益，即借记"资产减值损失"科目，同时计提固定资产减值准备，贷记"固定资产减值准备"科目。

固定资产减值损失确认后，减值资产的折旧费用应当在未来期间做相应调整，以使该资产在剩余使用寿命内，系统地分摊调整后的资产账面价值（扣除预计净残值）。即已计提减值准备的固定资产，应当按照该项资产的账面价值以及尚可使用寿命重新计算确定折旧率和折旧额。

根据《企业会计准则》的规定，固定资产计提减值准备后不能再转回。

【例 5-16】　新华公司 2019 年 10 月，将生产车间的一项机器设备进行改扩建，该固定资产原价 150 000 元，已计提折旧 30 000 元。改扩建中发生材料费用 8 000 元。2019 年 11 月 5 日改建完成，达到预定可使用状态，改扩建之后固定资产预计使用 10 年，预计净残值 6 800 元。2019 年 12 月 31 日，固定资产可收回金额为 115 000 元，公司认定该项资产发生减值，减值后预计固定资产尚能使用 8 年，预计净残值 3 000 元。改扩建前后固定资产均采用年限平均法计算折旧。相关的账务处理如下。

（1）固定资产转入改扩建。

借：在建工程　　　　　　　　　　　　　　　　　　120 000

　　累计折旧　　　　　　　　　　　　　　　　　　　30 000

　　贷：固定资产　　　　　　　　　　　　　　　　　150 000

（2）发生改扩建支出。

借：在建工程　　　　　　　　　　　　　　　　　　　8 000

　　贷：原材料　　　　　　　　　　　　　　　　　　　8 000

（3）改建完成，达到预定可使用状态。

借：固定资产　　　　　　　　　　　　　　　　　　128 000

　　贷：在建工程　　　　　　　　　　　　　　　　　128 000

（4）2019 年 12 月计提折旧。

$$2019 \text{ 年 } 12 \text{ 月计提折旧金额} = \frac{\dfrac{128\,000 - 6\,800}{10}}{12} = 1\,010\,(\text{元})$$

借：制造费用   1 010

  贷：累计折旧   1 010

（5）2019 年 12 月 31 日计提减值准备。

    未计提减值准备前账面价值＝128 000－1 010＝126 990（元）

  2019 年 12 月 31 日计提减值准备金额＝126 990－115 000＝11 990（元）

借：资产减值损失   11 990

  贷：固定资产减值准备   11 990

（6）2020 年及以后计提折旧。

$$2020 \text{ 年及以后年折旧金额} = \frac{115\ 000 - 3\ 000}{8} = 14\ 000（元）$$

借：制造费用   14 000

  贷：累计折旧   14 000

5.4 固定资产的处置

5.4.1 固定资产处置的含义

固定资产处置是指由于各种原因使企业的固定资产需要退出生产经营过程所做的处理业务，如固定资产的出售、对外投资、非货币性资产交换、债务重组、固定资产的毁损、报废等。固定资产处置涉及固定资产的终止确认问题。根据《企业会计准则》的规定，固定资产满足下列条件之一的，应当予以终止确认。

（1）该固定资产处于处置状态，是指固定资产不再用于生产商品、提供劳务、出租或经营管理，因此不再符合固定资产的定义，应予终止确认。

（2）该固定资产预期通过使用或处置不能产生经济利益。固定资产的确认条件之一是"与该固定资产有关的经济利益很可能流入企业"，如果一项固定资产预期通过使用或处置不能产生经济利益，就不再符合固定资产的定义和确认条件，应予终止确认。

固定资产在处置过程中所发生的收益或损失称为处置损益，以处置固定资产所取得的各项收入与固定资产账面价值、发生的清理费用等之间的差额来确定。

5.4.2 固定资产处置的会计处理

固定资产处置一般通过"固定资产清理"科目进行核算，企业出售、转让、报废或毁损固定资产，应当将处置收入扣除固定资产账面价值（固定资产原价扣除已计提的累计折旧、减值准备后的金额）以及相关税费后的金额计入当期损益。具体来说，分为以下步骤。

（1）固定资产转入清理。按照固定资产的账面价值，借记"固定资产清理"科目，按已计提的累计折旧，借记"累计折旧"科目，按已计提的减值准备，借记"固定资产减值准备"科目，按固定资产账面余额，贷记"固定资产"科目。

（2）发生清理费用。处置过程中发生的相关费用和税金，借记"固定资产清理"科目，贷记"银行存款""应交税费"等科目。

（3）出售收入和残料等的处理。企业处置固定资产得到的价款、残料变价收入等，按照实际收到的金额,借记"银行存款""原材料"等科目,贷记"应交税费——应交增值税(销项税额)""固定资产清理"科目,冲减清理支出。

(4)收到保险赔偿。企业按照收到或者应收到的保险公司或过失人的损失,借记"其他应收款""银行存款"等科目,贷记"固定资产清理"科目,冲减清理支出。

(5)清理净损益的处理。固定资产清理完成后的净损失,属于生产经营期间正常的处理损失,借记"资产处置损益——处置非流动资产损失"科目,贷记"固定资产清理"科目;属于生产经营期间由于自然灾害等非正常原因造成的,借记"营业外支出——非常损失"科目,贷记"固定资产清理"科目。固定资产清理完成后的净收益,借记"固定资产清理"科目,贷记"营业外收入"科目。固定资产处置的会计核算流程如图 5-1 所示。

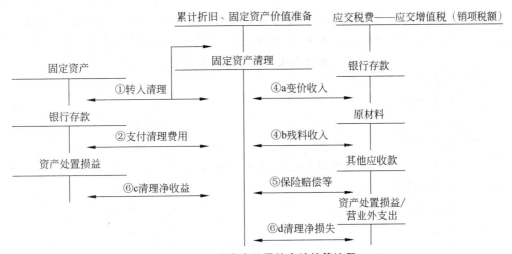

图 5-1 固定资产处置的会计核算流程

【例 5-17】 新华公司因设备更新的需要,于 2021 年 10 月将一台 2019 年 9 月购入的设备出售,出售价款 180 000 元,适用的增值税税率为 13%,应交增值税为 23 400 元,开具了增值税专用发票。该项设备的原始价值为 250 000 元,已计提折旧 100 000 元,发生清理费用 2 000 元,相关账务处理如下。

(1)注销固定资产原价及累计折旧。

借:固定资产清理　　　　　　　　　　　　　　　150 000
　　累计折旧　　　　　　　　　　　　　　　　　100 000
　　贷:固定资产　　　　　　　　　　　　　　　　　　250 000

(2)支付清理费用。

借:固定资产清理　　　　　　　　　　　　　　　　2 000
　　贷:银行存款　　　　　　　　　　　　　　　　　　　2 000

(3)收到出售价款。

借:银行存款　　　　　　　　　　　　　　　　　203 400
　　贷:固定资产清理　　　　　　　　　　　　　　　　180 000
　　　　应交税费——应交增值税(销项税额)　　　　　　23 400

(4)结转清理净收益=180 000−150 000−2 000=28 000(元)。

| 借：固定资产清理 | 28 000 | |
| 贷：资产处置损益——处置非流动资产利得 | | 28 000 |

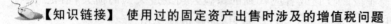**【知识链接】 使用过的固定资产出售时涉及的增值税问题**

对于企业已经使用过的固定资产在出售时应缴纳增值税的问题。一般而言,如果出售2009年以前购入的固定资产,无论一般纳税人还是小规模纳税人,增值税均按照4%的征收率减半征收,可以开具普通发票;如果出售的固定资产是2009年1月1日以后购入的,且一般纳税人已经按规定抵扣进项税额的,按照13%的税率开具增值税专用发票,小规模纳税人则减按2%征收率征收。

【例5-18】 新华公司2019年12月将其持有的一间店铺转让,该店铺的原始成本为360 000元,已累计计提折旧60 000元,支付清理费用2 500元,增值税专用发票注明：价款为380 000元,增值税34 200元,款项已收。相关账务处理如下。

(1) 将固定资产转入清理。

借：固定资产清理	300 000	
累计折旧	60 000	
贷：固定资产		360 000

(2) 支付清理费用,收到出售价款收入,支付相关税费。

借：固定资产清理	2 500	
贷：银行存款		2 500
借：银行存款	414 200	
贷：固定资产清理		380 000
应交税费——应交增值税(销项税额)		34 200

(3) 清理净损益的处理。

"固定资产清理"账户余额＝380 000－300 000－2 500＝77 500(元)＞0

| 借：固定资产清理 | 77 500 | |
| 贷：资产处置损益——处置非流动资产利得 | | 77 500 |

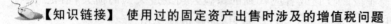**【知识链接】 新增会计科目与变化科目介绍**

(1) "资产处置损益"科目反映企业出售划分为持有待售的非流动资产(金融工具、长期股权投资和投资性房地产除外)或处置组时确认的处置利得或损失,以及处置未划分为持有待售的固定资产、在建工程、生产性生物资产及无形资产而产生的处置利得或损失。债务重组中因处置非流动资产产生的利得或损失和非货币性资产交换产生的利得或损失也包括在本项目内。

(2) "营业外支出"科目反映企业发生的营业利润以外的支出,主要包括债务重组损失、公益性捐赠支出、非常损失、盘亏损失、非流动资产毁损报废损失等。

【例5-19】 新华公司有一幢使用中的办公楼。该办公楼原价264 000元,累计计提折旧240 000元,未计提减值准备。在报废清理过程中,支付清理费用3 500元,增值税专用发票注明：残料变价收入7 300元,增值税949元,款项已收。相关账务处理如下。

（1）将固定资产转入清理。

借：固定资产清理 24 000

累计折旧 240 000

贷：固定资产 264 000

（2）支付清理费用，收到残料变价收入，支付相关税费。

借：固定资产清理 3 500

贷：银行存款 3 500

借：银行存款 8 249

贷：固定资产清理 7 300

应交税费——应交增值税（销项税额） 949

（3）清理净损益的处理。

"固定资产清理"账户余额＝24 000＋3 500－7 300＝20 200（元）（借方）

借：营业外支出——处置非流动资产损失 20 200

贷：固定资产清理 20 200

【例 5-20】 新华公司因受到台风影响毁损一间储存材料用的仓库，该仓库原价
250 000 元，已计提折旧 50 000 元，发生清理费用 10 000 元。经核定，保险公司赔偿损失
100 000 元，尚未收到赔偿款，残料估值 30 000 元，残料已入库。相关账务处理如下。

（1）转入清理。

借：固定资产清理 200 000

累计折旧 50 000

贷：固定资产 250 000

（2）支付清理费。

借：固定资产清理 10 000

贷：银行存款 10 000

（3）确定保险公司赔偿额。

借：其他应收款——××保险公司 100 000

贷：固定资产清理 100 000

（4）残料入库。

借：原材料 30 000

贷：固定资产清理 30 000

（5）结转清理净损失。

"固定资产清理"账户余额＝200 000＋10 000－100 000－30 000＝80 000（元）（借方）

借：营业外支出——非常损失 80 000

贷：固定资产清理 80 000

5.4.3 固定资产盘盈、盘亏

固定资产是一种单位价值较高、使用期限较长的有形资产，因此，对于管理规范的企业
而言，盘盈、盘亏的固定资产较为少见。企业应当健全制度，加强管理，定期或者至少于每年
年末对固定资产进行清查盘点，以保证固定资产核算的真实性和完整性。如果清查中发现

固定资产的盘盈、盘亏,应及时查明原因,在期末结账前处理完毕。

企业在财产清查中盘亏的固定资产,通过"待处理财产损溢——待处理固定资产损溢"科目核算,盘亏造成的损失,通过"营业外支出——盘亏损失"科目核算,应当计入当期损益。

企业在财产清查中盘盈的固定资产,作为前期差错处理。盘盈的固定资产通过"以前年度损益调整"科目核算。

【例 5-21】 新华公司年末对固定资产进行清查时发现丢失一台生产用设备。该设备原价 38 000 元,已计提折旧 15 000 元,已计提减值准备 5 000 元,经查该设备是由于保管人员看管不当丢失,经批准,相关责任人赔偿 6 000 元。相关账务处理如下。

(1) 生产设备盘亏,注销其原价、累计折旧和已计提减值准备。

借:待处理财产损溢——待处理固定资产损溢　　　　18 000

　　累计折旧　　　　　　　　　　　　　　　　　15 000

　　固定资产减值准备　　　　　　　　　　　　　 5 000

　　贷:固定资产　　　　　　　　　　　　　　　　　　38 000

(2) 经批准,在责任人赔偿后的净损失转入营业外支出。

借:其他应收款——××　　　　　　　　　　　　 6 000

　　营业外支出——盘亏损失　　　　　　　　　　14 990

　　贷:待处理财产损溢　　　　　　　　　　　　　　 18 000

　　　　应交税费——应交增值税(进项税额转出)　 2 990(23 000×13%)

5.5　固定资产的披露与分析

5.5.1　固定资产的披露

固定资产是企业一项重要的非流动资产,在资产负债表上以其原值减去累计折旧和减值准备后的净额列示,与之相关的在建工程、工程物资、固定资产清理等也应单独列示。根据《企业会计准则》的规定,企业还应当在报表附注中披露与固定资产相关的如下信息。

(1) 固定资产的确认条件、分类、计量基础和折旧方法。

(2) 各类固定资产的使用寿命、预计净残值和折旧率。

(3) 各类固定资产的期初和期末原价、累计折旧额及固定资产减值准备累计金额。

(4) 当期确认的折旧费用。

(5) 对固定资产所有权的限制及其金额和用于对外担保的固定资产账面价值。

(6) 准备处置的固定资产名称、账面价值、公允价值、预计处置费用和预计处置时间等。

5.5.2　固定资产的分析

报表使用者对企业固定资产的分析,首先应当关注的是其真实性,即企业采取不同的固定资产核算方法,可能对当期利润产生的影响(程度)不同。固定资产折旧方法包括年限平均法、双倍余额递减法和年数总和法等,企业在折旧方法选取、固定资产的预计净残值等方面有较大的灵活性,而不同的折旧方法、不同的预计残值率会很大程度上影响固定资产的账面价值,进而影响到折旧额的计提和当期损益。固定资产的减值准备是基于资产可收回金额与账面价值的差额来确定的,然而在实务中,由于目前资产信息、价格市场机制尚不健全,固定资产入账后,由于技术更新、市价下跌等原因而可能发生价值贬损程度的确认与计量远远超出会计人员的专业能力,要合理确定各项资产的可收回金额有较大的难度,资产减值准备的计提也缺乏依据,甚至具有相当大的随意性,因此一些企业往往利用固定资产折旧和减值的灵活性,调整固定资产账面价值和利润,造成会计信息失真。对此,分析固定资产信息时应当注意辨别企业采用的会计政策、计量方法的变更,正确评价固定资产账面价值的真实性。

案例 5-1

太钢不锈(000825.SZ)在 20×2 年 6 月 14 日发布的公告称,由于近年来公司对其设备生产线进行了技术改造和技术革新,并定期对设备生产线进行全面检修及年修,从而在实际上延长了固定资产的使用寿命。此外,公司现行的固定资产折旧率明显高于同行业其他公司,故决定调整有关固定资产的折旧年限,其中,土地、房屋及建筑物折旧年限从 20 年调高至 30 年,通用设备和专用设备折旧年限均从 10 年调高至 15 年。仅此一项,预计将影响公司 20×2 年度固定资产折旧额减少 6.89 亿元,所有者权益及净利润增加 5.85 亿元。

案例 5-2

受光伏产品价格持续大幅下降的影响,20×1 年至今,国内光伏企业普遍陷入倒闭、限产、停产状态,某上市公司因光伏业务部分停工,也不得不闲置了大量相关的固定资产。据其公告显示,20×0 年公司闲置固定资产仅为 1 794.4 万元;到 20×1 年年末,公司暂时闲置固定资产为 3.48 亿元,占固定资产的比重为 16.4%;到 20×2 年上半年,暂时闲置固定资产仍高达 3.3 亿元,占固定资产的 15.7%。对此,公司方面的解释是,公司投资的光伏产业受市场竞争、欧洲对太阳能产品补贴政策调整以及美国对太阳能产品双反调查等综合影响,生产销售受阻,部分厂房和设备暂时处于闲置状态。公司 20×1 年年报进一步表明,3.48 亿元暂时闲置固定资产分为 3.16 亿元专用设备、897.7 万元通用设备和 2 247.1 万元房屋及建筑物,以上三个细项分别对应累计折旧 4 477.4 万元、799.7 万元和 63.6 万元,其减值准备皆为空白;20×2 年中报表明,3.3 亿元暂时闲置固定资产分为 2.96 亿元专用设备、1 126.3 万元通用设备和 2 247.1 万元房屋及建筑物,以上三个细项分别对应累计折旧 5 714.7 万元、862.8 万元和 117 万元,其减值准备仍全部为空白。由此可见,该公司一直未对这 3 亿多元的闲置固定资产计提减值准备,涉嫌虚增净利润。

需要注意的是,由于固定资产购建时间长,金额大,很容易给企业留下"加塞"费用,增大固定资产成本的空间,以此来虚计固定资产价值或者隐瞒某些违规的费用支出。报表使用者应当关注在建工程项目的相关信息,谨防企业利用在建工程完工虚增资产和收入的造假行为。

另外,作为企业维持日常生产经营活动的一项重要的基本资产,固定资产的结构、比重、先进性和利用程度等都会对企业的生产运营起到重大作用,在分析企业的固定资产时还应当结合利润表数据分析其运营效果和营利性。一般认为,企业对于闲置不用或不需要使用的机器设备,尤其对于闲置的土地和楼房(以备将来扩展业务时需要)的相关处置应引起足够重视。一方面,这些资源的占用不但不能产生收益,还会占用大量的资金成本;另一方面,企业可能还需为维持日常经营活动而筹资,如果将这些沉淀的资金用在经营活动中,其效益是显而易见的。

本 章 小 结

本章主要内容包括通过不同方式取得的固定资产的会计处理,固定资产折旧的概念和折旧的计算方法,固定资产的后续支出业务、固定资产的处置业务等。

1. 固定资产是指同时具有下列特征的有形资产:①为生产商品、提供劳务、出租或经营管理而持有的;②使用寿命超过一个会计年度。企业的固定资产可根据不同管理需要和核算要求进行不同的分类。

2. 固定资产只有在同时满足以下两个条件时,才能加以确认:①该项固定资产包含的经济利益很可能流入企业;②该项固定资产的成本能够可靠地计量。

确认后的固定资产应当按照其取得的实际成本进行初始计量,具体的计量方法因企业取得固定资产的方式不同而有所不同。总体而言,其成本应该包括企业为购建某项固定资产并使之达到预定可使用状态前所发生的一切合理的必要支出。

3. 固定资产折旧是指在固定资产使用寿命内,按照确定的方法对应计提折旧额进行系统的分摊,以体现其价值在资产使用过程中的转移。影响固定资产折旧的因素包括固定资产原始价值、预计净残值、固定资产减值准备和固定资产的预计使用寿命。企业应当根据与固定资产有关经济利益的预期实现方式,结合自身实际情况,合理选择固定资产折旧方法,折旧方法一经确定,不得随意变更。

4. 固定资产后续支出是指固定资产在其使用过程中发生的更新改造支出、房屋装修费用、修理费用等,企业应当合理分辨费用化的后续支出和资本化的后续支出,以准确核算固定资产价值变化。

5. 固定资产减值是指固定资产的可收回金额低于其账面价值,企业应当在期末或者至少每年年度终了,对固定资产逐项进行减值测试,并相应计提固定资产减值准备,固定资产计提减值准备后不能再转回。

6. 固定资产满足下列条件之一的,应当予以终止确认:①该固定资产处于处置状态;②该固定资产预期通过使用或处置不能产生经济利益。

企业因固定资产处置而减少的固定资产,一般应通过"固定资产清理"科目进行核算。

本章重点:固定资产的确认和初始计量;固定资产折旧的计算方法;固定资产后续支出的核算;固定资产处置的核算。

本章难点:固定资产的折旧范围;加速折旧法的计算;固定资产资本化后续支出核算;固定资产清理核算。

本章练习题

一、单项选择题

1. 某企业 2017 年 12 月 31 日购入一台设备,入账价值为 300 万元,预计使用寿命为 5 年,预计净残值为 0,采用年数总和法计提折旧。2019 年 12 月 31 日该设备存在减值迹象,经测试预计可收回金额为 100 万元。假设该设备预计使用寿命、折旧方法和预计净残值不变,则 2020 年该设备应计提的折旧额为(　　)万元。

  A. 50   B. 24   C. 36   D. 36.4

  2. 某企业购进设备一台,该设备的入账价值为 150 万元,预计净残值 5 万元,预计使用年限为 4 年。在采用双倍余额递减法计提折旧的情况下,该项设备第三年应提折旧额为(　　)万元。

  A. 36.25   B. 16.25   C. 18.75   D. 37.5

  3. A 公司 2019 年 6 月初从大众公司购入设备一台,实际支付买价 50 万元,增值税 6.5 万元,支付运杂费 5 万元,途中保险费 5 万元。该设备估计可使用 4 年,无残值。A 公司固定资产折旧方法采用年数总和法。由于操作不当,该设备于 2019 年年末报废,责成有关人员赔偿 2 万元,收回变价收入 10 万元(不含税),则该设备的报废净损失为(　　)万元。

  A. 43.7   B. 39   C. 36   D. 45.5

  4. 某企业 2019 年 12 月 31 日购入一台设备,入账价值为 200 万元,预计使用寿命为 10 年,预计净残值为 20 万元,采用年限平均法计提折旧。2020 年 12 月 31 日该设备存在减值迹象,经测试预计可收回金额为 120 万元。2020 年 12 月 31 日该设备账面价值应为(　　)万元。

  A. 120   B. 160   C. 180   D. 182

  5. 远洋公司为增值税一般纳税人,增值税税率为 13%。2019 年,该公司采用自营方式建造一条生产线(动产),实际领用工程物资 678 万元(含增值税金额 78 万元);另外领用本公司自产产品一批,账面价值为 130 万元,未计提存货跌价准备,公允价值和计税价格均为 160 万元。发生在建工程人员工资及福利费为 230 万元;另外发生专业人员服务费 8 万元。假定该生产线已达到预定可使用状态,不考虑除增值税以外的其他相关税费,该生产线的入账价值为(　　)万元。

  A. 1 046   B. 968   C. 960   D. 998

  6. 正保公司为增值税一般纳税人,适用的增值税税率为 13%。该公司董事会决定于 2019 年 6 月 30 日对某生产用固定资产进行技术改造。2019 年 6 月 30 日,该固定资产的账面原值为 3 000 万元,已计提折旧为 1 200 万元,已计提减值准备 300 万元;在改造过程中发生支出合计 800 万元,符合固定资产确认条件,被更换的部件原值为 300 万元,则该固定资产更换部件后的入账价值为(　　)万元。

  A. 2 300   B. 2 200   C. 1 500   D. 2 150

  7. 下列关于固定资产的有关核算,表述不正确的是(　　)。

  A. 生产车间的固定资产日常修理费用应当计入管理费用

  B. 固定资产定期检查发生的大修理费用,符合资本化条件的应当计入固定资产成本

  C. 盘亏固定资产,应通过"固定资产清理"科目核算

  D. 盘盈固定资产,应通过"以前年度损益调整"科目核算

  8. 某企业对 2019 年购入的账面原价为 110 万元,累计折旧为 70 万元的某一项固定资产进行清理。清理时发生清理费用 5 万元,增值税专用发票注明:清理收入 100 万元,增值税 13 万元(不考虑其他税费)。该固定资产的清理净收益为(　　)万元。

  A. 55   B. 35   C. 41   D. 45

二、多项选择题

1. 下列关于企业取得固定资产的会计核算表述正确的有( )。

A. 企业应当按照取得固定资产的实际成本加相关费用作为固定资产的取得成本

B. 一般纳税人外购生产用设备负担的增值税不需计入取得成本

C. 外购需安装才能使用的固定资产需通过在建工程归集相关成本

D. 企业以一笔款项购入多项没有单独标价的固定资产,应按各项固定资产公允价值的比例对总成本进行分配

2. 下列各项中,影响固定资产折旧的因素有( )。

A. 固定资产原价   B. 固定资产的预计使用寿命

C. 固定资产预计净残值   D. 已计提的固定资产减值准备

3. 企业持有的下列固定资产不需计提折旧的有( )。

A. 闲置的厂房   B. 单独计价入账的土地

C. 改扩建停用的机器设备   D. 已提足折旧仍继续使用的办公计算机

4. 下列关于固定资产的后续支出表述正确的有( )。

A. 固定资产的后续支出不满足资本化条件的计入当期损益

B. 生产车间固定资产的日常修理费用计入制造费用中

C. 满足资本化条件的固定资产后续支出应当将资本化的后续支出金额计入更新改造前的固定资产原值中

D. 固定资产发生可资本化的后续支出时应将固定资产的账面价值转入在建工程中

5. 下列各项中,影响固定资产清理净损益的有( )。

A. 清理固定资产发生的税费   B. 清理固定资产的变价收入

C. 清理固定资产的账面价值   D. 清理固定资产耗用的材料成本

三、判断题

1. 企业外购需安装的固定资产应先通过"在建工程"归集安装项目的支出,待安装完成时,将"在建工程"借方归集的金额转入"固定资产"中。 ( )

2. 生产车间用的固定资产发生的日常修理费用,记入"制造费用"科目。 ( )

3. 已达到预定可使用状态但尚未办理竣工结算的固定资产不应计提折旧。 ( )

4. 固定资产当月增加当月不计提折旧,当月减少当月照常计提折旧。 ( )

5. 企业盘盈的固定资产应当通过"待处理财产损溢"科目核算,将其净收益记入"营业外收入"科目中。 ( )

四、综合题

1. 甲股份有限公司(以下简称甲公司),属于增值税一般纳税人,适用的增值税税率为13%。甲公司 2019—2021 年与固定资产有关的业务资料如下。

(1) 2019 年 12 月 1 日,甲公司购入一条需要安装的生产线,取得的增值税专用发票上注明的生产线价款为 1 030 万元,增值税税额为 133.9 万元;发生保险费 4 万元,款项均以银行存款支付;没有发生其他相关税费。

(2) 2019 年 12 月 1 日,甲公司开始以自营方式安装该生产线。安装期间领用生产用原材料实际成本为 11.8 万元,发生安装工人工资 5 万元,没有发生其他相关税费。该原材料未计提存货跌价准备。

（3）2019 年 12 月 31 日，该生产线达到预定可使用状态，当日投入使用。该生产线预计使用年限为 5 年，预计净残值为 6.8 万元，采用年数总和法计提折旧。

（4）2020 年 12 月 31 日，甲公司在对该生产线进行检查时发现其已经发生减值。甲公司预计该生产线未来 4 年现金流量的现值为 558.8 万元；该生产线的公允价值减去处置费用后的净额为 500 万元。该生产线的预计尚可使用年限为 4 年，预计净残值为 8.8 万元，改为采用年限平均法计提折旧。

（5）2021 年 6 月 30 日，甲公司采用出包方式对该生产线进行改良。当日，该生产线停止使用，开始进行改良。在改良过程中，甲公司以银行存款支付工程总价款 122.95 万元。

（6）2021 年 8 月 20 日，改良工程完工验收合格并于当日投入使用，预计尚可使用年限为 4 年，预计净残值为 13 万元，采用年限平均法计提折旧。2021 年 12 月 31 日，该生产线未发生减值。

要求：

（1）编制 2019 年 12 月 1 日购入该生产线的会计分录。

（2）编制 2019 年 12 月与安装该生产线相关的会计分录。

（3）编制 2019 年 12 月 31 日该生产线达到预定可使用状态的会计分录。

（4）计算 2020 年度该生产线计提的折旧额。

（5）计算 2020 年 12 月 31 日该生产线应计提的减值准备金额，并编制相应的会计分录。

（6）编制 2021 年 6 月 30 日该生产线转入改良时的会计分录。

（7）计算 2021 年 8 月 20 日改良工程达到预定可使用状态后该生产线的成本及 2021 年度该生产线改良后计提的折旧额（答案中的金额单位用万元表示，涉及"应交税费"科目，必须写出其相应的明细科目名称）。

2. 甲上市公司（以下简称甲公司）为增值税一般纳税人，适用的增值税税率为 13%，2020 年度发生以下业务。

（1）甲公司的一条生产线，原账面价值 200 万元，已经计提 80 万元累计折旧和 30 万元减值准备，2020 年 1 月 1 日转入更新改造，改造过程用存款支付改造支出共计 50 万元，另使用本企业成本为 23.5 万元的产品用于该项改造，并领用本企业为生产储备的原材料 17.5 万元。改造过程中，公司更换生产线某一旧部件，旧部件账面价值 40 万元，无使用价值。新部件买价为 70 万元，增值税 9.1 万元。该部件购入时专门为建造此生产线准备。至 2020 年年底更新改造工程尚未完工。

（2）甲公司于 2020 年 3 月 31 日开始自行建造生产线，以银行存款购买工程物资，其增值税专用发票注明货款为 300 万元，增值税税额为 39 万元，实际工程耗用 80%，其余转为生产用材料；发生人工费用 50 万元；耗用水电等 30 万元已经计入生产成本。该生产线于 2020 年 12 月建造完工并正式投入使用。

（3）甲公司 2020 年 6 月 30 日出售 M 设备一台，设备原价 200 万元，已计提折旧 120 万元，计提减值准备 10 万元，出售取得价款 56.5 万元（包含增值税税款 6.5 万元），另发生相关清理费 2 万元，以银行存款支付。

要求：编制上述业务的会计分录（答案中的金额单位用万元表示）。

第6章 无形资产

本章的学习将会使你：
(1) 明确无形资产的基本概念、基本特征与分类。
(2) 掌握不同来源取得的无形资产的会计处理。
(3) 掌握无形资产的摊销、出售、报废等业务的会计处理。

6.1 无形资产概述

6.1.1 无形资产的概念及特征

无形资产是指企业拥有或者控制的没有实物形态的可辨认非货币性资产，是企业在经营过程中拥有和使用的一项重要资产，尤其在产业结构日趋高科技化的今天，无形资产的重要性更加不可忽视。相对于其他资产，无形资产具有以下特征。

1. 无形资产不具有实物形态

无形资产通常表现为某种权利、某项技术或是某种获取超额利润的综合能力，其不具有实物形态是区别于其他资产的显著特征。例如，土地使用权、非专利技术等，它们不具有实物形态，却能够为企业带来未来经济利益或使企业获得超额收益。而企业的有形资产，例如固定资产虽然也能为企业带来经济利益，但其为企业带来经济利益的方式与无形资产不同。固定资产是通过实物的磨损和价值的转移来为企业带来未来经济利益；而无形资产很大程度上是通过自身所具有的技术等优势为企业带来未来经济利益。无形资产引起的未来经济利益可能包括销售商品和提供劳务的收入、企业使用该无形资产而节约的成本或者获得的其他利益。例如，在生产工序中使用知识产权，可能会降低未来生产成本，而不是增加未来收入。

事实上，某些无形资产的存在也有赖于实物载体。例如，计算机软件需要存储在磁盘中，但这并不改变无形资产本身不具实物形态的特性。在确定一项包含无形和有形要素的资产是属于固定资产，还是属于无形资产时，需要通过专业判断来加以确定，通常以哪个要素更重要作为判断的依据。例如，计算机控制的机械工具没有特定计算机软件就不能运行时，说明该软件是构成相关硬件不可缺少的组成部分，该软件应作为固定资产处理；如果计算机软件不是相关硬件不可缺少的组成部分，则该软件应作为无形资产核算。

2. 无形资产具有可辨认性

要作为无形资产进行核算，该项资产应当是能够区别于其他资产而可以单独辨认的。符合以下条件之一的无形资产，则认为其具有可辨认性。

(1) 能够从企业中分离或者划分出来，并能单独用于出售或转让等，而不需要同时处置在同一获利活动中的其他资产，表明该项无形资产可以辨认。某些情况下无形资产可能需要与有关的合同一起用于出售转让等,这种情况下也视为可辨认无形资产。

（2）产生于合同性权利或其他法定权利,无论这些权利是否可以从企业或其他权利和义务中转移或者分离。例如,一方通过与另一方签订特许权合同而获得的特许使用权、通过法律程序申请获得的商标权和专利权等。

显然,诸如企业内部产生的品牌、报刊名、刊头、客户名单和实质上类似的项目支出,由于不能与整个业务开发成本区分开,因此,这类项目不应确认为无形资产。

3. 无形资产属于非货币性资产

非货币性资产是指企业持有的货币资金和将以固定或可确定的金额收取的资产以外的其他资产。无形资产由于没有发达的交易市场,一般不容易转化成现金,在持有过程中为企业带来未来经济利益的情况不确定,不属于以固定或可确定的金额收取的资产,属于非货币性资产。

4. 无形资产的可控制性

当企业有权获得潜在资源产生的未来经济利益,并能约束其他方获取这些利益,说明企业控制了该资产。企业控制无形资产产生未来经济利益的能力,一般来自可强制执行的法定权利,也可以采用其他方式来控制未来经济利益。如果某项资源产生未来经济利益的能力缺乏法定权利来保护或其他方式来控制,则不能确认为无形资产。例如,企业可能拥有一定的客户基础或市场份额,并由于为建立客户关系和信赖付出了努力而期望这些客户继续与其进行商业往来,但是这种与客户的关系或客户对企业的信赖往往缺乏法定权利来保护,企业无法对其进行控制,所以,客户基础、市场份额、客户关系和客户信赖等项目,即使能给企业带来一定的经济利益,也不能作为无形资产进行确认。

值得注意的是,商誉是企业合并成本大于合并取得被购买方各项可辨认资产、负债公允价值份额的差额,其存在无法与企业自身分离,不具有可辨认性,企业自创的商誉以及未满足无形资产确认条件的其他项目,也不能作为企业的无形资产。

6.1.2 无形资产的内容

根据《企业会计准则第 6 号——无形资产》(2014 年)关于无形资产定义的表述,企业的无形资产通常包括专利权、非专利技术、商标权、著作权、特许权、土地使用权等。

1. 专利权

专利权是指国家专利主管机关依法授予发明创造专利申请人,对其发明创造在法定期限内所享有的专有权利,包括发明专利权、实用新型专利权和外观设计专利权。根据我国《专利法》的规定,自申请日起算,发明专利权的期限为 20 年,实用新型及外观设计专利权的期限为 10 年。发明者在取得专利权后,在有效期限内将享有该项专利的独占权。

2. 非专利技术

非专利技术也称专有技术,是指不为外界所知、在生产经营活动中已采用的、不享有法律保护的、可以带来经济效益的各种技术和诀窍。非专利技术一般包括工业专有技术、商业贸易专有技术、管理专有技术等。非专利技术因其未经法定机关按法理程序批准和认可,所以不受法律保护。非专利技术只有经济上的有效年限,没有法律上的有效年限。

3. 商标权

商标权是指专门在某类指定的商品或产品上使用特定的名称或图案的权利。商标是用来辨认特定商品和劳务的标记，代表着企业的一种信誉，从而具有相应的经济价值。根据我国《商标法》的规定，注册商标的有效期限为 10 年，期满可以依法延长。

4. 著作权

著作权又称版权，是指作者对其创作的文学、科学和艺术作品依法享有的某些特殊权利。著作权包括两方面的权利，即精神权利（人身权利）和经济权利（财产权利）。前者是指作品署名、发表作品、确认作者身份、保护作品的完整性、修改已经发表的作品等权利，包括发表权、署名权、修改权和保护作品完整权；后者是指以出版、表演、广播、展览、录制唱片、摄制影片等方式使用作品以及因授权他人使用作品而获得经济利益的权利。

5. 特许权

特许权又称经营特许权、专营权，是指企业在某一地区经营或销售某种特定商品的权利或是一家企业接受另一家企业使用其商标、商号、技术秘密等的权利。特许权通常有两种形式：一种是由政府机构授权，准许企业使用或在一定地区享有经营某种业务的特权，如水、电、邮电通信等专营权、烟草专卖权等；另一种是指企业间依照签订的合同，有限期或无限期使用另一家企业的某些权利，如连锁店分店使用总店的名称等。

6. 土地使用权

土地使用权是指国家准许某企业在一定期间内对国有土地享有开发、利用、经营的权利。根据我国《土地管理法》的规定，我国土地实行公有制，任何单位和个人不得侵占、买卖或者以其他形式非法转让。国家和集体可以依照法定程序对土地使用权实行有偿转让，企业也可以依照法定程序取得土地使用权，或将已取得的土地使用权依法转让。企业取得土地使用权的方式主要包括行政划拨取得、外购取得及投资者投资取得等。

6.1.3 无形资产的分类

从不同的角度采取科学的方法对无形资产进行合理的分类，是做好无形资产管理和核算的重要基础工作。无形资产通常可以做如下的分类。

(1) 按取得来源不同分为外购的无形资产、自行开发的无形资产、投资者投入的无形资产、企业合并取得的无形资产、债务重组取得的无形资产等。这种分类的目的在于使无形资产的初始计量更加准确和合理，因为不同来源渠道所取得的无形资产，其初始成本确实有所不同。

(2) 按使用寿命是否有期限分为有期限的无形资产和无期限的无形资产。这种分类的目的在于正确地将无形资产的应摊销金额在无形资产的使用寿命内系统而合理地进行摊销。

6.1.4 无形资产的确认

无形资产因为其不具备实物形态，在确认方面无疑比有形资产更为困难。某项无形的资产项目，只有在同时满足以下三个条件时，才能被确认为无形资产。

（1）符合无形资产定义，即该项资产在满足资产一般属性的同时，也要满足无形资产没有实物形态和可辨认性的特定要求。

（2）与该项无形资产相关的预计未来经济利益很可能流入企业，即企业能够控制该项无形资产所产生的经济利益。

（3）该项无形资产的成本能够可靠地计量，以便确定其入账价值。

6.2　无形资产取得的核算

无形资产通常按照实际成本计量，包括为取得无形资产并使其达到预定用途所付出的全部支出。为了反映无形资产的增减变化情况，企业应当通过设置"无形资产"科目进行相关的会计处理。该科目的借方登记取得无形资产的成本，贷方结转处置无形资产的成本，期末余额在借方，反映企业持有的无形资产的成本。根据不同的来源渠道，无形资产取得的初始成本和相应的会计处理有所不同。

6.2.1　外购无形资产的成本和会计处理

外购无形资产的成本包括购买价款、相关税费（不包括可以抵扣的进项税额）以及直接归属于使该项资产达到预定用途所发生的其他支出。其中，直接归属于使该项资产达到预定用途所发生的其他支出包括使无形资产达到预定用途所发生的专业服务费用、测试无形资产是否能够正常发挥作用的费用等，但不包括为引入新产品进行宣传而发生的广告费、管理费用及其他间接费用。

值得注意的是，外购无形资产的成本不包括达到预定用途之前其他经营活动支出。如果该经营活动并非是为使无形资产达到预定用途所必不可少的，有关经营活动的损益应于发生时计入当期损益，不能计入无形资产的成本。同理，外购无形资产的成本也不包括达到预定状态之后所发生的支出。另外，采用分期付款方式购买无形资产，购买无形资产的价款超过正常信用条件延期支付，实际上具有融资性质的，无形资产的成本为购买价款的现值。

【例 6-1】　新华公司从 A 公司购入一项无形资产，增值税专用发票注明：价款 300 000 元，增值税 18 000 元，发生其他相关税费共 15 000 元，发生专业服务费用 5 000 元。之后为推广无形资产，新华公司发生广告宣传费 30 000 元，展览费用 2 000 元。上述款项均以银行存款支付。请确认该项无形资产的成本并进行财务处理。

该项无形资产成本＝300 000＋15 000＋5 000＝320 000（元）

借：无形资产	320 000	
应交税费——应交增值税(进项税额)	18 000	
销售费用	32 000	
贷：银行存款		370 000

6.2.2　投资者投入的无形资产的成本和会计处理

投资者投入的无形资产的成本，应当按照投资合同或协议约定的价值确定，但如果投资合同或协议约定价值不公允的，则应当按照该项无形资产的公允价值入账。

【例 6-2】 新华公司因业务发展需要接受 A 公司的一项特许权投资,根据双方签订的投资协议,此项特许权价值 500 000 元(等于公允价值),假定不考虑税费,相关的账务处理如下。

借:无形资产——××特许权　　　　　　　　　　　500 000
　　贷:实收资本——A 公司　　　　　　　　　　　　　　　500 000

6.2.3　其他方式取得的无形资产的成本和会计处理

企业自行开发的无形资产,其成本确定和相应的会计处理比较复杂,将作为单独一节予以阐述。而通过非货币性资产交换、债务重组和企业合并方式所取得的无形资产,其成本的确定及具体处理参见《企业会计准则第 7 号——非货币性资产交换》《企业会计准则第 12 号——债务重组》和《企业会计准则第 20 号——企业合并》的相关内容。

另外,企业以各种方式取得的土地使用权,通常情况下应作为无形资产入账。在将其用于自行开发建造厂房等建筑物时,土地使用权应作为无形资产与建筑物等有形的固定资产分开计算成本,土地使用权和建筑物分别计提摊销和折旧。但是,下列情况除外。

(1) 房地产开发企业取得的土地使用权用于建造对外出售的房屋建筑物,此时的土地使用权应当计入该房屋建筑物的成本。

(2) 企业外购的房屋建筑物,如果实际支付的价款包括土地使用权和建筑物的价值,则应当对所支付的价款按照一定的方法(比如公允价值的比例)在土地使用权和建筑物之间进行合理的分配;如果确实难以进行合理分配,则将土地使用权和建筑物全部当作固定资产核算。

值得注意的是,如果企业改变土地使用权的用途,将其用于出租或增值目的时,应将其转为投资性房地产进行相关的核算。

【例 6-3】 2019 年 4 月 1 日,新华公司购入一块土地使用权用于厂房建设,以银行存款支付价款 1 000 000 元,增值税 90 000 元(增值税税率 9%),之后开始了在该土地上自行建造厂房的工程,领用专项工程物资 500 000 元,人工费用 200 000 元,其他相关费用 100 000 元。该工程已完工并达到预定可使用状态,假定不考虑税费。相关的账务处理如下。

(1) 购入土地使用权。

借:无形资产——土地使用权　　　　　　　　　　1 000 000
　　应交税费——应交增值税(进项税额)　　　　　　90 000
　　贷:银行存款　　　　　　　　　　　　　　　　　　　1 090 000

(2) 自行建造厂房。

借:在建工程　　　　　　　　　　　　　　　　　　800 000
　　贷:工程物资　　　　　　　　　　　　　　　　　　　500 000
　　　　应付职工薪酬　　　　　　　　　　　　　　　　　200 000
　　　　银行存款　　　　　　　　　　　　　　　　　　　100 000

(3) 完工并达到预定可使用状态,转入固定资产。

借:固定资产　　　　　　　　　　　　　　　　　　800 000
　　贷:在建工程　　　　　　　　　　　　　　　　　　　800 000

6.3　内部研究开发费用的确认和计量

面对当前高速发展的科学技术和严峻的经济形势,企业要想做大做强,在激烈的市场竞争中赢得主动,就必须强化其技术创新的主体地位,不断提升自主研发水平,提高自主创新能力。正因为如此,企业的无形资产,尤其是自行开发的无形资产比重日趋加大,客观上要求企业加强对这类无形资产的管理和核算。

6.3.1　研究阶段和开发阶段的划分

根据《企业会计准则》的规定,企业自行研究开发的无形资产,应当区分研究阶段与开发阶段分别进行核算。

1. 研究阶段

研究是意在获取新的技术和知识而进行的有计划的调查和研究等工作,其特点是具有计划性和探索性。

(1) 计划性。研究是建立在有计划的调查的基础上。例如,该研发项目已经得到企业相关管理层的批准,开始进行市场调查、收集有关资料。

(2) 探索性。研究阶段能否在未来形成成果,或者说之后的开发阶段利用研究阶段的成果进一步开发后能否形成无形资产有很大的不确定性,因此这一阶段的研究工作大多是探索性的。例如,有关材料、设备、产品、工序等的替代品的研究,只是为了之后开发阶段准备资料,并不能形成阶段性的成果。

项目研究阶段的探索性决定了研究期间所发生的支出应当费用化,计入发生当期损益。

2. 开发阶段

开发是指在进行商业性生产或使用前,将研究成果或其他知识应用于某项计划或设计,以生产出新的或具有实质性改进的材料、装置、产品等活动。例如,生产前或使用前的原型和模型的设计、建造和测试;含新技术的工具、夹具、模具和冲模的设计;不具有商业性生产经济规模的试生产设施的设计、建造和运营;新的或改造的材料、设备、产品、工序、系统或服务所选定的替代品的设计、建造和测试等。

由于开发阶段是建立在研究阶段提供的相关资料的基础上,所以具有一定的针对性;另外,进入开发阶段的研发项目很大程度上形成新产品或新技术的基本条件已经具备,往往形成成果的可能性较大。所以,如果能够证明满足无形资产的定义和确认条件,开发阶段的支出可以资本化,计入形成的无形资产的成本。

6.3.2　开发阶段有关支出资本化的条件

根据《企业会计准则》的规定,企业在开发阶段的有关支出,必须同时满足下列条件,才能予以资本化并确认为无形资产。

1. 完成该无形资产以使其能够使用或出售在技术上具有可行性

如果企业能够在目前阶段成果的基础上,提供相关证据和材料,证明所进行的项目研发需要的技术条件已经满足,不存在技术上的障碍或者不确定性,则说明企业完成该无形资产以使其能够使用或出售在技术上具有可行性。例如,为了使资产能够达到原计划设定的功能和特征所需要的设计、计划和测试活动已经完成或经过专业鉴定。

2. 具有完成该无形资产并使用或出售的意图

企业是以盈利为目的的经济组织,自行研发无形资产形成的成果或是为了出售或是为了自己使用并从中获得经济利益。所以,企业的管理者应当明确决定拟自行研发无形资产的目的,并且能够完成该项研发并使其有能够使用或出售的可能性。

3. 该无形资产具有能够产生经济利益的方式

无形资产确认的基本条件是能够为企业产生经济利益。研发无形资产的成果形成后,如果成果用于生产新产品或新工艺的,则企业应当证明新产品或新工艺存在需求市场,能够为企业带来经济利益;如果成果用于直接对外出售,则企业应当证明相关市场上存在对该成果的需求,进而为企业带来经济利益;如果成果既不用于生产产品,也不用于对外出售,而是企业自己使用,则需要证明企业内部使用的有用性。

4. 有足够的技术、财务资源和其他资源支持

企业应当有足够证据证明其继续开发该项无形资产有足够的技术支持和技术能力,即完成该项无形资产开发具有技术上的可行性。同时应当能证明,自身具备的财务和其他资源足以支持完成该项无形资产的开发,并有能力使用或出售该项无形资产以取得相关的收益。自有资金不足以提供支持的,是否存在外部其他方面的资金支持。

5. 归属于该项无形资产开发阶段的支出能够可靠计量

企业对于研究开发活动发生的支出应单独核算,如发生的研究开发人员的工资、材料费等。在企业同时从事多项研究开发活动的情况下,所发生的支出同时用于支持多项研究开发活动的,应按照一定的标准在各项研究开发活动之间进行分配;无法明确分配的,应予费用化计入当期损益,不计入开发活动的成本。

无法区分研究阶段和开发阶段的支出,应当在发生时作为管理费用,全部计入当期损益。

6.3.3   内部开发的无形资产的计量

内部开发活动形成的无形资产,其成本由可直接归属于该项资产的创造、生产并使该资产能够以管理层预定的方式运作的所有必要支出组成。包括开发该无形资产时耗费的材料、劳务成本、注册费、在开发该无形资产过程中使用的其他专利权和特许权的摊销按照《企业会计准则第17号——借款费用》的规定资本化的利息支出,以及为使该无形资产达到预定用途前所发生的其他费用。

在开发阶段发生的,除上述可直接归属于无形资产开发活动的支出外,其他销售费用、管理费用等间接费用、无形资产达到预定用途前发生的可辨认的无效和初始运作损失、为运行该无形资产发生的培训支出等不构成无形资产的开发成本。

值得强调的是,内部开发无形资产的成本仅包括在满足资本化条件的时点至无形资产达到预定用途前发生的支出总和,对于同一项无形资产在开发过程中达到资本化条件之前已经费用化计入损益的支出不再进行调整。

6.3.4　内部研究开发费用的会计处理

为了正确计算企业的利润以及合理地对无形资产进行确认,应设置"研发支出"科目,以反映企业内部在研究和开发过程中发生的一切支出。该科目的借方登记企业自行开发无形资产发生的研发支出;贷方结转达到预定用途的研发项目中已资本化的金额,及期末结转本科目归集的费用化金额;期末余额在借方,反映企业正在进行的无形资产研发项目满足资本化条件,但尚未结转的支出金额。

会计核算时,企业应当按研究开发项目不同,在"研发支出"科目下分别设置不同的项目明细,并分"费用化支出"和"资本化支出"进行明细核算。企业购买正在进行中的研究开发项目,应按确定的金额,借记"研发支出——资本化支出"科目,贷记"银行存款"等科目。有关无形资产研发支出的会计核算流程如图 6-1 所示。

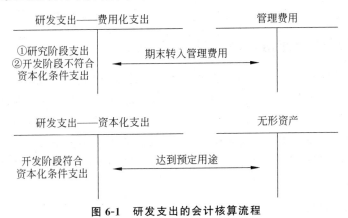

图 6-1　研发支出的会计核算流程

【例 6-4】　2019 年 4 月 3 日,新华公司经董事会批准研究某项非专利技术。该公司认为,公司有足够的技术、财务资源支持这项非专利技术的完成,并且这项非专利技术作用于产品将为企业带来可观的经济利益。2019 年 12 月 31 日该项技术达到预定用途。其中,研究阶段发生职工薪酬 60 000 元,计提专用设备折旧 40 000 元;进入开发阶段后,相关支出符合资本化条件后发生的职工薪酬 80 000 元,计提专用设备折旧 50 000 元。假定不考虑其他因素,相关的账务处理如下。

(1) 确认研究阶段的支出。

借:研发支出——费用化支出　　　　　　　　　　100 000
　　贷:应付职工薪酬　　　　　　　　　　　　　　　60 000
　　　　累计折旧　　　　　　　　　　　　　　　　40 000

(2) 确认开发阶段的支出。

借:研发支出——资本化支出　　　　　　　　　　130 000
　　贷:应付职工薪酬　　　　　　　　　　　　　　　80 000
　　　　累计折旧　　　　　　　　　　　　　　　　50 000

(3) 结转研究阶段的支出。

借:管理费用　　　　　　　　　　　　　　　　　100 000
　　贷:研发支出——费用化支出　　　　　　　　　100 000

（4）结转符合条件的资本化支出。

借：无形资产　　　　　　　　　　　　　　　　　130 000

　　贷：研发支出——资本化支出　　　　　　　　　　　130 000

6.4　无形资产的后续计量和会计处理

无形资产初始确认和计量后，通过对无形资产的使用和技术进步等原因，无形资产的价值会由于转移和贬值而减少。无形资产的后续计量，是在某一时点对无形资产价值余额的确定和计量。具体来说，就是在其使用该项无形资产期间内应以原始成本减去累计摊销额和累计减值损失后的余额计量，包括无形资产的摊销和减值损失的确定。需要注意的是，只有使用寿命有限的无形资产才需要在估计的使用寿命内采用系统合理的方法进行摊销，对于使用寿命不确定的无形资产，不计提摊销但应当每年进行减值测试。

6.4.1　无形资产使用寿命的确定

无形资产能够在一定期间内给企业带来经济利益，因此理论上无形资产的价值应按其受益期体现在各期的损益中，即对无形资产进行摊销。要确定无形资产的摊销，首先应在取得该项无形资产时即判断无形资产的使用寿命。能够合理估计无形资产使用寿命的年限或者构成使用寿命的产量等类似计量单位数量，则可以认为该项无形资产的使用寿命是有限的；对于无法预见无形资产为企业带来的经济利益期限的，应当将该项无形资产视为使用寿命不确定的无形资产。

1. 估计无形资产使用寿命应考虑的因素

无形资产的后续计量是以其使用寿命为基础的。无形资产的使用寿命包括法定寿命和经济寿命两个方面，有些无形资产的使用寿命受法律、规章或合同的限制，称为法定寿命。例如，我国法律规定发明专利权有效期为 20 年，商标权的有效期为 10 年，而有些无形资产如永久性特许经营权、非专利技术等的寿命则不受法律或合同的限制。经济寿命是指无形资产可以为企业带来经济利益的年限。合同或者法律没有规定使用寿命的，企业应当综合各方面的判断分析，以确定无形资产能够为企业带来未来经济利益的期限。例如，与同行业的情况进行比较、参考历史经验，或聘请相关专家进行论证等。

由于受技术进步、市场竞争等因素的影响，无形资产的经济寿命往往短于法定寿命，因此，在估计无形资产的使用寿命时，应当综合考虑各方面因素的影响，合理确定无形资产的使用寿命。

2. 无形资产使用寿命的确定

源自合同性权利或其他法定权利取得的无形资产，其使用寿命不应超过合同性权利或其他法定权利的期限。例如，企业以支付土地出让金方式取得一块土地的使用权，如果企业准备持续持有，在 50 年内没有计划出售，则该块土地使用权预期为企业带来未来经济利益的期间为 50 年。如果合同性权利或其他法定权利能够在到期时因续约等延续，当有证据表明企业续约不需要付出重大成本时，续约期才能够包括在使用寿命的估计中。下列情况一般说明企业无须付出重大成本即可延续合同性权利或其他法定权利：有证据表明合同性权利或法定权利将被重新延续,如果在延续之前需要第三方同意,则还需有第三方将会同意的证据;有证据表明为获得重新延续所必需的所有条件相对于企业的未来经济利益不具有重要性。如果企业在延续无形资产持有期间付出的成本与预期流入企业的未来经济利益相比具有重要性,本质上来看是企业获得了一项新的无形资产。

没有明确的合同或法律规定的无形资产,企业应当综合各方面情况,如聘请相关专家进行论证或与同行业的情况进行比较以及企业的历史经验等,来确定无形资产为企业带来未来经济利益的期限,如果经过这些努力确实无法合理确定无形资产为企业带来经济利益期限,再将其作为使用寿命不确定的无形资产。例如,企业通过公开拍卖取得一项出租车运营许可,按照所在地规定,以现有出租运营许可为限,不再授予新的运营许可,而且在旧的出租车报废以后,其运营许可可用于新的出租车。企业估计在有限的未来,将持续经营出租车行业。对于该运营许可,其为企业带来未来经济利益的期限从目前情况来看无法可靠估计,应视为使用寿命不确定的无形资产。

3. 无形资产使用寿命的复核

企业至少应当于每年年度终了对无形资产的使用寿命进行复核。如果有证据表明无形资产的使用寿命不同于以前的估计,例如由于合同的续约或无形资产应用条件的改善,延长了无形资产的使用寿命等。对于使用寿命有限的无形资产应改变其摊销年限,并按照会计估计变更进行处理。

对于使用寿命不确定的无形资产,如果有证据表明其使用寿命是有限的,应当按照会计估计变更进行处理,并按照使用寿命有限的无形资产的处理原则进行处理。有关无形资产后续计量的模式,如图 6-2 所示。

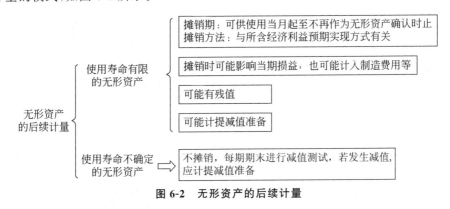

图 6-2　无形资产的后续计量

6.4.2　使用寿命有限的无形资产的摊销

使用寿命有限的无形资产,其应摊销金额应当在该项无形资产的使用寿命内系统合理地予以摊销。具体来说,无形资产的应摊销金额为其成本扣除预计残值后的金额,已计提减值准备的无形资产,还应扣除已计提的无形资产减值准备的累计金额。无形资产的残值是指在其经济寿命结束之前企业预计将会处置该无形资产,并且从该处置中取得利益。使用寿命有限的无形资产,其残值一般视为零,但下列情况除外。

(1) 有第三方承诺在无形资产使用寿命结束时,愿意以一定的价格购买该项无形资产。

(2) 存在活跃的市场,通过市场可以得到无形资产使用寿命结束时的残值信息,并且从目前情况看,在无形资产使用寿命结束时,该市场还可能存在的情况下,可以预计无形资产的残值。

1. 无形资产的摊销期和摊销方法

无形资产的摊销期自其可供使用时(即其达到预定用途)开始至终止确认时止。在无形资产的使用寿命内系统地分摊其应摊销金额,存在多种方法,包括直线法、生产总量法等。对某项无形资产摊销所使用的方法应依据从资产中获取的预期未来经济利益的预计消耗方式来选择,并一致地运用于不同的会计期间。例如,受技术陈旧因素影响较大的专利权和专有技术等无形资产,可采用类似固定资产加速折旧的方法进行摊销;有特定产量限制的特许经营权或专利权,应采用产量法进行摊销;无法可靠确认无形资产预期的实现方式的,应当采用直线法进行摊销。

2. 无形资产摊销的确认

企业应对使用寿命有限的无形资产,根据其使用寿命,采用一定的摊销方法,按月计提摊销。与固定资产折旧不同的是,无形资产当月增加时,当月开始计提摊销;而在无形资产减少的当月即不再进行摊销。

无形资产的摊销金额,一般应确认为当期损益,记入"管理费用"科目。某项无形资产包含的经济利益通过所生产的产品或其他资产实现的,无形资产的摊销金额可以计入产品或其他资产成本。为了核算使用寿命有限的无形资产计提的累计摊销金额,应设置"累计摊销"科目,该科目是"无形资产"的备抵科目,属于资产类科目,应区别无形资产的具体项目进行明细核算。

【例 6-5】 新华公司从外单位购得一项商标权,增值税专用发票注明:价款 200 000 元,增值税 12 000 元(增值税税率 6%),款项已付讫,法律规定该商标权的使用寿命为 10 年,残值为零,以直线法摊销预期实现经济利益的方式。有关账务处理如下。

(1) 取得无形资产的分录。

借:无形资产——商标权   200 000

     应交税费——应交增值税(进项税额)   12 000

  贷:银行存款   212 000

(2) 每年摊销分录。

借:管理费用   20 000(200 000÷10)

  贷:累计摊销   20 000

6.4.3 无形资产减值

对于企业拥有的无形资产,应当在资产负债表日判断其是否存在可能发生减值的迹象。对于存在减值迹象的无形资产,应当进行减值测试,计算可回收金额。可回收金额低于账面价值的,应当按照可回收金额低于账面价值的金额,即将无形资产的账面价值减记至可回收金额,减记的金额确认为资产减值损失,记入当期损益"资产减值损失"科目,同时计提无形资产减值准备。资产减值损失确认后,减值资产的摊销费用应当在未来期间作相应调整,以使该资产在剩余使用寿命内,系统地分摊调整后的资产账面价值(扣除预计净残值)。已计提减值准备的无形资产,应当按照该项资产的账面价值以及尚可使用寿命重新计算确定摊销额。

根据《企业会计准则》的规定,无形资产计提减值准备后不能再转回。

【例 6-6】 新华公司 2020 年 1 月购入一项无形资产并投入使用,增值税专用发票注明:价款 120 000 元,增值税 7 200 元,款项已付,不考虑净残值,预计使用年限为 6 年,采用直线法摊销。2021 年 12 月 31 日和 2022 年 12 月 31 日,分别对无形资产进行减值测试,预计可回收金额分别为 60 000 元和 36 000 元。假设该无形资产在计提减值准备后原预计摊销期限和摊销方法不变。相关的账务处理如下。

(1) 2020 年购入无形资产。

借:无形资产	120 000	
应交税费——应交增值税(进项税额)	7 200	
贷:银行存款		127 200

(2) 2020 年、2021 年摊销无形资产。

借:管理费用	20 000	
贷:累计摊销		20 000

(3) 2021 年计提减值准备。

2021 年计提减值准备金额 $= 120\,000 - 20\,000 \times 2 - 60\,000 = 20\,000$(元)

借:资产减值损失	20 000	
贷:无形资产减值准备		20 000

(4) 2022 年摊销无形资产。

2021 年计提减值准备后尚可使用 4 年,2022 年应摊销金额 $= \dfrac{60\,000}{4} = 15\,000$(元)

借:管理费用	15 000	
贷:累计摊销		15 000

(5) 2022 年计提减值准备。

2020 年计提减值准备金额 $= 60\,000 - 15\,000 - 36\,000 = 9\,000$(元)

借:资产减值损失	9 000	
贷:无形资产减值准备		9 000

(6) 2023 年及以后摊销无形资产。

2022 年计提减值准备后尚可使用 3 年,之后每年应摊销金额 $= \dfrac{36\,000}{3} = 12\,000$(元)

借:管理费用	12 000	
贷:累计摊销		12 000

6.4.4 使用寿命不确定的无形资产

根据可获得的情况判断,有确凿证据表明无法合理估计其使用寿命的无形资产,才能作为使用寿命不确定的无形资产。企业不得随意判断使用寿命不确定的无形资产。按照无形资产准则规定,对于使用寿命不确定的无形资产,在持有期间不需要摊销,如果期末重新复核后仍为不确定的,应当在每个会计期间进行减值测试,严格按照《企业会计准则第 8 号——资产减值》的规定,需要计提减值准备的,相应计提有关的减值准备。会计核算时应借记"资产减值损失"科目,贷记"无形资产减值准备"科目。

【知识链接】 小企业无形资产使用寿命的规定

根据《小企业会计准则》的规定,小企业不能可靠估计无形资产使用寿命的,摊销期限不得低于 10 年。

6.5 无形资产的处置

无形资产的处置主要是指无形资产出售、对外出租、对外捐赠,或者是无法为企业带来未来经济利益时,应予转销并终止确认。

6.5.1 无形资产的出租

企业将所拥有的无形资产的使用权让渡给他人,并收取租金,属于与企业日常活动相关的其他经营活动取得的收入,在满足收入准则规定的确认标准的情况下,应确认相关的收入及成本。

出租无形资产时,取得的租金收入,借记"银行存款"等科目,贷记"其他业务收入"等科目;摊销出租无形资产的成本并发生与转让有关的各种费用支出时,借记"其他业务成本"科目,贷记"累计摊销"科目。

【例 6-7】 新华公司将一项商标权出租给另外一家企业使用,该商标权账面余额为150 000 元,摊销期限为 10 年。出租合同规定,承租方每销售一件用该商标权生产的产品,必须付给出租方 3 元商标权使用费(含增值税)。假定承租方当年销售该产品 10 000 件。出租商标权增值税税率 6%。假定不考虑其他相关税费。出租方的账务处理如下。

借:银行存款　　　　　　　　　　　　　　　30 000
　　贷:其他业务收入　　　　　　　　　　　　28 302
　　　　应交税费——应交增值税(销项税额)　　1 698
借:其他业务成本　　　　　　　　　　　　　15 000
　　贷:累计摊销　　　　　　　　　　　　　　15 000

6.5.2 无形资产的出售

企业将无形资产出售,表明企业放弃无形资产的所有权。根据《企业会计准则》的规定,企业出售无形资产时,应将所取得的价款与该无形资产账面价值的差额作为资产处置利得或损失,计入资产处置损益。

企业出售无形资产时,应按实际收到的金额,借记"银行存款"等科目;按已摊销的累计摊销额,借记"累计摊销"科目;原已计提减值准备的,借记"无形资产减值准备"科目;按应支付的相关税费,贷记"应交税费"等科目;按其账面余额,贷记"无形资产"科目;按其差额,贷记"资产处置损益——处置非流动资产利得"科目或借记"资产处置损益——处置非流动资产损失"科目。

【例 6-8】 接例 6-5 资料,新华公司在购入该项商标权 2 年后又将其出售给另一家企业,取得不含税价款 150 000 元,适用增值税税率为 6%,未计提无形资产减值准备。有关账务处理如下。

$$出售时已摊销金额 = \frac{200\,000}{10} \times 2 = 40\,000(元)$$

借：银行存款　　　　　　　　　　　　　　　　　159 000
　　累计摊销　　　　　　　　　　　　　　　　　　40 000
　　资产处置损益——处置非流动资产损失　　　　　10 000
　　　贷：无形资产　　　　　　　　　　　　　　　　　200 000
　　　　　应交税费——应交增值税(销项税额)　　　　　9 000

【例 6-9】　接例 6-6 资料，假定新华公司于 2022 年 1 月 1 日以不含税价 80 000 元的价格将该项无形资产出售，增值税税率 6%。有关账务处理如下。

$$出售时已摊销金额 = 20\,000 \times 2 = 40\,000(元)$$

借：银行存款　　　　　　　　　　　　　　　　　　84 800
　　累计摊销　　　　　　　　　　　　　　　　　　40 000
　　无形资产减值准备　　　　　　　　　　　　　　20 000
　　　贷：无形资产　　　　　　　　　　　　　　　　　120 000
　　　　　应交税费——应交增值税(销项税额)　　　　　4 800
　　　　　资产处置损益——处置非流动资产利得　　　　20 000

6.5.3　无形资产的报废

如果无形资产预期不能为企业带来未来经济利益，不再符合无形资产的定义，应将其报废并转销。例如，甲企业的某项无形资产法律保护期限已过，用其生产的产品没有市场，则说明该无形资产无法为企业带来未来经济利益，应予报废并转销。

无形资产预期不能为企业带来经济利益的，应按已摊销的累计摊销额，借记"累计摊销"科目；原已计提减值准备的，借记"无形资产减值准备"科目；按其账面余额，贷记"无形资产"科目；按其差额，借记"营业外支出"科目。

【例 6-10】　接例 6-7 资料，假定新华公司对有关因素进行综合后判断，该项商标权未来给企业带来经济利益已经变得非常困难，因此按规定将其做报废处理。该项无形资产做报废处理时账面余额为 150 000 元，已摊销金额 100 000 元，已计提减值准备 20 000 元。假定不考虑其他相关因素，其账务处理如下。

借：累计摊销　　　　　　　　　　　　　　　　　　100 000
　　无形资产减值准备　　　　　　　　　　　　　　20 000
　　营业外支出——处置无形资产损失　　　　　　　30 000
　　　贷：无形资产——商标权　　　　　　　　　　　　150 000

注意：此部分与第 5 章处理类似。"资产处置损益"反映"资产出售"，"营业外支出"反映"非流动资产报废损失"。

6.6　无形资产的披露与分析

6.6.1　无形资产的披露

无形资产已日渐成为企业另一项重要的非流动资产，在资产负债表上应当按其原值减去累计摊销和减值准备后的净额列示。根据《企业会计准则》的规定,企业还应当在报表附注中披露与无形资产相关的如下信息。

(1) 无形资产的期初和期末账面余额、累计摊销额及减值准备累计金额。

(2) 使用寿命有限的无形资产,其使用寿命的估计情况;使用寿命无法确定的无形资产,其使用寿命无法确定的判断依据。

(3) 无形资产的摊销方法。

(4) 用于对外担保的无形资产账面价值、当期摊销额等具体资料。

(5) 计入当期损益和确认为无形资产的研究开发支出金额,以及开发阶段支出确认为无形资产的依据。

6.6.2　无形资产的分析

与固定资产相类似,企业在无形资产摊销方法选取、无形资产预计净残值及无形资产减值准备计提等方面有较大的灵活性,而不同的摊销方法、不同的预计残值率和不同的减值准备计提金额对无形资产的账面价值有很大影响,进而影响企业的当期损益。另外,根据《企业会计准则第 6 号——无形资产》的规定,企业研发活动所产生的支出划分为研究阶段支出和开发阶段支出两部分,对研究阶段支出应进行费用化处理,计入当期损益;开发阶段支出符合条件的才能资本化,自该项目达到预定可使用状态之日起转为无形资产。而事实上,研究阶段与开发阶段的判断标准难以量化,其界定存在很大弹性,因此也直接对企业的当期利润造成影响。资本化支出越大,越有利于降低当期费用、提高当期利润。对此,报表使用者在分析无形资产的相关信息时应当注意辨别企业采用的无形资产会计政策、计量方法的变更,正确评价无形资产账面价值的真实性。

案例 6-1

于 2×10 年 1 月进入深交所的合康变频(300048.SZ),主营业务是通用高压变频器和高性能高压变频器两大系列。其 2×09 年和 2×10 年实现净利润分别为 6 904 万元、10 074 万元,2×10 年的净利润同比增长高达 45.92%。经过对其财务报表的分析,可得知利润大幅增长的主要原因是因为公司的财务费用从 2×09 年的 165.56 万元变为 2×10 年的—2 104.39 万元。公司在 2×10 年获得 IPO 融资账户的银行利息收入 2 131.31 万元,同时公司的研发费用从 2×09 年的 1 532.1 万元降为 699.66 万元,如果扣除上述这两项非经常性损益后,合康变频 2×10 年的净利润仅为 7 356.38 万元,相比较 2×09 年的 6 903.78 万元,净利润仅仅增加了 452.6 万元,同比增长 6.56%。

其中,让投资者不解的是,作为以技术为立身之本的公司,合康变频 2×10 年的研发费用从 2×09 年的 1 532.1 万元突然降至 699.66 万元,而公司的研发支出总额 2×10 年度却为 1 317.43 万元,与 2×09 年的 1 532.1 万元相比差别不大,那么公司 2×10 年研发支出总额的另外一部分钱到哪里去了?

根据该公司董事会秘书的回应,2×10 年公司研究支出总额为 1 317.43 万元,但因为公司在 2×10 年获得和申请了近 10 个专利,这部分开发费用(617.77 万元)满足了列入无形资产的要求,因此公司通过开发费用的资本化而减少了当年费用支出,间接增加利润 617.7 万元。

案例 6-2

作为世界知名的激光加工设备生产厂商,大族激光(002008.SZ)2×07 年的科技研究开发投入 8 125.55 万元,约占公司当年销售收入的 5.47%,同比增加 126%。据其公告称,根据新会计准则,公司发生的研发费用将由原来制度下的全部费用化计入当期损益,变更为将符合规定条件的开发支出予以资本化处理,此项变更导致 2×07 年净利润增加 1 785.75 万元,占当年公司净利润 16 820 万元的将近 10%。更为重要的是,通过开发支出的资本化处理,公司降低了资产负债比例,提高了商业信用,进一步扩大了融资渠道。

值得注意的是,无形资产对企业的长期营利能力有非常重要的影响,如果企业的无形资产比重过低可能导致其资产效能的降低。在高科技发展的时代,企业的"轻资产化"战略已日益得到重视,报表使用者对此应当予以关注。同时,由于企业在其无形资产的自行研发过程中往往存在很多不确定因素,所以要认真分析企业有关研发支出的信息披露,以便正确认识企业在无形资产研发过程中面临的风险,对未来收益做出客观的评价。

本 章 小 结

本章的主要内容包括无形资产的初始计量、摊销、出售、报废业务的核算。

1. 无形资产是指企业拥有或者控制的没有实物形态的可辨认非货币性资产,一般包括专利权、非专利技术、著作权、商标权、土地使用权和特许权等。要正确理解无形资产的定义,必须把握三个要点,即无形资产的可辨认性、存在未来经济利益和对其可控性。

2. 无形资产应当按照实际成本进行初始计量,在自行研究开发无形资产时应当合理划分资本化的开发支出项目和费用化的研究开发支出项目。

3. 无形资产摊销是将无形资产的价值在其使用寿命内分期摊入各受益期间的过程。企业应当于每年年度终了时对无形资产的使用寿命及摊销方法进行复核。使用寿命不确定的无形资产在持有期间不应摊销,但应进行必要的减值测试。

4. 无形资产减值是指无形资产的可收回金额低于其账面价值,企业应当在期末或者至少每年年度终了,对无形资产逐项进行减值测试,并相应计提无形资产减值准备。无形资产计提减值准备后不能再转回。

5. 无形资产的处置包括无形资产的出售、出租和报废转销等。

本章重点:无形资产的初始计量;研究开发费用的确认与计量;无形资产的摊销。

本章难点:内部研发无形资产的研究和开发阶段费用的确认与计量。

本章练习题

一、单项选择题

1. 2020 年 8 月 1 日,某企业开始研究开发一项新技术,当月共发生研发支出 800 万元,其中,费用化的金额 650 万元,符合资本化条件的金额 150 万元。8 月末,研发活动尚未完成。该企业 2020 年 8 月应计入当期利润总额的研发支出为(　　)万元。

　　A. 0　　　　　　　　B. 150　　　　　　　　C. 650　　　　　　　　D. 800

2. 某企业 2019 年 12 月 15 日以含税价 742 万元转让一项无形资产,适用的增值税税率为 6%。该无形资产为 2015 年 12 月 10 日以 900 万元购入,合同规定的受益年限为 10 年,法律规定的有效使用年限为 12 年,采用直线法进行摊销。不考虑减值准备及其他相关税费。企业在转让该无形资产时确认的净收益为(   )万元。

  A. 65   B. 100   C. 28   D. 160

3. 下列各项中,不会引起无形资产账面价值发生增减变动的是(   )。

  A. 对无形资产计提减值准备   B. 发生无形资产后续支出

  C. 摊销无形资产   D. 转让无形资产所有权

4. 下列各项中,关于无形资产摊销表述不正确的是(   )。

  A. 使用寿命不确定的无形资产不应摊销

  B. 出租无形资产的摊销额应计入管理费用

  C. 使用寿命有限的无形资产处置当月不再摊销

  D. 无形资产的摊销方法主要有直线法和生产总量法

5. 某企业转让一项商标权,与此有关的资料如下:该商标权的账面余额 50 万元,已摊销 20 万元,计提资产减值准备 5 万元,取得转让价款共 31.8 万元(增值税税率为 6%)。假设不考虑其他因素,该企业应确认的转让无形资产净收益为(   )万元。

  A. -2   B. 1.2   C. 3   D. 5

6. 甲公司以不含税价 200 万元购入乙公司的某新产品专利权,增值税税率为 6%,发生其他相关税费 20 万元,为使该项无形资产达到预定用途支付专业服务费用 10 万元、测试费用 5 万元;该项无形资产用于生产某新型产品,为推广该新产品发生广告宣传费用 50 万元。甲公司该项无形资产的入账价值为(   )万元。

  A. 200   B. 235   C. 220   D. 285

7. A 公司自行研发一项管理用无形资产,2019 年 9 月初至 2020 年 4 月底属于研究阶段,共发生有关支出 500 万元,其中 2019 年发生支出 200 万元,2020 年 1 月至 4 月发生支出 300 万元;2020 年 5 月 1 日进入开发阶段,在开发阶段符合资本化条件前发生有关支出 130 万元,符合资本化条件后发生有关支出 540 万元,2020 年 11 月,该无形资产达到预定用途,采用直线法摊销,预计使用年限为 10 年。不考虑其他因素,则该事项对 2020 年度损益的影响金额是(   )万元。

  A. 300   B. 430   C. 439   D. 630

8. A 公司于 2020 年 1 月 5 日购入专利权支付价款 1 500 万元,增值税 90 万元。该无形资产预计使用年限为 8 年,法律规定年限为 5 年。B 公司和 A 公司签订合同,约定 4 年后,B 公司以 500 万元的价格购入该项专利权。2020 年 12 月 31 日,由于与该无形资产相关的经济因素发生不利变化,致使其发生减值,A 公司估计可收回金额为 1 100 万元。假定无形资产按照直线法进行摊销,减值后摊销方法和摊销年限不变。则至 2021 年年底,无形资产的累计摊销额为(   )万元。

  A. 500   B. 675   C. 450   D. 400

二、多项选择题

1. 下列各项资产中,已计提减值准备后其价值又得以恢复,可以在原计提减值准备金额内予以转回的是(   )。

A. 存货　　　　　　B. 应收款项　　　　　C. 无形资产　　　　　D. 持有至到期投资

2. 下列项目中,不应确认为无形资产的是(　　)。

A. 企业自创商誉

B. 企业内部产生的品牌

C. 企业内部研究开发项目研究阶段的支出

D. 自行研发的非专利技术

3. 下列各项中属于无形资产摊销可能记入的科目有(　　)。

A. 制造费用　　　　B. 管理费用　　　　C. 研发支出　　　　D. 在建工程

4. 下列交易事项中,不会引起企业无形资产账面价值增减变动的有(　　)。

A. 改变土地使用权的用途,用于出租或资本增值

B. 计提无形资产减值准备

C. 出租一项无形资产

D. 对某企业进行吸收合并形成一项商誉

5. 根据会计准则的规定,企业在自行开发并取得专利权的过程中所发生的下列费用,不计入该专利权入账价值的有(　　)。

A. 开发过程中发生的符合资本化条件的开发支出

B. 研究过程中领用的材料

C. 研究过程中发生的人工费

D. 依法取得专利权发生的聘请律师费和注册费

三、判断题

1. 使用寿命确定的无形资产应自取得的次月起摊销。　　　　　　　　　　　(　　)

2. 企业自行研发无形资产,如果无法可靠区分研究阶段和开发阶段支出的,应将其所发生的研发支出全部资本化计入无形资产成本。　　　　　　　　　　　　　　　　(　　)

3. 资产负债表日应当对所有的无形资产进行减值测试。　　　　　　　　　　(　　)

4. 企业无形资产的取得方式主要有外购和自行研发等。　　　　　　　　　　(　　)

5. 无形资产必须是能够从企业分离或划分出来的,并能够单独计量和出售的。(　　)

四、综合题

1. 长江股份有限公司(以下简称长江公司)有关无形资产业务如下。

(1) 2020 年 1 月,长江公司以银行存款 2 400 万元购入一项土地使用权(不考虑相关税费)。该土地使用年限为 60 年。

(2) 2020 年 6 月,长江公司研发部门准备研究开发一项专利技术。在研究阶段,企业为了研究成果的应用研究、评价,以银行存款支付相关费用 600 万元。

(3) 2020 年 8 月,上述专利技术研究成功,转入开发阶段。企业将研究成果应用于该项专利技术的设计,直接发生的研发人员工资、材料费,以及相关设备折旧费分别为 800 万元、1 300 万元和 200 万元,同时以银行存款支付其他相关费用 100 万元。以上开发支出均满足无形资产的确认条件。

(4) 2020 年 10 月,上述专利技术的研究开发项目达到预定用途,形成无形资产。长江公司预计该专利技术的使用年限为 10 年。长江公司无法可靠确定与该专利技术有关的经济利益的预期实现方式。

(5) 2021年4月,长江公司利用上述外购的土地使用权,自行开发建造厂房。厂房于2021年9月达到预定可使用状态,累计所发生的必要支出5 550万元(不包含土地使用权)。该厂房预计使用寿命为10年,预计净残值为50万元。假定长江公司对其采用年数总和法计提折旧。

(6) 2023年5月,长江公司研发的专利技术预期不能为企业带来经济利益,经批准将其予以转销。

要求:根据上述业务,编制相应的会计分录。

2. 甲股份有限公司2017—2020年与无形资产业务有关的资料如下。

(1) 2017年12月1日,以银行存款318万元购入一项无形资产,增值税专用发票注明:价款300万元,增值税18万元(不考虑其他相关税费)。该无形资产的预计使用年限为10年,采用直线法摊销该无形资产。

(2) 2019年12月31日对该无形资产进行减值测试时,该无形资产的预计未来现金流量现值是190万元,公允价值减去处置费用后的金额为180万元。减值测试后该资产的使用年限不变。

(3) 2020年4月1日,将该无形资产对外出售,取得价款260万元并收存银行(不考虑相关税费)。

要求:

(1) 编制购入该无形资产的会计分录。

(2) 计算2017年12月31日无形资产的摊销金额。

(3) 编制2017年12月31日摊销无形资产的会计分录。

(4) 计算2018年12月31日该无形资产的账面价值。

(5) 计算该无形资产2019年年底计提的减值准备金额并编制会计分录。

(6) 2020年4月1日,计算该无形资产出售形成的净损益。

(7) 编制该无形资产出售的会计分录(答案中的金额单位用万元表示)。

第7章 投资性房地产

本章的学习将会使你：

(1) 了解投资性房地产的概念、特征及范围。

(2) 掌握投资性房地产的确认和计量方法。

(3) 掌握投资性房地产的转换和处置的会计核算方法。

7.1 投资性房地产概述

7.1.1 投资性房地产的概念

房地产是土地和房屋及其权属的统称。在我国，土地为国家或者集体所有，任何单位和个人都不能取得土地的所有权，拥有的只能是土地的使用权而不是所有权。因此，在我国土地是指土地使用权，房屋是指地上建筑及构筑物。随着市场经济的飞速发展，特别是近20年来，房地产市场日益活跃，企业持有的房地产除了用作自身管理、生产经营场所和对外销售之外，更出现了将房地产用于赚取租金或增值收益的活动。经济活动的需要促使会计核算的变化，2006年颁布的《企业会计准则》中第一次引入了投资性房地产的概念来规范上述资产的核算方法和披露要求，以向报表信息使用者反映其构成情况和盈利能力。

根据《企业会计准则第3号——投资性房地产》(2014年)的定义，投资性房地产是指企业为赚取租金或资本增值，或者两者兼有而持有的房地产。投资性房地产一般具有以下特征。

(1) 投资性房地产是一种经营活动。投资性房地产的主要形式是出租的土地使用权和房屋，其表现为让渡房地产的使用权而取得一定金额的使用费收入。对于某些特殊的企业来说，投资性房地产取得的收入是日常经营性收入，应归入主营业务收入，但对于大多数的企业来说，投资性房地产取得的租金收入及因持有土地使用权增值而取得的收入是与经营活动相关的其他业务收入。

(2) 投资性房地产在用途、状态、目的等方面有别于作为生产经营场所和用于销售的房地产，单独作为一项资产进行核算，有助于清晰反映企业所持有房地产的构成情况和盈利能力。

(3) 投资性房地产有两种后续计量模式。企业通常应当采用成本模式对投资性房地产进行后续计量，但如果有确凿证据表明其持有的投资性房地产的公允价值能够持续可靠取得的，也可以采用公允价值模式进行后续计量。

7.1.2 投资性房地产的范围

1. 属于投资性房地产的项目

投资性房地产包括已出租的土地使用权、持有并准备增值后转让的土地使用权以及已出租的建筑物。

1) 已出租的土地使用权

已出租的土地使用权是指企业通过出让或转让方式取得的,以经营租赁方式对外出租的土地使用权。企业取得土地使用权的途径有两条:在一级市场上以缴纳土地出让金的方式取得;在二级市场上接受其他企业转让取得。通过这两种方式取得并以经营租赁形式对外出租的土地使用权属于投资性房地产的核算范围。这里包括两个必要条件:①企业必须是以出让或转让的形式获得土地使用权;②该土地使用权用于出租的事实已经发生。

2) 持有并准备增值后转让的土地使用权

持有并准备增值后转让的土地使用权是指企业通过出让或者转让的形式取得并打算待其增值后对外转让的土地使用权。这类土地使用权很可能给企业带来资本增值收益,符合前述投资性房地产的定义。例如,企业因发展需要对原有的厂址进行搬迁,致使部分土地使用权停止自用,而管理层决定继续持有该部分土地使用权,待其增值后再转让以赚取增值收益。

但是,根据国家相关规定,被认定为闲置土地的土地使用权不属于投资性房地产。企业依法取得土地使用权后,应当按照国有土地有偿使用合同或建设用地批准书规定的期限动工开发建设。如果取得的土地使用权未经原批准用地的人民政府同意,超过规定的期限未动工开发建设的建设用地属于闲置土地,不能划为投资性房地产进行会计核算。

3) 已出租的建筑物

已出租的建筑物是指企业拥有产权的并且以经营租赁方式对外出租的房屋等建筑物,包括企业自行建造的建筑物和企业开发完成用于出租的建筑物。例如,甲公司将自行建造的办公楼整体出租给乙公司,租期1年。这栋出租的办公楼对于甲公司来说就属于其投资性房地产的范围。企业在判断和确认已出租的建筑物时,应当把握以下几点。

(1) 用于出租的建筑物是指企业拥有其产权的建筑物,如果企业将其经营租赁租入的建筑物再转租则不属于投资性房地产。例如,甲企业租入一栋属于乙企业的写字楼用于办公,租期10年,由于某种原因甲公司在第5年搬到另一个城市办公,而把之前租入的办公楼对外再转租给丙公司,那么根据前述原则,这栋写字楼对甲企业来说就不属于投资性房地产,但它是乙企业的投资性房地产。

(2) 已出租的建筑物是企业已经与其他方签订了租赁协议,约定以经营租赁方式租出的建筑物。一般情况下,只有当租赁协议开始日起,经营租出的建筑物才能归入已出租的建筑物这一分类。如果出租的开始时点还没有到,那么该建筑物不能划分为投资性房地产。但是,企业对于持有的空置建筑物或在建建筑物,在董事会或类似机构做出正式书面文件,明确表明将其用作经营性出租,且持有意图在短期内不会发生变化的情况下,也可划分为投资性房地产(即使尚未签订租赁协议)。

(3) 企业已将建筑物出租,按租赁协议向承租人提供的相关辅助服务在整个协议中所占份额不大的,应当将该建筑物确认为投资性房地产。例如,房地产开发公司将开发的写字楼用于整体出租,同时对写字楼提供物业管理服务的,该房地产开发企业应当将此出租的写字楼划分为投资性房地产。

2. 不属于投资性房地产的项目

不属于投资性房地产的主要内容有以下两类。

1）自用的房地产

自用的房地产是指企业为生产商品、提供劳务或者经营管理而持有的房地产。自用的房地产具有的特征是服务于企业自身的生产经营活动，且该资产的价值将随着房地产的使用而逐渐转移到企业的产品或服务中，通过销售商品或者提供服务为企业带来经济利益，在产生现金流量的过程中与企业持有的其他资产密切相关。例如，企业生产所用的厂房和自身办公所用的办公楼，都属于企业的固定资产，这些固定资产所占用的土地使用权属于无形资产。值得注意的是，对于出租给本企业职工居住且租金远低于市场价格的宿舍，虽然企业也收取租金，但是出租宿舍是间接为企业自身的生产经营服务，因此应当将其划分为自用的房地产；企业拥有并自行经营的旅馆饭店，在向顾客提供住宿服务的同时还提供餐饮和娱乐等服务的，因为该旅馆饭店的经营目的是通过提供服务而取得劳务收入，并非为了取得房地产的租金收入，所以也应当将其划分为自用的房地产。

2）作为存货的房地产

作为存货的房地产通常是指房地产开发企业在正常经营过程中销售的或为销售而正在开发的商品房和土地。这部分房地产属于房地产开发企业的存货，其生产、销售构成企业的主营业务活动，产生的现金流也与企业的其他资产密切相关，因此，具有存货性质的房地产不属于投资性房地产。

房地产开发企业依法通过出让或者转让方式取得的用于开发后出售的土地使用权属于企业的存货，即使在取得后改变用途决定待增值后对外出售的，也不能划分为投资性房地产。

在实务中，存在某项房地产部分用于对外出租或者待资本增值后对外出售，部分自用或者部分作为存货对外出售的情况。如果该项房地产不同用途的部分能够单独计量和出售的，应当分别确认为固定资产（或无形资产、存货）和投资性房地产；如果不同用途的部分不能够单独计量和出售的，则应当统一确认为固定资产（或无形资产、存货）。例如，甲房地产开发企业将开发出来的某栋写字楼部分用于自身办公，部分用于对外出租赚取租金收入，如果自用部分和出租部分能够单独计量和出售，则应当将自用部分确认为固定资产，对外出租的部分确认为投资性房地产；如果自用部分和出租部分不能够单独计量和出售，则应统一确认为固定资产。

7.1.3　投资性房地产的确认条件

投资性房地产只有在满足其定义的前提下，同时满足下列条件时才能予以确认：①与该投资性房地产相关的经济利益很可能流入企业；②该投资性房地产的成本能够可靠计量。

应当注意的是，企业对于已出租的土地使用权和已出租的建筑物，确认为投资性房地产的时点一般为租赁开始日。企业持有以备经营出租、可视为投资性房地产的空置建筑物，确认为投资性房地产的时点为董事会或类似机构做出正式书面决议的日期。对于持有并准备增值后对外转让的土地使用权，确认为投资性房地产的时点是企业将自用的土地使用权停止自用准备增值后转让的日期。

7.1.4 投资性房地产的后续计量模式

投资性房地产的后续计量模式分为成本模式和公允价值模式两种。通常情况下,企业应当采用成本模式进行后续计量,但是当企业有确凿证据表明其持有的投资性房地产的公允价值能够持续可靠取得的,也可采用公允价值模式进行后续计量。企业在选择投资性房地产的后续计量模式时,一般情况下只能统一采用一种计量模式进行后续计量,不能对部分投资性房地产采用成本模式计量,而对另一部分投资性房地产采用公允价值模式计量。

值得注意的是,企业如果选择采用公允价值模式对投资性房地产进行计量,应当对所有投资性房地产都采用公允价值模式计量。但是在极个别情况下,如果有证据表明某项投资性房地产在首次取得时其公允价值不能可靠计量的,应当对该项投资性房地产单独采用成本模式计量直至处置,并且假设其净残值为零。

企业如果选择采用成本模式对其投资性房地产进行计量,即便有证据表明某项投资性房地产在首次取得时其公允价值能够持续可靠计量的,也不能对该项投资性房地产单独采用公允价值模式进行计量,必须统一采用成本模式进行计量。

7.2 投资性房地产取得的核算

无论投资性房地产的后续计量模式是成本模式还是公允价值模式,在取得时均应按照实际成本对其进行初始计量。投资性房地产的初始成本包括取得该项投资性房地产直到达到预定可使用状态前所实际发生的一切合理的、必要的支出,主要包括购买价、税费、安装成本、开发成本、资本化的借款费用等,但不包括允许抵扣的增值税进项税额,投资性房地产的具体成本因其取得的渠道不同而有很大的不同。

为了正确核算企业持有的投资性房地产价值及其变化,企业应设置"投资性房地产"科目,该科目借方登记投资性房地产原价的增加额,应交税费——应交增值税(进项税额),该科目借方登记允许抵扣的增值税进项税额。贷方登记投资性房地产原价的减少额,期末借方余额反映企业持有的投资性房地产原价。采用公允价值模式计量的企业,应当在"投资性房地产"科目下设置"成本"和"公允价值变动"两个明细科目,分别核算投资性房地产的取得成本和持有期间的累计公允价值变动金额。

7.2.1 外购投资性房地产的成本和会计处理

企业外购的投资性房地产成本包括购买价、相关税费和其他可以直接归入该投资性房地产的合理必要支出。如果企业购入的房地产,部分用于出租或资本增值,部分自用,且用于出租或资本增值的部分可以单独确认为投资性房地产的,则房地产的成本应当在投资性房地产和自用房地产之间按照其公允价值占总价值的份额进行合理分配。

【例 7-1】 2020 年 1 月,新华公司计划购入一栋写字楼用于对外出租。1 月 10 日,新华公司与南方公司签订了租赁合同,合同约定自写字楼购买日起,该写字楼出租给南方公司,租期为 3 年。月末,新华公司购入写字楼,实际支付价款 1 000 万元,相关税费 200 万元(其中增值税专用发票上列明金额为 90 万元)。根据与南方公司签订的租赁合同,该写字楼于下月初出租给南方公司使用。相关的账务处理如下。

（1）假定新华公司采用成本模式对投资性房地产进行后续计量。

借：投资性房地产 11 100 000

应交税费——应交增值税（进项税额） 900 000

贷：银行存款 12 000 000

（2）假定新华公司采用公允价值模式对投资性房地产进行后续计量。

借：投资性房地产——成本 11 100 000

应交税费——应交增值税（进项税额） 900 000

贷：银行存款 12 000 000

7.2.2 自行建造的投资性房地产

企业自行建造的房地产只有在建造活动完成并达到预定可使用状态的同时，对外出租或者用于资本增值的，才能将自行建造的房地产确认为投资性房地产。如果企业自行建造的房地产先自用一段时间后再进行出租或者用于资本增值的，应当先确认为固定资产或无形资产，在租赁开始日或者用于资本增值日开始，再将固定资产或无形资产转入投资性房地产。

自行建造的投资性房地产的成本包括达到预定可使用状态前一切合理的必要支出。主要包括土地开发成本、建筑成本、安装成本、应当予以资本化的借款费用、支付的其他费用和分摊的间接费用等。建造过程中发生的非常损失不计入投资性房地产的成本，应当计入营业外支出。

【例 7-2】 新华公司于 2020 年 2 月从其他单位购入一项价值 200 万元的土地使用权，该土地使用权拟用来建造两栋办公楼。2020 年 11 月，两栋办公楼即将完工，新华公司即与南国公司签订租赁合同，约定在办公楼完工日把其中一栋办公楼租给南国公司，租期 3 年。2020 年 12 月 15 日，两栋办公楼同时完工，每栋造价为 500 万元，每栋办公楼能够单独出售。剩下一栋办公楼为企业行政部门办公所用。新华公司为一般纳税人，其销售不动产、转让土地使用权的增值税税率为 9%。相关的账务处理如下。

2020 年 2 月购入土地使用权。

借：无形资产——土地使用权 2 000 000

应交税费——应交增值税（进项税额） 180 000

贷：银行存款 2 180 000

（1）假定新华公司以成本模式对投资性房地产进行后续计量。

借：固定资产——办公楼 5 000 000

投资性房地产——办公楼 5 000 000

贷：在建工程 10 000 000

借：投资性房地产——土地使用权 1 000 000

贷：无形资产——土地使用权 1 000 000

（2）假定新华公司以公允价值模式对投资性房地产进行后续计量。

借：固定资产——办公楼 5 000 000

投资性房地产——办公楼（成本） 5 000 000

贷：在建工程 10 000 000
借：投资性房地产——土地使用权(成本) 1 000 000
贷：无形资产——土地使用权 1 000 000

7.3 投资性房地产的后续计量和会计处理

7.3.1 采用成本模式计量的投资性房地产

通常情况下,企业应当采用成本模式对其投资性房地产进行核算。一旦选择了成本模式计量其投资性房地产,则企业所有的投资性房地产都应当以成本模式进行计量。以成本模式计量的投资性房地产,在会计核算上与固定资产和无形资产的核算基本相同。

企业应当对投资性房地产按月计提折旧或摊销,计提的折旧或摊销借记"其他业务成本"科目,贷记"投资性房地产累计折旧(摊销)"科目;相应地,出租投资性房地产所取得的租金收入记入"其他业务收入"科目。

根据《企业会计准则》的规定,企业应当在资产负债表日对其持有的投资性房地产进行减值测试,经减值测试后确定发生减值的,应当计提减值准备。投资性房地产已计提的减值准备在以后会计期间不得转回。

【例 7-3】 2019 年 12 月 31 日,新华公司购入价值 1 500 万元的写字楼一栋。该写字楼预计寿命 20 年,预计净残值为零,采用直线法计提折旧。2020 年 1 月 1 日,新华公司将该栋写字楼出租给 A 公司,租期 3 年,租金为每年 120 万元。根据协议约定,A 公司于每年 12 月 31 日之前支付下一年的租金。新华公司把该写字楼划为投资性房地产且以成本模式进行后续计量。2020 年 12 月 31 日,该项投资性房地产出现减值迹象,经减值测试,确定其可收回金额为 1 350 万元。假定租赁收入按 9% 缴纳增值税。要求：根据以上交易和事项编制预收 2020 年租金、确认第一个月租金收入、计提第一个月折旧及 2020 年年底计提减值准备的会计分录。相关账务处理如下。

(1) 2019 年 12 月 31 日,预收 2020 年租金。

借：银行存款 1 308 000
贷：合同负债——A 公司 1 200 000
应交税费——待转销项税额 108 000

(2) 2020 年 1 月 31 日,确认当月租金收入。

$$月租金收入 = \frac{120}{12} = 10(万元)$$

$$增值税销项税额 = 10 \times 9\% = 0.9(万元)$$

借：合同负债——A 公司 100 000
应交税费——待转销项税额 9 000
贷：其他业务收入 100 000
应交税费——应交增值税(销项税额) 9 000

(3) 2020 年 1 月 31 日,计提当月折旧。

$$月折旧额 = \frac{1\,500}{20 \times 12} = 6.25(万元)$$

借：其他业务成本　　　　　　　　　　　　　　　　　62 500

　　贷：投资性房地产累计折旧　　　　　　　　　　　　　　62 500

（4）2020 年 12 月 31 日，计提减值准备。

$$投资性房地产账面价值＝1\,500-\frac{1\,500}{20}=1\,425（万元）$$

$$投资性房地产减值金额＝1\,425-1\,350=75（万元）$$

借：资产减值损失　　　　　　　　　　　　　　　　　750 000

　　贷：投资性房地产减值准备　　　　　　　　　　　　　　750 000

7.3.2　采用公允价值模式计量的投资性房地产

1. 采用公允价值模式计量的条件

根据《企业会计准则》的规定，在下列条件满足时企业可选择采用公允价值模式对其持有的投资性房地产进行后续计量。

（1）投资性房地产所在地有活跃的房地产市场。所在地，通常指投资性房地产所在的城市。对于大中型城市，应当为投资性房地产所在的城区。

（2）企业能够从活跃的房地产交易市场上取得同类或类似房地产的市场价格及其他信息，从而对投资性房地产的公允价值做出合理的估计。同类或类似的房地产，对建筑物而言，是指所处地理位置和地理环境相同、性质相同、结构类型相同或相近、新旧程度相同或相近，可使用状态相同或相近的建筑物；对土地使用权而言，是指同一位置区域、所处地理环境相同或相近，可使用状态相同或相近的土地。

投资性房地产的公允价值是指市场参与者在计量日发生的有序交易中，出售一项资产收到的或者转移一项负债所支付的价格。确定投资性房地产的公允价值时，可以参照活跃市场上同类或类似的房地产的现行市场价格（市场公开报价）；无法取得同类或类似房地产现行市场价格的，可以参照市场上同类或类似房地产的最近交易价格，并考虑交易情况、交易日期、所在区域等因素，对投资性房地产的公允价值做出合理的估计；也可基于预计未来获得的租金收益和相关现金流量予以计量。

2. 采用公允价值模式计量的会计处理

采用公允价值模式计量时，企业对其持有的投资性房地产不需要计提折旧或摊销。当资产负债表日的投资性房地产公允价值高于原账面价值时，其差额借记"投资性房地产——公允价值变动"科目（调增投资性房地产的账面价值），贷记"公允价值变动损益"科目（确认公允价值上升带来的收益）；当资产负债表日的投资性房地产公允价值低于原账面价值时，其差额贷记"投资性房地产——公允价值变动"科目（调减投资性房地产的账面价值），借记"公允价值变动损益"科目（确认公允价值下跌带来的损失）。

投资性房地产出租取得的收入则记入"其他业务收入"科目，相应增值税额则记入"应交税费——应交增值税（销项税额）"科目。

【**例 7-4**】　接例 7-3 资料，假定新华公司将此写字楼列为投资性房地产，并采用公允价值模式进行后续计量。2020 年 12 月 31 日，该写字楼的公允价值为 1 400 万元。2021 年 12 月 31 日，该办公楼公允价值为 1 700 万元。假定租赁收入按 9% 缴纳增值税。相关账务处理如下。

(1) 2019 年 12 月 31 日,预收 2020 年租金。

借:银行存款   1 308 000
  贷:合同负债——A 公司   1 200 000
    应交税费——待转销项税额   108 000

(2) 2020 年 1 月 31 日,确认当月租金收入(不需要计提折旧)。

$$月租金收入=\frac{120}{12}=10(万元)$$

$$增值税销项税额=10×9\%=0.9(万元)$$

借:合同负债——A 公司   100 000
  应交税费——待转销项税额   9 000
  贷:其他业务收入   100 000
    应交税费——应交增值税(销项税额) 9 000

(3) 2020 年 12 月 31 日,确认公允价值变动损失 1 500－1 400＝100(万元)。

借:公允价值变动损益   1 000 000
  贷:投资性房地产——公允价值变动   1 000 000

(4) 2021 年 12 月 31 日,确认公允价值变动收益 1 700－1 400＝300(万元)。

借:投资性房地产——公允价值变动   3 000 000
  贷:公允价值变动损益   3 000 000

(截至 2021 年 12 月 31 日,该项投资性房地产的累计公允价值变动为 200 万元,账面价值为 1 700 万元。)

7.3.3 成本模式和公允价值模式计量的区别

企业对其持有的投资性房地产选择采用成本模式或公允价值模式两种计量模式,在初始计量时涉及的会计处理基本一致,但是在后续计量中则存在很大的差别。其差别主要体现在计量的条件和持有期间账面价值的计量两个方面。

1. 计量条件

投资性房地产一般采用成本模式进行后续计量,所以在后续计量时没有特殊的要求。但是由于公允价值模式涉及公允价值这一特殊的计量属性,且在我国现阶段还是谨慎采用的阶段,所以《企业会计准则》对公允价值计量模式提出了两条特殊的要求,旨在保证公允价值能够持续可靠取得。

企业在投资性房地产取得后,如果能够满足公允价值模式的条件,可以选择公允价值模式进行后续计量,也可以选择成本模式进行后续计量。如果企业的投资性房地产不能满足公允价值模式的条件,则只能选择成本模式进行后续计量。

2. 持有期间账面价值计量

采用不同的后续计量方法会直接导致投资性房地产持有期间的账面价值计量的不同。采用成本模式计量的,投资性房地产持有期间的账面价值计量与固定资产和无形资产的账面价值计量方法相同,其账面价值计算公式为

投资性房地产账面价值＝投资性房地产原值－累计折旧／累计摊销
－投资性房地产减值准备

采用公允价值模式计量的,投资性房地产的账面价值调整取决于期末该项投资性房地产公允价值的变化,公允价值增加则账面价值增加,公允价值降低则账面价值降低。计算公式为

投资性房地产账面价值＝投资性房地产原值(成本)±投资性房地产公允价值变动

由于"成本"和"公允价值变动"属于"投资性房地产"的两个明细科目,所以根据成本与公允价值变动计算出来的投资性房地产账面价值,实际上也就是"投资性房地产"科目反映出来的账面余额。

7.3.4　投资性房地产后续计量模式的变更

为保证不同会计期间会计信息的可比性,《企业会计准则》规定投资性房地产的计量模式一经确定,不得随意变更。只有在房地产市场比较成熟、能够满足采用公允价值模式计量条件的情况下,才允许企业对投资性房地产从成本模式计量转为公允价值模式计量,作为会计政策变更处理,需进行追溯调整。即按计量模式变更时点的公允价值与账面价值之间的差额,调整期初留存收益(盈余公积和未分配利润项目)。

需要注意的是,已经采用公允价值模式计量的投资性房地产,其后续计量模式不得变更为成本模式。

【**例 7-5**】　新华公司对其投资性房地产采用成本模式计量进行后续计量。由于房地产市场的迅速发展,公司所处的房地产市场已经比较成熟,房地产的公允价值也已经能够持续可靠取得,满足投资性房地产公允价值模式计量的条件。公司决定自 2020 年 1 月 1 日起,对其持有的投资性房地产采用公允价值模式进行后续计量。新华公司所持有的两项投资性房地产,一项是成本为 3 600 万元的写字楼,已计提累计折旧 600 万元;另一项为持有准备增值后出售的土地使用权,成本为 1 600 万元,已计提 100 万元的累计摊销。两项投资性房地产均未出现过减值迹象,未计提减值准备。2020 年 1 月 1 日,写字楼的公允价值为 3 300 万元,土地使用权的公允价值为 1 700 万元。假定新华公司按照净利润的 10% 提取法定盈余公积,5% 提取法定任意盈余公积,相关的账务处理如下。

(1) 写字楼转为公允价值模式计量的会计处理如下。

借:投资性房地产——成本　　　　　　　　　　　33 000 000
　　投资性房地产累计折旧　　　　　　　　　　　 6 000 000
　　贷:投资性房地产　　　　　　　　　　　　　　　　　36 000 000
　　　　盈余公积——法定盈余公积　　　　　　　　　　　300 000
　　　　　　　　——任意盈余公积　　　　　　　　　　　150 000
　　　　利润分配——未分配利润　　　　　　　　　　　2 550 000

(2) 土地使用权转为公允价值模式计量的会计处理如下。

借:投资性房地产——成本　　　　　　　　　　　17 000 000
　　投资性房地产累计摊销　　　　　　　　　　　 1 000 000
　　贷:投资性房地产　　　　　　　　　　　　　　　　　16 000 000
　　　　盈余公积——法定盈余公积　　　　　　　　　　　200 000
　　　　　　　　——任意盈余公积　　　　　　　　　　　100 000
　　　　利润分配——未分配利润　　　　　　　　　　　1 700 000

7.3.5 投资性房地产的后续支出

投资性房地产的后续支出是指已确认为投资性房地产的项目,在持有期间发生的与投资性房地产使用效能直接相关的各种支出,包括改建支出、扩建支出、装修装潢支出、日常维护支出等。对于投资性房地产的后续支出,会计核算上要区分资本化支出和费用化支出两种情况。

如果该后续支出延长了投资性房地产的使用寿命或明显改良了投资性房地产的使用效能,导致流入企业的经济利益超过前期估计的,且该支出能够满足投资性房地产的确认条件的,那么该支出应当予以资本化,计入投资性房地产的成本。例如,企业为了使投资性房地产更加坚固而发生的改扩建的支出;为了使其使用效能提高而支付的装修装潢支出。这些支出一般能够满足投资性房地产的确认条件,应当将其资本化计入投资性房地产的成本。

如果投资性房地产的后续支出不能延长其寿命,也不能改良其使用效能,只是维护或者恢复其原有的使用效能,不能导致流入企业的经济利益超过前期估计的,不管该支出是否满足投资性房地产的确认条件,都不能将其资本化计入投资性房地产的成本,而应当将该项支出费用化,计入当期损益。例如,企业对其拥有的投资性房地产进行日常维护和保养所发生的支出都应该费用化,计入当期损益。

1. 投资性房地产资本化支出的会计核算

企业对其拥有的投资性房地产进行改扩建或再开发的,如果在再开发活动完成后再作为投资性房地产确认的,在再开发阶段应继续将其作为投资性房地产。但是由于后续计量阶段投资性房地产分为两种不同的模式,在发生后续支出时会计处理也有所不同。

(1) 成本模式下的资本化支出核算。当投资性房地产进入再开发阶段,该房地产不再计提折旧或摊销。进入再开发阶段开始时,应将此时的投资性房地产账面价值转入"投资性房地产——在建"科目,再开发阶段发生的改扩建支出或装潢支出,均借记"投资性房地产——在建"科目,增加投资性房地产的账面价值。当投资性房地产改扩建或再开发完成后,再将新的账面价值转回。

【例7-6】 新华公司对投资性房地产采用成本模式进行后续计量,该公司一栋对外出租的写字楼租约将于2019年12月31日到期,其原值2000万元,已计提400万元折旧。到期后新华公司计划对其进行改建,并与新的承租方C公司签订租约,计划在改建完成后出租给C公司使用。2019年12月31日与原承租方合约到期,随即开始对写字楼进行改建,在改建过程中发生改建支出180万元,已用银行存款支付。2020年6月30日,写字楼改建工程完工,即日按照租赁合约将写字楼出租给C公司使用。相关的账务处理如下。

① 2019年12月31日,将写字楼的账面价值转入改建工程。

借:投资性房地产——在建　　　　　　　　　　16 000 000
　　投资性房地产累计折旧　　　　　　　　　　 4 000 000
　　　贷:投资性房地产　　　　　　　　　　　　　　　20 000 000

② 2020年1月1日—6月30日,发生改建支出。

借:投资性房地产——在建　　　　　　　　　　 1 800 000
　　　贷:银行存款　　　　　　　　　　　　　　　　　 1 800 000

③ 2020 年 6 月 30 日,改建工程完工。

改建后的投资性房地产账面价值＝1 600＋180＝1 780(万元)

借:投资性房地产　　　　　　　　　　　　　17 800 000

　　贷:投资性房地产——在建　　　　　　　　　　17 800 000

(2) 公允价值模式下的资本化支出核算。公允价值模式下的投资性房地产一般到年末才进行公允价值的复核,如果再开发阶段不涉及年末公允价值复核的,则不考虑公允价值变动的问题。在进入再开发阶段时应将"投资性房地产"科目下的"成本"和"公允价值变动"两个明细科目的余额都从反方向转入"在建"明细科目。再开发阶段发生的改扩建支出或装潢支出,也都记入"投资性房地产——在建"科目,增加投资性房地产的账面价值。当投资性房地产改扩建或再开发完成后,再将新的投资性房地产账面价值转入"投资性房地产——成本"科目。

【例 7-7】　接例 7-6 资料,假定新华公司对投资性房地产采用公允价值模式进行后续计量。投资性房地产账面余额 2 000 万元包括成本 1 800 万元和公允价值变动 200 万元(借方余额)。相关的账务处理如下。

① 2019 年 12 月 31 日,将写字楼转入改建工程。

借:投资性房地产——在建　　　　　　　　　　20 000 000

　　贷:投资性房地产——成本　　　　　　　　　　18 000 000

　　　　　　　　　　——公允价值变动　　　　　　　2 000 000

② 2020 年 1 月 1 日—6 月 30 日,发生改建支出。

借:投资性房地产——在建　　　　　　　　　　　1 800 000

　　贷:银行存款　　　　　　　　　　　　　　　　　1 800 000

③ 2020 年 6 月 30 日,改建工程完工。

改建后的投资性房地产账面价值＝2 000＋180＝2 180(万元)

借:投资性房地产——成本　　　　　　　　　　21 800 000

　　贷:投资性房地产——在建　　　　　　　　　　21 800 000

2. 投资性房地产费用化支出的会计核算

企业发生与投资性房地产有关的后续支出,如果不能满足投资性房地产确认条件的,应当作为费用化支出处理,借记"其他业务成本"科目。两种后续计量模式中对费用化支出的会计核算没有区别,保持一致。因为费用化的支出不会影响投资性房地产的任何明细科目,所以会计处理不会产生差异。

【例 7-8】　新华公司 2020 年 3 月对其用于出租的投资性房地产进行日常维修,以银行存款支付维修费用 20 000 元。编制会计分录如下。

借:其他业务成本　　　　　　　　　　　　　　20 000

　　贷:银行存款　　　　　　　　　　　　　　　　　20 000

7.4　投资性房地产与非投资性房地产的转换

7.4.1　房地产的转换形式和转换日

房地产的转换是指因房地产用途的变更而对房地产进行的重分类。企业对其持有的房地产不能随意进行重分类,只有在有确凿的证据证明房地产用途发生改变,才能将非投资性房地产转为投资性房地产或者将投资性房地产转为非投资性房地产。所谓确凿的证据,是指企业董事会或类似机构就改变房地产用途形成正式的书面决议、房地产因用途改变而发生实际状态上的改变,如从自用状态改为出租状态和从出租状态改为自用状态等。

房地产转换形式及相应的转换日确定规定如下。

(1)自用建筑物或土地使用权停止自用,改为对外出租或者用于资本增值。即本企业将用于生产商品、提供劳务或者经营管理用的房地产改为用于出租或者用于资本增值的,原固定资产(无形资产)转为投资性房地产核算,转换日为租赁开始日,或确定用于资本增值的日期。

(2)作为存货的房地产改为出租。通常房地产开发企业将其持有的开发产品以经营租赁的方式出租,应当相应地将其由存货转换为投资性房地产核算。转换日为房地产的租赁开始日。

(3)投资性房地产转为自用。即将投资性房地产转为自用的固定资产或无形资产,转换日为房地产达到自用状态,企业开始将其用于生产商品、提供劳务或者经营管理之用的日期。

(4)投资性房地产转为存货,即房地产企业将用于对外出租的房地产重新开发用于对外销售。转换日一般为租赁期满,企业董事会或类似机构做出书面决议明确表明将其重新开发用于对外销售的日期。

企业应当就其投资性房地产后续计量所采用的成本模式或公允价值模式,对自用(或作为存货)的房地产与投资性房地产之间的转换业务做出相应的会计核算。

7.4.2 成本模式下投资性房地产转换业务的会计处理

1. 自用房地产转换为投资性房地产

由于成本模式下投资性房地产的会计核算与固定资产和无形资产基本一致,所以自用房地产转换为成本模式计量的投资性房地产时,基本处理原则为对应科目直接转换。即将自用的建筑物或土地使用权的原值、累计折旧(或摊销)、减值准备等相应科目余额,分别转入"投资性房地产""投资性房地产累计折旧(或摊销)""投资性房地产减值准备"等对应科目。

【例7-9】 新华公司决定将因搬迁而闲置的一栋厂房用于对外出租。2020年5月20日,新华公司与A公司签订租赁协议,规定从2020年6月1日起将该栋厂房出租给A公司使用,期限5年。2020年6月1日,厂房原价800万元,已计提累计折旧100万元,厂房所占土地使用权原价300万元,已计提累计摊销50万元,建筑物和土地使用权均没有发生过减值现象,未计提减值准备。假定新华公司对投资性房地产采用成本模式进行后续计量,编制会计分录如下。

借:投资性房地产		11 000 000
累计折旧		1 000 000
累计摊销		500 000
贷:固定资产		8 000 000
无形资产		3 000 000
投资性房地产累计折旧		1 000 000

投资性房地产累计摊销	500 000

2. 以成本模式计量的投资性房地产转换为自用的房地产

将成本模式计量的投资性房地产转换为自用的投资性房地产的会计处理原则,也是对应科目直接转换。即将"投资性房地产""投资性房地产累计折旧(或摊销)""投资性房地产减值准备"等科目余额分别转入"固定资产"或"无形资产""累计折旧(或摊销)""固定资产减值准备"或"无形资产减值准备"等对应科目。

【例 7-10】 2020 年 5 月,新华公司打算收回即将到期的一栋出租给 A 公司使用的厂房用于自身产能的增加。厂房在对外出租时被划分为投资性房地产使用成本模式对其进行计量。该投资性房地产成本 2 000 万元,已计提折旧 200 万元。2020 年 6 月 1 日,租赁期满,新华公司收回该厂房开始自用。编制会计分录如下。

借:固定资产	20 000 000
投资性房地产累计折旧	2 000 000
贷:投资性房地产	20 000 000
累计折旧	2 000 000

3. 作为存货的房地产转换为以成本模式计量的投资性房地产

对房地产开发企业而言,作为存货的房地产在"开发产品"科目下核算,在持有期间有可能计提减值准备。企业应当在转换日将该项房地产(开发产品)的账面价值作为投资性房地产的入账价值,记入"投资性房地产"科目借方。

【例 7-11】 2020 年 5 月 20 日,某房地产开发公司与甲公司签订协议,将其开发的一栋原准备对外出售的写字楼出租给甲公司使用,租赁期开始日期为 2020 年 6 月 1 日。该写字楼的实际建造成本为 3 500 万元,已计提 300 万元的存货跌价准备。假定该房地产开发公司对投资性房地产采用成本模式进行后续计量,编制会计分录如下。

借:投资性房地产	32 000 000
存货跌价准备	3 000 000
贷:开发产品	35 000 000

4. 以成本模式计量的投资性房地产转换为作为存货的房地产的会计处理

以成本模式计量的投资性房地产转换为作为存货的房地产时,房地产开发企业要以转换当日该项投资性房地产的账面价值作为存货的入账价值,记入"开发产品"科目的借方。

【例 7-12】 某房地产开发公司将其开发的一栋写字楼租赁给 A 公司使用,租期 3 年,2020 年 6 月 1 日租赁期满,该房地产开发公司将出租写字楼收回,董事会做出书面决议,将写字楼重新开发用于对外销售。该写字楼原价 5 000 万元,已计提折旧 600 万元,已计提减值准备 200 万元。假定房地产开发公司对投资性房地产采用成本模式计量,编制会计分录如下。

借:开发产品	42 000 000
投资性房地产累计折旧	6 000 000
投资性房地产减值准备	2 000 000
贷:投资性房地产	50 000 000

7.4.3 公允价值模式下投资性房地产转换业务的会计处理

1. 自用的房地产转换为以公允价值模式计量的投资性房地产

企业将其自用的房地产转换为以公允价值模式计量的投资性房地产时，以转换当日的固定资产或无形资产的公允价值作为投资性房地产的入账价值借记"投资性房地产——成本"科目，公允价值小于原账面价值的差额借记当期损益的"公允价值变动损益"科目，公允价值大于账面价值的差额贷记所有者权益的"其他综合收益"科目。

【例 7-13】 新华公司的一栋办公楼处于该市最繁华的 CBD 中心区，为了获得最大化的经济效益，该公司决定将该办公地点迁往企业拥有的另一个非 CBD 区域的办公楼，原办公楼腾空后用于对外出租，赚取租金收入。2020 年 5 月，新华公司完成办公楼搬迁任务，并与 A 公司签订租赁协议，规定自 2020 年 6 月 1 日起将该办公楼出租给 A 公司使用，租期 3 年。该办公楼原值 1 600 万元，已计提累计折旧 200 万元，没有计提过减值准备。假定新华公司对投资性房地产采用公允价值模式计量。

（1）如果 2020 年 6 月 1 日该办公楼的公允价值为 1 800 万元，编制会计分录如下。

借：投资性房地产——成本	18 000 000	
累计折旧	2 000 000	
贷：固定资产		16 000 000
其他综合收益		4 000 000

（2）如果 2020 年 6 月 1 日该办公楼的公允价值为 1 300 万元，编制会计分录如下。

借：投资性房地产——成本	13 000 000	
累计折旧	2 000 000	
公允价值变动损益	1 000 000	
贷：固定资产		16 000 000

2. 以公允价值模式计量的投资性房地产转换为自用的房地产

企业将以公允价值模式计量的投资性房地产转换为自用的房地产，应当以转换当日的投资性房地产的公允价值作为自用房地产的入账价值，借记"固定资产"或"无形资产"科目，原投资性房地产的账面价值从反方向结转，而公允价值与其原账面价值之间的差额计入当期损益，借记或贷记"公允价值变动损益"科目。

【例 7-14】 2020 年 5 月新华公司打算收回即将到期的一栋出租给 A 公司使用的厂房用于自身产能的增加。厂房在对外出租时被划为投资性房地产使用公允价值模式对其进行计量。该项投资性房地产的"成本"明细科目的借方余额为 2 000 万元，"公允价值变动"明细科目的贷方余额为 200 万元。2020 年 6 月 1 日，租赁期满，新华公司收回该厂房开始自用，当日该厂房的公允价值为 2 150 万元。编制会计分录如下。

借：固定资产	21 500 000	
投资性房地产——公允价值变动	2 000 000	
贷：投资性房地产——成本		20 000 000
公允价值变动损益		3 500 000

3. 作为存货的房地产转换为以公允价值模式计量的投资性房地产

企业将其作为存货的房地产转换为以公允价值模式计量的投资性房地产时，以转换当日的房地产("开发产品")的公允价值作为投资性房地产的入账价值借记"投资性房地产——成本"科目,公允价值小于原账面价值的差额借记当期损益的"公允价值变动损益"科目,公允价值大于账面价值的差额贷记所有者权益的"其他综合收益"科目。

【例 7-15】 2020 年 5 月 20 日,某房地产开发公司与甲公司签订协议,将其开发的一栋原准备对外出售的写字楼出租给甲公司使用,租赁期开始日期为 2020 年 6 月 1 日。该写字楼的实际建造成本为 3 500 万元,未计提存货跌价准备。假定该房地产开发公司对投资性房地产采用公允价值模式进行后续计量。相关账务处理如下。

(1)假设转换当日,该写字楼公允价值为 3 400 万元。

借:投资性房地产——成本   34 000 000

   公允价值变动损益   1 000 000

     贷:开发产品   35 000 000

(2)假设转换当日,该写字楼公允价值为 3 600 万元。

借:投资性房地产——成本   36 000 000

     贷:开发产品   35 000 000

       其他综合收益   1 000 000

4. 以公允价值模式计量的投资性房地产转换为作为存货的房地产

企业将以公允价值模式计量的投资性房地产转换为作为存货的房地产时,应当以转换当日的投资性房地产的公允价值作为存货的入账价值借记"开发产品"科目,公允价值与其原账面价值之间的差额计入当期损益,借记或贷记"公允价值变动损益"科目。

【例 7-16】 某房地产开发公司将其开发的一栋写字楼租赁给 A 公司使用,租期 3 年,2020 年 6 月 1 日租赁期满,该房地产开发公司将该栋写字楼收回,董事会做出书面决议,将写字楼重新开发用于对外销售。该写字楼原价 5 000 万元,公允价值变动明细账户的贷方余额为 400 万元,未计提减值准备。转换当日该房地产公允价值为 4 800 万元。假定该房地产开发公司对投资性房地产采用公允价值模式计量,编制如下会计分录。

借:开发产品   48 000 000

   投资性房地产——公允价值变动   4 000 000

     贷:投资性房地产——成本   50 000 000

       公允价值变动损益   2 000 000

7.5 投资性房地产的处置和减值

7.5.1 投资性房地产的处置及会计处理

投资性房地产的处置是指投资性房地产的出售、报废和损毁,也包括对外投资、非货币性资产交换、债务重组等原因转出投资性房地产的情形。

企业在处置投资性房地产时会产生处置损益。对于出售、报废或损坏的投资性房地产,处置损益时是指处置收入减去投资性房地产账面价值,再扣除相关税费后的金额。企业主要通过设置"其他业务收入"和"其他业务成本"科目核算投资性房地产的处置业务。其中的收入包括出售价款、残料变价收入、保险及过失人赔偿款等;成本包括投资性房地产的账面价值,及处置投资性房地产时发生的整理、拆卸、搬运等各项清理费用和应当缴纳的增值税。

1. 以成本模式计量的投资性房地产的处置

企业在处置以成本模式计量的投资性房地产时,将取得的处置收入记入"其他业务收入"科目,同时将该项投资性房地产的账面价值结转入"其他业务成本"科目。以成本模式计量的投资性房地产的账面价值,是指投资性房地产的原值减去累计折旧及已计提的减值准备后的净额。相关的会计核算流程如图 7-1 所示。

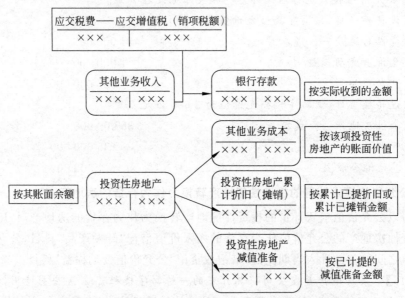

图 7-1 采用成本模式计量的投资性房地产的处置流程

【例 7-17】 新华公司将一栋对外出租的写字楼划分为投资性房地产,并采用成本模式计量。2020 年 5 月租赁期满,新华公司将其出售给甲公司,合同约定的售价是 1 200 万元,甲公司用银行存款偿付所有价款。2020 年 6 月 1 日,新华公司把该房产的产权转移给甲公司,该写字楼的原值为 1 100 万元,截至交易完成日,已计提累计折旧 120 万元,未计提减值准备。因该笔写字楼买卖交易,新华公司应缴纳增值税 108 万元(税率 9%),假定不考虑其他相关税费。相关的账务处理如下。

(1) 确认处置收入。

借:银行存款   13 080 000

 贷:其他业务收入   12 000 000

   应交税费——应交增值税(销项税额) 1 080 000

(2) 结转成本。

借:其他业务成本   9 800 000

 投资性房地产累计折旧   1 200 000

 贷:投资性房地产   11 000 000

2. 以公允价值模式计量的投资性房地产处置

企业在处置以公允价值模式计量的投资性房地产时,应当将取得的处置收入记入"其他业务收入"科目,同时将该项投资性房地产的账面价值结转入"其他业务成本"科目。与成本模式计量的投资性房地产不同,以公允价值模式计量的投资性房地产的账面价值等于投资性房地产的成本加上或减去公允价值变动后的金额。相关的会计核算流程如图 7-2 所示。进行会计处理时还需要注意以下两点。

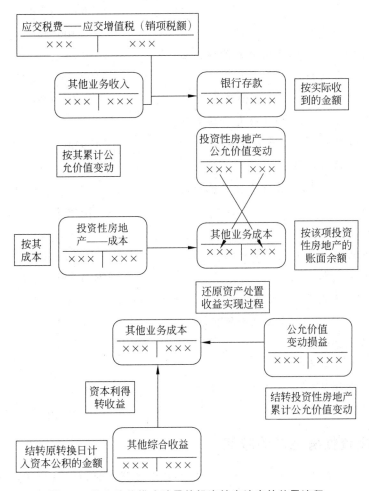

图 7-2 公允价值模式计量的投资性房地产的处置流程

(1) 处置采用公允价值模式计量的投资性房地产时,应当同时结转该项投资性房地产持有期间累计的公允价值变动,记入"其他业务成本"科目。

(2) 如果存在原转换日因公允价值变动而记入"其他综合收益"科目的金额,也需要一并结转,记入"其他业务成本"科目。

【例 7-18】 2018 年 4 月 30 日,新华公司将一栋自用的厂房对外出租给甲公司,并采用公允价值模式对投资性房地产进行后续计量。该厂房的实际建造成本为 600 万元,截至 2018 年 4 月 30 日已累计计提折旧 90 万元。2018 年 4 月 30 日,厂房的公允价值为 550 万元;2018 年 12 月 31 日、2019 年 12 月 31 日厂房的公允价值分别为 540 万元和 580 万元。厂房租赁期满,新华公司将其出售给甲公司,合同约定的售价是 600 万元(已付讫),应缴纳增值税额 54 万元(税率 9%)。2020 年 5 月 5 日,新华公司把该房产的产权转移给甲公司。

假定不考虑其他税费,相关的账务处理如下。

① 2018 年 4 月 30 日,自用房地产转换为投资性房地产。

借:投资性房地产——成本	5 500 000	
累计折旧	900 000	
贷:固定资产		6 000 000
其他综合收益		400 000

② 2018 年 12 月 31 日,确认公允价值变动。

借:公允价值变动损益	100 000	
贷:投资性房地产——公允价值变动		100 000

③ 2019 年 12 月 31 日,确认公允价值变动。

借:投资性房地产——公允价值变动	400 000	
贷:公允价值变动损益		400 000

④ 2020 年 5 月 5 日,出售投资性房地产。

借:银行存款	6 540 000	
贷:其他业务收入		6 000 000
应交税费——应交增值税(销项税额)		540 000
借:其他业务成本	5 800 000	
贷:投资性房地产——成本		5 500 000
——公允价值变动		300 000
借:公允价值变动损益	300 000	
贷:其他业务成本		300 000
借:其他综合收益	400 000	
贷:其他业务成本		400 000

7.5.2　投资性房地产的减值

根据《企业会计准则》的规定,企业至少应当在年度终了时,对其持有的以成本模式计量的投资性房地产进行减值测试,判断投资性房地产是否存在减值迹象。如果有确凿证据表明存在减值迹象则要对该项投资性房地产计提减值准备,借记"资产减值损失"科目,贷记"投资性房地产减值准备"科目。投资性房地产所计提的减值准备不得转回。

与其他非流动资产的减值处理一样,当投资性房地产存在减值迹象,企业则需要估计其可收回金额,判断其可收回金额与账面价值孰高。当账面价值高于可收回金额的,其差额计入"投资性房地产减值准备";当账面价值低于可收回金额的,不计提减值准备。投资性房地产的可收回金额估计同样也是根据其公允价值减去处置费用后的净额与投资性房地产预计未来现金流量的现值两者之间较高者确定的。如果投资性房地产的公允价值不可得,则只用估计投资性房地产预计未来现金流量的现值作为其可收回金额。对于持有准备增值后转让的土地使用权,由于持有期间产生的现金流很少,其最终能够取得的未来现金流量基本就是该土地使用权的处置净收益,所以,在这种情况下,以土地使用权公允价值减去处置费用后的净额作为可收回金额更适宜。

对于以公允价值模式计量的投资性房地产不需要计提减值准备,企业可以直接用公允价值的变动来反映其持有的投资性房地产价值的变化。

7.6 投资性房地产的披露与分析

7.6.1 投资性房地产的披露

在财务报表附注中,企业需要披露以下与投资性房地产相关的内容。

(1) 投资性房地产的种类、金额和计量模式。

(2) 采用成本模式计量的投资性房地产的折旧或摊销,以及减值准备的计提情况。

(3) 采用公允价值模式计量的投资性房地产的公允价值确定依据和方法,以及公允价值变动对当期损益的影响。

(4) 投资性房地产转换情况、理由,以及对当期损益或所有者权益的影响。

(5) 当期处置的投资性房地产及其对损益的影响。

7.6.2 投资性房地产的分析

报表使用者对企业投资性房地产的分析应当重点关注其计量模式的改变、公允价值的确定依据及自用与投资性房地产的相互转换问题。一般情况下,企业应当采用成本模式对投资性房地产进行后续计量,有确凿证据表明其公允价值能够持续可靠取得的,也可以采用公允价值模式进行后续计量,而已经采用了公允价值模式计量的投资性房地产,则不得再转为成本模式。准则的规定客观上使很多持有投资性房地产的企业会倾向于选择成本模式,但在有需要时就会考虑改为公允价值模式计量——在作为会计政策变更处理后,在未来经营期间能反映投资性房地产的公允价值变动损益,进而影响当期会计利润;同样道理,有些企业也会出于粉饰报表等动机,有意识地利用合同、董事会决议等方式将一些自用房地产变更为投资性房地产(采用公允价值模式计量),通过免提折旧及公允价值变动损益来实施有效的盈余管理。

案例 7-1

某上市公司 20×5 年的半年报显示,该公司的投资性房地产从期初的 0 元增加到期末近 15.96 亿元。公司解释称,集团本期以经营租赁的形式将相关建筑物出租给关联方公司,这些建筑物由自用房地产转为投资性房地产,转换日账面价值为人民币约 6.6 亿元,包括固定资产(账面价值约 2.7 亿元)、在建工程(账面价值约 3.56 亿元)和无形资产(账面价值约 0.37 亿元)。经评估后上述资产的转换日公允价值为人民币约 15.95 亿元,评估增值人民币 9.32 亿元计入资本公积。

另外,公司本期的房屋及建筑物期末余额约 47.72 亿元,半年增加了近 7.6 亿元;无形资产中土地使用权期末余额约 9.87 亿元,预计还将有近 14.29 亿元的自有房地产转为投资性房地产。

如果按照这次资产估价增值 1.5 倍计算,两项合计,该公司通过投资性房地产的转换,预计增加净资产 30 亿元。大量资产转为按照公允价值计算的房地产,虽然不会改变房地产的现金流入,但投资性房地产不用折旧,可以调节利润 1 亿元。

 案例 7-2

﹡ST 冠福(002102.SZ)在 20×1 年 8 月 21 日的公告中称,公司从 20×2 年 1 月起将全资子公司上海五天实业有限公司持有的投资性房地产的后续计量模式,由成本计量模式改为公允价值计量模式。采用公允价值计量投资性房地产后,如果 ﹡ST 冠福的核心项目在 20×2 年年底前完工并投入使用,预计将增加截至 20×2 年 12 月 31 日所有者权益约 1.07 亿元、20×2 年度净利润 1.07 亿元。公司三季度预测,全年可实现 0～500 万元收益,实现扭亏保壳。

本 章 小 结

本章主要内容包括投资性房地产的概念和范围;投资性房地产的确认、计量、转换和处置及相关的会计处理。

1. 投资性房地产的概念和范围。投资性房地产包括已出租土地使用权、持有并准备增值后转让的土地使用权以及已出租的建筑物。

2. 投资性房地产的确认、计量及相关的会计处理。投资性房地产的确认和初始计量,与固定资产、无形资产一致;企业应当采用成本模式对投资性房地产进行后续计量,在满足特定条件时可以选择采用公允价值模式计量;不同的计量模式要求的会计处理方法也有所不同。

3. 投资性房地产的转换和处置。房地产的转换是指企业房地产用途的变更,企业应区别两种后续计量模式,对投资性房地产转换为自用(或作为存货)房地产,自用(或作为存货)房地产转换为投资性房地产的业务进行相应不同的会计处理;对投资性房地产处置时需要准确计量相关的处置损益。

本章重点:投资性房地产的确认和计量;投资性房地产的转换和处置。

本章难点:投资性房地产的转换和处置。

本 章 练 习 题

一、单项选择题

1. 企业处置一项以成本模式计量的投资性房地产,售价金额为 500 万元,投资性房地产的账面余额为 400 万元,累计折旧 100 万元。增值税税率为 9%,下列关于处置该项投资性房地产的会计处理,不正确的是( )。

    A. 贷记"其他业务收入"500 万元

    B. 借记"其他业务成本"300 万元

    C. 贷记"应交税费——应交增值税"45 万元

    D. 贷记"营业外收入"175 万元

2. 某企业投资性房地产采用成本计量模式。2020 年 1 月 1 日购入一幢建筑物用于出租。该建筑物的成本为 380 万元,预计使用年限为 10 年,预计净残值为 20 万元。采用直线法计提折旧,2020 年应该计提的折旧额为( )万元。

A. 30   B. 33   C. 36   D. 38

3. 下列项目中,不属于投资性房地产的是( )。

A. 已出租的建筑物

B. 已出租的土地使用权

C. 持有并准备增值后转让的土地使用权

D. 以经营租赁方式租入的建筑物再转租给其他单位

4. 2020 年 6 月 30 日,A 公司的一项采用公允价值模式计量的投资性房地产租赁期届满,A 公司将其收回后作为办公楼供本企业行政部门使用,该房地产 2019 年 12 月 31 日的公允价值为 2 000 万元,2020 年 6 月 30 日的公允价值为 1 900 万元,2020 年上半年的租金收入为 60 万元。转换日预计尚可使用年限 10 年,采用直线法计提折旧,无残值。不考虑其他因素,则该项房地产对 A 公司 2020 年度损益的影响金额为( )万元。

A. −95   B. 65   C. 160   D. −135

5. 2020 年 1 月 1 日,甲公司将一项投资性房地产(写字楼)转让给乙公司,转让售价为 5 000 万元。该项投资性房地产系甲公司 2016 年 1 月 1 日购入的,初始入账价值为 4 500 万元,购入后即采用公允价值模式进行后续计量,转让时该项投资性房地产的账面价值为 4 700 万元。假定不考虑所得税等其他因素影响,甲公司 2020 年度因该项投资性房地产形成的营业利润为( )万元。

A. 300   B. 500   C. 0   D. 5 000

6. 东大公司处置一项以公允价值模式计量的投资性房地产,售价为 300 万元,投资性房地产的账面余额为 280 万元(其中成本为 260 万元,公允价值变动为 20 万元),该项投资性房地产是由自用房地产转换的,转换日公允价值大于账面价值的差额为 15 万元,假设不考虑相关税费,处置该项投资性房地产时影响营业利润的金额( )万元。

A. 35   B. 30   C. 20   D. 55

7. 乙公司 2018 年 12 月 30 日外购一栋写字楼,入账价值为 560 万元,于取得当日对外出租,租赁期开始日为 2018 年 12 月 30 日,租期为 2 年,年租金 35 万元,每年 12 月 30 日收取租金,该公司采用公允价值模式对其进行后续计量。2019 年 12 月 31 日,该项房地产的公允价值为 600 万元。2020 年 12 月 31 日乙公司出售该项房地产,售价 620 万元,不考虑相关税费,则该项房地产对乙公司 2020 年度损益的影响金额合计为( )万元。

A. 20   B. 35   C. 55   D. 95

8. 企业处置一项以公允价值模式计量的投资性房地产,售价为 200 万元,投资性房地产的账面余额为 160 万元。其中成本为 140 万元,公允价值变动为 20 万元。该项投资性房地产是由自用房地产转换的,转换日公允价值大于账面价值的差额为 30 万元。假定不考虑相关税费,下列表述中正确的是( )。

A. 处置时,转换日公允价值大于账面价值的差额 30 万元应转入其他业务收入

B. 处置时,处置价款与投资性房地产账面价值之间的差额 40 万元应确认为营业外收入

C. 处置时,投资性房地产累计公允价值变动 20 万元应冲减其他业务收入

D. 处置时,该事项对当期损益的影响金额为 70 万元

二、多项选择题

1. 下列说法正确的有(   )。

   A. 房地产租金就是让渡资产使用权取得的使用费收入

   B. 计划要出租的土地使用权是投资性房地产

   C. 按照国家有关规定认定的闲置的土地使用权不属于投资性房地产

   D. 房地产企业依法取得的、用于开发,待增值后出售的土地使用权,属于投资性房地产

2. 下列关于投资性房地产后续计量会计处理的表述中,说法正确的有(   )。

   A. 不同企业可以分别采用成本模式或公允价值模式

   B. 满足特定条件时可以采用公允价值模式

   C. 成本模式与公允价值模式可以互换

   D. 同一企业可同时采用成本模式和公允价值模式

3. 下列各项中,一定影响企业当期损益的有(   )。

   A. 自用房地产转换为采用公允价值模式计量的投资性房地产时,转换日公允价值大于账面价值的差额

   B. 采用成本模式计量的投资性房地产发生减值

   C. 采用公允价值模式计量的投资性房地产的期末公允价值变动

   D. 自用房地产转换为采用公允价值模式计量的投资性房地产时,转换日公允价值小于账面价值的差额

4. 关于投资性房地产的处理,下列说法正确的有(   )。

   A. 一般情况下,同一企业只能采用一种模式对所有投资性房地产进行后续计量,不得同时采用两种计量模式

   B. 已采用公允价值模式计量的投资性房地产,不得从公允价值模式转为成本模式

   C. 投资性房地产计量模式的变更属于会计政策变更

   D. 只有在有确凿证据表明其投资性房地产的公允价值能持续可靠取得时,才可以对投资性房地产采用公允价值模式进行后续计量

5. 下列各项,应该记入"其他业务成本"或"其他业务收入"科目的有(   )。

   A. 转让投资性房地产收到售价款

   B. 采用公允价值模式计量的投资性房地产的期末公允价值变动

   C. 投资性房地产的日常维修费用

   D. 投资性房地产的折旧费用或摊销费用

三、判断题

1. 期末企业将投资性房地产的账面余额单独列示在资产负债表上。   (   )

2. 企业不论在成本模式下,还是在公允价值模式下,投资性房地产取得的租金收入的处理是一样的。   (   )

3. 企业采用公允价值模式进行后续计量的,不对投资性房地产计提折旧或进行摊销,应当以资产负债表日投资性房地产的公允价值为基础调整其账面价值,公允价值与原账面价值之间的差额计入其他业务成本或其他业务收入。   (   )

4. 在以成本模式计量的情况下,将作为存货的房地产转换为投资性房地产的,应按其

在转换日的账面余额,借记"投资性房地产"科目,贷记"开发产品"等科目。　　　(　　)

5. 采用公允价值模式进行后续计量的投资性房地产,应计提折旧或摊销。　　　(　　)

四、综合题

1. A 公司将一幢自用的厂房作为投资性房地产对外出租并采用公允价值模式对其进行后续计量。该厂房的账面原值为 1 500 万元,已计提折旧 400 万元,已计提减值准备 100 万元(金额单位以万元表示)。

要求:

(1) 假定转换当日该厂房的公允价值为 480 万元,做出相关的会计处理。

(2) 假定转换当日该厂房的公允价值为 1 030 万元,做出相关的会计处理。

2. 甲公司有关投资性房地产的业务资料如下。

(1) 2015 年 1 月 10 日,购入一块土地使用权,支付价款及相关税费 2 000 万元,土地使用权的使用年限为 50 年(假定甲公司按年采用直线法进行摊销)。

(2) 2017 年 1 月 1 日,甲公司在此土地上自行建造一栋办公楼,购入工程物资一批,增值税专用发票上注明的买价为 400 万元,增值税税额为 52 万元,工程物资已验收入库。

(3) 工程领用全部工程物资,同时领用本公司部门产品一批,该批产品的实际成本为 40 万元,税务部门核定的计税价格为 50 万元,适用的增值税税率为 13%。

(4) 应付工程人员工资及福利费等计 43.5 万元。

(5) 2017 年 6 月 30 日,工程完工交付使用。该办公楼预计使用年限为 40 年,预计净残值为零,采用直线法计提折旧(假定甲公司按年计提折旧)。

(6) 2019 年 12 月 20 日,甲公司因另一办公楼完工交付使用,决定将原办公楼经营出租给乙公司,租赁期为 10 年,年租金为 60 万元(含税收入)。出租时该办公楼和土地使用权的公允价值为 2 500 万元。假定符合公允价值模式计量的条件,甲公司采用公允价值模式核算投资性房地产。

(7) 2020 年 12 月 25 日,收到乙公司支付的年租金 60 万元。

(8) 2020 年 12 月 31 日,该办公楼房地产的公允价值为 2 600 万元(金额单位以万元表示)。

要求:

(1) 编制甲公司 2015 年度的有关会计分录。

(2) 编制甲公司 2017 年度的有关会计分录。

(3) 编制甲公司 2019 年度将固定资产转为投资性房地产的有关会计分录。

(4) 编制甲公司 2020 年度有关投资性房地产的会计分录。

第8章 长期股权投资

本章的学习将会使你：

(1) 了解长期股权投资内容与理解其初始计量。

(2) 掌握长期股权投资后续计量的方法：成本法与权益法。

(3) 理解长期股权投资核算方法的转换。

(4) 掌握长期股权投资的处置与减值。

8.1 长期股权投资概述

股权投资又称权益性投资，是指通过付出现金或非现金资产等取得被投资单位的股份或股权，享有一定比例的权益份额代表的资产。投资企业取得被投资单位的股权，相应享有被投资单位净资产的有关份额，通过自被投资单位分得现金股利或利润以及待被投资单位增值后出售等获利。

股权投资包括长期股权投资和《企业会计准则第 22 号——金融工具确认和计量》规定的股权投资。

属于长期股权投资准则规范的股权投资，是根据投资方在获取投资以后，能够对被投资单位施加影响的程度来划分的，而不是一定要求持有投资的期限长短。

8.1.1 投资方对被投资单位实施控制的权益性投资，即对子公司投资

控制是指投资方拥有对被投资方的权力，通过参与被投资方的相关活动而享有可变回报，并且有能力运用对被投资方的权力影响其回报金额。

从控制的定义中可以发现，要达到控制，投资方需要满足以下要求。

1. 通过涉入被投资方的活动享有的是可变回报

可变回报是指不固定且可能随着被投资方业绩而变化的回报，可以仅是正回报，仅是负回报，或者同时包括正回报和负回报。其主要形式包括：股利、被投资方经济利益的其他分配、投资方对被投资方的投资的价值变动等。

2. 对被投资方拥有权力，并能够运用此权力影响回报金额

投资方能够主导被投资方的相关活动时，称投资方对被投资方享有"权力"。所谓的相关活动，是指对被投资方的回报产生重大影响的活动。同一企业在不同环境和情况下，相关活动也可能有所不同。

但存在两个或两个以上投资方，能够分别单方面主导被投资方的不同相关活动时，能够主导对被投资方回报产生最重大影响活动的一方拥有对被投资方的权力。

权利则是表明投资方主导被投资方相关活动的现时能力，它表现为以下几个特征。

1）"权力"是一种实质性权利

在判断一项权利是否可能构成"权力"时，仅实质性权利才应当被加以考虑。实质性权利是指持有人在对相关活动进行决策时，有实际能力行使的可执行权利。保护性权利旨在保护持有这些权利的当事方的权益，而不赋予当事方对这些权利所涉及的主体的权力。

仅持有保护性权利的投资方不能对被投资方实施控制，也不能阻止其他方对被投资方实施控制。

2）权力的持有人应为主要责任人

权力是能够"主导"被投资方相关活动的现时能力，可见，权力是为自己行使的（行使人为主要责任人），而不是代其他方行使权力（行使人为代理人）。

3）权力一般源自表决权

表决权通常与出资比例或持股比例一致，但公司章程另有规定的除外。

（1）通过直接或间接拥有半数以上表决权而拥有权力。

需要说明的是，在进行控制分析时，投资方不仅需要考虑直接表决权，还需要考虑其持有的潜在表决权以及其他方持有的潜在表决权的影响（可转换工具、认股权证、远期股权购买合同或期权所产生的权利），进行综合考量，以确定其对被投资方是否拥有权力。

① 直接拥有半数以上，如图 8-1 所示。

② 间接拥有半数以上，如图 8-2 所示。

图 8-1 甲公司直接拥有乙
公司 70%股权

图 8-2 A 公司间接持有 C 公司
80%股权

③ 直接和间接合计拥有半数以上，如图 8-3 所示。

（2）持有被投资方半数以上表决权但并无权力。确定持有半数以上表决权的投资方是否拥有权力，关键在于该投资方是否拥有主导被投资方相关活动的现时能力。如果投资方虽然持有被投资方半数以上表决权，但这些表决权并不是实质性权利时，则投资方并不拥有对被投资方的权力。例如，在被投资方相关活动被政府、法院、管理人、接管人、清算人或监管人等其他方主导时，投资方无法凭借其拥有的表决权主导被投资方的相关活动，因此，投资方即使持有被投资方过半数的表决权，也不拥有对被投资方的权力。

半数以上表决权通过只是做出决策的通常做法，有些情况下，根据相关章程、协议或其他法律文件，主导相关活动的决策所要求的表决权比例高于持有半数以上表决权的一方持有的表决权比例（如 2/3 以上）。

（3）直接或间接结合，也只拥有半数或半数以下表决权，但仍然可以通过表决权判断拥有权力，如图 8-4 所示。

（4）在某些情况下，某些主体的投资方对其权力并非源自表决权（例如，表决权可能仅与日常行政活动工作有关），被投资方的相关活动由一项或多项合同安排决定。

值得注意的是，只有当投资方不仅拥有对被投资方的权力、通过参与被投资方的相关活动而享有可变回报,并且有能力运用对被投资方的权力来影响其回报的金额时,投资方才控制被投资方。

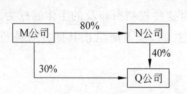

图 8-3   M 公司直接和间接拥有 Q 公司 70%(30%+40%)股权

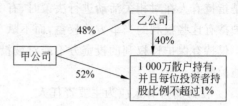

图 8-4   股权极度分散下的控制

8.1.2   投资方对被投资单位具有重大影响的权益性投资,即对联营企业投资

重大影响是指对一个企业的财务和经营政策有参与决策的权力,但并不能够控制或者与其他方一起共同控制这些政策的制定。

企业通常可以通过以下一种或几种情形来判断是否对被投资单位具有重大影响。

(1) 在被投资单位的董事会或类似权力机构中派有代表。这种情况下,由于在被投资单位的董事会或类似权力机构中派有代表,并享有相应的决策参与权,从而对被投资单位施加重大影响。

(2) 参与被投资单位的政策制定过程,包括股利分配政策等的制定。这种情况下,因可以参与被投资单位的政策制定,为其自身利益提出建议和意见,从而对被投资单位施加重大影响。

(3) 与被投资单位之间发生重要交易。有关的交易因对被投资单位的日常经营具有重大影响,进而一定程度上可以影响到被投资单位的生产经营决策。

(4) 向被投资单位派出管理人员。在这种情况下,通过投资企业对被投资单位派出管理人员,管理人员有权负责被投资单位的财务和经营活动,从而能够对被投资单位施加重大影响。

(5) 向被投资单位提供关键技术资料。因为被投资单位的生产经营需要依赖投资企业的技术或技术资料,所以这表明投资企业对被投资单位具有重大影响。

实务中,一般认为投资企业直接或通过子公司间接拥有被投资单位 20% 以上,但低于 50% 的表决权股份时,即对被投资单位具有重大影响,除非有明确的证据表明该种情况下不能参与被投资单位的生产经营决策,不形成重大影响。在确定能否对被投资单位施加重大影响时,一方面要考虑投资企业直接或间接持有被投资单位的表决权股份;另一方面要考虑企业及其他方持有的现行可执行潜在表决权在假定转换为对被投资单位的股权后产生的影响,如被投资单位发行的现行可转换的认股权证、股份期权及可转换公司债券等的影响。

8.1.3   投资方与其他合营方一同对被投资单位实施共同控制的权益性投资,即对合营企业投资

共同控制是指按照合同约定对某项经济活动所共有的控制。共同控制的结果是形成合营企业。合营各方在设立合营企业时,一般会在投资合同或协议中约定,合营企业的重要财务和生产经营决策必须由合营各方均同意才能通过。该约定可能体现为不同的形式,例如

可以通过在合营企业的章程中规定,也可以通过制定单独的合同做出约定。共同控制的实质是通过合同约定建立起来的、合营各方对合营企业共有的控制。

实务中,在确定是否构成共同控制时,一般可以从以下几方面去判断。

(1) 任何一个合营方均不能单独控制合营企业的生产经营活动。

(2) 涉及合营企业基本经营活动的决策需要各合营方一致同意。

(3) 各合营方可能通过合同或协议的形式任命其中的一个合营方对合营企业的日常活动进行管理,但其必须在各合营方已经一致同意的财务和经营政策范围内行使管理权。

当被投资单位处于法定重组或破产中,或者在向投资方转移资金的能力受到严格的长期限制的情况下经营时,通常认定投资方对被投资单位可能无法实施共同控制。

需要注意的是,根据财政部印发修订的《企业会计准则第 2 号——长期股权投资》,投资企业持有的对被投资单位不具有控制、共同控制或重大影响,并在活跃市场中没有报价、公允价值不能可靠计量的权益性投资应当改按《企业会计准则第 22 号——金融资产的确认和计量》处理。

【知识链接】 企业股票投资分类

企业股票投资分类如表 8-1 所示。

表 8-1 企业股票投资分类

投资种类	投资性质	核算内容	是否涉及合并报表
股票类型	控制	长期股权投资	√
	共同控制、重大影响	长期股权投资	×
	无控制、无共同控制、无重大影响	以公允价值计量且其变动计入当期损益的金融资产	×
		以公允价值计量且其变动计入其他综合收益的金融资产(权益工具)	×

8.2 取得长期股权投资的会计核算

8.2.1 长期股权投资的确认

长期股权投资确认是指投资方能够在账簿和报表中确认对被投资单位股权投资的时点。目前我国企业会计准则体系中对于联营企业、合营企业投资的确认没有非常明确的规定,原则上其确认应当遵从《企业会计准则——基本准则》中关于资产的界定,即有关股权投资在属于投资方的资产时确认。企业会计准则体系中仅就对子公司投资的确认时点进行了明确规定,即投资方、购买方(或合并方)应于购买日(或合并日)确认对被投资方(子公司)的长期股权投资。实务中,对于联营企业、合营企业等投资的持有一般会参照对子公司长期股权投资的确认条件进行。

对于子公司投资应当在企业合并的合并日(或购买日)确认。其中合并日(或购买日)是指合并方(或购买方)实际取得对被合并方(或购买方)控制权的日期,即投资方拥有被投资方的权力,通过参与被投资方的相关活动而享有可变回报,且有能力运用对被投资方的权力影响其回报金额。对于合并日（或购买日）的判断，同时满足了以下条件时，一般可认为实现了控制权的转移，即形成合并日（或购买日）。有关的条件包括以下内容。

（1）企业合并合同或协议已获股东大会等内部权力机构通过。

（2）按照规定，合并事项需要经过国家有关主管部门审批的，已获得相关部门的批准。

（3）参与合并各方已办理了必要的财产权交接手续。

（4）购买方已支付了购买价款的大部分（一般应超过50%），并且有能力、有计划支付剩余款项。

（5）购买方实际上已经控制了被购买方的财务和经营政策，享有相应的收益并承担相应的风险。

8.2.2　长期股权投资初始计量的原则

（1）企业在取得长期股权投资时，应当按照初始投资成本入账。长期股权投资可以通过企业合并或非合并方式取得，不同方式下初始投资成本的确定方法有所不同，企业应当分企业合并和非企业合并两种情况确定长期股权投资的初始投资成本。

（2）企业无论以何种方式（合并或非合并）取得长期股权投资，取得投资时，对于支付的对价中包含的，被投资单位已经宣告但尚未发放的现金股利或利润应确认为应收项目，不构成取得长期股权投资的初始投资成本。

（3）企业应当通过设置"长期股权投资"科目对取得长期股权投资的业务进行相关的核算。

8.2.3　企业合并形成的长期股权投资

企业合并是将两个或者两个以上单独的企业合并形成一个报告主体的交易或事项。这里所说的报告主体是强调经济意义上的一体，而非法律意义上的一体，合并后的报告主体可能是一个法人主体（如总公司），也可能仍然包括多个法人主体（如集团公司）。

1. 企业合并的类型

不同类型的企业合并在会计处理上有所不同。企业合并可以从不同的角度进行分类。

（1）按合并双方合并前后法律主体形式是否发生变化进行分类，企业合并可以分为吸收合并、新设合并和控股合并三类。

① 吸收合并。合并方在企业合并中取得被合并方的全部净资产，并将有关资产、负债并入合并方的账簿和报表中进行核算。企业合并后，注销被合并方的法人资格。

② 新设合并。参与合并的各方在企业合并后法人资格均被注销，重新注册成立一家新的企业，由新注册成立的企业持有参与合并各方的资产、负债，并在新的基础上经营。

③ 控股合并。合并方（或购买方，下同）通过企业合并交易或事项取得对被合并方（或被购买方，下同）的控制权，企业合并后能够通过所取得的股权等主导被合并方的生产经营决策，并自被合并方的生产经营活动中获益，被合并方在企业合并后仍维持其独立法人资格继续经营。企业合并方式示意图如图8-5所示。

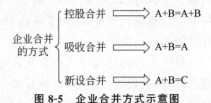

图 8-5　企业合并方式示意图

　　显然,企业的吸收合并和新设合并没有形成企业的投资关系,只有控股合并形成投资关系。因此,企业合并形成的长期股权投资,是指控股合并形成的投资方(即合并后的母公司)对被投资单位(即合并后的子公司)的股权投资。本书涉及的企业合并是指控股合并。

　　(2) 按合并双方合并前后是否属于同一方或相同的多方最终控制,企业合并分为同一控制下的企业合并和非同一控制下的企业合并两类。

　　① 同一控制下的企业合并,是指参与合并的企业在合并前后均受同一方或相同的多方最终控制,且该控制并非暂时性的。同一控制下的企业合并一般发生于企业集团内部,如集团内母子公司之间、子公司与子公司之间等。因为该类合并从本质上是集团内部企业之间的资产或权益的转移,不涉及自集团外购入子公司或是向集团外其他企业出售子公司的情况,其实质是一个事项而非交易。

　　② 非同一控制下的企业合并,是指参与合并各方在合并前后不受同一方或相同的多方最终控制。由于这种合并是非关联企业之间的合并,合并价格相对公允,其实质是一种交易。

【知识链接】　企业合并形式与计量属性的选择

　　企业合并是一宗交易还是一个事项,关系企业的合并实质,直接影响会计计量属性的选择。根据我国现行会计规范,对合并中取得的净资产或股权,"交易性"的企业合并(非同一控制)要采用公允价值计量,而"事项性"的企业合并(同一控制)则采用账面价值计量。

2. 同一控制下企业合并形成的长期股权投资的会计处理

　　(1) 合并方以支付现金、转让非现金资产或者承担债务方式作为合并对价的,应当在合并日按照取得被合并方所有者权益账面价值的份额作为长期股权投资的初始投资成本,借记"长期股权投资"科目;按支付的合并对价的账面价值贷记相关的科目;初始投资成本大于支付的合并对价账面价值的差额,应当计入资本公积(资本溢价或股本溢价),初始投资成本小于支付的合并对价账面价值的差额,应当冲减资本公积(仅限于资本溢价或股本溢价),资本公积余额不足冲减的,应依次冲减盈余公积、未分配利润。即

　　借:长期股权投资——成本(被投资单位的所有者权益账面价值的份额)

　　　　应收股利(已支付的价款中包含已宣告但尚未发放的现金股利)

　　　　资本公积——资本溢价或股本溢价(初始投资成本小于合并对价账面价值的差额)

　　　　盈余公积(资本公积不足冲减)

　　　　利润分配——未分配利润(资本公积、盈余公积不足冲减)

　　　　贷:有关资产科目(账面价值)

　　　　　　有关负债科目(账面价值)

　　　　　　资本公积——资本溢价或股本溢价(初始投资成本大于合并对价账面价值的差额)

　　合并方为进行企业合并发生的各项直接相关费用,例如,为企业合并而支付的审计费用、评估费用、法律服务费用等,应当于发生时计入当期损益(管理费用)。

　　合并方为企业合并发行的债券或承担其他债务支付的手续费、佣金等,应当计入所发行债券的初始计量金额(详见"9.3.2　应付债券"小节)。

【例8-1】 新华股份有限公司和 A 公司是同为集团公司下的两个子公司。2019年4月20日,新华公司以固定资产、无形资产和银行存款作为合并对价,取得 A 公司70%的股份,付出固定资产的账面原值1 000万元,已计提折旧200万元,未计提减值准备;无形资产的账面原值2 000万元,已摊销金额500万元,计提减值准备200万元;付出的银行存款金额为2 500万元。2019年5月1日,新华公司实际取得对 A 公司的控制权,当日 A 公司净资产账面价值为6 000万元,新华公司"资本公积——股本溢价"科目的余额为200万元。合并过程中,新华公司支付审计、评估、法律等直接费用80万元。假定不考虑相关税费,要求编制相关的投资业务分录。

该项合并为同一控制下的企业合并,因此2019年5月1日长期股权投资的初始入账价值为4 200万元(6 000×70%);合并对价为4 600万元(固定资产账面价值800万元,无形资产账面价值1 300万元,银行存款2 500万元)。初始投资成本小于合并对价的差额为400万元,首先冲减"资本公积——股本溢价"余额200万元,不足冲减部分继续冲减盈余公积。相关账务处理如下。

① 借:固定资产清理   8 000 000
  累计折旧   2 000 000
 贷:固定资产   10 000 000

② 借:长期股权投资——A 公司   42 000 000
  累计摊销   5 000 000
  无形资产减值准备   2 000 000
  资本公积——股本溢价   2 000 000
  盈余公积   2 000 000
 贷:固定资产清理   8 000 000
   无形资产   20 000 000
   银行存款   25 000 000

③ 借:管理费用   800 000
 贷:银行存款   800 000

(2) 合并方以发行权益性证券作为合并对价的,应当在合并日按照取得被合并方所有者权益账面价值的份额作为长期股权投资的初始投资成本,按照发行股票面值总额作为股本。初始投资成本大于发行的权益性证券面值总额的差额,应当计入资本公积(股本溢价);初始投资成本小于发行的权益性证券面值总额的差额,应当冲减资本公积(仅限于股本溢价),资本公积余额不足冲减的,应依次冲减盈余公积、未分配利润。即

借:长期股权投资——成本(被投资单位的所有者权益的份额)
  应收股利(已支付的价款中包含已宣告但尚未发放的现金股利)
 贷:股本(股票的票面价值)
   资本公积——股本溢价(溢价发行收入)

合并方为进行企业合并发行的权益性证券发生的手续费、佣金等费用,应当抵减权益性证券溢价收入,溢价收入不足冲减的,冲减留存收益。

【例8-2】 2019年6月30日,新华公司向同一集团内 B 公司的原股东定向增发1 000万股普通股(每股面值为1元,市价为8.68元),取得 B 公司100%的股权,并于当日起能够对

B公司实施控制,合并后B公司仍维持其独立法人资格继续经营。两公司在企业合并前采用的会计政策相同。合并日,B公司所有者权益的总额为4 404万元。B公司在合并后维持其法人资格继续经营,合并日新华公司应确认对B公司的长期股权投资,其成本为合并日享有B公司账面所有者权益的份额,相关账务处理如下。

借：长期股权投资——B公司　　　　　　　　44 040 000
　　贷：股本　　　　　　　　　　　　　　　　　　10 000 000
　　　　资本公积——股本溢价　　　　　　　　　　34 040 000

需要注意的是,在按照合并日应享有被合并方账面所有者权益的份额确定长期股权投资的初始投资成本时,对于被合并方账面所有者权益,应当考虑被合并方与合并方的会计政策、会计期间是否一致。如果合并前合并方与被合并方的会计政策、会计期间不同的,应首先按照合并方的会计政策、会计期间对被合并方资产、负债的账面价值进行调整,在此基础上计算确定被合并方的账面所有者权益,并计算确定长期股权投资的初始投资成本。

3. 非同一控制下企业合并形成的长期股权投资的会计处理

(1) 合并方以支付现金、转让非现金资产或者承担债务方式作为合并对价的,按(股权)购买方付出的资产、发生或承担的负债的公允价值确定合并成本,作为长期股权投资的初始投资成本。

如果付出的资产为非货币性资产时,付出资产的公允价值与其账面价值的差额计入当期损益,对此应分不同资产进行相应的会计处理(与出售资产影响损益的处理相同)。

① 付出资产为固定资产或无形资产,其差额计入资产处置损益。

② 付出资产为存货,按其公允价值确认主营业务收入或其他业务收入,按其成本结转主营业务成本或其他业务成本。

③ 付出资产为金融资产的,其差额计入投资收益或留存收益。如果付出资产为“以公允价值计量且其变动计入当期损益的金融资产”,公允价值与账面价值的差额计入投资收益,其持有期间公允价值变动形成的公允价值变动损益转入投资收益;如果付出资产为“以公允价值计量且其变动计入其他综合收益(债务工具)”,公允价值与账面价值的差额计入投资收益,其持有期间公允价值变动形成的其他综合收益转入投资收益;如果付出资产为“以公允价值计量且其变动计入其他综合收益(权益工具)”,公允价值与账面价值的差额计入留存收益,其持有期间的公允价值变动形成的其他综合收益转入留存收益。

④ 付出资产为投资性房地产,按其公允价值确认其他业务收入,按其成本结转至“其他业务成本”。公允价值模式下形成的“公允价值变动损益”“其他综合收益”转入“其他业务成本”。

购买方为企业合并发行的债券或承担其他债务支付的手续费、佣金等,应当计入所发行债券的初始计量金额(详见“9.3.2　应付债券”小节)。

购买方为进行企业合并发生的各项直接相关费用,如为企业合并而支付的审计费用、评估费用、法律服务费用等,应当于发生时计入当期损益(管理费用)。

【例 8-3】 新华公司和 C 公司为两个独立的法人企业,合并前不存在关联方关系。2019 年 5 月 10 日,新华公司以一批库存商品、以公允价值计量且其变动计入其他综合收益的金融资产和银行存款作为合并对价,取得 C 公司 80% 的股权,为此付出库存商品的成本 3 300 万元,(购买日)公允价值 4 000 万元,增值税税额 520 万元;付出以公允价值计量且其变动计入其他综合收益(债务工具)的金融资产账面价值 2 800 万元(其中成本 2 000 万元,公允价值变动 800 万元,未计提减值准备),公允价值 3 000 万元;付出的银行存款金额为 5 000 万元。2019 年 6 月 1 日,新华公司实际取得对 C 公司的控制权。合并过程中,新华公司支付了审计、评估、法律等直接费用 100 万元。假定不考虑除增值税之外的其他税费的影响。要求编制相关的投资业务分录。

该项合并为非同一控制下的企业合并,因此 2019 年 5 月 10 日长期股权投资的初始入账价值为 12 520 万元(4 000+520+3 000+5 000),而相应的支付对价为库存商品 4 520 万元(收入 4 000 万元,增值税 520 万元,成本 3 300 万元)、以公允价值计量且其变动计入其他综合收益(债务工具)的金融资产 3 000 万元(账面价值 2 800 万元)、银行存款 5 000 万元。编制会计分录如下。

① 确认初始投资成本。

借: 长期股权投资——C 公司	125 200 000
贷: 主营业务收入	40 000 000
应交税费——应交增值税(销项税额)	5 200 000
其他债权投资——成本	20 000 000
——公允价值变动	8 000 000
投资收益	2 000 000
银行存款	50 000 000

② 结转商品(销售)成本。

借: 主营业务成本	33 000 000
贷: 库存商品	33 000 000

③ 结转以公允价值计量且其变动计入其他综合收益(债务工具)的金融资产持有期间的公允价值变动。

借: 其他综合收益	8 000 000
贷: 投资收益	8 000 000

④ 支付相关直接费用计入当期损益(管理费用)。

借: 管理费用	1 000 000
贷: 银行存款	1 000 000

(2) 购买方以发行权益性证券作为合并对价的,应当在合并日按照权益性证券的公允价值作为长期股权投资的初始投资成本,按照发行股票面值总额作为股本,差额记入"资本公积——股本溢价"科目。

购买方为进行企业合并发行的权益性证券发生的手续费、佣金等费用,应当抵减权益性证券溢价收入,溢价收入不足冲减的,冲减留存收益(盈余公积和利润分配——未分配利润)。

【例 8-4】 新华公司和 D 公司为两个独立的法人企业,合并前不存在关联方关系。2019 年 6 月 10 日,新华公司拟增发 2 000 万股的普通股(面值 1 元/股,市价 4 元/股)作为合并对价,取得 D 公司 80％的股权。2019 年 7 月 1 日,新华公司完成增发,发生手续费及佣金等发行费用 100 万元,另支付了审计、评估、法律等费用 50 万元。要求编制相关的投资业务分录。

该项合并为非同一控制下的企业合并,因此 2019 年 7 月 1 日长期股权投资的初始入账价值为 8 000 万元(4×2 000),而股票的面值 2 000 万元(2 000×1),两者之间的差额记入"资本公积——股本溢价"科目。股票的发行过程的手续费及佣金等发行费用冲减溢价发行收入。编制会计分录如下。

① 借:长期股权投资——D公司   80 000 000

  贷:股本   20 000 000

    资本公积——股本溢价   60 000 000

② 借:资本公积——股本溢价   1 000 000

  贷:银行存款   1 000 000

③ 支付相关直接费用计入当期损益(管理费用)。

借:管理费用   500 000

  贷:银行存款   500 000

8.2.4 非企业合并方式取得的长期股权投资的会计处理

长期股权投资可以通过不同的方式取得,除企业合并形成的对子公司的长期股权投资外,以支付现金、转让非现金资产、发行权益性证券等方式取得的,对被投资单位不具有控制权的长期股权投资,为非合并方式取得的长期股权投资。非合并方式取得的长期股权投资,应当按照以下要求确定其初始投资成本。

1. 以支付现金取得的长期股权投资

企业以支付现金方式取得的长期股权投资,应当按照实际支付的购买价款作为初始投资成本,包括为取得长期股权投资支付的手续费、税金等直接费用及其他必要支出,但所支付价款中包含的被投资单位已宣告但尚未发放的现金股利或利润应作为应收项目核算,不构成取得长期股权投资的成本。

【例 8-5】 新华公司于 2020 年 2 月 10 日自公开市场中买入乙公司 20％的股份,实际支付价款 1 600 万元。另外,为取得长期股权投资支付手续费等直接费用 40 万元。新华公司取得该部分股权后能够对乙公司的生产经营决策施加重大影响。

本例中新华公司应当按照实际支付的购买价款(包括购买过程的直接费用)作为取得长期股权投资的成本,编制会计分录如下。

借:长期股权投资   16 400 000

  贷:银行存款   16 400 000

2. 以发行权益性证券方式取得的长期股权投资

以发行权益性证券方式取得的长期股权投资,其初始投资成本为所发行权益性证券的公允价值,但不包括应自被投资单位收取的已宣告但尚未发放的现金股利或利润。

为发行权益性证券而支付给有关证券承销机构的手续费、佣金等发行费用,不构成取得长期股权投资的成本,应自权益性证券的溢价发行收入中扣除,溢价发行收入不足冲减的,应冲减盈余公积和未分配利润。

【例 8-6】 2020 年 3 月,新华公司通过增发 1 000 万股本公司普通股(每股面值 1 元)取得 B 公司 20% 的股权,按照增发前后的平均股价计算,该 1 000 万股股份的公允价值为 1 400 万元。为增发该部分股份,新华公司向证券承销机构等支付了 140 万元的佣金和手续费。假定新华公司取得该部分股权后能够对 B 公司的生产经营决策施加重大影响。

本例中新华公司应当以所发行股份的公允价值作为取得长期股权投资的成本,编制会计分录如下。

借:长期股权投资——B 公司　　　　　　　14 000 000
　　贷:股本　　　　　　　　　　　　　　　　　10 000 000
　　　　资本公积——股本溢价　　　　　　　　　4 000 000
借:资本公积——股本溢价　　　　　　　　　1 400 000
　　贷:银行存款　　　　　　　　　　　　　　　1 400 000
或
借:长期股权投资　　　　　　　　　　　　　14 000 000
　　贷:股本　　　　　　　　　　　　　　　　　10 000 000
　　　　资本公积——股本溢价　　　　　　　　　2 600 000
　　　　银行存款　　　　　　　　　　　　　　　1 400 000

3. 以债务重组、非货币性资产交换等方式取得的长期股权投资

以债务重组、非货币性资产交换等方式取得的长期股权投资,其初始投资成本应按照《企业会计准则第 12 号——债务重组》和《企业会计准则第 7 号——非货币性资产交换》的规定确定。

【知识链接】　长期股权投资初始计量基础和投资相关费用的会计处理

(1) 长期股权投资初始计量、初始确认基础如表 8-2 所示。

表 8-2　长期股权投资初始计量、初始确认基础

初始投资的类型	影响程度	初始计量	初始确认
合并方式取得的长期股权投资	控制	同一控制下的企业合并	应享有被合并方所有者权益账面价值的份额
		非同一控制下的企业合并	支付对价的公允价值为基础确定
合并以外的其他方式取得的长期股权投资	共同控制 重大影响		

（2）与投资有关的相关费用会计处理如表 8-3 所示。

表 8-3 与投资有关的相关费用会计处理

项　　目		直接相关的费用、税金	发行权益性证券支付的手续费、佣金等	发行债务性证券支付的手续费、佣金等
长期股权投资	同一控制	计入管理费用	应自权益性证券的溢价发行收入中扣除，溢价收入不足的，应冲减盈余公积和未分配利润	计入应付债券初始确认金额（其中债券若为折价发行，该部分费用增加折价的金额；若为溢价发行应减少溢价的金额）
	非同一控制	计入管理费用		
	不形成控股合并	计入成本		
以公允价值计量且其变动计入当期损益的金融资产		计入投资收益		
以摊余成本计量的金融资产		计入成本		
以公允价值计量且其变动计入其他综合收益的金融资产		计入成本		

8.3　长期股权投资持有期间的会计核算

根据长期股权投资的会计准则要求，企业取得的长期股权投资在持有期间，要根据所持股份性质、占被投资单位股份比例大小，以及对被投资单位的影响程度，分别采用成本法或权益法进行相关的会计处理。

8.3.1　长期股权投资的成本法

成本法是指长期股权投资的价值以初始投资成本计量，一般不调整其账面价值，只有在收到清算性股利和追加或收回投资时才调整长期股权投资的成本。根据长期股权投资的会计准则规定，投资企业能够对被投资单位实施控制的长期股权投资应当采用成本法核算。

成本法核算下长期股权投资账面价值的调整及投资损益的确认方法如下。

（1）设置"长期股权投资"科目，反映长期股权投资取得时的初始投资成本。只有在收到清算性股利和追加或收回投资时才需要调整长期股权投资的成本，否则，无论被投资单位经营情况如何，净资产是否增减，投资方一般不对长期股权投资的账面价值进行调整。

（2）持有长期股权投资期间，被投资单位宣告发放现金股利或利润的，投资企业按应享有的部分确认为当期投资收益；被投资单位宣告发放股票股利的，投资企业不用进行会计处理，但是需要在除权日的当天在备查簿中登记；被投资单位未分派股利的，投资方不做任何会计处理。

【例 8-7】　新华公司 2020 年 2 月 10 日以银行存款 500 万元取得 B 公司 80% 有表决权的股份，并准备长期持有，会计上采用成本法核算。2020 年 3 月 20 日，B 公司宣告发放2019 年的现金股利 100 万元，定于 2020 年 4 月 10 日支付。相关账务处理如下。

（1）2020 年 2 月 10 日，取得 B 公司股权。

借：长期股权投资——B 公司　　　　　　　　　　　　　5 000 000

贷：银行存款	5 000 000

（2）2020年3月20日，B公司宣告发放现金股利。

借：应收股利	800 000
贷：投资收益	800 000

（3）2020年4月10日收到现金股利。

借：银行存款	800 000
贷：应收股利	800 000

8.3.2　长期股权投资的权益法

权益法是指在取得长期股权投资时以初始投资成本计量，在投资持有期间根据投资企业享有被投资单位所有者权益份额的变动，对长期期权投资的账面价值进行调整的会计处理方法。根据长期股权投资的会计准则规定，投资企业对联营企业和合营企业的长期股权投资，应当采用权益法核算。

按照权益法核算的长期股权投资，涉及的会计处理包括以下内容。

1. 设置明细科目

在"长期股权投资"科目下设置"成本""损益调整""其他综合收益"和"其他权益变动"等明细科目。

（1）成本反映长期股权投资的初始投资成本。

（2）损益调整反映投资企业应享有或应分担的被投资方实现的净损益份额，以及应获得的被投资单位分派的现金股利。

（3）其他综合收益反映投资企业应享有或承担的被投资方其他综合收益及其变动。

（4）其他权益变动反映投资企业应享有或承担的被投资方除净损益、其他综合收益以及分配利润以外所有者权益的其他变动。

2. 调整长期股权投资的初始投资成本

企业取得对联营企业或合营企业的投资以后，对于取得投资时初始投资成本与应享有的被投资单位可辨认净资产公允价值份额之间的差额，应区别以下情况处理。

（1）初始投资成本大于取得投资时应享有被投资单位可辨认净资产公允价值份额的，该部分差额是投资企业在取得投资过程中通过作价体现出的，与所取得被投资单位股权份额相对应的商誉及被投资单位不符合确认条件的资产价值，这种情况下不要求对长期股权投资的成本进行调整。

（2）初始投资成本小于取得投资时应享有被投资单位可辨认净资产公允价值份额的，两者之间的差额体现为双方在交易作价过程中转让方的让步，投资企业应当将这部分经济利益流入作为收益处理，计入取得投资当期的营业外收入，同时调整增加长期股权投资的账面价值。

【例8-8】　新华公司于2020年1月取得B公司30%的股权，支付价款600万元。取得投资时被投资单位净资产账面价值为1 500万元(假定被投资单位各项可辨认资产、负债的公允价值与其账面价值相同)。新华公司在取得B公司的股权后，能够对B公司施加重大影响，对该投资采用权益法核算。取得投资时，新华公司应进行以下账务处理。

借：长期股权投资——B公司（成本）   6 000 000

 贷：银行存款   6 000 000

长期股权投资的初始投资成本600万元大于取得投资时应享有被投资单位可辨认净资产公允价值的份额450万元（1 500×30%），该差额不调整长期股权投资的账面价值。

假定本例中取得投资时被投资单位可辨认净资产的公允价值为2 400万元，新华公司按持股比例30%计算确定应享有720万元，则初始投资成本与应享有被投资单位可辨认净资产公允价值份额之间的差额120万元应计入取得投资当期的营业外收入，同时调增长期股权投资的账面价值。相关账务处理如下。

借：长期股权投资——B公司（成本）   6 000 000

 贷：银行存款   6 000 000

借：长期股权投资——B公司（成本）   1 200 000

 贷：营业外收入   1 200 000

3. 确认投资损益

投资企业取得长期股权投资后，应当按照应享有或应分担的被投资单位实现的净利润或发生净亏损的份额，调整长期股权投资的账面价值，并确认为当期损益。

当被投资单位实现净利润时，投资企业应根据其享有的份额借记"长期股权投资——损益调整"科目，贷记"投资收益"科目；当被投资单位发生净亏损时，投资企业应根据其承担的份额借记"投资收益"科目，贷记"长期股权投资——损益调整"科目。

【例8-9】 接例8-8资料，假定新华公司长期股权投资的成本大于取得投资时B公司可辨认净资产公允价值份额的情况下，2020年B公司实现净利润8 000 000元，新华公司、B公司均以公历年度作为会计年度，采用相同的会计政策。投资时B公司的各项资产、负债的账面价值与其公允价值相同，不需要对B公司的净利润进行调整。新华公司的会计处理如下。

借：长期股权投资——B公司（损益调整）   2 400 000

 贷：投资收益   2 400 000

假定2020年B公司并不是实现净利润，而是发生净亏损8 000 000元，会计处理如下。

借：投资收益   2 400 000

 贷：长期股权投资——B公司（损益调整）   2 400 000

采用权益法核算的长期股权投资，在确认应享有或应分担被投资单位的净利润或净亏损时，在被投资单位账面净利润的基础上，应考虑以下因素的影响进行适当调整。

（1）被投资单位采用的会计政策及会计期间与投资企业不一致的，应按投资企业的会计政策及会计期间对被投资单位的财务报表进行调整，在此基础上确定被投资单位的损益。

权益法下，是将投资企业与被投资单位作为一个整体对待，作为一个整体而产生的损益，应当在一致的会计政策基础上确定。被投资单位采用的会计政策与投资企业不同的，投资企业应当基于重要性原则，按照本企业的会计政策对被投资单位的损益进行调整。

（2）取得投资时被投资单位各项可辨认资产等的公允价值与其账面价值不同的，投资企业应当以取得投资时被投资单位各项可辨认资产等的公允价值为基础，对被投资单位的账面净损益进行调整。

被投资单位利润表中的净损益是以其持有资产、负债的账面价值为基础持续计算的，而投资企业在取得投资时,是以被投资单位有关资产、负债的公允价值为基础确定投资成本,取得投资后应确认的投资收益代表的是被投资单位资产、负债在以取得投资时的公允价值为计量基础,在未来期间通过经营产生的损益中归属于投资企业的部分。因此,投资企业需要考虑相关资产因不同计量基础对被投资单位账面净损益的影响。例如,固定资产、无形资产以取得投资时的公允价值为基础计提的折旧额或摊销额,以及有关资产减值准备金额等对被投资单位账面净损益的影响,据此对被投资单位的账面净损益进行调整,并按调整后的净损益和持股比例计算确认投资损益。

投资企业在对被投资单位的账面净损益进行调整时,应考虑重要性原则,对于不具有重要性的项目,或投资企业无法合理确定取得投资时被投资单位各项可辨认资产等的公允价值及其他相关调整资料时,投资企业应当以被投资单位的账面净损益为基础,经调整未实现内部交易损益后,计算确认投资损益。

【例 8-10】 新华公司于 2020 年 1 月 10 日购入乙公司 30% 的股份,购买价款为 2 200 万元,并自取得投资之日起派人参与乙公司的生产经营决策。取得投资当日,乙公司可辨认净资产公允价值为 6 000 万元,除表 8-4 所列项目外,乙公司其他资产、负债的公允价值与账面价值相同。

表 8-4 资产公允价值与账面价值差额

2020 年 1 月 10 日

项　　目	存货	固定资产	无形资产	小计
账面原价/万元	500	1 200	700	2 400
已提折旧或摊销/万元		240	140	380
公允价值/万元	700	1 600	800	3 100
乙公司预计使用年限/年		20	10	
新华公司取得投资后剩余使用年限/年		16	8	

假定乙公司于 2020 年实现净利润 600 万元,其中在新华公司取得投资时的账面存货有80% 对外出售。新华公司与乙公司的会计年度及采用的会计政策相同。固定资产、无形资产均按直线法提取折旧或摊销,预计净残值均为 0。假定新华公司、乙公司间未发生任何内部交易。

新华公司在确定其应享有的投资收益时,应在乙公司实现净利润的基础上,根据取得投资时乙公司有关资产的账面价值与其公允价值差额的影响进行调整(假定不考虑所得税影响)。

存货账面价值与公允价值的差额应调整增加的营业成本=(700-500)×80%=160(万元)

固定资产公允价值与账面价值差额应调整增加的折旧额=1 600÷16-1 200÷20=40(万元)

无形资产公允价值与账面价值差额应调整增加的摊销额=800÷8-700÷10=30(万元)

调整后的净利润=600-160-40-30=370(万元)

新华公司应享有份额=370×30%=111(万元),确认投资收益的会计分录如下。

借:长期股权投资——乙公司(损益调整)　　　　　　1 110 000

贷:投资收益　　　　　　　　　　　　　　　　　　　　　1 110 000

(3) 投资企业与其联营企业及合营企业之间进行商品交易形成的未实现内部交易损

益,按照持股比例计算的归属于投资企业的部分应予以抵销,在此基础上确认投资损益。投资企业与被投资单位发生的内部交易损失,属于资产减值损失的,应当全额确认。

投资企业与其联营企业及合营企业之间进行的内部(商品)交易包括顺流交易和逆流交易。其中,顺流交易是指投资企业向其联营企业或合营企业出售资产;逆流交易是指联营企业或合营企业向投资企业出售资产。当内部交易形成的资产尚未对外部独立第三方出售,内部交易损益体现在投资企业或其联营企业、合营企业持有的相关资产账面价值中时,形成未实现内部交易,相关的损益在计算确认投资损益时应予以抵销。

① 顺流交易的未实现损益调整。当投资企业将某项资产出售给联营企业或合营企业,而该项资产由联营企业或合营企业持有时(尚未对外部独立第三方出售),投资企业对于出售资产所产生的损益确认,仅限于归属联营企业或合营企业其他投资者的部分,按照持股比例计算确定归属于本企业的部分不予确认。此时,投资企业应当同时调整对联营企业或合营企业的长期股权投资账面价值和相关的投资损益。

【例 8-11】 新华公司持有乙公司有表决权股份的 20%,能够对乙公司生产经营施加重大影响。2019 年 11 月,新华公司将其账面价值为 600 万元的商品以 900 万元的价格出售给乙公司,乙公司将取得的商品作为库存商品核算,尚未对外部独立第三方出售。假定新华公司在取得乙公司 20% 股权时,乙公司各项可辨认资产、负债的公允价值与其账面价值相同,两者在以前期间未发生过内部交易。乙公司 2019 年实现净利润为 1 000 万元。假定不考虑所得税影响。

新华公司在该项内部交易中实现利润 300 万元,由于乙公司仍持有这批商品,在权益法下,从投资企业与被投资单位作为一个整体来看,交易利润并未真正实现。其中,60 万元(300×20%)是相对于新华公司持有的对乙公司的权益份额,在采用权益法计算确认其投资损益时应予抵销。相关账务处理如下。

借:长期股权投资——乙公司(损益调整)　　　　 1 400 000[(1 000-300)×20%]
　　贷:投资收益　　　　　　　　　　　　　　　 1 400 000

② 逆流交易的未实现损益调整。当联营企业或合营企业将某项资产出售给投资企业,而该项资产仍由投资企业持有时(尚未对外部独立第三方出售),投资企业不应确认联营企业或合营企业因该项内部交易产生的未实现损益中按照持股比例计算的,归属于本企业享有的部分。此时,投资企业应当同时调整对联营企业或合营企业的长期股权投资账面价值和相关的投资损益。

【例 8-12】 新华公司于 2019 年 6 月取得丁公司 20% 有表决权股份,能够对丁公司施加重大影响。假定新华公司取得该项投资时,丁公司各项可辨认资产、负债的公允价值与其账面价值相同。2019 年 11 月,丁公司将其成本为 600 万元的某商品以 900 万元的价格出售给新华公司,新华公司将取得的商品作库存商品核算,尚未对外部独立第三方出售。丁公司 2019 年实现净利润为 1 600 万元。假定不考虑所得税因素影响。

丁公司在该项内部交易中实现利润 300 万元,由于新华公司仍持有这批商品,在权益法下,从投资企业与被投资单位作为一个整体来看,交易利润并未真正实现。其中,60 万元(300×20%)是归属于新华公司的权益份额,新华公司在采用权益法计算确认其投资损益时应予抵销。相关账务处理如下。

借:长期股权投资——丁公司(损益调整)　　　　 2 600 000[(1 600-300)×20%]

> 贷：投资收益　　　　　　　　　　　　　　　　　　　　　　2 600 000

4. 确认超额亏损

采用权益法时，投资企业确认应分担被投资单位发生的损失，原则上应以长期股权投资的账面价值及其他实质上构成对被投资单位净投资的长期权益减记至零为限，投资企业负有承担额外损失义务的除外。

"其他实质上构成对被投资单位净投资的长期权益"通常是指长期应收项目。例如，企业对被投资单位的长期债权，该债权没有明确的清收计划且在可预见的未来期间不准备收回的，实质上构成对被投资单位的净投资。应予说明的是，该类长期权益不包括投资企业与被投资单位之间因销售商品、提供劳务等日常活动所产生的长期债权。

根据相关的准则规定，投资企业在确认应分担被投资单位发生的亏损时，应将长期股权投资及其他实质上构成对被投资单位净投资的长期权益项目的账面价值综合起来考虑，在长期股权投资的账面价值减记至零的情况下，如果仍有未确认的投资损失，应以其他长期权益的账面价值为基础继续确认。另外，投资企业在确认应分担被投资单位的净损失时，除应考虑长期股权投资及其他长期权益的账面价值以外，如果在投资合同或协议中约定将履行其他额外的损失补偿义务，还应按《企业会计准则第 13 号——或有事项》的规定确认预计将承担的损失金额。

实务中，企业在发生投资损失时，应借记"投资收益"科目，贷记"长期股权投资——损益调整"科目。在长期股权投资的账面价值减记至零以后，考虑其他实质上构成对被投资单位净投资的长期权益，继续确认的投资损失应借记"投资收益"科目，贷记"长期应收款"科目；因投资合同或协议约定导致投资企业需要承担额外义务的，按照或有事项准则的规定，对于符合确认条件的义务，应确认为当期损失，同时确认预计负债，借记"投资收益"科目，贷记"预计负债"科目。除上述情况仍未确认的应分担被投资单位的损失，应在账外备查登记。

在确认了有关的投资损失以后，被投资单位于以后期间实现盈利的，应按以上相反顺序分别减记已确认的预计负债、恢复其他长期权益及长期股权投资的账面价值，同时确认投资收益。即应当按顺序分别借记"预计负债""长期应收款""长期股权投资"科目，贷记"投资收益"科目。超额亏损发生与弥补示意图如图 8-6 所示。

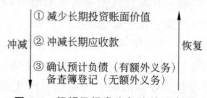

图 8-6　超额亏损发生与弥补示意图

【例 8-13】　新华公司持有乙企业 40％ 的股权，能够对乙企业施加重大影响。2018 年 12 月 31 日长期股权投资的账面价值为 200 万元。假定新华公司在取得该项投资时，乙企业各项可辨认资产、负债的公允价值与账面价值相等，双方采用的会计政策、会计期间相同。

（1）乙企业 2019 年由于一项主要经营业务的市场发生变化，当年亏损 400 万元。

则新华公司 2019 年应确认投资损失 400×40％＝160（万元），编制会计分录如下。

> 借：投资收益　　　　　　　　　　　　　　　　　　　　　　1 600 000
> 　　贷：长期股权投资——乙公司（损益调整）　　　　　　　　　1 600 000

（2）如果乙企业当年度的亏损额为 800 万元，且新华公司没有对乙企业的长期应收款，则新华公司应确认的投资损失仅为 200 万元，超额损失 120 万元在账外进行备查登记，编制会计分录如下。

借：投资收益　　　　　　　　　　　　　　　　　2 000 000
　　贷：长期股权投资——乙公司（损益调整）　　　　　　　2 000 000

（3）接（2），如果新华公司在确认了 200 万元的投资损失，使长期股权投资的账面价值减记至零以后，新华公司账上仍有应收乙企业的长期应收款 200 万元，且该款项从目前情况看，没有明确的清偿计划，则在长期应收款的账面价值大于 120 万元的情况下，新华公司应以长期应收款的账面价值 200 万元为限进一步确认投资损失 120 万元，编制会计分录如下。

借：投资收益　　　　　　　　　　　　　　　　　3 200 000
　　贷：长期股权投资——乙公司（损益调整）　　　　　　　2 000 000
　　　　长期应收款——乙企业　　　　　　　　　　　　　1 200 000

（4）接（2），若新华公司对乙企业的长期应收款余额只有 100 万元，且根据投资合同新华公司对乙企业承担有额外义务的，则确认预计负债 20 万元，编制会计分录如下。

借：投资收益　　　　　　　　　　　　　　　　　3 200 000
　　贷：长期股权投资——乙公司（损益调整）　　　　　　　2 000 000
　　　　长期应收款——乙企业　　　　　　　　　　　　　1 000 000
　　　　预计负债　　　　　　　　　　　　　　　　　　　　200 000

（5）接（4），2020 年乙企业通过经营业务调整，当年实现净利润 600 万元，则新华公司按持股比例应确认的投资收益为 240 万元，编制会计分录如下。

借：预计负债　　　　　　　　　　　　　　　　　200 000
　　长期应收款——乙企业　　　　　　　　　　1 000 000
　　长期股权投资——乙企业（损益调整）　　　1 200 000
　　贷：投资收益　　　　　　　　　　　　　　　　　　　2 400 000

5. 取得现金股利或利润

按照权益法核算的长期股权投资，投资企业在被投资单位实现净损益时已根据其持股比例确认了投资损益，并调整了长期股权投资的账面价值；在被投资单位宣告发放现金股利或利润时，应视为投资企业在被投资单位所占的权益份额即将随利润的分配而减少。因此，如果被投资单位宣告发放现金股利或利润，投资企业按应获得的现金股利或利润确认应收股利，同时抵减长期股权投资的账面价值，借记"应收股利"科目，贷记"长期股权投资——损益调整"科目。

如果被投资单位分派股票股利，投资企业不作账务处理，但应于除权日在备查簿中注明所增加的股数，以反映股份的变化情况。

【例 8-14】　新华公司于 2018 年 1 月 1 日以 1 035 万元（含支付的相关费用 1 万元）购入 B 公司股票 400 万股，每股面值 1 元，占 B 公司实际发行在外股数的 30%，假定新华公司采用权益法核算此项投资。

2018 年 1 月 1 日 B 公司可辨认净资产公允价值为 3 000 万元。取得投资时 B 公司的固定资产公允价值为 300 万元，账面价值为 200 万元，预计使用年限为 10 年，净残值为零，按照直线法计提折旧；B 公司的无形资产公允价值为 100 万元，账面价值为 50 万元，无形资产的预计使用年限为 5 年，净残值为零，按照直线法摊销。

2018 年 B 公司实现净利润 200 万元，提取盈余公积 20 万元。

2019 年 3 月 3 日，B 公司宣告分派现金股利每股 0.1 元，并于 2019 年 5 月 20 日支付。

2019年B公司发生亏损400万元。假定2019年的固定资产的公允价值为270万元,无形资产的公允价值为80万元。B公司原固定资产、无形资产账面价值、预计净残值、预计使用年限、折旧摊销方法都没有发生变化(固定资产年折旧额相同、无形资产年摊销额相同)。

2020年B公司实现净利润520万元。假定2020年的固定资产的公允价值为240万元,无形资产的公允价值为60万元。B公司原固定资产、无形资产账面价值、预计净残值、预计使用年限、折旧摊销方法都没有发生变化(固定资产年折旧额相同、无形资产年摊销额相同)。

假定不考虑所得税和其他事项。相关账务处理如下。

(1) 2018年1月1日,投资。

借:长期股权投资——成本   10 350 000

  贷:银行存款   10 350 000

长期股权投资初始投资成本大于B公司可辨认净资产的份额900万元(3 000×30%),不用调整初始成本。

(2) 2018年12月31日,确认投资损益。

$$调整后B公司的净利润 = 200 - \left(\frac{300}{10} - \frac{200}{10}\right) - \left(\frac{100}{5} - \frac{50}{5}\right) = 180(万元)$$

投资企业享有被投资单位净利润的份额为54万元(180×30%),则

借:长期股权投资——损益调整   540 000

  贷:投资收益   540 000

(3) 2018年B公司提取盈余公积,新华公司不需进行会计处理。

(4) 2019年B公司宣告分派现金股利。

$$现金股利 = 0.1 × 400 = 40(万元)$$

借:应收股利   400 000

  贷:长期股权投资——损益调整   400 000

收到现金股利时

借:银行存款   400 000

  贷:应收股利   400 000

(5) 2019年12月31日,确认投资损益。

$$B公司固定资产年折旧额 = \frac{200}{10} = 20(万元)$$

$$无形资产年摊销额 = \frac{50}{5} = 10(万元)$$

$$调整后B公司的净亏损 = (-400) - \left(\frac{270}{9} - 20\right) - \left(\frac{80}{4} - 10\right) = -420(万元)$$

投资企业承担被投资单位净亏损的份额为126万元(-420×30%),则

借:投资收益   1 260 000

  贷:长期股权投资——损益调整   1 260 000

(6) 2020年12月31日,确认投资损益。

$$调整后B公司的净利润 = 520 - \left(\frac{240}{8} - 20\right) - \left(\frac{60}{3} - 10\right) = 500(万元)$$

投资企业享有被投资单位净利润的份额为 150 万元(500×30%),则

借:长期股权投资——损益调整　　　　　　　1 500 000

　　贷:投资收益　　　　　　　　　　　　　　　　1 500 000

6. 被投资单位其他综合收益变动的处理

采用权益法核算时,被投资单位确认的其他综合收益及其变动,也会影响被投资单位所有者权益总额,进而影响投资企业应享有被投资单位所有者权益的份额。因此,当被投资单位其他综合收益发生变动时,投资企业应当按照归属于本企业的部分,相应调整长期股权投资的账面价值,同时增加或减少其他综合收益。

【例 8-15】　新华公司持有 M 房地产公司 25% 的股份,并能对 M 房地产公司施加重大影响。当期,M 房地产公司将作为存货的房地产转换为公允价值模式计量的投资性房地产,转换日公允价值大于账面价值 2 000 万元,计入其他综合收益。不考虑其他因素,新华公司当期按照权益法核算并应确认的其他综合收益的会计处理如下。

　　　　按权益法核算新华公司应确认的其他综合收益=2 000×25%=500(万元)

借:长期股权投资——M 公司(其他综合收益)　　5 000 000

　　贷:其他综合收益　　　　　　　　　　　　　　5 000 000

7. 被投资单位所有者权益的其他变动的处理

采用权益法核算时,投资企业对于被投资单位除净损益、其他综合收益以及利润分配以外所有者权益的其他变动,应按照持股比例与被投资单位所有者权益的其他变动计算的归属于本企业的部分,相应调整长期股权投资的账面价值,同时增加或减少资本公积(其他资本公积)。被投资单位除净损益、其他综合收益以及利润分配以外的所有者权益的其他变动,主要包括:被投资单位接受其他股东的资本性投入、被投资单位发行可分离交易的可转换公司债券中包含的权益成本、以权益结算的股份支付等。

【例 8-16】　新华公司持有 Q 公司 30% 的股份,能够对 Q 公司施加重大影响。Q 公司为上市公司,当时 Q 公司的母公司给予 Q 公司捐赠 1 000 万元,该捐赠实质上属于资本性投入,Q 公司将其计入资本公积(股本溢价)。不考虑其他因素,新华公司按权益法作如下会计处理。

　　　　新华公司应享有被投资单位所有者权益的其他变动=1 000×30%=300(万元)

借:长期股权投资——Q 公司(其他权益变动)　　3 000 000

　　贷:资本公积——其他资本公积　　　　　　　　3 000 000

8.4　长期股权投资核算方法的转换

长期股权投资在持有期间,因持股比例的变化,可能导致其核算需要在成本法和权益法之间进行转换。

8.4.1　成本法转换为权益法

1. 因处置投资导致持股比例下降,导致成本法转换为权益法

投资企业原持有的对被投资单位具有控制的长期股权投资,因处置投资导致持股比例

下降,对被投资单位的影响能力由控制转为具有重大影响或者与其他投资方一起实施共同控制的,相应的长期股权投资核算应当由成本法转换为权益法。转换程序如下。

(1) 按处置或收回投资的比例核销应终止确认的长期股权投资成本,确认处置过程发生的净损益,即借记"银行存款"科目,贷记"长期股权投资"科目;同时借记或贷记"投资收益"科目。

(2) 对处置后剩余的长期股权投资,应当按照权益法的核算要求对其账面价值进行调整。

① 将剩余的长期股权投资成本与按照剩余持股比例计算的原投资时应享有被投资单位可辨认净资产公允价值的份额进行比较,属于投资成本大于原投资时应享有被投资单位可辨认净资产公允价值份额的,不调整长期股权投资的账面价值;属于投资成本小于原投资时应享有被投资单位可辨认净资产公允价值份额的,在调整长期股权投资成本的同时,应调整留存收益/营业外收入。

② 对于原取得投资后至处置投资交易日之间被投资单位实现净损益(扣除已经发放及已宣告发放的现金股利或利润)中,投资企业按剩余持股比例计算的应享有份额,一方面应当调整长期股权投资的账面价值,另一方面对于原取得投资时至处置投资当期期初被投资单位实现的净损益中应享有的份额,调整留存收益;对于处置投资当期期初至处置投资之日被投资单位实现的净损益中享有的份额,调整当期损益(投资收益)。

③ 对于原取得投资后至处置投资交易日之间被投资单位其他综合收益变动,投资企业按剩余持股比例计算的应享有份额,在调整长期股权投资账面价值的同时,应当记入"其他综合收益"科目。

④ 对于原取得投资后至处置投资交易日之间其他原因导致被投资单位所有者权益变动中,投资企业按剩余持股比例计算的应享有份额,在调整长期股权投资账面价值的同时,应当记入"资本公积——其他资本公积"科目。

(3) 长期股权投资自成本法转为权益法后,未来期间应当按照准则规定计算确认应享有被投资单位实现的净损益及所有者权益其他变动的份额。

【例 8-17】 新华公司 2019 年 7 月 10 日持有 W 公司 60% 的股份,账面成本 750 万元,取得该项投资时 W 公司可辨认净资产公允价值为 1 300 万元,采用成本法核算。

2020 年 1 月 1 日,新华公司转让 W 公司 20% 的股份,收到价款 300 万元,因持股比例下降到 40%,不再对 W 公司具有控制,但仍能够实施重大影响,故改按权益法核算。自新华公司取得 W 公司 60% 股权至转让 20% 股权期间,W 公司实现净利润 800 万元,分配现金股利 200 万元;因确认其他权益工具投资公允价值变动而计入其他综合收益 100 万元。假定新华公司并未发生其他计入资本公积的交易或事项,新华公司按照净利润的 10% 计提盈余公积,不考虑相关税费等其他因素影响。相关账务处理如下。

(1) 2020 年 1 月 1 日,转让 W 公司 20% 股份。

$$转让股份的账面价值 = 750 \times \frac{1}{3} = 250(万元)$$

借:银行存款 3 000 000
    贷:长期股权投资 2 500 000
        投资收益 500 000

(2) 2020 年 1 月 1 日,调整剩余的长期股权投资账面价值。

① 剩余投资的成本为 500 万元,按该持股比例(40％)计算,其取得投资时应享有的被投资单位可辨认净资产公允价值为 520 万元(1 300×40％),根据权益法核算要求应调整其投资成本,同时调整留存收益(实质为以前年度的"营业外收入")。

借:长期股权投资——成本   5 200 000

 贷:长期股权投资   5 000 000

  利润分配——未分配利润   180 000

  盈余公积   20 000

② 减持股份前,W 公司实现利润 800 万元,分配现金股利 200 万元,根据权益法核算要求,新华公司应确认按剩余股份比例享有 W 公司的权益份额增加 240 万元[(800－200)×40％]。

借:长期股权投资——损益调整   2 400 000

 贷:利润分配——未分配利润   2 160 000

  盈余公积   240 000

③ 减持股份前,W 公司因其他权益工具投资公允价值变动而计入其他综合收益 100 万元,根据权益法核算要求,新华公司应确认按剩余股份比例享有 W 公司的权益份额增加 40 万元(100×40％)。

借:长期股权投资——其他综合收益   400 000

 贷:其他综合收益   400 000

2. 因增资扩股等原因造成投资方持股比例下降,导致成本法转换为权益法

投资方因其他投资方对其子公司增资而导致本投资方持股比例下降,从而丧失控制权,但能实施共同控制或施加重大影响,投资方应当对该项长期股权投资从成本法转为权益法核算。首先,按照新的持股比例确认本投资方应享有的原子公司因增资扩股而增加净资产的份额,与应结转持股比例下降部分对应的长期股权投资原账面价值之间的差额计入当期损益;然后按照新的持股比例视同自取得投资时即采用权益法进行核算。

【例 8-18】 2018 年 1 月 1 日,新华公司以 30 000 000 元现金获得乙公司 60％的股权,能够对乙公司实施控制;当日乙公司可辨认净资产公允价值为 45 000 000 元(假定公允价值和账面价值相同)。2020 年 6 月 1 日,乙公司向非关联方丙公司定向增发新股:增资 27 000 000 元,相关手续于当日完成,新华公司对乙公司持股比例下降为 40％,对乙公司丧失控制权但仍具有重大影响。2018 年 1 月 1 日至 2020 年 6 月 1 日,乙公司实现净利润 25 000 000 元;其中,2018 年至 2019 年 12 月 31 日,乙公司实现净利润 20 000 000 元。假定乙公司一直未进行利润分配,也未发生其他计入资本公积和其他综合收益的交易或事项。新华公司按净利润的 10％提取法定盈余公积。不考虑相关税费跟其他因素的影响。

2020 年 6 月 1 日,新华公司有关账务处理如下。

(1) 按比例结转部分长期股权投资并确认相关损益。

   27 000 000×40％－30 000 000÷60％×(60％－40％)=800 000(元)

借:长期股权投资——乙公司(成本)   800 000

 贷:投资收益   800 000

(2) 对剩余股权视同取得投资时即采用权益法核算进行调整。

长期股权投资(损益调整)增加额:25 000 000×40％=10 000 000(元)。

2018 年至 2019 年 12 月 31 日部分调整留存收益。

① 盈余公积：20 000 000×40%×10%＝800 000(元)。

② 利润分配——未分配利润：20 000 000×40%×(1−10%)＝7 200 000(元)。

2020 年 1 月 1 日至 6 月 1 日部分调整本期投资收益。

$$(25\ 000\ 000-20\ 000\ 000)\times40\%=2\ 000\ 000(元)$$

借：长期股权投资——乙公司（损益调整）	10 000 000
贷：盈余公积——法定盈余公积	800 000
利润分配——未分配利润	7 200 000
投资收益	2 000 000

需要指出的是，根据修订后的(2014)准则规定，投资企业因追加投资等原因能够对被投资单位施加重大影响或实施共同控制但不构成控制的，应当按照《企业会计准则第 22 号——金融工具确认和计量》确定的原持有的股权投资的公允价值加上新增投资成本之和，作为改按权益法核算的初始投资成本。原持有的股权投资分类为可供出售金融资产的，其公允价值与账面价值之间的差额，以及原计入其他综合收益的累计公允价值变动应当转入改按权益法核算的当期损益。

8.4.2　权益法转换为成本法

投资企业因追加投资等原因使原来持有的对联营企业或合营企业的投资转变为对子公司的投资，相应的长期股权投资核算方法应当由权益法转换为成本法。转换时，应当根据追加投资所形成的企业合并类型，确定按照成本法核算的初始投资成本，不需要追溯调整。

【例 8-19】 2019 年 1 月 5 日，新华公司以 570 万元的价款获得 H 公司 30% 的股份，能够对 H 公司实行重大影响，采用权益法核算。当日，H 公司可辨认净资产公允价值为 2 000 万元。2019 年度，H 公司实现净收益 100 万元，未分配现金股利。除实现净损益外，H 公司在此期间还确认了其他权益工具投资的公允价值变动利得 50 万元。假定 H 公司期间并未发生其他计入资本公积的交易或事项。相关账务处理如下。

(1) 2019 年 1 月 5 日，取得长期股权投资。

借：长期股权投资——H 公司（成本）	5 700 000
贷：银行存款	5 700 000

新华公司应享有投资单位的份额为 600 万元(2 000×30%)，超过该项长期股权投资的成本 30 万元，应当调整长期股权投资的账面价值，并确认营业外收入。

借：长期股权投资——H 公司（成本）	300 000
贷：营业外收入	300 000

(2) 2019 年度新华公司应享有的 H 公司净收益的份额为 30 万元(100×30%)，应确认投资收益；除净损益外应享有的其他综合收益份额为 15 万元(50×30%)。

借：长期股权投资——H 公司（损益调整）	300 000
贷：投资收益	300 000
借：长期股权投资——H 公司（其他综合收益）	150 000
贷：其他综合收益	150 000

(3) 2020 年 2 月 10 日，新华公司又以 480 万元的价款取得 H 公司 25% 的股份，至此，

新华公司对 H 公司的持股比例已增至 55%,对 H 公司形成控制,假定合并日 H 公司所有者权益账面价值为 2 000 万元。长期股权投资的核算方法由权益法转化为成本法。

① 假定该项合并为同一控制下的企业合并,此时,长期股权投资按权益法核算的账面价值的和为 1 125 万元,为 2019 年度账面价值 645 万元(570+30+30+15)与追加投入价值 480 万元之和;而成本法下该项长期股权投资的初始成本为 1 100 万元(2 000×55%),两者之间的差额 25 万元记入"资本公积——股本溢价"。

借:长期股权投资——H 公司　　　　　　　　　　　11 000 000
　　资本公积——股本溢价　　　　　　　　　　　　　　250 000
　　贷:长期股权投资——H 公司(成本)　　　　　　　　6 000 000
　　　　　　　　　　　——H 公司(损益调整)　　　　　　300 000
　　　　　　　　　　　——H 公司(其他综合收益)　　　　150 000
　　　　银行存款　　　　　　　　　　　　　　　　4 800 000

② 假定该项合并为非同一控制下的企业合并,长期股权投资按权益法核算账面价值为 1 125 万元(570+30+30+15+480)。

借:长期股权投资——H 公司　　　　　　　　　　　11 250 000
　　贷:长期股权投资——H 公司(成本)　　　　　　　　6 000 000
　　　　　　　　　　　——H 公司(损益调整)　　　　　　300 000
　　　　　　　　　　　——H 公司(其他综合收益)　　　　150 000
　　　　银行存款　　　　　　　　　　　　　　　　4 800 000

应当注意的是,采用权益法核算下的应享有被投资单位由于其他原因导致的其他权益变动,不能自"其他综合收益""资本公积——其他资本公积"转为本期投资收益,而应在该项长期股权投资处置时转为处置当期的投资收益。

8.5　长期股权投资的减值及处置

8.5.1　长期股权投资的减值

企业持有的长期股权投资(包括对子公司、联营企业和合营企业的投资)存在减值迹象的,应当估计其可收回金额。当可收回金额的计量结果表明,长期股权投资的可收回金额低于其账面价值的,应当将长期股权投资的账面价值减记至可收回金额。

需要注意的是,处置长期股权投资时,应同时结转已计提的长期股权投资减值准备。长期股权投资减值损失一经确认,在以后会计期间不得转回。

【例 8-20】　新华公司 2020 年 3 月 1 日购入 A 公司价值为 75 万元的股票,持有比率为 30%,2020 年 A 公司发生巨额亏损。经测算,该项投资的可收回金额为 60 万元,发生减值 15 万元。相关账务处理如下。

借:资产减值损失　　　　　　　　　　　　　　　　150 000
　　贷:长期股权投资减值准备　　　　　　　　　　　　150 000

8.5.2　长期股权投资的处置

企业在持有长期股权投资的过程中,由于各方面的考虑,决定将所持有的对被投资单位的股权全部或部分对外出售时,应相应结转与所售股权相对应的长期股权投资的账面价值,出售所得价款与处置长期股权投资账面价值之间的差额,应确认为处置当期的损益。

采用权益法核算的长期股权投资,原记入"其他综合收益""资本公积——其他资本公积"中的金额,在处置时也应进行结转,将与所出售股权相对应的部分在处置时自"其他综合收益""资本公积——其他资本公积"转入当期损益。

【例 8-21】 新华公司原持有 B 公司股票 400 万股,占 B 公司 40% 的有表决权的股份,2020 年 6 月 20 日,新华公司决定出售其持有的 B 企业股票 120 万股,出售时新华公司账面上对 B 公司长期股权投资的构成为:投资成本 1 200 万元(借方余额),损益调整 320 万元(借方余额),其他综合收益 100 万元(借方余额)、其他权益变动 100 万元(借方余额),计提长期股权投资减值准备 300 万元(贷方余额),B 企业股票出售取得价款 470 万元。相关账务处理如下。

$$出售 120 万股的投资成本 = 1\ 200 \times \frac{120}{400} = 360(万元)$$

$$损益调整 = 320 \times \frac{120}{400} = 96(万元)$$

$$其他综合收益 = 100 \times \frac{120}{400} = 30(万元)$$

$$其他权益变动 = 100 \times \frac{120}{400} = 30(万元)$$

$$相应的长期股权投资减值准备 = 300 \times \frac{120}{400} = 90(万元)$$

(1) 借:银行存款   4 700 000

    长期股权投资减值准备   900 000

  贷:长期股权投资——成本   3 600 000

          ——损益调整   960 000

          ——其他综合收益   300 000

          ——其他权益变动   300 000

    投资收益   440 000

(2) 借:其他综合收益   300 000

    资本公积——其他资本公积   300 000

  贷:投资收益   600 000

8.6 长期股权投资的披露与分析

8.6.1 长期股权投资的披露

企业资产负债表中的"长期股权投资"项目,应根据"长期股权投资"科目的期末余额,减去"长期股权投资减值准备"科目期末余额后的金额填列。另外,企业在其财务报表附注中应当披露以下与股权投资相关的信息。

(1) 子公司、合营企业和联营企业清单,包括企业名称、注册地、业务性质、投资企业的持股比例和表决权比例。

（2）合营企业和联营企业当期的主要财务信息，包括资产、负债、收入、费用等合计金额。

（3）被投资单位向投资企业转移资金的能力受到严格限制的情况。

（4）当期及累计未确认的投资损失金额。

（5）与对子公司、合营企业及联营企业投资相关的或有负债。

（6）分别披露按成本法核算和按权益法核算的长期股权投资，并按被投资单位分别披露长期股权投资的初始金额、期初余额、期末余额、增减变动情况等。若长期股权投资采用权益法核算，还应列示从被投资单位分得的现金红利。

（7）公司应按被投资单位分别披露长期股权投资的减值情况。

8.6.2 长期股权投资的分析

随着中小板和创业板新发的上市公司日益增多，越来越多的企业参与股权投资，长期股权投资在企业的资产结构中所占比重日益加大，已成为很多企业的一项重要资产。财务报表的使用者在分析企业的长期股权投资项目时，首先应当就其股权投资进行明细分析，查阅其相关的子公司、合营企业和联营企业的业务性质和经营情况，结合持股比例的变化，判断公司持有的长期股权投资的真实性、采用成本法或权益法核算的正确性，以及对长期股权投资计提减值准备的合理性等。因为不真实的股权投资列示往往会给投资者带来不切实际的憧憬，股权投资核算的不准确也会成为企业调整报告期损益的手段。

实务中，较为常见的利用长期股权投资进行利润调整的手段包括以下内容。

1. 进行债务重整，将应收账款转为长期股权投资

某些企业可能会采取债务重整方式将应收账款转化为对该企业的股权投资。一方面使年末应收账款总额明显减少，相应计提坏账准备的金额也减少，调增当期利润；另一方面使公司应收账款周转率提高，表现为经营管理效率的提高。公司对于这部分投资还可以视具体情况选择采用成本法或权益法核算，决定是否在账面上分享被投资单位的净损益。

2. 向关联方出售长期股权投资

会计准则并不要求公司对出售长期投资的行为按公允价值调整，因为股权投资的价值很难确定，所以按实际收到的金额减去该项投资账面的价值的净额计入本期投资收益。公司常用此种方法将其持有的长期投资以较高的价格出售给其集团公司或不纳入合并报表的关联企业，增加其投资收益。

 案例

某上市公司的年报显示其下属 7 家公司的长期股权投资金额合计为 3 248 万元，但事实上，在中国证监会等国家五部委联合进行的公司治理专项调查活动中发现，该公司的下属子公司要么是已经停止一切经营活动、相关资产已经清理完毕的空壳公司（这些公司当时是用来炒股和资金划转的），要么是已经不能正常经营的烂摊子。这些投资本应该计提长期投资减值准备，但该上市公司并没有按规定计提相应的减值准备，得以在连续亏损两年后实现盈利 297.37 万元，既避免了因连续三年亏损而暂停上市，也摘掉了"＊ST"的帽子。

随后,该公司继续股权投资,曾公告通过资产置换获得某黄金公司99%的股权,而事实上,在公司治理的专项调查中发现,该上市公司仍然未能对持有99%股份的黄金公司实施控制。公司事后解释是"由于历史原因,黄金公司自身并未直接从事开采和冶炼业务,而是定额承包,他人经营。由于对外承包经营合同未到期,导致我公司无法收回经营权,未对其实施实际控制"。正是因为存在诸多未准确披露的长期股权投资信息,该公司股价凭借矿产资源的应景题材,一路高歌,一度由每股5元左右攀升到了31.47元的历史性高点,成为市场追捧的"黑马",甚至吸引了部分基金的参与。在遭到市场质疑并逐步揭开真相后,该公司股价瞬间回到10元以下。

本 章 小 结

本章主要内容包括通过不同方式取得的长期股权投资的初始计量、采用成本法核算及权益法核算的会计处理方法、成本法和权益法的转换、长期股权投资的减值及处置等。

1. 长期股权投资是指投资方对被投资单位实施控制、施加重大影响的权益性投资,以及对其合营企业的权益性投资。长期股权投资可以通过企业合并或非合并方式取得,不同方式下初始投资成本的确定方法有所不同。

2. 企业合并是将两个或者两个以上单独的企业合并形成一个报告主体的交易或事项。其中同一控制下的企业合并,是指参与合并的企业在合并前后均受同一方或相同的多方最终控制,且该控制并非暂时性的,其实质是一个事项而非交易,计量基础是账面价值;非同一控制下的企业合并,是指参与合并各方在合并前后不受同一方或相同的多方最终控制的其实质是一种建立在公允价值基础上的交易行为。

3. 长期股权投资可以通过不同的方式取得,除企业合并形成的对子公司的长期股权投资外,以支付现金、转让非现金资产、发行权益性证券等方式取得的,对被投资单位不具有控制权的长期股权投资,为非合并方式取得的长期股权投资。

4. 企业取得的长期股权投资在持有期间,要根据所持股份性质、占被投资单位股份比例大小,以及对被投资单位的影响程度,分别采用成本法或权益法进行相关的会计处理。

其中,投资企业能够对被投资单位实施控制的长期股权投资应当采用成本法核算。即长期股权投资的价值以初始投资成本计量,一般不调整其账面价值;在投资持有期间被投资单位宣告发放现金股利或利润的,投资企业按应享有的部分确认为当期投资收益。

投资企业对联营企业和合营企业的长期股权投资,应当采用权益法核算。即在取得长期股权投资时以初始投资成本计量,在投资持有期间根据投资企业享有被投资单位所有者权益份额的变动,对投资的账面价值进行调整,同时确认当期投资收益。

5. 采用权益法核算时,投资企业取得对联营企业或合营企业的投资以后,对于取得投资时初始投资成本与应享有的被投资单位可辨认净资产公允价值份额之间的差额要区别不同情况处理。在持有长期股权投资期间,应当按照应享有或应分担的被投资单位实现的净利润或发生净亏损的份额,调整长期股权投资的账面价值,并确认为当期损益。

6. 长期股权投资在持有期间,因持股比例的变化,可能导致其核算需要在成本法和核算法之间进行转换。

7. 企业持有的长期股权投资(包括对子公司、联营企业和合营企业的投资)存在减值迹象的,应当估计其可收回金额。当可收回金额低于其账面价值的,应当计提相应的减值准备,且长期股权投资减值损失一经确认,在以后会计期间不得转回。

8. 企业在对外出售长期股权投资时,应将出售所得价款与处置长期股权投资账面价值之间的差额,确认为处置当期的损益。采用权益法核算的长期股权投资,原记入"其他综合收益""资本公积——其他综合收益"中的金额,在处置时也应进行结转。

本章重点:长期股权投资的初始计量、成本法和权益法的核算、成本法和权益法的转换。

本章难点:合并形成的长期股权投资的初始成本计量、权益法核算。

本章练习题

一、单项选择题

1. 2020 年 1 月 2 日,甲公司以银行存款 2 000 万元取得乙公司 30% 的股权,投资时乙公司可辨认净资产公允价值及账面价值的总额均为 8 000 万元。甲公司取得投资后即派人参与乙公司的生产经营决策,但无法对乙公司实施控制。2020 年 5 月 9 日,乙公司宣告分派现金股利 400 万元。2020 年度,乙公司实现净利润 800 万元。不考虑所得税等因素,该项投资对甲公司 2020 年度损益的影响金额为(　　)万元。

  A. 400   B. 640   C. 240   D. 860

2. 某企业 2020 年年初购入 A 公司 40% 的有表决权股份,对 A 公司能够施加重大影响,实际支付价款 300 万元(与享有 A 公司的可辨认净资产的公允价值的份额相等)。当年 A 公司经营获利 100 万元,宣告分派现金股利 20 万元。2020 年年末该企业的股票投资账面余额为(　　)万元。

  A. 300   B. 292   C. 332   D. 34

3. 甲公司与乙公司共同出资设立丙公司,经甲、乙双方协议,丙公司的董事长由甲公司委派,乙方的出资比例为 40%,股东按出资比例行使表决权。在此情况下(　　)。

  A. 甲公司和乙公司均采用成本法核算该长期股权投资

  B. 甲公司和乙公司均采用权益法核算该长期股权投资

  C. 甲公司采用权益法核算该长期股权投资,乙公司采用成本法核算该长期股权投资

  D. 甲公司采用成本法核算该长期股权投资,乙公司采用权益法核算该长期股权投资

4. A 公司 2020 年 1 月 1 日支付价款 2 000 万元购入 B 公司 30% 的股份,准备长期持有,另支付相关税费 20 万元,购入时 B 公司可辨认净资产公允价值为 12 000 万元。A 公司取得投资后对 B 公司具有重大影响。2020 年度,B 公司实现净利润 100 万元,假定不考虑其他因素,则 A 公司 2020 年度因该项投资而影响利润的金额为(　　)万元。

  A. 10   B. 30   C. 1 610   D. 1 630

5. 对于因追加投资导致长期股权投资由权益法转为成本法的,下列表述中正确的是(　　)。

  A. 应对增资前的长期股权投资进行追溯调整

  B. 增资日的长期股权投资成本为原权益法下的账面价值与新增投资成本之和

  C. 增资日的长期股权投资成本为初始投资日的投资成本与新增投资成本之和

  D. 原权益法下因被投资方其他权益变动而计入资本公积的金额,应在增资日转入投资收益

  6. 2020 年 3 月 20 日,A 公司以银行存款 1 000 万元及一项土地使用权取得其母公司控制的 B 公司 80% 的股权,并于当日起能够对 B 公司实施控制。合并日,该土地使用权的账面价值为 3 200 万元,公允价值为 4 000 万元;B 公司净资产的账面价值为 6 000 万元,公允价值为 6 250 万元。假定 A 公司与 B 公司的会计年度和采用的会计政策相同,不考虑其他因素,A 公司的下列会计处理中,正确的是( )。

  A. 确认长期股权投资 5 000 万元,不确认资本公积

  B. 确认长期股权投资 5 000 万元,确认资本公积 800 万元

  C. 确认长期股权投资 4 800 万元,确认资本公积 600 万元

  D. 确认长期股权投资 4 800 万元,冲减资本公积 200 万元

  7. 甲、乙公司为同属某集团公司控制的两家子公司。2020 年 2 月 26 日,甲公司以账面价值为 3 000 万元、公允价值为 3 600 万元的非货币性资产为对价,自集团公司处取得对乙公司 60% 的股权,相关手续已办理;当日乙公司账面净资产总额为 5 200 万元、公允价值为 6 300 万元。2020 年 3 月 29 日,乙公司宣告发放 2019 年度现金股利 500 万元。假定不考虑其他因素影响。2020 年 3 月 31 日,甲公司对乙公司长期股权投资的账面价值为( )万元。

  A. 2 820   B. 3 120   C. 3 300   D. 3 480

  8. 甲公司于 2020 年 1 月 1 日以货币资金 4 000 万元和一批原材料对乙公司进行长期股权投资,取得乙公司 60% 的股权。投出的原材料账面余额为 1 000 万元,公允价值(同计税价格)为 1 400 万元,增值税税率 13%。投资时乙公司可辨认净资产公允价值及账面价值的总额均为 11 000 万元。假设甲、乙公司合并前不存在关联关系,合并前双方采用的会计政策及会计期间均相同。则甲公司投资时长期股权投资的入账价值为( )万元。

  A. 5 400   B. 5 000   C. 6 600   D. 5 582

二、多项选择题

1. 下列属于长期股权投资核算内容的有( )。

  A. 对子公司股权投资   B. 对合营企业股权投资

  C. 对共同经营股权投资   D. 对联营企业股权投资

2. 下列各项涉及交易费用会计处理的表述中,正确的有( )。

  A. 非同一控制下的企业合并,购买方为企业合并发生的审计、法律服务、评估咨询等中介费用以及其他相关管理费用,应当于发生时计入当期损益

  B. 企业合并中作为对价发行的权益性工具或债务性工具的交易费用,应当计入权益性工具或债务性工具的初始确认金额

  C. 购买交易性金融资产发生的手续费直接计入当期损益

  D. 非企业合并方式下,支付的直接相关手续费等应计入长期股权投资的初始投资成本,通过发行权益性证券方式取得长期股权投资时,其手续费、佣金等要从溢价发行收入中扣除,溢价发行收入不足冲减的,冲减盈余公积和未分配利润

3. 下列各项关于长期股权投资成本法核算的相关处理中,正确的有( )。

  A. 成本法核算下,被投资单位宣告发放现金股利,投资方应当增加投资收益

    B. 成本法核算下,被投资单位宣告发放股票股利,投资方应当增加长期股权投资的账面价值

    C. 成本法核算下,被投资单位实现净利润,投资方应当增加长期股权投资的账面价值,同时增加投资收益

    D. 成本法核算下,被投资单位发生其他权益变动,投资方不需要进行会计处理

4. 甲企业持有乙企业 40% 的股权,能够对乙企业施加重大影响。2019 年 12 月 31 日该股权投资的账面价值为 2 000 万元。乙企业 2020 年度发生亏损 7 500 万元。假定取得投资时被投资单位可辨认净资产公允价值等于账面价值,双方采用的会计政策、会计期间相同。假定不考虑投资单位和被投资单位的内部交易,甲企业账上有应收乙企业长期应收款 1 500 万元,且乙企业对该笔债务没有清偿计划。则下列说法中正确的有(   )。

    A. 甲企业 2020 年应确认投资收益-3 000 万元

    B. 甲企业 2020 年年末长期股权投资的账面价值为 2 000 万元

    C. 甲企业 2020 年应冲减长期应收款 1 000 万元

    D. 甲企业 2020 年应确认投资收益-2 000 万元

5. 下列各项中,能引起权益法核算的长期股权投资账面价值发生变动的有(   )。

    A. 被投资单位实现净利润

    B. 被投资单位宣告分配股票股利

    C. 被投资单位宣告分配现金股利

    D. 被投资单位除净损益、其他综合收益以及利润分配以外的所有者权益其他变动

三、判断题

1. 重大影响是指投资方对被投资单位的财务和经营政策有参与决策的权利,并能够控制或与其他方一起共同控制一些政策的制定。 （   ）

2. 同一控制下的企业合并,合并方以发行权益性证券作为合并对价的,应当在合并日按照被合并方所有者权益在最终控制方合并财务报表中的账面价值的份额作为长期股权投资的初始投资成本。 （   ）

3. 长期股权投资的初始投资成本大于投资时应享有被投资单位可辨认净资产公允价值份额的,需要调整长期股权投资的初始投资成本。 （   ）

4. 采用权益法后续计量的长期股权投资,投资方取得长期股权投资后,应当按照应享有或应分担的被投资单位实现的净损益和其他综合收益的份额,分别确认投资收益和其他综合收益,同时调整长期股权投资的账面价值。 （   ）

5. 投资方因处置部分权益性投资等原因丧失了对被投资单位的控制的,在编制个别财务报表时,处置后的剩余股权能够对被投资单位实施共同控制或施加重大影响的,应当改按权益法核算,并对该剩余股权视同自取得时即采用权益法核算进行调整。 （   ）

四、综合题

1. 甲公司和乙公司均为股份有限公司,系增值税一般纳税人,适用的增值税税率均为 13%。2019 年 7 月 1 日,甲公司以一项公允价值为 600 万元、账面价值 420 万元的机器设备(原价 600 万元,累计折旧 180 万元)、一批公允价值 400 万元,成本为 300 万元的库存商品和一项公允价值为 430 万元、账面价值 480 万元的专利技术(原价 600 万元,累计摊销 120 万元)作为对价取得乙公司 100% 的股权(假设为控股合并)。取得投资时,另发生资产

评估、审计费等共计 10 万元,以银行存款支付。取得投资时,乙公司可辨认净资产的账面价值为 1 500 万元,公允价值为 1 700 万元。假定不考虑除增值税以外的其他相关税费。

要求:

(1) 若甲公司与乙公司同为丙公司控制下的子公司,编制甲公司取得乙公司股权投资时的相关会计分录。

(2) 若甲公司与乙公司合并前不存在任何关联方关系,编制甲公司取得乙公司股权投资时的相关会计分录。

2. 西颐股份有限公司(以下简称西颐公司)为上市公司,2019—2020 年发生如下与长期股权投资有关的业务。

(1) 2019 年 1 月 1 日,西颐公司向 M 公司定向发行 500 万股普通股(每股面值 1 元,每股市价 8 元)作为对价,取得 M 公司拥有的甲公司 80% 的股权。在此之前,M 公司与西颐公司不存在任何关联方关系。西颐公司另以银行存款支付评估费、审计费以及律师费 30 万元;为发行股票,西颐公司以银行存款支付了证券商佣金、手续费 50 万元。

2019 年 1 月 1 日,甲公司可辨认净资产公允价值为 4 800 万元,与账面价值相同,相关手续于当日办理完毕,西颐公司于当日取得甲公司的控制权。

2019 年 3 月 10 日,甲公司股东大会做出决议,宣告分配现金股利 300 万元。2019 年 3 月 20 日,西颐公司收到该现金股利。

2019 年度甲公司实现净利润 1 800 万元,其持有的其他权益工具投资期末公允价值增加了 150 万元。

期末经减值测试,西颐公司对甲公司的股权投资未发生减值。

(2) 2020 年 1 月 10 日,西颐公司将持有的甲公司的长期股权投资的 1/2 对外出售,出售取得价款 3 300 万元,当日甲公司自购买日公允价值持续计算的可辨认净资产的账面价值为 6 450 万元。在出售 40% 的股权后,西颐公司对甲公司的剩余持股比例为 40%,在被投资单位董事会中派有代表,但不能对甲公司的生产经营决策实施控制,剩余股权投资在当日的公允价值为 3 250 万元。对甲公司长期股权投资应由成本法改为按照权益法核算。

其他资料:西颐公司按净利润的 10% 提取法定盈余公积。不考虑所得税等相关因素的影响。

要求:

(1) 根据资料(1),分析判断西颐公司并购甲公司属于何种合并类型,并说明理由。

(2) 根据资料(1),编制西颐公司在 2019 年度与甲公司长期股权投资相关的会计分录。

(3) 根据资料(2),计算西颐公司处置 40% 股权时应确认的投资收益金额,并编制西颐公司中处置 40% 长期股权投资以及对剩余股权投资进行调整的相关会计分录。

第9章 负　　债

本章的学习将会使你：

(1) 了解负债的特征及其确认条件、分类。

(2) 理解各负债项目的核算内容。

(3) 掌握应付票据、应付账款、应付职工薪酬及应交税费等流动负债项目的核算方法。

(4) 掌握长期借款、应付债券等非流动负债项目的核算方法。

(5) 了解或有事项的特征及预计负债的确认。

9.1　负债概述

9.1.1　负债的定义及其确认条件

1. 负债的定义

负债是指企业过去的交易或者事项形成的，预期会导致经济利益流出企业的现时义务。根据负债的定义，负债具有以下特征。

(1) 负债是已经存在的现时义务。已经存在的现时义务是负债的一个基本特征。即负债应当是企业在现行条件下已经承担的，需以一定方式履行的责任。未来发生的交易或者事项所形成的义务（履约责任），不属于现时义务，不应当确认为负债。

这里所指的义务大多通过合同形式约定，一般具有强制性，如因购货和接受劳务等形成的应付账款、企业向银行借入款项形成的借款、企业按照税法规定应当缴纳的税款等，均属于企业承担的法定合同义务，需要依法予以偿还。此外，企业有些义务是由于正常商业惯例，或因为企业的公开承诺（政策）而产生的，属于推定义务。例如，公司董事会对外宣告要支付的现金股利等。

(2) 负债预期会导致经济利益流出企业。预期会导致经济利益流出企业是负债的一个本质特征。负债是企业承担的现时义务，需要在未来通过转移资产或提供劳务加以清偿，因而必然导致经济利益流出企业。实务中，企业也有可能通过以一项新的债务或权益来取代原有负债，其本质还是导致企业未来经济利益的流出。

(3) 负债是由企业过去的交易或者事项形成的。负债应当由企业过去的交易或者事项所形成。即只有过去的交易或者事项才能形成负债，例如，已经发生购买商品的业务活动。企业将在未来发生的承诺、签订的合同等交易或者事项，不形成负债。

【例 9-1】 新华公司于 2019 年 7 月 5 日与某商业银行签订借款协议，约定在合同签署当日向银行借入期限半年，年利率 6.5% 的短期借款 200 万元；同时与该银行达成了 3 个月后再借入 400 万元的借款意向书。

在该例中，新华公司获得的 200 万元短期借款属于过去的交易或者事项所形成的负债；

而 3 个月后借入 400 万元只是一个未来意向,不属于过去的交易或者事项,不应形成企业的负债。

2. 负债的确认条件

企业将一项现时义务确认为负债,不仅需要符合负债的定义,还应当同时满足以下两个条件。

（1）与该义务有关的经济利益很可能流出企业。负债的确认应当与经济利益流出的不确定性程度的判断结合起来。如果有确凿证据表明,与现时义务有关的经济利益很可能流出企业,就应当将其作为负债予以确认;反之,如果企业承担了现时义务,但是经济利益流出企业的可能性极小或已不存在,就不能将其作为负债予以确认。

（2）未来流出的经济利益的金额能够可靠地计量。企业要确认一项负债,在考虑经济利益很可能流出企业的同时,对于未来流出企业的经济利益的金额应当能够可靠计量。对于与法定义务有关的经济利益流出金额,通常可以根据合同或者法律规定的金额予以确定,时效较长的还需要考虑货币时间价值等因素的影响。对于与推定义务有关的经济利益流出金额,企业应当根据履行相关义务所需支出的最佳估计数进行估计,并综合考虑有关货币时间价值、风险等因素的影响。

9.1.2 负债的分类

负债按其流动性大小,可以分为流动负债和非流动负债。

1. 流动负债

流动负债是指在一年以内(含一年)或超过一年的一个营业周期内必须偿还的债务。包括短期借款、交易性金融负债、应付票据、应付账款、合同负债、应付职工薪酬、应交税费、应付利息、应付股利、其他应付款等,主要用于企业日常经营活动所需的资金周转。

2. 非流动负债

非流动负债是指偿还期超过一年或一个营业周期以上的债务。包括长期借款、应付债券、长期应付款、预计负债等,主要用于企业大型设备购置及项目建设等。

9.2　流动负债的核算

9.2.1　短期借款

1. 短期借款的核算内容

短期借款是指企业向银行或其他金融机构等借入的期限在一年以内(含一年)的各种借款。

2. 短期借款的会计处理

为了反映企业取得、偿还短期借款及支付相关的借款利息情况,企业应当设置"短期借款"科目及"应付利息""财务费用"等科目进行相关的会计核算。

（1）当企业取得一项短期借款时,借记"银行存款"科目,贷记"短期借款"科目。

（2）根据权责发生制原则,无论借款合同如何约定,企业应当在每月月末计提借款利息,将应付未付的利息确认为一项流动负债,贷记"应付利息"科目,同时确认当期损益,借记"财务费用"科目。

(3) 企业应于短期借款到期日偿还借款的本金及尚未支付的利息,借记"短期借款""应付利息""财务费用"科目,贷记"银行存款"科目。

【例 9-2】 新华公司因经营临时性需要,于 2020 年 4 月 1 日向银行借入期限 3 个月、年利率 5.6% 的短期借款 1 500 000 元,所借款项已经到账。根据借款合同,该笔借款的利息应于借款到期日偿还。相关账务处理如下。

(1) 2020 年 4 月 1 日,取得借款。

借:银行存款 1 500 000
　贷:短期借款 1 500 000

(2) 2020 年 4 月 30 日,计提本月利息[1 500 000×5.6%÷12＝7 000(元)]。

借:财务费用 7 000
　贷:应付利息 7 000

(3) 2020 年 5 月 31 日,计提本月利息。

借:财务费用 7 000
　贷:应付利息 7 000

(4) 2020 年 6 月 30 日,到期还本付息。

借:短期借款 1 500 000
　应付利息 14 000
　财务费用 7 000
　贷:银行存款 1 521 000

9.2.2　应付票据

1. 应付票据的核算内容

应付票据是企业在购买材料、商品或者接受劳务等交易过程中开出、承兑的商业汇票,包括银行承兑汇票和商业承兑汇票。根据相关规定,我国商业汇票的付款期限最长不超过 6 个月,且有固定的到期日。应付票据按票面是否载明利息分为带息应付票据和不带息应付票据。

2. 应付票据的会计处理

为了核算企业商业汇票的签发、承兑和支付情况,应设置"应付票据"科目。企业因购买材料、商品或者接受劳务开出商业汇票时,借记"原材料""应交税费——应交增值税(进项税额)"等科目,贷记"应付票据"科目;汇票到期结算时,借记"应付票据"科目,贷记"银行存款"科目;如果是带息商业汇票,企业还应计算并支付相应的利息,借记"应付票据""财务费用"等科目,贷记"银行存款"等科目。

此外,对于企业申请并签发商业汇票应支付的手续费,直接计入当期损益。

【例 9-3】 新华公司于 2019 年 10 月 1 日购入材料一批,货款 50 000 元,增值税 6 500 元,公司当日签发一张为期 3 个月、面值为 56 500 元的不带息商业汇票,材料已验收入库。为签发该商业汇票,另以现金支付给银行 60 元的手续费。相关账务处理如下。

(1) 2019 年 10 月 1 日签发商业汇票购料,材料验收入库。

借：原材料   50 000

    应交税费——应交增值税(进项税额)   6 500

  贷：应付票据   56 500

借：财务费用   60

  贷：库存现金   60

(2) 2019 年 12 月 31 日商业汇票到期,新华公司按期付款。

借：应付票据   56 500

  贷：银行存款   56 500

需要注意的是,如果商业汇票到期时企业不能按期支付票据款项,则应当分别承兑人的不同而进行相应的处理。如果是商业承兑汇票,应当将未能支付的应付票据票面金额,结转至"应付账款"科目,即借记"应付票据"科目,贷记"应付账款"科目;如果是银行承兑汇票,由银行支付款项给收款人,企业应将此款项视同一项短期借款,借记"应付票据"科目,贷记"短期借款"科目;对计收的利息,按短期借款利息的处理办法处理。

9.2.3 应付账款

1. 应付账款的核算内容

应付账款是指企业因购买材料、商品或接受劳务等经营活动而形成的应付未付款项,是购货方因为取得物资或服务与支付货款时间不一致而产生的负债。应付账款应当按照收到相关发票账单上注明的价值入账,包括价款、增值税进项税额、购货方应负担的运杂费和包装费等。

应付账款入账时间的确定,一般应以取得所购买物资控制权为标志。

2. 应付账款的会计处理

企业通过设置"应付账款"科目核算应付账款的形成及其偿还情况。该科目贷方登记企业购买材料、商品或接受劳务发生的应付账款;借方登记已偿还,或开出商业汇票抵付,或已经冲销的无法支付的款项;期末余额一般在贷方,表明企业尚未支付的应付账款余额。

在实务中,通常需要考虑所购买货物与相关发票账单到达企业时间之间的关系来进行不同的会计处理。

(1) 货物和发票同时到达。在货物和发票同时到达的情况下,企业在所购物资验收入库后,应当根据发票确认原材料、库存商品等,同时确认应付账款。

【例 9-4】 2019 年 8 月 10 日,新华公司购买一批材料,收到的增值税专用发票上注明的价款为 100 000 元,增值税为 13 000 元。材料已验收入库,款项尚未支付。相关的账务处理如下。

借：原材料   100 000

    应交税费——应交增值税(进项税额)   13 000

  贷：应付账款   113 000

(2) 发票先到而货物未到。在发票先到而货物尚未运达的情况下,企业应当在发票到达时,根据发票确认在途物资,同时确认应付账款。

【例 9-5】 接例 9-4 资料,假定新华公司所购材料尚未收到,款项尚未支付。相关账务处理如下。

借：在途物资	100 000	
应交税费——应交增值税（进项税额）	13 000	
贷：应付账款		113 000

（3）货物已到而发票未到。在货物收到并已验收入库而相关发票尚未到达的情况下，为在资产负债表中客观反映企业所拥有的资产和承担的债务，企业应在月份终了，将所购货物和应付债务估计入账（一般按暂估的金额或计划成本入账），待下月初再用红字予以冲回，等收到相关发票时再重新入账。

【例 9-6】　2019 年 8 月 25 日，新华公司购买一批材料，材料已验收入库，但到月末尚未收到发票账单。已知该批材料的计划成本为 20 000 元。相关账务处理如下。

① 2019 年 8 月 31 日，暂估入账。

| 借：原材料 | 20 000 | |
| 贷：应付账款 | | 20 000 |

② 2019 年 9 月 1 日，红字冲销。

| 借：原材料 | 20 000 | |
| 贷：应付账款 | | 20 000 |

（4）附有现金折扣条件的应付账款。如果购入的货物在形成一笔应付账款时是附有现金折扣的，企业应当采用总价法核算，即应付账款按发票上记载的应付金额（不考虑现金折扣）登记入账，获得的现金折扣冲减财务费用。

【例 9-7】　2019 年 9 月 10 日，新华公司从乙公司购买一批材料，收到的增值税专用发票上注明的价款为 200 000 元，增值税为 26 000 元。材料已验收入库，款项尚未支付。乙公司开出的现金折扣条件为"2/10,1/20,n/30"，假设折扣不考虑增值税。相关账务处理如下。

① 9 月 10 日，新华公司收到材料。

借：原材料	200 000	
应交税费——应交增值税（进项税额）	26 000	
贷：应付账款——乙公司		226 000

② 假定新华公司在 9 月 19 日支付货款。

新华公司应享有的现金折扣为 4 000 元（200 000×2%），实际支付的款项为 222 000 元（226 000－4 000）。

借：应付账款——乙公司	226 000	
贷：银行存款		222 000
财务费用		4 000

③ 假定新华公司在 9 月 29 日支付货款。

新华公司应享有的现金折扣为 2 000 元（200 000×1%），实际支付的款项为 224 000 元（226 000－2 000）。

借：应付账款——乙公司	226 000	
贷：银行存款		224 000
财务费用		2 000

④ 假定新华公司在 10 月 8 日支付货款,新华公司不享有现金折扣,实际支付的款项为226 000 元。

借:应付账款——乙公司   226 000
　　贷:银行存款   226 000

(5) 企业确实无法支付的应付账款。某些情况下可能会出现因为债权人破产等原因确实无法支付的应付账款,企业应当将该项应付账款冲销,同时确认为一项利得,计入营业外收入。

【例 9-8】 接例 9-7 资料,假定新华公司一直没有偿还乙公司货款,而乙公司在 2020 年 4 月 1 日宣告破产,并假定新华公司因故无法支付该笔应付的货款,则新华公司对该项应付账款的会计处理如下。

借:应付账款——乙公司   226 000
　　贷:营业外收入   226 000

9.2.4　合同负债

1. 合同负债的核算内容

合同负债是指企业已收或应收客户对价而应向客户转让商品的义务。如企业在转让承诺的商品之前已收取的款项。

合同负债可以通俗理解为企业在履约义务履行之前(也就是达到收入确认条件前),先行收取了(包括已收取和应收取)客户支付的对价,在会计上以合同负债科目对其进行核算和反映。

2. 合同负债的会计处理

企业在向客户转让商品之前,客户已经支付了合同对价或企业已经取得了无条件收取合同对价权利的,企业应当在客户实际支付款项与到期应支付款项孰早时点,按照该已收或应收的金额,借记"银行存款""应收账款""应收票据"等科目,贷记本科目;企业向客户转让相关商品时,借记本科目,贷记"主营业务收入""其他业务收入"等科目。涉及增值税的,还应进行相应的处理。

本科目贷方余额,反映企业在向客户转让商品之前,已经收到的合同对价或已经取得的无条件收取合同对价权利的金额。

【例 9-9】 2019 年 10 月 15 日,新华公司根据合同约定收到乙公司支付的货款定金20 000 元。10 月 20 日,新华公司按合同规定向乙公司发出商品,并开出增值税专用发票,注明的货款为 10 000 元,增值税为 1 300 元,该批商品的实际成本为 8 000 元。同日,新华公司收到乙公司补付的余款,并存入银行。相关账务处理如下。

(1) 10 月 15 日收到预收款。

借:银行存款   20 000
　　贷:合同负债   20 000

(2) 10 月 20 日发出商品,退回余款。

借:合同负债   11 300
　　贷:主营业务收入   10 000
　　　　应交税费——应交增值税(销项税额)   1 300

借：合同负债   8 700

  贷：银行存款   8 700

借：主营业务成本   8 000

  贷：库存商品   8 000

9.2.5　应付职工薪酬

1. 职工薪酬概述

职工薪酬是指企业为获得职工提供的服务或解除劳动关系而给予的各种形式的报酬或补偿。也就是说，职工在职期间和离职时企业提供给职工的全部货币性薪酬和非货币性薪酬都构成职工薪酬，应当作为一项耗费构成人工成本，与职工提供服务所产生的经济利益相匹配。与此同时，企业与职工之间因职工提供服务形成的关系，大多数构成企业的现时义务，将导致企业未来经济利益的流出，从而形成企业的一项负债。

2. 职工及职工薪酬的范围

《企业会计准则第9号——职工薪酬》(2014年)包含下列相关内容。

1) 职工

职工薪酬中所指的职工，主要包括以下三类人员。

(1) 与企业订立劳动合同的所有人员，含全职、兼职和临时职工。

(2) 未与企业订立劳动合同，但由企业正式任命的人员，如董事会成员、监事会成员等。

(3) 在企业的计划和控制下，虽未与企业订立劳动合同或未由其正式任命，但为其提供与职工类似服务的人员，例如通过中介机构签订用工合同，为企业提供与本企业职工类似服务的人员。

2) 职工薪酬的范围

(1) 短期薪酬是指企业在职工提供相关服务的年度报告期间结束后12个月内需要全部予以支付的职工薪酬，因解除与职工的劳动关系给予的补偿除外。短期薪酬具体包括：职工工资、奖金、津贴和补贴，职工福利费，医疗保险费、工伤保险费和生育保险费等社会保险费，住房公积金，工会经费和职工教育经费，短期带薪缺勤，短期利润分享计划，非货币性福利以及其他短期薪酬。

其中：带薪缺勤是指企业支付工资或提供补偿的职工缺勤，包括年休假、病假、短期伤残、婚假、产假、丧假、探亲假等；利润分享计划是指因职工提供服务而与职工达成的基于利润或其他经营成果提供薪酬的协议。

(2) 离职后福利是指企业为获得职工提供的服务而在职工退休或与企业解除劳动关系后，提供的各种形式的报酬和福利，短期薪酬和辞退福利除外。

(3) 辞退福利是指企业在职工劳动合同到期之前解除与职工的劳动关系，或者为鼓励职工自愿接受裁减而给予职工的补偿。

(4) 其他长期职工福利是指除短期薪酬、离职后福利、辞退福利之外所有的职工薪酬，包括长期带薪缺勤、长期残疾福利、长期利润分享计划等。

此外，企业提供给职工配偶、子女、受赡养人、已故员工遗属及其他受益人等的福利，也属于职工薪酬。

3. 短期薪酬的确认与计量

(1) 企业应当在职工为其提供服务的会计期间，将实际发生的短期薪酬确认为负债，并根据职工提供服务的受益对象,分下列情况处理。

① 应由生产产品、提供劳务负担的短期薪酬,计入产品成本或劳务成本。生产产品、提供劳务的直接生产人员和直接提供劳务人员发生的短期薪酬,应当计入存货成本,但非正常消耗的直接生产人员和直接提供劳务人员的短期薪酬,应当在发生时确认为当期损益。

② 符合资本化条件,应由在建工程、无形资产负担的短期薪酬,计入固定资产或无形资产成本。

③ 除直接生产人员、直接提供劳务人员、建造固定资产人员、开发无形资产人员以外的职工,包括公司总部管理人员、董事会成员、监事会成员等人员相关的短期薪酬,因难以确定直接对应的受益对象,均应当在发生时计入当期损益。

(2) 企业发生的职工福利费,应当在实际发生时根据实际发生额计入当期损益或相关资产成本。职工福利费为非货币性福利的,应当按照公允价值计量。

(3) 企业在确认应付的职工薪酬后,应设置"应付职工薪酬"科目进行相关的核算。

4. 货币性短期薪酬的计量及会计处理

货币性短期薪酬包括企业以货币形式支付给职工或为职工支付的工资、职工福利、各种社会保险、住房公积金、工会经费以及职工教育经费等。企业一般于每期期末,根据职工提供服务情况和工资标准计算应计入职工薪酬的工资总额,并按照受益对象分别计入相关资产的成本或当期费用,借记"生产成本""管理费用"等科目,贷记"应付职工薪酬"科目。

企业在实际发放货币性短期薪酬时,应当按照应支付给职工的薪酬金额,借记"应付职工薪酬"科目;按照实际支付金额贷记"银行存款"科目;将由职工个人负担、企业代扣代缴的个人所得税,贷记"应交税费——应交个人所得税"科目;将应由职工个人负担、企业代扣代缴的医疗保险费、养老保险费和住房公积金等,贷记"其他应付款"科目。

【例 9-10】 2019 年 9 月,新华公司当月应发工资 200 万元,其中:生产部门直接生产人员工资 100 万元;生产部门管理人员工资 20 万元;公司管理部门人员工资 36 万元;公司专设产品销售机构人员工资 10 万元;建造厂房人员工资 22 万元;内部开发存货管理系统人员工资 12 万元。

根据所在地政府规定,公司分别按照职工工资总额的 10% 和 10.5% 计提医疗保险费和住房公积金,缴纳给当地社会保险经办机构和住房公积金管理机构。根据 2018 年实际发生的职工福利费情况,公司预计 2019 年应承担的职工福利费义务金额为职工工资总额的 2%,职工福利的受益对象为上述所有人员。公司分别按照职工工资总额的 2% 和 1.5% 计提工会经费和职工教育经费。

假定公司存货管理系统已处于开发阶段,并符合《企业会计准则第 6 号——无形资产》资本化为无形资产的条件。

应计入生产成本的职工薪酬金额 $= 100 + 100 \times (10\% + 10.5\% + 2\% + 2\% + 1.5\%) = 126(万元)$

应计入制造费用的职工薪酬金额 $= 20 + 20 \times (10\% + 10.5\% + 2\% + 2\% + 1.5\%) = 25.2(万元)$

应计入管理费用的职工薪酬金额 $= 36 + 36 \times (10\% + 10.5\% + 2\% + 2\% + 1.5\%) = 45.36(万元)$

$$应计入销售费用的职工薪酬金额 = 10 + 10 \times (10\% + 10.5\% + 2\% + 2\% + 1.5\%) = 12.6（万元）$$

$$应计入在建工程成本的职工薪酬金额 = 22 + 22 \times (10\% + 10.5\% + 2\% + 2\% + 1.5\%) = 27.72（万元）$$

$$应计入无形资产成本的职工薪酬金额 = 12 + 12 \times (10\% + 10.5\% + 2\% + 2\% + 1.5\%) = 15.12（万元）$$

公司在分配工资、职工福利费、各种社会保险费、住房公积金、工会经费和职工教育经费等职工薪酬时,应作如下会计处理。

借：生产成本		1 260 000
制造费用		252 000
管理费用		453 600
销售费用		126 000
在建工程		277 200
研发支出——资本化支出		151 200
贷：应付职工薪酬——工资		2 000 000
——社会保险费		200 000
——住房公积金		210 000
——职工福利		40 000
——工会经费		40 000
——职工教育经费		30 000

【例 9-11】 接例 9-10 资料,2019 年 10 月 15 日,新华公司向职工发放工资总额 2 000 000 元,其中应由公司代扣代缴的个人所得税 60 000 元,应由公司代扣代缴的、职工个人负担的各种社保及住房公积金 140 000 元,实发工资部分已通过银行转账支付。相关账务处理如下。

借：应付职工薪酬——工资	2 000 000
贷：银行存款	1 800 000
应交税费——应交个人所得税	60 000
其他应付款	140 000

5. 非货币性短期薪酬的计量和会计处理

企业向职工提供的非货币性短期薪酬,也应当先通过"应付职工薪酬"科目归集当期应计入成本费用的非货币性薪酬金额,以确定完整准确的企业人工成本金额。会计处理时需分别以下情况进行。

(1) 以自产产品作为非货币性福利发放给员工,由于相关产品的控制权已转移,应当视同销售处理,按规定计缴增值税销项税等税费,并且在会计上确认收入、结转成本,同时按照该产品的公允价值(视同销售收入金额)和相关税费合并计量应计入成本费用的职工薪酬金额。

需要注意的是,如果企业以自产产品用于职工集体福利设施,也应当视同销售,计缴相关税费,但在会计上不确认收入,仅需结转库存商品的成本及增值税的销项税。

(2) 以外购商品发放给职工作为福利时,相关的增值税进项税额应予转出,即按照该商品的购买价款和进项税额合并计量应计入成本费用的职工薪酬金额。

【例 9-12】 新华公司为一家生产彩电的企业,共有职工 300 名,2020 年 1 月,公司以其生产的成本为 5 000 元的液晶彩电和外购的每台不含税价格 500 元的电暖器作为春节福利发放给公司每名职工。该型号液晶彩电的售价为每台 7 000 元,已开具了增值税专用发票;另外以银行存款支付了购买电暖器的价款和增值税进项税额,已取得增值税专用发票。假定 300 名职工中 255 名为直接参加生产的职工,45 名为总部管理人员,公司适用的增值税税率为 13%。

① 发放液晶彩电。

彩电的售价总额 = $7\,000 \times 300 = 2\,100\,000$(元)

彩电的增值税销项税额 = $2\,100\,000 \times 13\% = 273\,000$(元)

应计入生产成本的职工福利 = $(2\,100\,000 + 273\,000) \times \dfrac{255}{300} = 2\,017\,050$(元)

应计入管理费用的职工福利 = $(2\,100\,000 + 273\,000) \times \dfrac{45}{300} = 355\,950$(元)

编制会计分录如下。

借:生产成本	2 017 050	
管理费用	355 950	
贷:应付职工薪酬——非货币性福利		2 373 000
借:应付职工薪酬——非货币性福利	2 373 000	
贷:主营业务收入		2 100 000
应交税费——应交增值税(销项税额)		273 000
借:主营业务成本	1 500 000	
贷:库存商品		1 500 000

② 发放电暖器。

电暖器的售价总额 = $500 \times 300 = 150\,000$(元)

电暖器的进项税额 = $150\,000 \times 13\% = 19\,500$(元)

应计入生产成本的职工福利 = $(150\,000 + 19\,500) \times \dfrac{255}{300} = 144\,075$(元)

应计入管理费用的职工福利 = $(150\,000 + 19\,500) \times \dfrac{45}{300} = 25\,425$(元)

编制会计分录如下。

借:库存商品	169 500	
贷:银行存款		169 500
借:生产成本	144 075	
管理费用	25 425	
贷:应付职工薪酬——非货币性福利		169 500
借:应付职工薪酬——非货币性福利	169 500	
贷:库存商品		169 500

(3)企业将拥有的房屋等资产无偿提供给职工使用时,应当根据受益对象,将住房每期应计提的折旧计入相关资产成本或当期损益,同时确认应付职工薪酬;租赁住房等资产供职

工无偿使用的,应当根据受益对象,将每期应付的租金计入相关资产成本或当期损益,并确认应付职工薪酬。

【例 9-13】 新华公司为总部各部门经理级别以上职工提供汽车免费使用,同时为副总裁以上高级管理人员每人租赁一套住房。该公司总部共有部门经理以上职工 50 名,每人提供一辆桑塔纳汽车免费使用,假定每辆桑塔纳汽车每月计提折旧 2 000 元;该公司共有副总裁以上高级管理人员 10 名,公司为其每人租赁一套月租金为 5 000 元的公寓。

应计入管理费用的职工福利＝2 000×50＋5 000×10＝150 000(元)

借:管理费用　　　　　　　　　　　　　150 000
　贷:应付职工薪酬——非货币性福利　　　　　　　　150 000
借:应付职工薪酬——非货币性福利　　　150 000
　贷:累计折旧　　　　　　　　　　　　　　　　100 000
　　其他应付款　　　　　　　　　　　　　　　　 50 000

9.2.6 应交税费

1. 应交税费的核算内容

应交税费核算企业在一定时期内取得的营业收入和实现的利润或发生特定经营行为,按照税法和相关法规计算向国家缴纳的各种税金,主要包括增值税、消费税、资源税、所得税、房产税、车船税、教育费附加和城市维护建设税等。这些应交的税金,在尚未缴纳之前,形成企业的一项负债,并通过设置"应交税费"科目核算。"应交税费"科目应分别不同的税种进行相应的明细核算。

2. 应交增值税的核算

增值税是对在我国境内销售或者提供加工、修理修配劳务以及进口货物的单位和个人的增值额征收的一种流转税。按照增值税暂行条例规定,企业购入货物或接受应税劳务支付的增值税(即进项税额),可以从销售货物或提供劳务按规定收取的增值税(即销项税额)中抵扣。根据纳税人的经营规模和会计核算的健全程度不同,增值税的纳税人可分为一般纳税人和小规模纳税人。

1) 一般纳税人应交增值税的会计处理

一般纳税人增值税税率分为三档:基本税率、低税率和零税率。其中,基本税率为13%,适用于大多数销售或者进口货物,及提供加工、修理修配劳务;低税率为 9%、6% 等,适用于保证消费者对基本生活必需品的消费,如粮食、自来水、化肥等增值税税率为 9%,交通运输业、邮政服务应税项目、建筑服务业增值税税率为 9%,现代服务业(包括研发和技术应税项目、信息技术服务应税项目、文化创意服务应税项目、物流辅助服务应税项目)增值税税率为 6%;零税率则适用于法律不限制或不禁止的保管出口货物,以及输往保税区(仓库)的货物。

一般纳税人发生一般购进业务时,会计处理时实行价与税的分离,价与税分离的依据为增值税专用发票上注明的价款和增值税,价款部分计入购入货物的成本;增值税税额部分,则借记"应交税费——应交增值税(进项税额)"科目。

一般纳税人发生一般销售业务时,销售价格中不含税,如果定价时含税,应还原为不含税价格作为销售收入入账,向购买方收取的增值税贷记"应交税费——应交增值税(销项税额)"科目。

$$增值税应纳税额＝当期销项税额－当期进项税额$$

【例9-14】 新华公司为增值税一般纳税人,本期购入材料一批,增值税专用发票上注明的价款为100万元,增值税税额为13万元,发生运费为5 000元。材料到达并已验收入库,货款以银行存款支付。此外,该公司当期实现的销售产品收入为120万元(不含税),符合收入确认条件,货款尚未收到。假定该产品的增值税税率为13%,运费获得增值税专用发票,价款5 000元,税率9%。相关账务处理如下。

(1) 购进原材料。

借:原材料　　　　　　　　　　　　　1 005 000(1 000 000＋5 000)

　　应交税费——应交增值税(进项税额)　130 450(130 000＋5 000×9%)

　　贷:银行存款　　　　　　　　　　　1 135 450

(2) 实现销售收入。

借:应收账款　　　　　　　　　　　　1 356 000

　　贷:主营业务收入　　　　　　　　　1 200 000

　　　　应交税费——应交增值税(销项税额)　156 000(1 200 000×13%)

企业购进免税产品,一般情况下不能扣税,但按税法规定,对于购入的免税农产品、收购废旧物资等可以按买价(或收购金额)的9%计算进项税额,并准予从销项税额中抵扣。会计核算时,按购进免税农产品的买价或按收购金额,扣除9%的进项税额,作为购进免税农产品(或收购废旧物资)的成本;扣除的部分作为进项税额,以后用销项税额抵扣。

【例9-15】 新华公司为增值税一般纳税人,本期收购农产品,实际支付的价款为10万元,收购的农产品已验收入库,款项已用银行存款支付。相关账务处理如下。

$$可抵扣的进项税额＝10×9%＝0.9(万元)$$

借:原材料　　　　　　　　　　　　　91 000

　　应交税费——应交增值税(进项税额)　9 000

　　贷:银行存款　　　　　　　　　　　100 000

需要注意的是,在某些情况下,企业当期发生的进项税额不得从当期的销项税额中抵扣。例如,如果企业外购的存货发生了非常损失、用于免税项目或简易征收项目或作为非货币性福利向职工发放等,在上述情形中,属于购入货物时即能认定其进项税额不能抵扣的,进行会计处理时,其增值税专用发票上注明的增值税税额,计入购入货物或接受劳务的成本。属于购入货物时不能直接认定其进项税额能否抵扣的,增值税专用发票上注明的增值税税额,记入"应交税费——应交增值税(进项税额)"科目,如果这部分购入货物以后用于按规定不得抵扣进项税额项目的,应将原已计入进项税额的增值税,通过"应交税费——应交增值税(进项税额转出)"科目转入有关的"待处理财产损溢""应付职工薪酬——职工福利"等科目。

【例9-16】 新华公司为增值税一般纳税人,本期购入产品一批,增值税专用发票上注明的增值税税额为13万元,价款为100万元。款项已用存款支付。产品入库后,新华公司将该批产品全部作为福利发放给职工。相关账务处理如下。

(1) 购买产品。

借:库存商品　　　　　　　　　　　　1 000 000

　　应交税费——应交增值税(进项税额)　　　　　　130 000
　　　贷：银行存款　　　　　　　　　　　　　　　1 130 000
　　(2) 产品作为福利发放给职工。
　　借：应付职工薪酬——非货币性福利　　　　　　1 130 000
　　　贷：库存商品　　　　　　　　　　　　　　　1 000 000
　　　　　应交税费——应交增值税(进项税额转出)　　130 000

【例 9-17】　新华公司为增值税一般纳税人,本期购入产品一批,增值税专用发票上注明的价款为 100 000 元,增值税税额为 13 000 元,款项已用银行存款支付。产品入库后由于新华公司管理不善造成该批产品霉烂变质,全部无法使用。相关账务处理如下。
　　(1) 产品入库。
　　借：库存商品　　　　　　　　　　　　　　　　100 000
　　　　应交税费——应交增值税(进项税额)　　　　13 000
　　　贷：银行存款　　　　　　　　　　　　　　　113 000
　　(2) 当月发现存货毁损。
　　借：待处理财产损溢——待处理流动资产损溢　　113 000
　　　贷：库存商品　　　　　　　　　　　　　　　100 000
　　　　　应交税费——应交增值税(进项税额转出)　　13 000
　　(3) 查找存货毁损责任,由仓库保管员王某赔偿 50 000 元,其他计入管理费用。
　　借：其他应收款——王某　　　　　　　　　　　50 000
　　　　管理费用　　　　　　　　　　　　　　　　63 000
　　　贷：待处理财产损溢——待处理流动资产损溢　　113 000

【知识链接】　视同销售的业务类型及其处理

　　(1) 将货物交付他人代销。
　　(2) 销售代销货物。
　　(3) 设有两个以上机构并实行统一核算的纳税人,将其货物从一个机构移送其他机构用于销售,但相关机构设在同一县(市)的除外。
　　(4) 将自产、委托加工或购进的货物作为投资,提供给其他单位或个体工商户。
　　(5) 将自产、委托加工或购进货物分配给股东或投资者。
　　(6) 将自产、委托加工货物用于集体福利或个人消费。
　　(7) 将自产、委托加工或购买的货物无偿赠送他人。
　　(8) 向其他单位或个人无偿提供服务、转让无形资产或不动产,但以公益活动为目的或者社会公众为对象的除外。
　　在上述 8 种情况的视同销售下,有 3 种不需要确认收入。
　　(1) 属于自产自用性质,不得开具增值税专用发票,但需要按规定计算销项税额,按成本结转,不确认收入。
　　(2) 用于集体福利时。
　　(3) 对外捐赠,视同销售并计算应交增值税。
　　除以上 3 种情况外,其他的 5 种情况和⑥中用于个人福利时都应按售价确认收入,并结转成本。

2) 小规模纳税人应交增值税的会计处理

(1) 小规模纳税人销售货物或提供应税劳务,一般情况下,只能开具普通发票,不能开具增值税专用发票。

(2) 小规模纳税人销售货物或提供应税劳务,实行简易办法计算应纳税额,按照销售额的一定比例计算(一般为 3%)。

(3) 小规模纳税人的销售额不包括应纳税额。采用销售额和应纳税额合并定价的,按照公式"销售额=含税销售额÷(1+征收率)"还原为不含税销售额计算。

会计核算时,小规模纳税人购入货物无论是否具有增值税专用发票,其支付的增值税税额均不计入进项税额,不得由销项税额抵扣,应计入购入货物的成本。

【例 9-18】 某公司核定为小规模纳税人,本期购入原材料,按照增值税专用发票上注明价款为 200 000 元,支付的增值税税额为 26 000 元,材料已验收入库,款项已通过转账支付。该企业本期销售产品,销售价格为 900 000 元(含税),符合收入确认条件,货款尚未收到。相关账务处理如下。

① 购进货物。

借:原材料   226 000

   贷:银行存款   226 000

② 销售货物。

$$不含税价格=\frac{900\ 000}{1+3\%}=873\ 786.4(元)$$

$$应交增值税=873\ 786.4\times3\%=26\ 213.6(元)$$

借:应收账款   900 000

   贷:主营业务收入   873 786.4

     应交税费——应交增值税   26 213.6

3. 应交消费税的会计核算

消费税是以特定消费品的流转额为计税依据而征收的一种商品税。在我国,为了调节消费结构,正确引导消费方向,国家在普遍征收增值税的基础上,选择部分消费品,如烟、酒、鞭炮、化妆品、贵重首饰、小轿车、摩托车及成品油、轮胎等,再征收一道消费税。

1) 消费税的征收方法

消费税实行价内征收,采取从价定率、从量定额和复合计征 3 种方法。

(1) 从价定率计征。实行从价定率计征的消费税以应税消费品的销售额为税基,乘以适用的比例税率来计算应交消费税的金额。其中,销售额包括向购买方收取的全部价款和价外费用,但不包括应向购货方收取的增值税税款。如果企业应税消费品的销售额是含税的,在计算消费税时,应当将含税价还原为不含税的价格。适用税率为 1%~56%。

【知识链接】 增值税与消费税的关系

增值税和消费税都是流转税,具有转嫁性,消费税纳税人同时也是增值税纳税人。

增值税和消费税的范围不同、纳税环节不同、与价格关系不同。

| 增值税是价外税 | 增值税＝不含（增值）税价×税率 |

$$不含（增值）税价＝\frac{含（增值）税价}{1+税率}$$

| 消费税是价内税 | 消费税＝含（消费）税价×税率 |

$$含（消费）税价＝\frac{不含（消费）税价}{1-税率}$$

（2）从量定额计征法。实行从量定额计征的消费税以应税消费品的销售数量为税基，乘以适用的定额税率计算应交消费税的金额。

（3）复合计征法。实行复合计征法的消费税，既规定了比例税率，又规定了定额税率，其应纳税额实行从价定率和从量定额相结合的复合计征方法。此法目前只适用于卷烟和白酒应交消费税的计算。

2）销售应税消费品的会计处理

企业将生产的应税消费品直接对外销售的，应当按照税法规定计算应交消费税金额，将其确认为一项负债，并直接计入当期损益。为此，企业应当设置"应交税费——应交消费税"科目进行核算，按照应缴纳的消费税额，借记"税金及附加"科目，贷记"应交税费——应交消费税"科目。

企业将应税消费品用于对外捐赠等其他方面，按规定缴纳的消费税，应计入营业外支出等。

【例 9-19】 新华公司为增值税一般纳税人，本期销售其生产的应纳消费税产品，应纳消费税产品的售价为 20 万元（不含增值税，含消费税），产品成本为 15 万元。该产品的增值税税率为 13％，消费税税率为 10％。产品已经发出，符合收入确认条件，款项尚未收到。相关账务处理如下。

$$增值税销项税额＝200\ 000×13\%＝26\ 000（元）$$
$$消费税税额＝200\ 000×10\%＝20\ 000（元）$$

借：应收账款	226 000	
贷：主营业务收入		200 000
应交税费——应交增值税（销项税额）		26 000
借：主营业务成本	150 000	
贷：库存商品		150 000
借：税金及附加	20 000	
贷：应交税费——应交消费税		20 000

【例 9-20】 新华公司为增值税一般纳税人，本期将一批自产的应税消费品用于对外捐赠。该批产品的生产成本为 50 000 元，售价为 80 000 元。该产品适用的增值税税率为 13％，消费税税率为 10％。相关账务处理如下。

$$增值税销项税额＝80\ 000×13\%＝10\ 400（元）$$
$$消费税税额＝80\ 000×10\%＝8\ 000（元）$$

借：营业外支出	68 400	
贷：库存商品		50 000
应交税费——应交增值税（销项税额）		10 400

| | ——应交消费税 | | 8 000 |

3) 委托加工应税消费品的会计处理

按照税法规定,企业委托加工的应税消费品,由受托方在向委托方交货时代扣代缴税款。委托加工的应税消费品,委托方收回后用于连续生产应税消费品的,所纳税款准予按规定抵扣;委托加工的应税消费品收回后直接出售的,不再征收消费税。

会计处理时,委托加工的应税消费品收回后用于连续生产应税消费品的,按规定准予抵扣的,委托方应按代收代缴的消费税款,借记"应交税费——应交消费税"科目,贷记"应付账款""银行存款"等科目,待用委托加工的应税消费品生产出应税消费品时,再缴纳消费税;委托加工应税消费品收回后,直接用于销售的,委托方应将代收代缴的消费税计入委托加工应税消费品成本,借记"委托加工物资"等科目,贷记"应付账款""银行存款"等科目,待委托加工应税消费品销售时,不再缴纳消费税。

【例 9-21】 新华公司委托南方公司加工材料一批(属于应税消费品,非金银首饰)。原材料成本为 200 000 元,支付的加工费为 34 000 元(不含增值税),消费税为 26 000 元。材料加工完毕验收入库,加工费用尚未支付。双方适用的增值税税率均为 13%。新华公司的相关会计处理如下。

(1) 发出委托加工材料。

借:委托加工物资　　　　　　　　　　　　　　200 000
　　贷:原材料　　　　　　　　　　　　　　　　　　200 000

(2) 委托加工过程中的费用(加工费用)、税(增值税、消费税)。

$$增值税税额 = 34\ 000 \times 13\% = 4\ 420(元)$$

① 若新华公司收回加工后的材料用于继续生产应税消费品。

借:委托加工物资　　　　　　　　　　　　　　34 000
　　应交税费——应交增值税(进项税额)　　　　4 420
　　　　　　　——应交消费税　　　　　　　　　26 000
　　贷:应付账款　　　　　　　　　　　　　　　　64 420

② 若新华公司收回加工后的材料直接用于销售。

借:委托加工物资　　　　　　　　　　　　　　60 000
　　应交税费——应交增值税(进项税额)　　　　4 420
　　贷:应付账款　　　　　　　　　　　　　　　　64 420

(3) 加工完成收回委托加工原材料。

① 若新华公司收回加工后的材料用于继续生产应税消费品。

借:原材料　　　　　　　　　　　　　　　　　234 000
　　贷:委托加工物资　　　　　　　　　　　　　　234 000

② 若新华公司收回加工后的材料直接用于销售。

借:库存商品　　　　　　　　　　　　　　　　260 000
　　贷:委托加工物资　　　　　　　　　　　　　　260 000

4) 进口产品的会计处理

需要缴纳消费税的进口消费品,其缴纳的消费税应计入进口消费品的成本,借记"固定资产""原材料"等科目,贷记"银行存款"等科目。

4. 其他应交税费的会计核算

企业常见的其他应交税费项目包括城市维护建设税、教育费附加、资源税、土地增值税、房产税、矿产资源补偿费等,按规定计缴时应当分别不同项目借记有关的科目,贷记"应交税费"科目及其相应的明细科目。其中:借记"税金及附加"科目的有城市维护建设税、教育费附加、资源税(自产自用的借记"生产成本"科目)、房产税、车船税、土地使用税、印花税等;借记"固定资产""在建工程""其他业务成本"科目的有土地增值税、耕地占用税等。

9.2.7 应付利息

1. 应付利息的核算内容

企业在取得银行借款或发行债券时,按照合同规定一般应在约定付息日支付利息,而根据权责发生制,企业应当在资产负债表日确认当期利息费用,此时,应当将当期应付未付的利息确认为一项流动负债。

2. 应付利息的会计处理

资产负债表日,企业应当按摊余成本和实际利率计算确定当期的利息费用,借记"财务费用""在建工程""研发支出"等科目;按合同利率计算确定当期的应付未付利息,贷记"应付利息"科目;按借贷双方之间的差额,借记或贷记"长期借款——利息调整""应付债券——利息调整"等科目。企业在实际支付利息时,借记"应付利息"科目,贷记"银行存款"等科目。

9.2.8 应付股利

1. 应付股利的核算内容

应付股利是指企业根据股东大会或类似机构审议批准的利润分配方案确定分配给投资者的现金股利或利润。需要注意的是,企业董事会或类似机构通过的利润分配预案不能作为确认负债的依据,但应在报表附注中予以披露。

2. 应付股利的会计处理

根据股东大会或类似机构审议批准的利润分配方案,企业应当按应支付的现金股利或利润,借记"利润分配——应付现金股利或利润"科目,贷记"应付股利"科目;实际支付现金股利或利润时,借记"应付股利"科目,贷记"银行存款"等科目。

9.2.9 其他应付款

1. 其他应付款的核算内容

其他应付款是指企业除应付票据、应付账款、预收账款、应付职工薪酬、应交税费、应付利息、应付股利、长期应付款等以外的其他各项应付、暂收的款项。主要包括:①企业应付的租入包装物租金;②企业发生的存入保证金;③企业采用售后回购方式融入的资金;④企业代职工缴纳的社会保险费和住房公积金。

2. 其他应付款的会计核算

企业发生其他各项应付、暂收的款项时,应当借记"管理费用"等科目,贷记"其他应付款"科目;实际支付其他各项应付、暂收款项时,借记"其他应付款"科目,贷记"银行存款"等科目。

9.3 非流动负债的核算

9.3.1 长期借款

1. 长期借款的核算内容

长期借款是指企业从银行或其他金融机构借入的、偿还期限在一年(不含一年)或一个营业周期以上的借款。企业借入长期借款,一般期限较长、金额较大,主要用于建造房屋、购买大型设备、技术改造等项目。

2. 长期借款的会计核算

企业应当设置"长期借款"科目来核算长期借款的取得、归还,以及利息确认等业务,并设置"本金"和"利息调整"两个明细科目,分别核算长期借款本金和因实际利率与合同利率不同所产生的利息调整金额。

(1)取得长期借款的会计核算。企业借入各种长期借款时,一般应借记"银行存款"科目,贷记"长期借款"科目。但实务中,可能会因为借款合同约定的一些限制性条款,如贷款机构要求借款方将借款的10%~20%留存银行,形成补偿性余额等,使企业实际可使用的金额往往会小于借款合同约定的金额。对此,企业应当按实际收到的款项,借记"银行存款"科目;按合同规定的借款本金,贷记"长期借款——本金"科目;按借贷双方之间的差额,借记或贷记"长期借款——利息调整"科目。

(2)长期借款利息的会计核算。资产负债表日,企业应当根据长期借款的摊余成本和实际利率计算、确定当期的利息费用,借记"在建工程""财务费用"等科目;按借款本金和合同利率计算确定应付未付利息,贷记"应付利息"科目;按借贷双方之间的差额,贷记"长期借款——利息调整"科目。

企业在按合同约定的付息日实际支付利息时,借记"应付利息"科目,贷记"银行存款"等科目。

(3)到期偿还长期借款的会计核算。企业到期偿还长期借款时,按偿还的借款本金,借记"长期借款——本金"科目;按转销的利息调整金额,贷记"长期借款——利息调整"科目;按实际归还的款项,贷记"银行存款"科目;按借贷双方之间的差额,借记"在建工程""财务费用"等科目。

【例9-22】 2018年1月1日,新华公司为建造厂房从银行借入期限为2年的长期专门借款1 000 000元,款项已存入银行。借款利率为8%,每年年末付息一次,期满后一次还清本金。2018年年初,以银行存款支付工程价款共计700 000元,2019年年初又以银行存款支付工程费用300 000元。该厂房于2019年9月底完工,达到预定可使用状态。假定不考虑闲置专门借款本金存款的利息收入或投资收益。相关账务处理如下。

(1)2018年1月1日,取得长期借款。

借:银行存款	1 000 000
贷:长期借款——本金	1 000 000

(2)2018年年初,支付工程款。

借:在建工程	700 000

  贷：银行存款   700 000

（3）2018 年 12 月 31 日，计算 2018 年应计入工程成本的利息。

$$应计入成本的利息 = 1\,000\,000 \times 8\% = 80\,000（元）$$

  借：在建工程   80 000

    贷：应付利息   80 000

实际支付利息时的会计分录如下。

  借：应付利息   80 000

    贷：银行存款   80 000

（4）2019 年年初，支付工程款。

  借：在建工程   300 000

    贷：银行存款   300 000

（5）2019 年 9 月底完工，达到预定可使用状态，计算应计入工程成本的利息。

$$应计入成本的利息 = 1\,000\,000 \times 8\% \times 9 \div 12 = 60\,000（元）$$

  借：在建工程   60 000

    贷：应付利息   60 000

同时

  借：固定资产   1 140 000

    贷：在建工程   1 140 000

（6）2019 年 12 月 31 日，计算本年 10—12 月应计入财务费用的利息。

$$应计入财务费用的利息 = 1\,000\,000 \times 8\% \times 3 \div 12 = 20\,000（元）$$

  借：财务费用   20 000

    贷：应付利息   20 000

实际支付利息时的会计分录如下。

  借：应付利息   80 000

    贷：银行存款   80 000

（7）2020 年 1 月 1 日到期偿还借款本金。

  借：长期借款——本金   1 000 000

    贷：银行存款   1 000 000

9.3.2 应付债券

1. 应付债券的核算内容

  应付债券核算企业发行的超过一年期以上的债券，构成企业的一项长期负债。债券根据发行主体的不同，可分为政府债券和公司债券，是发行人出具的一种书面债权债务契约，也是其筹措资金的重要方式。债券不同于长期借款，其发行范围大，面向个人、单位，有利于企业吸纳社会的闲置资金，而且可以进行抵押、贴现转让，具有较强的流动性。

  一般而言，债券应载明其面值、利率、利息支付方式、还本期限和方式。债券的发行方式有 3 种，即面值发行、溢价发行和折价发行，具体分类方法见表 9-1。

表 9-1　债券的发行方式

债券的发行方式	票面利率与实际利率的关系	发行价和面值的关系
面值发行	票面利率＝实际利率	发行价＝面值
溢价发行	票面利率＞实际利率	发行价＞面值
折价发行	票面利率＜实际利率	发行价＜面值

注：溢价是企业以后各期按照较高的票面利率多付利息而事先得到的补偿；折价是企业以后各期按照较低的票面利率少付利息而预先给投资者的补偿。

债券的发行价格由债券发行期间的现金流量的现值确定，包括债券本金的现值、债券各期利息的现值之和两部分。现金流量的现值取决于债券发行时的市场利率(即实际利率，或称为贴现率)和债券的期限。

2. 应付债券的会计核算

企业应当设置"应付债券"科目，并下设"面值"和"利息调整"两个明细科目，核算应付债券的取得、偿还，以及利息确认等业务。

1) 债券发行时的会计处理

企业发行债券时，无论是按面值发行，还是溢价发行或折价发行，均按债券发行价格借记"银行存款"科目；按发行债券的面值，贷记"应付债券——面值"科目；按借贷双方之间的差额，借记或贷记"应付债券——利息调整"科目。

2) 债券利息费用的会计处理

与债权投资的核算类似，企业应当根据摊余成本和实际利率确认债券发行期间各期的利息费用。

(1) 实际利率是指将应付债券在债券存续期间的未来现金流量，折现为该债券当前账面价值所使用的利率，即债券发行时的市场利率。

(2) 摊余成本是指应付债券的初始确认金额(发行价格)，在扣除已经偿还的本金、加上或减去债券溢价或折价金额的累计摊销额后的价值。

(3) 实际的利息费用与根据面值和票面利率计算的应付利息之间的差额，即债券发行的溢价或折价在各期的摊销金额。

企业应当在资产负债表日，对分期付息、一次还本的债券，按应付债券的摊余成本和实际利率计算确定当期债券的利息费用，借记"财务费用""在建工程"等科目；按票面利率计算确定当期应付未付的利息费用，贷记"应付利息"科目；按借贷双方之间的差额，借记或贷记"应付债券——利息调整"科目。如果发行的是一次还本付息债券，按票面利率计算确定的当期应付未付的利息费用，贷记"应付债券——应计利息"科目。

3) 到期偿还应付债券的会计处理

如果企业发行的债券是分期付息、一次还本的，在每期支付利息时，借记"应付利息"科目，贷记"银行存款"等科目；在债券到期偿还本金并支付最后一期利息时，借记"应付债券——面值""财务费用""在建工程"等科目，贷记"银行存款"等科目，按借贷双方之间的差额，借记或贷记"应付债券——利息调整"科目。

如果企业发行的债券是一次还本付息方式的，应当在债券到期偿还债券本息时，借记"应付债券——面值""应付债券——应计利息"科目，贷记"银行存款"等科目，按借贷双方之间的差额,借记或贷记"应付债券——利息调整"科目。

【**例 9-23**】 2015 年 12 月 31 日,新华公司经批准发行 5 年期一次还本、分期付息的公司债券 10 000 000 元,债券利息在每年年末支付,票面利率为 6%,债券发行时的市场利率为 7%。

新华公司该批债券实际发行价格 $= 10\,000\,000 \times (P/F, 7\%, 5) + 10\,000\,000 \times 6\%$
$$\times (P/A, 7\%, 5)$$
$$= 10\,000\,000 \times 0.713 + 600\,000 \times 4.100 = 9\,590\,000(元)$$

根据上述资料,采用实际利率法和摊余成本计算确定的利息费用如表 9-2 所示。

表 9-2 利息费用一览表   单位:元

付 息 日 期	支付利息	利息费用	摊销的利息调整	摊余成本
2015 年 12 月 31 日				9 590 000
2016 年 12 月 31 日	600 000	671 300	71 300	9 661 300
2017 年 12 月 31 日	600 000	676 291	76 291	9 737 591
2018 年 12 月 31 日	600 000	681 631	81 631	9 819 222
2019 年 12 月 31 日	600 000	687 346	87 346	9 906 568
2020 年 12 月 31 日	600 000	693 432*	93 432*	10 000 000
合　　计	3 000 000	3 410 000	410 000	—

注: * 为尾数调整。

根据表 9-2 的资料,相关账务处理如下。

(1) 2015 年 12 月 31 日,发行债券。

借:银行存款	9 590 000	
应付债券——利息调整	410 000	
贷:应付债券——面值		10 000 000

(2) 2016 年 12 月 31 日,计算利息费用。

借:财务费用/在建工程	671 300	
贷:应付利息		600 000
应付债券——利息调整		71 300

实际支付利息时的会计分录如下。

借:应付利息	600 000	
贷:银行存款		600 000

(3) 2017 年 12 月 31 日,计算利息费用。

借:财务费用/在建工程	676 291	
贷:应付利息		600 000
应付债券——利息调整		76 291

实际支付利息时的会计分录如下。

借:应付利息	600 000	
贷:银行存款		600 000

（4）2018 年 12 月 31 日,计算利息费用。

借:财务费用/在建工程   681 631

 贷:应付利息   600 000

   应付债券——利息调整   81 631

实际支付利息时的会计分录如下。

借:应付利息   600 000

 贷:银行存款   600 000

（5）2019 年 12 月 31 日,计算利息费用。

借:财务费用/在建工程   687 346

 贷:应付利息   600 000

   应付债券——利息调整   87 346

实际支付利息时的会计分录如下。

借:应付利息   600 000

 贷:银行存款   600 000

（6）2020 年 12 月 31 日,偿还债券本金及最后一期利息费用。

借:应付债券——面值   10 000 000

  财务费用/在建工程   693 432

 贷:银行存款   10 600 000

   应付债券——利息调整   93 432

9.3.3 长期应付款

1. 长期应付款的核算内容

长期应付款是指企业除长期借款和应付债券以外的其他各种长期应付款,包括应付融资租入固定资产的租赁费、以分期付款方式购入固定资产等发生的应付款项等。

2. 长期应付款的会计核算

（1）应付融资租入固定资产的租赁费。企业采用融资租赁方式租入的固定资产,应在租赁期开始日,将租赁资产公允价值与最低租赁付款额现值两者中的较低者,加上初始直接费用,作为租入资产的入账价值,借记"固定资产""在建工程"等科目;按最低租赁付款额,贷记"长期应付款"科目;按实际发生的初始直接费用,贷记"银行存款"等科目;按其借贷双方之间的差额,借记"未确认融资费用"科目。

（2）分期付款方式购入资产发生的应付款项。企业购买资产有可能延期支付价款,如果延期支付的购买价款超过正常的信用条件,实质上具有融资性质,应以延期支付购买价款的现值为基础确定所购资产的成本,借记"固定资产""在建工程""库存商品"等科目;按应支付的价款总额,贷记"长期应付款"科目;按其借贷双方之间的差额,借记"未确认融资费用"科目。

需要注意的是,未确认融资费用应当在租赁期内采用实际利率法进行摊销,计入相关资产成本或当期损益。

【例 9-24】 2020 年 1 月 1 日,新华公司采用分期付款方式向 B 公司购入一批原材料,合同金额 400 万元,增值税进项税额 52 万元。根据合同约定,全部价款（包括增值税税额）

于每年年末等额支付,分 5 年付清。该项赊销具有融资性质,新华公司按照合同价款的现值确定存货入账成本,根据实际情况,选择 6% 作为折现率。假定有关的增值税均作为实际支付当期的进项税额予以抵扣。根据以上的相关事项做出相应的处理。

(1) 计算合同价款的现值和融资费用。

$$每年应付合同价款=4\,000\,000÷5=800\,000(元)$$

$$每年应付增值税进项税额=520\,000÷5=104\,000(元)$$

查年金现值系数表可知,5 期,6% 的年金现值系数为 4.212,材料购买价款的现值计算如下。

$$合同价款的现值=800\,000×4.212=3\,369\,600(元)$$

$$融资费用=4\,000\,000-3\,369\,600=630\,400(元)$$

(2) 编制未确认融资费用分摊表(见表 9-3)。

表 9-3　未确认融资费用分摊

(实际利率法)　　　　　　　　　　　　　　　　　　　单位:元

日　期	分期应付款	确认的融资费用	应付本金减少额	应付本金金额
①	②	③	④	⑤
2020 年 1 月 1 日				3 369 600
2020 年 12 月 31 日	800 000	202 176	597 824	2 771 776
2021 年 12 月 31 日	800 000	166 307	633 693	2 138 083
2022 年 12 月 31 日	800 000	128 285	671 715	1 466 368
2023 年 12 月 31 日	800 000	87 982	712 018	754 350
2024 年 12 月 31 日	800 000	45 650*	754 350	0
合　计	4 000 000	630 400	3 369 600	—

注: * 为尾数调整。

(3) 编制有关的会计分录。

① 2020 年 1 月 1 日,购进原材料。

借:原材料	3 369 600	
未确认融资费用	630 400	
贷:长期应付款——B 公司		4 000 000

② 2020 年 12 月 31 日,支付合同款并分摊融资费用。

借:长期应付款——B 公司	800 000	
应交税费——应交增值税(进项税额)	104 000	
贷:银行存款		904 000
借:财务费用	202 176	
贷:未确认融资费用		202 176

③ 2021 年 12 月 31 日,支付合同款并分摊融资费用。

| 借:长期应付款——B 公司 | 800 000 | |
| 　应交税费——应交增值税(进项税额) | 104 000 | |

       贷：银行存款   904 000

   借：财务费用   166 307

       贷：未确认融资费用   166 307

④ 2022 年 12 月 31 日,支付合同款并分摊融资费用。

   借：长期应付款——B公司   800 000

       应交税费——应交增值税(进项税额)   104 000

       贷：银行存款   904 000

   借：财务费用   128 285

       贷：未确认融资费用   128 285

⑤ 2023 年 12 月 31 日,支付合同款并分摊融资费用。

   借：长期应付款——B公司   800 000

       应交税费——应交增值税(进项税额)   104 000

       贷：银行存款   904 000

   借：财务费用   87 982

       贷：未确认融资费用   87 982

⑥ 2024 年 12 月 31 日,支付合同款并分摊融资费用。

   借：长期应付款——B公司   800 000

       应交税费——应交增值税(进项税额)   104 000

       贷：银行存款   904 000

   借：财务费用   45 650

       贷：未确认融资费用   45 650

9.4　或有事项及预计负债

    企业在生产经营活动中有时会面临诉讼、债务担保、产品质量保证等具有较大不确定性的经济事项,这些或有事项可能会给企业的财务状况和经营成果产生较大影响,根据《企业会计准则》要求,企业应当充分考虑或有事项可能给企业带来的风险,及时确认、计量、披露相关信息,如果符合负债定义及确认条件的应当予以确认。

9.4.1　或有事项及其特征

    根据《企业会计准则第 13 号——或有事项》的定义,或有事项是指过去的交易或者事项所形成的,其结果须由某些未来事项的发生或不发生才能决定的不确定事项。或有事项具有以下特征。

    (1) 由过去的交易或事项形成。或有事项源于企业过去的交易或事项,是在资产负债表日已经存在的一种状况。例如,未决诉讼虽然是正在进行中的诉讼,但它是企业因过去的经济行为起诉他人或被他人起诉引起的;产品质量担保是企业对已售出商品或已提供劳务的质量所提供的保证等。

    (2) 或有事项的结果具有不确定性。或有事项的不确定性包括事项是否发生不能确定、发生的具体时间不能确定、发生的金额不能确定等。例如,企业因销售商品而提供的质量保证,在保质期内何时发生维修退换、维修退换的金额是多少,目前很可能难以确定。

(3) 或有事项的结果只能由未来事项的发生或者不发生来确定。或有事项的不确定性只能在未来不确定事项发生或不发生时才会消失,或有事项也随之转为确定事项。例如,企业为第三方提供债务担保,最终是否需要履行担保责任,取决于被担保方的未来经营状况和偿债能力。

对或有事项的会计处理应当遵循谨慎性原则,首先要区分或有事项是使企业承担了义务(不利事项),还是使企业形成了潜在的资产(有利事项)。前者可能会形成一项负债,即或有负债;后者可能会形成一项资产,即或有资产。

因或有事项而形成的或有资产一般不予以确认,当或有资产发生的可能性很高时,应当在财务报表附注上加以披露;因或有事项而形成的或有负债,发生可能性不高时,需在财务报表附注中披露,发生可能性很高时应当作为"预计负债"予以确认并进行相应的会计核算。

9.4.2 预计负债及其确认条件

根据《企业会计准则第 13 号——或有事项》的定义,因或有事项而产生的义务在同时符合以下条件时,应当确认为一项预计负债。

(1) 该义务是企业承担的现时义务,是指已有证据表明该项义务在资产负债表日已经发生,而无须知道具体的偿付日期或确切收款人,或者说企业对该项义务的履行没有其他现实选择。例如,企业对社会公开承诺对其生产经营可能产生的环境污染进行治理。

(2) 该义务的履行很可能导致经济利益流出企业,所谓的很可能,是指其发生的可能性应当"大于 50% 但小于或等于 95%"(可能性高于 95% 的作为基本确定事项,而不作为或有事项披露)。

(3) 该义务的金额能够可靠计量。

9.4.3 预计负债的核算

1. 预计负债的计量

预计负债的计量主要涉及两个问题:一是最佳估计数的确定;二是预期可获得的补偿金额的处理。

(1) 最佳估计数的确定。最佳估计数是在考虑了当前各种信息的条件下,对或有事项不确定性金额的最优估计结果。如果所需支出存在一个金额范围,且该范围内各种结果发生的可能性相同,则最佳估计数为该范围上下限金额的平均值;如果所需支出不存在一个金额范围,或存在一个范围但各种结果发生的可能性不相同,则应当按照各种可能结果及相关概率计算确定。

(2) 预期可获得的补偿金额的处理。如果清偿因或有事项而确认的负债所需支出的全部或部分,预期由第三方补偿,补偿的金额只能在基本确定收到时才作为资产单独确认,不能直接抵减预计负债,并且确认的补偿金额不能超过所确认负债的账面价值。例如,企业因一起交通事故估计需要赔偿 50 万元,同时基本确定可从保险公司获得 40 万元的补偿。在这种情况下,企业应当一方面确认一项预计负债 50 万元;另一方面确认一项资产 40 万元,而不能只确认一项 10 万元的负债。如果该企业可从保险公司获赔 55 万元,则只能确认 50 万元的资产。

2. 预计负债的会计处理

企业的预计负债通过"预计负债"科目进行核算,发生预计负债时借记相关的费用科目或"营业外支出"科目,贷记"预计负债"科目。

【例 9-25】 新华公司 2020 年销售 A 商品的收入合计 150 万元,根据惯例为 A 商品提供 6 个月的质量保证。根据质量保证条款,A 商品在售出 6 个月内如果发生正常质量问题,将会获得免费维修。新华公司预计所售商品中有 90% 不会发生质量问题,有 6% 将会发生较小的质量问题(修理费用为销售额的 1%),有 4% 将会发生较大的质量问题(修理费用为销售额的 3%)。

本例中,新华公司因销售 A 商品并提供 6 个月的免费维修期,很可能发生产品质量保证费用,而且金额可以根据各种可能结果及相关概率合理估计,故应当在销售当期确认一项预计负债,并确认一项费用,与当期销售收入配比。

产品质量保证费用的最佳估计数=$1\,500\,000 \times (1\% \times 6\% + 3\% \times 4\%) = 2\,700$(元)

借: 销售费用   2 700

    贷: 预计负债——产品质量保证   2 700

【例 9-26】 2019 年 10 月 1 日,新华公司因合同违约而被乙公司起诉。2019 年 12 月 31 日,新华公司尚未接到法院的判决。乙公司预计,如无特殊情况很可能在诉讼中获胜,假定乙公司估计将来很可能获得赔偿金额 180 000 元。在咨询了公司的法律顾问后,新华公司认为最终的法律判决很可能对公司不利。假定新华公司预计将要支付的赔偿金额、诉讼费等费用介于 150 000~200 000 元,而且这个区间内每个金额的可能性都大致相同,其中诉讼费用 10 000 元。

本例中,乙公司不应确认或有资产,而应当在 2019 年 12 月 31 日的报表附注中披露或有资产 180 000 元。

新华公司应在资产负债表中确认一项预计负债,金额为(150 000 + 200 000)÷ 2 = 175 000(元),同时应在 2019 年 12 月 31 日的报表附注中进行披露。

新华公司的相关账务处理如下。

借: 管理费用——诉讼费   10 000

    营业外支出   165 000

    贷: 预计负债——未决诉讼   175 000

3. 预计负债的披露

对于预计负债,除了在资产负债表非流动负债项目下单独确认为一项负债外,还应当在财务报表附注中披露以下内容。

(1) 预计负债的种类、形成原因以及经济利益流出不确定性的说明。

(2) 各类预计负债的期初、期末余额和本期变动情况。

(3) 与预计负债有关的预期补偿金额和本期已确认的预期补偿金额。

9.5　负债的披露与分析

9.5.1　负债的披露

企业涉及的流动负债和非流动负债项目往往数量多、金额大,在资产负债表上应分别予以准确反映。其中,将于 1 年内到期的非流动负债应转入流动负债,单列反映。

为满足充分披露原则的要求,企业还应当在报表附注中披露主要负债项目的有关信息和相关会计政策,包括薪酬政策、涉及税项及其他重大应付款项明细;长短期借款的性质、期限、利率、清偿、抵押、担保等及利息费用资本化原则;应付债券的计价及债券溢价(折价)的摊销方法;债务重组方式;以及各项预计负债的种类、产生原因、期初与期末余额、本期变动情况、预期补偿金额等。

另外,对经常发生或对企业财务状况和经营成果有较大影响的或有负债,即便导致经济利益流出企业的可能性很小,也应当对其形成原因、经济利益流出不确定性及可能产生的财务影响等做出适当的说明。

9.5.2　负债的分析

由于企业负债项目较多,流动负债下既有明确金额的流动负债,如短期借款、应付票据、应付账款、应付职工薪酬等,也有金额取决于企业经营成果的流动负债,如应交税费、应付利润等;非流动负债则包括长期借款、应付债券、其他长期应付款,以及可转债、预计负债等。这些负债项目在一定程度上反映了企业不同时期的财务(偿还)负担,如果企业对负债的确认和计量不准确,或有意作假,会使报表使用者无法对企业的偿债能力和财务风险做出客观真实的判断。另外,企业负债的结构和规模,既反映了企业长短期的偿债能力,也一定程度上体现了财务杠杆效应,即资本结构和资本效益。

所以,报表使用者在分析企业的负债项目时,应着重分析各项目的结构比重及变化趋势,尤其是长短期借款、应付账款、预收账款、其他应付款等项目,从而对企业负债项目的真实性做出合理判断;同时应当结合资产负债表其他项目及利润表数据,进一步分析企业流动性、长期偿债能力和资本结构的合理性,从而对企业的财务风险做出较为客观、审慎的判断。

1. 短期借款和长期借款

相对于发行股票和债券而言,银行借款的资金成本较低,借款弹性较大,在有利的经营环境下可以充分发挥其财务杠杆效应,为股东和企业谋取更大价值。但银行借款通常带有强制性的偿还负担,如果资金安排不当,容易造成企业短期的偿债压力;如果存在对外担保等隐性债务,更会加剧企业的财务风险。财务报表使用者应当结合企业的资本结构安排和发展规划及前景,从正反两个方面加以考虑,即它可能代表企业与金融机构的信任与融洽关系,反映了企业经营的胆识和魄力;另外也可能意味着企业"靠借钱过日子",并可能由此引发企业较大的财务危机。

2. 应付账款和预收账款

作为正常的往来结算款,应付账款和预收账款虽然也代表了企业现时承担的义务,但在一定程度上也体现了企业后续的生产经营活动及相应的商品或服务输出,对于企业短期的资金周转及以后期间的利润具有一定的保障作用。在分析该项目时应当关注的是其余额变化情况,应付账款和预收账款的期末大幅变动往往意味着企业可能以非正常手段虚增资产(收入),或隐瞒负债,以达到修饰财务报表的目的。

3. 其他应付款

其他应付款主要反映企业除短期借款、应付票据、应付账款、预收账款、应付利息、应付股利、应付职工薪酬、应交税费等之外的应付或暂收款项。作为一种通常情况下非规范性的往来结算款项,财务报表使用者需要警惕企业变相的资金拆借和不合理的资金占用行为,分析企业真实的财务风险。

4. 长期应付款

长期应付款主要核算应付融资租入固定资产的租赁费、以分期付款方式购入固定资产发生的应付款项等。财务报表使用者需要关注企业是否有混淆融资租赁与经营租赁的行为。例如,分析某企业的长期应付款账户时,发现有大量融资租入固定资产,按规定,融资租入固定资产应该计提折旧,如果检查有关折旧账户,并未有相应的折旧计提,则该企业存在虚减成本,虚增利润的可能。

另外,企业经营租赁的固定资产并不计入固定资产账户,只需在备查簿中登记,待付出租赁费时,再计入相关费用。有些企业为了调节利润,少计费用,将经营租赁挤入融资租赁,挂"长期应付款",推迟支付租赁费以达到调节企业当期利润的目的。

 案例

某股份公司(以下称 H 公司)2×12 年登陆创业板,但其招股说明书的财务报表数据一直受到各方质疑。根据现金流量表数据显示,2×08 年到 2×11 年上半年 H 公司的经营性现金净流量发生额分别为 2 955.24 万元、3 921.23 万元、4 243.96 万元和 5 534.54 万元,呈现持续增长态势,由此导致 H 公司在没有银行借款的同时,2×11 年上半年期末货币资金保有量高达 16 051.2 万元。

令人生疑的是,H 公司富余的现金流量是建立在应付账款的大幅增加基础上。该公司的应付账款科目余额从 2×08 年年末的 4 259.93 万元增加到 2×11 年上半年期末的 11 384.82 万元。H 公司为何坐拥巨额货币资金的同时,却仍然欠着大笔货款而不向供应商结款?

根据招股说明书财务报表附注披露,作为主板上市公司的 P 公司是 H 公司的主要供应商之一。截至 2×11 年上半年期末,H 公司应付 P 公司货款金额为 3 146.74 万元,这应当与 P 公司对应的应收账款数额相符。但是根据 P 公司 2×11 年半年报披露,P 公司应收 H 公司的金额合计高达 5 933.95 万元(见表 9-4),相比 H 公司招股说明书披露金额多出了 2 787.21 万元。

表 9-4　P 公司应收 H 公司的金额　　　　　　　　单位:万元

账　　龄	金　　额
一年以内	3 463.77
一年至二年	1 212.74
二年至三年	1 257.44
合　计	5 933.95

　　显然,在资产总额确定的前提下,负债金额越低意味着净资产金额越高。就 H 公司来说,如果资产总额的数据披露是正确的,低估应付账款 2 787.21 万元的行为,意味着虚增净资产金额 2 787.21 万元,这一金额占该公司 2×11 年上半年期末净资产总额 12 011.79 万元的 23.2%。意味着公司有可能未将全部负债计入财务数据,涉嫌隐瞒负债、虚增净资产。另外,从 P 公司往来款的数据来看,H 公司对部分账龄超过 1 年的应付款未予偿还,不仅令人怀疑其商业诚信度不高,而且再次使人对其持有巨额货币资金的真实性产生怀疑,至少令人质疑其大笔货币资金处于受限状态。

本 章 小 结

　　本章的主要内容包括流动负债、非流动负债及预计负债的会计核算。

　　1. 企业的流动负债包括短期借款、应付票据、应付账款、应付职工薪酬、应交税费、应付利息等项目,是企业流动性较强的负债;企业的非流动负债包括长期借款、应付债券、长期应付款等项目,是企业流动性较弱的负债;预计负债因或有事项产生且符合负债定义。

　　2. 企业的职工薪酬种类较多,方式多样。企业在进行会计处理时,应分短期薪酬、辞退福利等方式进行具体核算。

　　3. 企业涉及的应交税费种类较多,包括增值税、消费税、企业所得税等。企业在进行会计处理时,应分别不同税种进行具体核算。

　　4. 企业在进行应付债券核算时,应按债券的发行价格记入"银行存款"科目;按发行债券的面值记入"应付债券——面值"科目;借贷双方之间的差额,记入"应付债券——利息调整"科目;债券的利息费用在债券存续期内按实际利率法进行摊销。

　　5. 或有事项的特征及预计负债的确认。

　　本章重点:应付职工薪酬、应交税费、应付债券的会计核算。

　　本章难点:非货币性短期薪酬、增值税、应付债券的会计核算。

本 章 练 习 题

一、单项选择题

　　1. 甲企业为增值税一般纳税企业,适用的增值税税率为 13%。该企业 3 月因保管不善导致霉烂而毁损库存材料一批,实际成本为 5 000 元,收回残料价值 50 元,同时收到保险公司赔偿 3 500 元。该批毁损原材料的非正常损失净额为( )元。

　　　　A. 1 450　　　　　　B. 1 550　　　　　　C. 2 100　　　　　　D. 1 950

　　2. 小规模纳税企业购入原材料取得的增值税专用发票上注明货款 40 000 元,增值税 5 200 元,在购入材料的过程中销售方代垫运杂费 600 元,发生采购人员差旅费 500 元。则该企业原材料的入账价值为( )元。

　　　　A. 40 000　　　　　　B. 46 300　　　　　　C. 40 600　　　　　　D. 45 800

　　3. 从职工工资中代扣的职工房租,应借记的会计科目是( )。

　　　　A. "应付职工薪酬"　　　　　　　　B. "银行存款"

　　　　C. "其他应收款"　　　　　　　　　D. "其他应付款"

4. 企业转销无法支付的应付账款时,应将该应付账款账面余额计入(　　)。

    A. 资本公积　　　　　　B. 营业外收入　　　　　C. 其他业务收入　　　D. 其他应付款

5. 2020 年 1 月 1 日,甲公司采用分期付款方式购入大型设备一套,当日投入使用。合同约定的价款为 2 700 万元,分 3 年等额支付;该分期支付购买价款的现值为 2 430 万元。假定不考虑其他因素,甲公司该设备的入账价值为(　　)万元。

    A. 810　　　　　　　　　B. 2 430　　　　　　　　　C. 900　　　　　　　　　D. 2 700

6. 某饮料生产企业为增值税一般纳税人,年末将本企业生产的一批饮料发给职工作为福利。该饮料市场售价为 12 万元(不含增值税),增值税适用税率为 13%,实际成本为 10 万元。假定不考虑其他因素,该企业应确认的应付职工薪酬为(　　)万元。

    A. 10　　　　　　　　　　B. 11.3　　　　　　　　　C. 12　　　　　　　　　　D. 13.56

7. A 公司结算本月应付本企业行政管理人员工资共 30 000 元,代扣职工个人所得税 700 元,实发工资 29 300 元,该企业下列会计处理中,不正确的是(　　)。

    A. 借:管理费用　　　　　　　　　　　　　　　　　　30 000

         贷:应付职工薪酬——工资　　　　　　　　　　　　30 000

    B. 借:应付职工薪酬——工资　　　　　　　　　　　　29 300

         贷:银行存款　　　　　　　　　　　　　　　　　　29 300

    C. 借:应付职工薪酬——工资　　　　　　　　　　　　700

         贷:应交税费——应交个人所得税　　　　　　　　　700

    D. 借:其他应收款　　　　　　　　　　　　　　　　　700

         贷:应交税费——应交个人所得税　　　　　　　　　700

8. 企业作为福利为高管人员配备汽车。计提这些汽车折旧时,应编制的会计分录为(　　)。

    A. 借记"累计折旧"科目,贷记"固定资产"科目

    B. 借记"管理费用"科目,贷记"固定资产"科目

    C. 借记"管理费用"科目,贷记"应付职工薪酬"科目;同时借记"应付职工薪酬"科目,贷记"累计折旧"科目

    D. 借记"管理费用"科目,贷记"固定资产"科目;同时借记"应付职工薪酬"科目,贷记"累计折旧"科目

9. 某企业适用的城市维护建设税税率为 7%,2019 年 7 月该企业应缴纳增值税 300 000 元、土地增值税 30 000 元、消费税 50 000 元、资源税 20 000 元,8 月该企业应记入"应交税费——应交城市维护建设税"科目的金额为(　　)元。

    A. 16 100　　　　　　　　B. 24 500　　　　　　　　C. 26 600　　　　　　　　D. 28 000

10. 2019 年 7 月,甲公司集体福利领用外购原材料 5 000 元,原材料相关的增值税为 650 元;因地震毁损原材料一批,其实际成本 20 000 元,经确认损失材料的增值税 2 600 元。则甲公司本月应记入"应交税费——应交增值税(进项税额转出)"科目的金额为(　　)元。

    A. 3 250　　　　　　　　B. 2 600　　　　　　　　C. 650　　　　　　　　　D. 1 950

11. 企业每期期末计提一次还本息的长期借款利息,对其中应当予以资本化的部分,下列会计处理正确的是(　　)。

    A. 借记"财务费用"科目,贷记"长期借款"科目

B. 借记"财务费用"科目,贷记"应付利息"科目

C. 借记"在建工程"科目,贷记"长期借款"科目

D. 借记"在建工程"科目,贷记"应付利息"科目

12. 某企业于 2020 年 1 月 1 日按面值发行 5 年期、到期一次还本付息的公司债券,该债券面值总额为 8 000 万元,票面年利率为 4%,自发行日起计息。假定票面利率与实际利率一致,不考虑相关税费,2020 年 12 月 31 日该债券的账面余额为( )万元。

A. 8 000   B. 8 160   C. 8 320   D. 8 480

二、多项选择题

1. 下列各项中,应作为职工薪酬计入相关资产成本的有( )。

A. 设备采购人员差旅费   B. 公司总部管理人员的工资

C. 生产职工的伙食补贴   D. 材料入库前挑选整理人员的工资

2. 下列各项中,应确认为应付职工薪酬的有( )。

A. 非货币性福利   B. 社会保险费和辞退福利

C. 职工工资、福利费   D. 工会经费和职工教育经费

3. 企业缴纳的下列税费,不通过"应交税费"科目核算的有( )。

A. 印花税   B. 耕地占用税   C. 土地使用税   D. 土地增值税

4. 下列各项中,应列入资产负债表"应付职工薪酬"项目的有( )。

A. 支付临时工的工资   B. 发放困难职工的补助金

C. 缴纳职工的工伤保险费   D. 支付辞退职工的经济补偿金

5. A 企业与 B 企业签订购销合同销售一批产品,B 企业预付货款 120 000 元,一个月后,A 企业将产品发往 B 企业,开出的增值税专用发票上注明价款 200 000 元,增值税 26 000 元,该批货物成本 144 000 元。当日 B 企业以银行存款支付剩余货款。根据资料下列说法不正确的有( )。

A. 收到 B 企业预付货款时应确认为合同负债

B. A 企业应在发出商品时确认收入 200 000 元

C. 收到 B 企业预付货款时应确认收入 120 000 元

D. A 企业在发出商品时确认收入 8 000 元

三、判断题

1. 委托加工的物资收回后用于连续生产的,应将受托方代收代缴的消费税计入委托加工物资的成本。 ( )

2. 企业股东大会审议批准的利润分配方案中应分配的现金股利,在支付前不作账务处理,但应在报表附注中披露。 ( )

3. 企业的短期借款利息均应在实际支付时计入当期财务费用。 ( )

4. 暂收个人的款项和经营租入固定资产的未付租金应通过"其他应付款"科目核算。 ( )

5. 企业只有在对外销售消费税应税产品时才应缴纳消费税。 ( )

6. 企业缴纳的印花税一般直接通过"管理费用"科目核算。 ( )

四、综合题

1. 甲企业为增值税一般纳税工业企业,其适用的增值税税率为 13%,2019 年 6 月发生

如下经济业务。

(1) 6月1日,购入一批工程用原材料(建造办公楼),价款为25万元,增值税税额为3.25万元,并开出一张3个月到期的商业承兑汇票,该票据为带息票据,票面利率8%,于月末计提利息。

(2) 6月3日,企业收到乙公司预付货款20万元。

(3) 6月10日,企业转让商标权,售价5万元,适用的增值税税率6%,款项存入银行,该商标权账面原值8万元,已摊销2万元,计提减值准备3万元。

(4) 6月15日,企业向乙公司发出60万元的货物,成本为50万元;乙公司已验收入库,并支付了剩余货款及增值税47.8万元。

(5) 6月28日,经过核算,该月应付生产工人工资15万元,车间管理人员工资8万元,厂部管理人员工资2万元,工程人员工资1万元。企业先到银行提现,然后全部以现金支付工资。

(6) 6月30日,计提票据利息。

要求:根据上述经济业务编制甲企业会计分录。

2. 某企业委托外单位加工材料(非金银首饰),原材料价款20万元,加工费用5万元,增值税税率13%,由受托方代收代缴的消费税0.5万元,材料已经加工完毕验收入库,款项尚未支付。假定该企业材料采用实际成本核算。请根据以下情况分别做出会计处理。

(1) 委托方收回加工后的材料用于继续生产应税消费品。

(2) 委托方收回加工后的材料直接用于销售。

3. 某企业经批准从2018年1月1日起按面值发行2年期面值为100元的债券10 000张,债券年利率为6%(实际利率与合同利率一致),该债券每半年付息一次,每年7月1日和1月1日为付息日,该债券所筹资金全部用于新生产线的建设,该生产线于2019年6月底完工并交付使用,债券到期后一次支付本金。

要求:编制该企业从债券发行到债券到期的全部会计分录(答案中的金额单位用万元表示)。

第 10 章　所有者权益

本章的学习将会使你：

(1) 了解企业的组织形式。

(2) 掌握所有者权益的性质与构成。

(3) 掌握投入资本、资本公积、其他综合收益的基本核算方法。

(4) 掌握留存收益的性质与构成。

10.1　所有者权益概述

10.1.1　企业组织形式

经过多年改革之后，我国的市场经济已形成多种经济成分并存的格局，也就是说，作为市场主体，企业具有不同的所有制性。但在会计核算中，不同所有制性质的企业差异不大，对会计处理程序和方法有影响的主要是企业的组织形式不同，体现在所有者权益等方面的核算。所有者权益会计，就是要解决不同企业所有者对企业应承担的风险及享有的利益。国际通行的做法是按照企业资产经营的法律责任，把企业划分为非公司制企业和公司制企业。

1. 非公司制企业

(1) 独资企业。独资企业也称私人独资企业，即个人出资经营、归个人所有和控制、由个人承担经营风险和享有全部经营收益的企业。它是最古老、最简单的一种企业组织形式。个人独资企业的所有权与经营权结合在一起都由企业的所有者持有。个人独资企业在法律上不具有单独的法人资格，企业的所有者对企业的债务负有无限的清偿责任。独资企业主要盛行于零售业、手工业、农业、林业、渔业、服务业和家庭作坊等，一般规模比较小，资金来源有限。

(2) 合伙企业。合伙企业是指自然人、法人和其他组织依照《中华人民共和国合伙企业法》在中国境内设立的，由两个或两个以上的自然人通过订立合伙协议，共同出资经营、共负盈亏、共担风险的企业组织形式。我国合伙组织形式仅局限于私营企业。合伙企业一般无法人资格，不缴纳所得税。合伙企业的合伙人对企业的债务也要承担无限清偿责任。一旦企业发生债务，债权人有权向任何一个合伙人要求清偿全部债务。合伙人之间通常共同决定企业事物。合伙企业的出资人比独资企业多，所以合伙企业规模大于独资企业，是一种比独资企业更为先进的企业形式。但是由于合伙人的人数较多，也出现了权力分散、决策缓慢等问题。

【知识链接】 有限合伙企业及其特点

有限合伙企业是由普通合伙人和有限合伙人组成的一种特殊企业组织形式。其中的普通合伙人负责合伙企业的经营管理,对合伙企业的债务承担无限连带责任;有限合伙人不执行合伙事务,仅以其认缴的出资额为限对合伙企业债务承担责任。相对于普通合伙企业,有限合伙企业允许投资者以承担有限责任的方式参加合伙成为有限合伙人,有利于刺激投资者的积极性,促进资本与智力实现有效的资源整合,对市场经济发展起到积极的促进作用。

2. 公司制企业

公司制企业是依据一定的法律程序申请登记设立,一般以营利为目的的具有法人资格的经济组织。公司有自己独立的财产,能够独立地承担经济责任,同时享有相应的民事权利。公司制企业与非公司制企业最大的区别就在于公司享有法人资格。法人是指具有民事权利能力和民事行为能力,依法独立享有民事权利和承担民事义务的组织。公司具有独立的法人财产,自主经营,自负盈亏,投资人对公司的债务只负有以出资额为限的有限责任。公司制企业是随着资本主义的发展,在所有权与经营权相分离的要求下产生的,这种企业组织形式能够创造出规模更大的企业,公司制企业是现代企业的主要形式。

根据我国《公司法》的规定,公司的主要形式为有限责任公司和股份有限公司。其中,有限责任公司的股东数不得超过 50 人,且公司资本不需要分为等额股份,不对外公开募集股份,不发行股票;股份有限公司,应当由二人以上二百人以下的发起人,且公司股本总额需要平分为金额相等的股份,并通过公开发行股票向社会筹集资金。两类公司均为法人,投资者可受到有限责任保护。公司制企业的优点如下。

(1) 公司可以无限存续。公司制实现了所有权与经营权的分离,所有者可以不参与企业的实际经营,而把经营业务交给所有者认为最适合的人负责,也可以根据实际情况更换经营者,从而解决了非公司制企业存续难的问题。即便最初的所有者和经营者退出,公司仍然可以继续存在。

(2) 公司的投资人只承担有限债务责任。公司债务是法人的债务,不是所有者的债务。所有者的债务责任以其出资额为限。

(3) 公司所有权的流动性强于非公司制企业。公司的投资人所享有的权益可以从一个投资人转移给另一个投资人,实现了公司所有权的流动。相对来说,有限责任公司的股份转让有较为严格的限制,如需转让,应在其他股东同意的条件下方可进行;而股份有限公司的股份则可以在公开交易的市场上自由转让。

任何事物都有两面性,公司制企业拥有得天独厚的优点,但也同时存在一些问题。

(1) 投资人需要承担双重课税。公司作为独立的法人,其利润需缴纳企业所得税,企业利润分配给股东后,股东还需缴纳个人所得税。而非公司制企业则不需要缴纳企业所得税,所以公司制企业的投资人要承担更高的税务成本。

(2) 组建公司的成本相对较高。《公司法》对于建立公司的要求比建立独资或合伙企业高,并且需要提交各种报告。而且,规模越大的公司审批的程序越复杂,需要提供的资料报告更多,组建成本也越高。

（3）公司存在委托代理问题。经营者和所有者分开以后，经营者称为代理人，所有者称为委托人，代理人可能为了自身利益而伤害委托人利益。委托代理关系的难题至今没有被彻底解决。

10.1.2　所有者权益的定义及构成

1. 所有者权益的含义

根据《企业会计准则》的规定，所有者权益是指企业资产扣除负债后，由所有者享有的剩余权益。即

$$所有者权益＝资产－负债$$

显然，所有者权益是所有者对企业资产的剩余索取权，它是企业资产中扣除债权人权益后应由所有者享有的部分，既可以反映所有者投入资本的保值增值情况，又可以体现保护债权人权益的理念，所以这一概念被大多数的国家所接受，在各国的会计准则中都有类似的规定。

由于所有者对企业的经营活动承担着最终的风险，与此同时，也享有最终的权益。如果企业在经营中获利，所有者权益将随之增长；如果企业在经营中亏损，所有者权益将随之减少。

对于企业而言，所有者权益和负债是其资金来源的主要方式，但所有者权益是投资者享有的对投入资本及其运用所产生的盈余（或亏损）的权利；负债则是在经营或其他活动中所发生的债务，是债权人要求企业清偿的权利，两者之间有着明显的区别。具体体现在以下方面。

（1）在持续经营情况下，所有者权益一般不存在抽回问题，不需要偿还，是企业可以长期使用的资金；而负债需要企业支付一定的使用费用，有具体到期日，且具有法律赋予的追偿权。

（2）所有者一般情况下享有参与企业的收益分配、经营管理等多项权利，而债权人不具有这些权利；所有者对企业资产的要求权在顺序上置于债权人之后，所有者享受对企业剩余资产的要求权，而债权人享有的是到期收回本金及利息的权利。

总的来说，所有者能够获得多少收益，需视企业的盈利水平及经营政策而定，风险较大；债权人获得的利息一般按一定利率计算，并且是预先可以确定的金额，无论盈亏，企业都需按期支付，风险相对较小。

2. 所有者权益的来源构成

根据《企业会计准则》的规定，所有者权益包括所有者投入资本、直接计入所有者权益的利得和损失、留存收益等，通常理解为实收资本（股本）、其他权益工具、资本公积、其他综合收益、盈余公积和未分配利润六个所有者权益类科目。

（1）所有者投入资本是指所有者投入企业的资本部分，它包括构成企业注册资本或者股本部分的金额，也包括投入资本超过实收资本或股本部分的金额，即记入“资本公积——资本溢价或股本溢价”项目的金额。

（2）在所有者权益科目中设置“其他权益工具”科目，核算企业发行的除普通股以外的归类为权益工具的各种金融工具（此部分不在本书讲述，具体内容详见《企业会计准则第37号——金融工具列报》）。

（3）其他综合收益是指企业根据其他会计准则规定未在当期损益中确认的各项利得和损失。

（4）资本公积包括资本溢价（或股本溢价）和其他资本公积。

（5）留存收益是企业累计实现的净利润留存于企业的部分，主要包括累计从净利润中计提的盈余公积和未分配利润两个部分。

3. 所有者权益的确认和计量

所有者权益体现的是所有者在企业中的剩余权益，其确认主要依赖于其他会计要素，尤其是资产和负债的确认；所有者权益金额的确定也主要取决于相关资产和负债的计量。

10.2 公司制企业所有者权益的核算

公司制企业包括有限责任公司和股份有限公司，这两类公司在投资者投资的会计核算上，除了所使用的会计科目名称有所不同外，核算方法基本相同，但是在法律规定上仍有一些区别。

10.2.1 公司制企业投入资本的法律规定

1. 投入资本的含义

投入资本是投资人提供给公司无偿使用的资本，由实收资本（或股本）和资本公积两个部分组成，投资者设立企业首先必须投入资本。实收资本（或股本）是投资人投入资本形成法定资本的部分。所有者向企业投入的资本，一般情况下无须偿还，可供企业长期周转使用。实收资本（或股本）的构成比例，通常是确定所有者在企业所有者权益中所占的份额和参与企业经营管理决策的基础，也是企业进行利润分配的依据，同时还是企业清算时确定所有者对净资产要求权的依据。

投入资本一般按投资主体分类，分为国家资本、法人资本、个人资本和外商资本四类。

（1）国家资本是指有权代表国家投资的政府部门或机构以国有资产投入企业形成的资本。

（2）法人资本是指其他法人单位以其可支配的资产投入企业形成的资本。

（3）个人资本是指社会公众或本企业内部职工以其合法的财产投入企业形成的资本。

（4）外商资本是指国外投资者以及中国香港、澳门和台湾地区投资者向中国大陆（内地）企业投入资产形成的资本。

2. 投入资本的主要法律规定

2013年12月28日，第十二届全国人民代表大会常务委员会第六次会议审议通过了关于修改《公司法》的决定。这次《公司法》修改主要涉及以下三个方面。

（1）将注册资本实缴登记制改为认缴登记制。除法律、行政法规以及国务院决定对公司注册资本实缴另有规定的外，取消了关于公司股东（发起人）应当自公司成立之日起两年内缴足出资，投资公司可以在五年内缴足出资的规定；取消了一人有限责任公司股东应当一次足额缴纳出资的规定。公司股东（发起人）自主约定认缴出资额、出资方式、出资期限等，并记载于公司章程。

（2）放宽注册资本登记条件。取消了有限责任公司最低注册资本 3 万元、一人有限责任公司最低注册资本 10 万元、股份有限公司最低注册资本 500 万元的限制；不再限制公司设立时股东（发起人）的首次出资比例；不再限制股东（发起人）的货币出资比例。

（3）简化登记事项和登记文件。有限责任公司股东认缴出资额、公司实收资本不再作为公司登记事项。公司登记时，不需要提交验资报告。

【知识链接】　注册资本的实缴登记制和认缴登记制

注册资本实缴登记制度要求有限责任公司在两年内缴足注册资本；注册资本认缴登记制度则在设立公司时，注册资本以及缴足期限由股东自行约定，不再限定在两年内缴足。实行注册资本认缴登记制是注册资本登记制度改革的方向。但包括银行业金融机构、证券公司、期货公司、基金管理公司、保险公司、保险专业代理机构和保险经纪人、直销企业、对外劳务合作企业、融资性担保公司、募集设立的股份有限公司，以及劳务派遣企业、典当行、保险资产管理公司、小额贷款公司等 27 个行业，仍然实行注册资本实缴登记制。

实行注册资本认缴登记制并没有改变公司股东以其认缴的出资额承担责任的规定，也没有改变承担责任的形式。

10.2.2　投入资本的会计处理

1. 有限责任公司投入资本

投资者投入资本的形式可以多种多样，如投资者可以用货币资金进行投资，也可以用实物资产进行投资，还可以用无形资产进行投资。投资者投入资本通过"实收资本"科目进行会计核算。

企业收到投资者投入资本时，借记相关的资产类科目，例如，投入货币资金的，应当在收到或存入企业开户银行时借记"银行存款""库存现金"科目；投入实物资产的，应当在办理实物资产转移手续时，按照投资合同或协议约定的价值（价值不公允的除外）借记"原材料""固定资产"等科目；投入无形资产的，应当于合同、协议或公司章程规定移交有关凭证时，按照投资合同或协议约定的价值（价值不公允的除外）借记"无形资产"科目。与此同时，按照投资者投入资本在企业注册资本中所占份额，贷记"实收资本"，借方大于贷方科目的部分按差额贷记"资本公积——资本溢价"科目。

【例 10-1】　新华公司由甲、乙、丙三个投资者共同投资组成，公司于 2020 年 1 月 1 日成立，三人各占公司 1/3 的股份。成立时甲投资者投入 100 万元货币资金，乙投资者投入公允价值为 100 万元的原材料，丙投资者以一项公允价值为 100 万元的厂房进行投资。编制会计分录如下。

借：银行存款	1 000 000
原材料	1 000 000
固定资产——厂房	1 000 000
贷：实收资本——甲	1 000 000
——乙	1 000 000
——丙	1 000 000

2. 股份有限公司投入资本

股份有限公司与有限责任公司最大的区别在于，股份有限公司将企业资本划分为等额股份，并通过发行股票的方式在公开市场上筹集资金。股票是企业签发的证明股东按其所持股份享有权利和承担义务的书面证明文件。由于股东按其持有的企业股份享受权利、承担义务，为了反映和便于计算各股东所持股份占企业全部股本的比例，企业的股本总额应按股票的面值与股票发行的数量的乘积计算。根据《公司法》的规定，企业实收的股本总额应当与企业的法定资本金相同，即与企业的注册资本一致。因此，为了准确提供企业股本总额及其构成等信息，股份公司应当将其发行股票的面值记入"股本"科目（贷方），并在"股本"科目下再按照股票的种类及股东名称设置明细账户进行具体核算。

10.2.3 实收资本增减变动的会计处理

《中华人民共和国公司登记管理条例》规定：公司增加注册资本的，有限责任公司股东认缴新增资本和股份有限公司的股东认购新股，应当分别依照《公司法》设立有限责任公司缴纳出资和设立股份有限公司缴纳股款的有关规定执行。公司法定公积金转增为注册资本的，验资证明应当载明留存的该项公积金不少于转增前注册资本的 25%。

公司减少注册资本的，应当自公告之日其 45 日后申请变更登记，并应当提交公司在报纸上登载公司减少注册资本公告的有关证明和公司债务清偿或者债务担保情况的说明。公司减资后的注册资本不得低于法定的最低限额。公司变更实收资本的，出资方式缴纳出资。公司应当自足额缴纳出资或者股款之日起 30 日内申请变更登记。

1. 实收资本增加的会计处理

（1）资本公积转为实收资本或股本。会计上应借记"资本公积——资本溢价（或股本溢价）"科目，贷记"实收资本（或股本）"科目。

（2）盈余公积转为实收资本。会计上应借记"盈余公积"科目，贷记"实收资本（或股本）"科目。这里需要注意的是，如为股份有限公司或有限责任公司，应按投资者所持股份同比例增加各股东的股权。

（3）所有者投入资本（详见 10.2.2 小节）。

2. 实收资本减少的会计处理

1) 一般企业减资，按法定程序报经批准减少注册资本的会计处理

借：实收资本

　　贷：银行存款等

2) 股份有限公司采用回购本企业股票减资

（1）回购本公司股票。

借：库存股（实际支付的金额）

　　贷：银行存款

（2）注销库存股。

① 回购价格高于回购股票面值总额。

借：股本（注销股票的面值总额）

　　资本公积——股本溢价（差额先冲股本溢价）

　　盈余公积(股本溢价不足,冲减盈余公积)

　　利润分配——未分配利润(股本溢价和盈余公积仍不足部分)

　　　贷:库存股(注销库存股的账面余额)

② 回购价格低于回购股票的面值总额。

借:股本(注销股票的面值总额)

　　贷:库存股(注销库存股的账面余额)

　　　资本公积——股本溢价(差额)

【例 10-2】 新华股份有限公司截至 2019 年 12 月 31 日共发行股票 30 000 000 股,股票面值为 1 元,资本公积(股本溢价)6 000 000 元,盈余公积 4 000 000 元。经股东大会批准,新华公司以现金回购本公司股票 3 000 000 股并注销。

假定新华公司按照每股 4 元回购股票,不考虑其他因素,新华公司的财务处理如下。

(1) 回购公司股票。

　　　　　库存股的成本＝3 000 000×4＝12 000 000(元)

借:库存股　　　　　　　　　　　　　12 000 000

　　贷:银行存款　　　　　　　　　　　　　12 000 000

(2) 注销库存股。

借:股本　　　　　　　　　　　　　　3 000 000

　　资本公积——股本溢价　　　　　　　6 000 000

　　盈余公积　　　　　　　　　　　　　3 000 000

　　贷:库存股　　　　　　　　　　　　　12 000 000

假定新华公司以每股 0.9 元回购股票,其他条件不变。新华公司的账务处理如下。

(1) 回购库存股。

　　　　　库存股的成本＝3 000 000×0.9＝2 700 000(元)

借:库存股　　　　　　　　　　　　　2 700 000

　　贷:银行存款　　　　　　　　　　　　　2 700 000

(2) 注销库存股。

借:股本　　　　　　　　　　　　　　3 000 000

　　贷:库存股　　　　　　　　　　　　　2 700 000

　　　资本公积——股本溢价　　　　　　　300 000

由于新华公司以低于面值的价格回购股票,股本与库存股成本的差额 300 000 元应作增加资本公积处理。

【知识链接】　独资企业、合伙企业的所有者权益核算

独资企业、合伙企业的所有者权益不需要区分业主投资和利润积累——因为无论是业主对企业进行投资,还是业主从企业中提款及利润分配等,均是业主的自主行为。

独资企业(或合伙企业)所有者权益的核算通过设置"业主资本"(或"合伙人资本")科目进行,在会计期间企业代业主(或合伙人)收款、付款,以及业主(或合伙人)提取资产、工资、应享利润等业务则通过单独设置"业主提款"(或"合伙人提款")科目来核算。"业主提款"(或"合伙人提款")科目期末余额可以结转至"业主资本"(或"合伙人资本")科目,也可以不

结转。企业所有者权益的期末余额为"业主资本"(或"合伙人资本")和"业主提款"(或"合伙人提款")账户的余额合计数。

10.2.4 资本公积的会计处理

1. 资本溢价

有限责任公司的出资者依其出资份额对企业经营决策享有表决权,按照出资额对企业承担有限责任。在企业创立时,出资者投入的资金(或实物资产)全部计入实收资本,但在新的投资者加入时,为了维护原有投资者的权益,新加入投资者的出资额不能全部作为实收资本入账。其原因如下。

(1) 在企业正常经营过程中投入的资金即使与企业创立时投入的资金在数量上相等,但其获利能力是不一样的。企业创立初期,要经过筹建、试生产经营、寻找市场、开拓市场等纷繁的过程,从投入资金到取得回报的过程需要大量的时间,并且具有很高的风险,在这个过程中资本的获利率是很低的。当企业进入正常经营周期后,在正常情况下,资本利润率都高于创立初期。而这高于初期的资本利润率是由于前期必要的垫支资本带来的,初期的投资者为后来较高的回报率付出了高于后期的代价。因此,即使后来的新投资者投入资本数量相同,但是由于出资的时间不同,承担的风险不同,对企业的影响程度也不同,由此带给投资者的权利也不应该相同,初期的投资者应当享有更多的权利。

(2) 不仅原投资者原有投资的质量高于新投资者,而且在数量上可能要多于新投资者。企业在正常的经营过程中实现的利润并不会都对所有者进行分配,没有分配的部分留在企业形成了企业的留存收益,而留存收益也属于所有者权益,归所有者按照份额享有。新加入的投资者如与原投资者共同分享原投资者创造的留存收益,则应付出高于原投资者出资额的投资。

故企业在接受新的投资者时,投资者投入的资本按其所占投资比例计算的出资部分,应贷记"实收资本"科目,高于这部分的出资额应贷记"资本公积——资本溢价"科目。

【例 10-3】 接例 10-1 资料,假定经过两年的经营,有另一投资者丁欲加入公司并希望占有 25% 的股份,经协商,新华公司将注册资本增加到 400 万元,丁投资者以公允价值为 150 万元的专利技术进行投资。2022 年 3 月 1 日,丁将该专利技术的凭证移交给新华公司。编制会计分录如下。

借:无形资产——专利技术　　　　　　　　　　1 500 000
　　贷:实收资本——丁　　　　　　　　　　　　1 000 000
　　　　资本公积——资本溢价　　　　　　　　　 500 000

2. 股本溢价

股份公司在发行股票募集资金时,股票的发行价格受发行当时资本市场的需求和投资人对公司获利能力的估计的影响,所以发行股票的价格往往与股票的面值不一样。这也解释了在股市繁荣的时候,申请进行首次公开发行股票的公司多,而在股市低迷的时候申请首次公开发行股票的公司少的原因。我国目前允许股票溢价、平价发行,不允许折价发行。

如果股份公司采取溢价发行的方式发行股票,收到的金额高于股票面值的部分贷记"资本公积——股本溢价"科目。在发行股票的过程中,发行方需要委托证券商代理发行股票,因此需要对证券商支付一定金额的手续费和佣金等,这些金额应当从股票发行的溢价中扣除,即"资本公积——股本溢价"科目登记的是股票发行溢价减去发行手续费、佣金后的净额。

【例 10-4】 某股份有限公司首次公开发行股票,发行价格为每股 4 元,发行总量为 1 000 万股,股票面值 1 元/股。支付给券商的手续和佣金共计 300 万元,已用银行存款支付。

借:银行存款	37 000 000
贷:股本	10 000 000
资本公积——股本溢价	27 000 000

【知识链接】 股份发行费用的会计处理

关于股份发行费用的会计核算,如承销费、保荐费、上网发行费、招股说明书印刷费、申报会计师费、律师费、评估费等与发行权益性证券直接相关的新增外部费用,应自所发行权益性证券的发行收入中扣减。在权益性证券发行有溢价的情况下,自溢价收入中扣除,在权益性证券发行无溢价或溢价金额不足以扣减的情况下,应当冲减盈余公积和未分配利润。发行权益性证券过程中发生的广告费、路演及财经公关费、上市酒会费等其他费用应在发生时计入当期损益。

3. 其他资本公积

其他资本公积是指除资本溢价(或股本溢价)项目以外所形成的资本公积。

1) 采用权益法核算的长期股权投资

(1) 被投资单位除净损益、其他综合收益和利润分配以外的所有者权益的其他变动,投资方按持股比例计算应享有的份额。

借:长期股权投资——其他权益变动
  贷:资本公积——其他资本公积

或做相反会计分录。

(2) 处置采用权益法核算的长期股权投资。

借:资本公积——其他资本公积
  贷:投资收益

或做相反会计分录。

2) 以权益结算的股份支付

(1) 在等待期每个资产负债表日应按确定的金额。

借:管理费用等
  贷:资本公积——其他资本公积

(2) 在行权日,应按实际行权的权益工具数量计算确定的金额。

借:银行存款(按行权价收取的金额)
  资本公积——其他资本公积(等待期累计确定的金额)
  贷:股本(增加股份的面值)
    资本公积——股本溢价(差额)

10.2.5 其他综合收益

其他综合收益是指企业根据其他会计准则规定未在当期损益中确认的各项利得和损

失,包括以后会计期间不能重分类进损益的其他综合收益和以后会计期间满足规定条件时将重分类进损益的其他综合收益两类。

1. 以后会计期间不能重分类进损益的其他综合收益项目

(1) 重新计量设定收益计划净负债或净资产导致的变动。

(2) 按照权益法核算因被投资单位重新计量收益计划净负债或净资产变动导致的权益变动,投资企业按持股比例计算确定的该部分其他综合收益项目。

(3) 以公允价值计量且其变动计入其他综合收益的金融资产(权益工具)公允价值变动及外汇利得和损失。

2. 以后会计期间满足规定条件时将重分类进损益的其他综合收益项目

1) 以公允价值计量且其变动计入其他综合收益的金融资产(债务工具)产生的其他综合收益

(1) 公允价值上升。

借:其他债权投资——公允价值变动

　　贷:其他综合收益

(2) 公允价值下降时做相反的会计分录。

2) 按照金融工具准则规定,对金融资产重分类按规定可以将原计入其他综合收益的利得或损失转入当期损益的部分

(1) 企业将一项以摊余成本计量的金融资产重分类为以公允价值计量且其变动计入其他综合收益的金融资产的,应当按照该金融资产在重分类日的公允价值进行计量。原账面价值与公允价值之间的差额计入其他综合收益。

借:其他债权投资——成本

　　　　　　——利息调整

　　　　　　——公允价值变动

　　贷:债权投资——成本

　　　　　　——利息调整

借或贷:其他综合收益——其他债权投资公允价值变动。

(2) 企业将一项以公允价值计量且其变动计入其他综合收益的金融资产重分类为以摊余成本计量的金融资产的,应当将之前计入其他综合收益的累计利得或损失转出,调整该金融资产在重分类日的公允价值,并以调整后的金额作为新的账面价值,即视同该金融资产一直以摊余成本计量,该金融资产重分类不影响其实际利率和预计信用损失的计量。

借:债权投资——成本

　　　　　——利息调整

　　贷:其他债权投资——成本

　　　　　　——利息调整

　　　　　　——公允价值变动

借或贷:其他综合收益——其他债权投资公允价值变动(差额)。

(3) 企业将一项以公允价值计量且其变动计入其他综合收益的金融资产重分类为以公允价值计量且其变动计入当期损益的金融资产的,应当继续以公允价值计量该金融资产,同

时,企业应当将之前计入其他综合收益的累计利得或损失从其他综合收益转出,计入当期损益。

借:交易性金融资产——成本

    贷:其他债权投资——成本

                ——利息调整

                ——公允价值变动

借或贷:其他综合收益——其他债权投资公允价值变动(差额)。

贷或借:公允价值变动损益。

3)采用权益法核算的长期股权投资

(1)被投资单位其他综合收益增加,投资方按持股比例计算应享有的份额。

借:长期股权投资——其他综合收益

    贷:其他综合收益

被投资单位其他综合收益减少做相反的会计分录。

(2)处置采用权益法核算的长期股权投资。

借:其他综合收益(可转损益的其他综合收益)

    贷:投资收益(或相反分录)

4)存货或自用房地产转换为公允价值模式计量的投资性房地产

(1)企业将作为存货的房地产转为采用公允价值模式计量的投资性房地产,转换日其公允价值大于账面价值。

借:投资性房地产——成本(转换日的公允价值)

    存货跌价准备(如涉及)

    贷:开发产品等

        其他综合收益(差额)

(2)企业将自用房地产转为采用公允价值模式计量的投资性房地产,转换日公允价值大于账面价值。

借:投资性房地产——成本(转换日的公允价值)

    累计折旧

    固定资产减值准备

    贷:固定资产

        其他综合收益(差额)

(3)处置该项投资性房地产时,因转换计入其他综合收益的金额转入其他业务成本。

借:其他综合收益

    贷:其他业务成本

10.2.6　留存收益的性质及构成

投资者将资本投入企业后,不仅希望保持资本完整,更希望通过企业的经营活动实现资本的增值,即实现盈利。企业实现的净利润应根据有关的规定、协议、公司章程或股东大会决议进行分配,包括弥补以前年度亏损、支付股利等,不予分配的部分则留在企业内部形成资金积累,即留存收益。

留存收益是企业所有者权益的一个重要项目，是企业历年生产经营活动实现的净利润，经过分配后留存于企业内部的积累。主要用于重新投入生产经营活动，参与企业资金周转，以扩大企业生产经营规模，实现更大利润，或留待以后年度进行分配。留存收益因经营收益而增加，因分给投资者而减少。留存收益由盈余公积和未分配利润构成。

（1）盈余公积是企业按照规定从净利润中提取的积累基金，其性质是对企业留存收益的用途进行限制，主要是限制其用于过度的股利分配，以保证企业留有一定的资金积累，维护债权人的权利，同时有利于企业的可持续发展。这种限制，一般称为"拨定"。公司制企业的盈余公积包括法定盈余公积和任意盈余公积。

按照《公司法》有关规定，公司制企业应当按照净利润（弥补以前年度亏损后，下同）的10%提取法定盈余公积，法定盈余公积累计额已达注册资本的50%时，可以不再提取。值得注意的是，在计算提取法定盈余公积的基数时，不应包括企业的年初未分配利润。

出于实际需要或采取审慎经营策略，企业可根据股东大会的决议提取一定比例的任意盈余公积称为"自愿拨定"。

盈余公积提取后主要用于弥补以前年度亏损、扩大生产经营规模或转增资本。

（2）未分配利润是指未指定用途的，或留待以后年度进行分配的结存利润。企业对于未分配利润的使用分配有较大的自主权。

$$未分配利润 = 期初未分配利润 + 本期实现的税后利润 - 提取的各种盈余公积 - 分出利润$$

关于留存收益核算，在本书第 11.3 节中做详细介绍，本章不做具体介绍。

10.3　所有者权益的披露与分析

10.3.1　所有者权益的披露

企业对所有者权益事项的披露主要通过编制"所有者权益变动表"来体现，以反映构成企业所有者权益的各组成部分当期的增减变动情况。除此之外，在财务报表附注中还应当披露以下与所有者权益相关的信息。

（1）企业注册地、组织形式和总部地址。

（2）企业的业务性质和主要经营活动。

（3）母公司以及集团最终母公司的名称。

（4）企业主要股东及持股比例。

（5）包括实收资本、资本公积、盈余公积和未分配利润在内的所有者权益中，国家资本、国有法人资本的计算比例及年初数额、年末数额，增减和减少的逐项金额及原因等。

如果企业存在股份支付交易的，还应当详细披露有关股份支付的相关信息，包括股份支付对当期财务状况和经营成果的影响。

10.3.2　所有者权益的分析

报表使用者对企业所有者权益项目的分析主要体现在以下两方面。

（1）结合所有者权益变动表及资产负债表和利润表的相关项目，分析所有者权益，尤其是非货币性资产投入比重、构成及资本公积项目的增减变化情况等,以辨别所有者权益的真实性。

出于各种动机,某些企业可能会通过虚拟资产、隐藏债务等方式虚增所有者权益。例如,将以抵押物作为资本投入、以过期甚至报废的资产作为资本投入或过度加大无形资产投入比例;以及虚增存货、盘亏毁损资产不予注销、没有及时确认到期的应付费用等。这些不真实的所有者权益信息会误导投资者对企业的投资价值做出正确的判断,同时给接受投资的企业及相关投资者带来经营风险和损失,并损害企业债权人的利益。

案例

云南绿大地生物科技股份有限公司(002200.SZ),在上市前的 20×4 年至 20×7 年 6 月间,使用虚假的合同、财务资料,虚增马龙县旧县村委会 960 亩荒山使用权、马龙县马鸣乡 3 500 亩荒山使用权以及马鸣基地围墙、灌溉系统、土壤改良工程等项目的资产共计 7 011.4 万元,导致公司所有者权益的虚增。

而另一家上市公司红光实业(600083.SH),在上市申报材料中隐瞒了固定资产不能维持正常生产,其关键生产设备彩玻炉实际上已满使用年限,折旧已经提完,已无法正常运转的严重事实,使红光实业骗取了上市资格,达到了筹资圈钱的目的,而带给中国股市和投资者的却是震撼和损失。

(2) 结合企业的负债情况分析其资本结构的合理性。所有者权益代表了一个企业净资产数量的多寡,所有者权益越大,一定程度上表明企业所拥有的财务实力越强,其增长速度也表明了企业盈利能力的高低,但分析时应当注意所有者权益与负债,即企业资本结构的合理性。企业资金如果大部分来源于所有者权益,财务风险固然较低,但也表明企业无法有效利用财务杠杆的作用;如果大部分资金源于对外负债,则说明企业的财务杠杠效用较大,但同时承担更高的财务风险。因此,投资者应当审慎分析判断企业的资本结构,在资本收益与风险之间寻求适当的平衡。

本 章 小 结

本章主要内容包括企业组织形式及其特点;企业所有者权益的性质及其构成;投入资本和资本公积的核算。

1. 企业的组织形式不同,其所有者权益核算也有所不同。根据不同的组织形式,企业可以分为独资、合伙等非公司制企业及公司制企业。

2. 所有者权益是指企业资产扣除负债后,由所有者享有的剩余权益。包括所有者投入资本、其他权益变动、资本公积、其他综合收益、留存收益等。其中,投入资本是投资人提供给公司无偿使用的资本(包括资本溢价);留存收益是企业累计实现的净利润留存于企业的部分,主要包括累计从净利润中计提的盈余公积和未分配利润两个部分。

3. 所有者权益体现的是所有者在企业中的剩余权益,其确认主要依赖于其他会计要素,尤其是资产和负债的确认;所有者权益金额的确定也主要取决于相关资产和负债的计量。

本章重点:所有者权益的性质及其构成;投入资本、资本公积其他综合收益的核算。

本章难点:所有者权益,尤其是其他综合收益核算、留存收益的性质及构成。

本章练习题

一、单项选择题

1. 下列各项中,属于反映企业财务状况的会计要素是(　　)。

　　A. 收入　　　　　　B. 费用　　　　　　C. 利润　　　　　　D. 所有者权益

2. 在权益法下,被投资单位接受捐赠时,投资企业应贷记(　　)科目。

　　A. "投资收益"　　B. "营业外收入"　　C. 不作账务处理　　D. "盈余公积"

3. 某上市公司发行普通股 1 000 万股,每股面值 1 元,每股发行价格 5 元,支付手续费 20 万元,支付咨询费 60 万元。该公司发行普通股计入股本的金额为(　　)万元。

　　A. 1 000　　　　　　B. 4 920　　　　　　C. 4 980　　　　　　D. 5 000

4. 甲企业收到某单位作价投入的原材料一批,该批原材料双方确认的价值为 200 万元,经税务部门认定应缴的增值税为 26 万元,乙公司已开具增值税专用发票。甲企业应记入"实收资本"科目的金额为(　　)万元。

　　A. 26　　　　　　　B. 226　　　　　　　C. 200　　　　　　　D. 174

5. 某公司是由 A、B、C 三方各出资 100 万元设立的,2019 年年末该公司所有者权益项目的余额为:实收资本 400 万元,资本公积 80 万元,盈余公积 40 万元,未分配利润 50 万元。为扩大经营规模 A、B、C 三方决定重组公司,吸收 D 投资者加入,D 投资后,四方投资比例均为 25%。则 D 投资者至少应投入资本总额为(　　)万元。

　　A. 100　　　　　　　B. 190　　　　　　　C. 200　　　　　　　D. 250

6. 某公司 2020 年年初所有者权益总额为 1 360 万元,当年实现净利润 450 万元,提取盈余公积 45 万元,向投资者分配现金股利 200 万元,本年内以资本公积转增资本 50 万元,投资者追加现金投资 30 万元。该公司年末所有者权益总额为(　　)万元。

　　A. 1 565　　　　　　B. 1 595　　　　　　C. 1 640　　　　　　D. 1 795

7. 2020 年 1 月 1 日某企业所有者权益情况为:实收资本 250 万元,资本公积 15 万元,盈余公积 28 万元,未分配利润 59 万元。则该企业 2020 年 1 月 1 日留存收益为(　　)万元。

　　A. 102　　　　　　　B. 83　　　　　　　　C. 352　　　　　　　D. 87

二、多项选择题

1. 下列各项中,会引起负债和所有者权益同时发生变动的有(　　)。

　　A. 以盈余公积补亏　　　　　　　　　　B. 以现金回购本公司股票

　　C. 宣告发放现金股利　　　　　　　　　D. 转销确实无法支付的应付账款

2. 下列各项中,不会引起留存收益总额发生增减变动的有(　　)。

　　A. 资本公积转增资本　　　　　　　　　B. 盈余公积转增资本

　　C. 盈余公积弥补亏损　　　　　　　　　D. 税后利润弥补亏损

3. 下列各项中,年度终了需要转入"利润分配——未分配利润"科目的有(　　)。

　　A. 本年利润　　　　　　　　　　　　　B. 利润分配——应付现金股利

　　C. 利润分配——盈余公积补亏　　　　　D. 利润分配——提取法定盈余公积

4. 下列经济业务中,仅影响所有者权益结构变动的有(　　)。

　　A. 以盈余公积弥补亏损　　　　　　　　B. 提取盈余公积

    C. 以资本公积转增资本   D. 实际发放股票股利

  5. 下列各项,通过"资本公积"科目核算的有(　　)。

    A. 资本溢价   B. 股本溢价

    C. 交易性金融资产公允价值上升   D. 向灾区捐赠现金

三、判断题

  1. 企业溢价发行股票发生的手续费、佣金应从溢价中抵扣,溢价金额不足抵扣的调整留存收益。　　　　　　　　　　　　　　　　　　　　　　　　　( )

  2. 上市公司董事会通过股票股利分配方案时,财会部门应将拟分配的股票股利确认为负债。　　　　　　　　　　　　　　　　　　　　　　　　　　　　( )

  3. 企业接受的投资者以原材料投资,其增值税税额不能计入实收资本。　( )

  4. 企业以盈余公积向投资者分配现金股利,不会引起留存收益总额的变动。( )

  5. 年度终了,除"未分配利润"明细科目外,"利润分配"科目下的其他明细科目应当无余额。　　　　　　　　　　　　　　　　　　　　　　　　　　　　( )

四、综合题

  甲上市公司 2019—2020 年发生与其股票有关的业务如下。

  (1) 2019 年 1 月 4 日,经股东大会决议,并报有关部门核准,增发普通股 40 000 万股,每股面值 1 元,每股发行价格 5 元,股款已全部收到并存入银行。假定不考虑相关税费。

  (2) 2019 年 6 月 20 日,经股东大会决议,并报有关部门核准,以资本公积 4 000 万元转增股本。

  (3) 2020 年 6 月 20 日,经股东大会决议,并报有关部门核准,以银行存款回购本公司股票 100 万股,每股回购价格为 3 元。

  (4) 2020 年 6 月 26 日,经股东大会决议,并报有关部门核准,将回购的本公司股票 100 万股注销。

  要求:逐笔编制甲上市公司上述业务的会计分录(答案中的金额单位用万元表示)。

第 11 章　收入、费用和利润

本章的学习将会使你：

（1）理解收入、费用和利润的概念及构成。

（2）掌握收入的会计核算方法，并对特殊商品销售收入和特殊劳务收入的核算有所了解。

（3）了解成本计算程序，掌握成本结转和期间费用的会计核算方法。

（4）掌握利润结转及其分配的会计核算方法。

11.1　收　　入

11.1.1　收入的定义

收入是指企业在日常活动中形成的、会导致所有者权益增加的、与所有者投入资本无关的经济利益的总流入。其中，日常活动是指企业为了经营目标所从事的经常性活动及与之相关的其他活动。企业按照《企业会计准则第 14 号——收入》规定的确认收入方式，应当反映其向客户转让商品（或提供服务，以下简称转让商品）的模式，收入的金额应当反映企业因转让这些商品（或提供服务，以下简称转让商品）而预期有权收取的对价金额。

收入准则适用于所有与客户之间的合同，但下列各项除外：长期股权投资、金融工具确认和计量、金融资产转移、套期会计、合并财务报表、合营安排、租赁、保险合同。

11.1.2　收入的确认和计量

企业应当在履行了合同中的履约义务（即客户取得相关商品控制权时）后及时确认收入，这是收入确认的基本原则。取得商品控制权，是指客户能够主导该商品的使用，并从中获得几乎全部的经济利益，而且有能力阻止其他方主导该商品的使用并从中获得经济利益。其中，能力是指现时权利，而不是在未来的某一期间主导该商品的使用并获益；商品的经济利益，既包括该商品带来的现金流入的增加，也包括现金流出的减少，客户可以通过多种方式获得商品的经济利益，比如使用、消耗、出售该商品，或者将其用于清偿债务、支付费用或抵押等。

根据会计准则的要求，收入的确认和计量可分为五步：第一步，识别合同；第二步，识别合同中的单项履约义务；第三步，确定交易价格；第四步，将交易价格按照一定的方法分摊至各单项履约义务；第五步，履行各单项履约义务时确认收入。

1. 识别合同

这里所称的合同，是指双方或多方之间订立有法律约束力的权利义务的协议，包括书面形式、口头形式及其他可验证的形式（如隐含于商业惯例或企业以往的习惯做法中等）。一般认为,在同时满足以下五个条件时,企业应当在客户取得商品控制权时确认收入:①合同各方已批准该合同并承诺将履行各自义务;②合同明确了合同各方与所转让的商品或服务(以下简称商品)相关的权利和义务;③该合同有明确的与所转让商品有关的支付条款;④该合同具有商业实质;⑤向客户转让商品有权取得的对价很可能收回。

对于没有同时满足以上五个条件的合同,应当在客户已经取得该部分商品的控制权,企业不再负有向客户转让商品的剩余义务(如合同已完成或取消),且向客户收取的全部或部分对价无须退回时,才能将已收取的对价确认为收入;否则,应当将已收取的对价作为负债处理。

【例 11-1】 新华公司与乙公司签订合同将一项专利技术授权给乙公司使用,并按其使用情况收取特许权使用费。新华公司评估认为,该合同在合同开始日满足合同确认收入的五个条件。该专利技术在合同开始日即授权给乙公司使用。

在合同开始日后的第一年内,乙公司每季度向新华公司提供该专利技术的使用情况报告,并在约定的期间内支付特许权使用费。

在合同开始日后的第二年内,乙公司继续使用该专利技术,但是乙公司的财务状况下滑,融资能力下降,可用现金不足,因此,乙公司仅按合同支付了当年第一季度的特许权使用费,而后三个季度仅按象征性金额付款。

在合同开始日后的第三年内,乙公司继续使用新华公司的专利技术,但是,新华公司得知,乙公司已经完全丧失了融资能力,且流失了大部分客户,因此,乙公司的付款能力进一步恶化,信用风险显著升高。

该合同在合同开始日满足合同确认收入的五项条件,因此,新华公司在乙公司使用该专利技术的行为发生时,按照约定的特许权使用费确认收入。

合同开始日后的第二年,由于乙公司的信用风险升高,新华公司在确认收入的同时,按照金融资产减值的要求对乙公司的应收账款进行减值测试。

合同开始日后的第三年,由于乙公司的财务状况恶化,信用风险显著升高,新华公司对该合同进行了重新评估,认为"企业因向客户转让商品而有权取得的对价很可能收回"这一条件不再满足,因此,新华公司不再确认特许权使用费收入,同时对现有应收款项是否发生减值继续进行评估。

正确识别与客户之间的合同是收入确认的基础,包括对合同开始日、合同合并及合同变更的识别。

1) 合同开始日

合同开始日(或合同生效日),是指合同开始赋予合同各方具有法律约束力的权利和义务的日期。在合同开始日如果企业认为与客户的合同满足准则规定的五项条件,则在后续期间无须对其进行重新评估,除非有迹象表明相关情况发生重大变化。如果不满足上述合同的五项条件,企业应当在后续期间进行持续评估。

2) 合同合并

企业与同一客户(或该客户的关联方)同时或在近似时间内先后订立的两份或多份合同,满足下列条件之一,应当合并为一份合同进行会计处理:①该两份或多份合同是基于同一商业目的而订立,即"一揽子交易",如一份合同在不考虑另一份合同的对价的情况下会发生亏损;②该两份或多份合同中的一份合同的对价取决于其他合同的定价或履行情况,如一份合同发生违约，将影响另一份合同的定价；③该两份或多份合同中所承诺的商品（或每份合同中承诺的部分商品）构成单项履约义务。当然，合并合同进行会计处理的，仍需区分该份合同中包含的各单项履约义务。

3）合同变更

合同变更是指合同各方同意对原合同的范围或价格做出的变更。根据会计处理的不同，合同变更应当区分下列三种情况。

（1）合同变更部分作为单独合同进行会计处理。合同变更增加了可明确区分的新增商品及新增商品的单独合同价款（反映新增商品单独售价的），则应当将该合同变更作为一份单独合同进行会计处理。例如，建造办公楼又追加建造反映单独售价的食堂。

（2）合同变更作为原合同终止及新合同订立进行会计处理。合同变更不属于上述第（1）种情况（即不能反映新增商品的单独售价），且在合同变更日已转让商品与未转让商品之间可明确区分的，应当视为原合同终止。同时，将原合同未履约部分与合同变更部分合并为新合同进行会计处理。新合同的交易价格应当为原合同交易价格中尚未确认为收入的部分（不论款项是否已经收取）与合同变更中客户已承诺的对价金额之和。

（3）合同变更部分作为原合同的组成部分进行会计处理。合同变更不属于上述第（1）种情况，且在合同变更日已转让与未转让商品之间不可明确区分的，应当将合同变更部分作为原合同的组成部分，在合同变更日重新计算履约进度，并相应调整当期收入与成本等。例如，建造办公楼，合同变更追加造价。

【例 11-2】 假设 A 公司与客户签订合同，每周为客户的办公楼提供保洁服务，合同期限为三年，客户每年向 A 公司支付服务费 10 万元（假定该价格反映了合同开始日该项服务的单独售价）。

在第二年年末，合同双方对合同进行了变更，将第三年的服务费调整为 8 万元（假定该价格反映了合同变更日该项服务的单独售价），同时以 20 万元的价格将合同期限延长三年（假定该价格不反映合同变更日该三年服务的单独售价），即每年的服务费为 6.67 万元，于每年年初支付。上述价格均不包含增值税。

分析此例，在合同开始日，A 公司认为其每周为客户提供的保洁服务是可明确区分的，但由于 A 公司向客户转让的是一系列实质相同且转让模式相同的、可明确区分的服务，因此将其作为单项履约义务。

① 在合同开始的前两年，即合同变更之前，A 公司每年确认收入 10 万元。

② 在合同变更日，由于新增的三年保洁服务的价格不能反映该项服务在合同变更时的单独售价，因此，该合同变更不能作为单独的合同进行会计处理，由于在剩余合同期间需提供的服务与已提供的服务是可明确区分的，A 公司应当将该合同变更作为原合同终止，同时，将原合同中未履约的部分与合同变更合并为一份新合同进行会计处理。

该新合同的合同期限为 4 年，对价为 28 万元，即原合同下尚未确认收入的对价 8 万元与新增的三年服务相应的对价 20 万元之和，新合同中 A 公司每年确认的收入为 7 万元（28÷4）。

2. 识别合同中的单项履约义务

履约义务是指合同中企业向客户转让的可明确区分的商品的承诺。合同开始日，企业应当识别合同中的单项履约义务，确定各单项履约义务时在某一时段内履行，还是在某一时点履行，在履行了各单项履约义务时分别确认收入。

以下两种情况通常表明,企业向客户转让商品的承诺是单项履约义务。

(1) 企业向客户转让可明确区分的商品(或商品或服务的组合)的承诺。具体来说,同时满足:客户能够从该商品本身或从该商品与其他易于获得的资源一起使用中获益,并且企业向客户转让该商品的承诺与合同中的其他承诺可单独区分;如果不能同时满足上述两个条件,则为不可明确区分的商品(或商品或服务的组合)的承诺。

需要注意的是,下列情形通常表明企业向客户转让该商品的承诺与合同中的其他承诺不可单独区分。①企业需提供重大的服务以将该商品与合同中的其他商品进行整合,从而形成某个或某些组合产出,例如,建造办公楼的砖头、水泥和人工等商品或服务彼此之间不能单独区分。②该商品将对合同中承诺的其他商品予以重大修改或定制,例如提供一款现有软件,并提供安装服务,为与客户现有的信息系统相兼容,需要进行重大修改,那么转让软件的承诺与提供定制化重大修改的承诺在合同层面是不可明确区分的。③该商品与合同中承诺的其他商品有高度关联性,例如,需要不断改进的设计服务和生产样品的服务。

需要说明的是,企业向客户销售商品时,往往约定企业需要将商品运送至客户指定的地点。通常情况下,商品控制权转移给客户之前发生的运输活动不构成单项履约义务;相反,商品控制权转移给客户之后发生的运输活动可能表明企业向客户提供了一项运输服务,企业应当考虑该项服务是否构成单项履约义务。

(2) 企业向客户转让一系列实质相同且转让模式相同、可明确区分商品的承诺。转让模式相同,是指每一项可明确区分商品均满足在某一时段内履行义务的条件,且采用相同的方法确定履约进度。

【例 11-3】 某公司与客户签订一项包括转让软件许可证、实施安装服务并在 2 年内提供未明确规定的在线方式的软件更新和技术支持,并且在安装软件时,为了使软件能与客户的其他定制软件相对接,将对软件进行定制并增添重要的新功能。

分析此例,作为安装服务的一部分,软件将作重大定制以增添重要的新功能,从而使软件能够与客户使用的其他定制软件应用程序相对接,说明软件许可证与定制安装服务不可明确区分,应将软件许可证与定制安装服务一起确认为单项履约义务。而软件更新则构成单项履约义务,技术支持也可构成单项履约义务。

3. 确定交易价格

交易价格是指企业因向客户转让商品而预期有权收取的对价金额。企业代第三方收取的款项(如增值税)及企业预期将退还给客户的款项,不计入交易价格,作为负债(即应交税费——应交增值税)进行会计处理。值得注意的是,合同标价并不一定代表交易价格,企业应当根据合同条款,并结合以往的习惯做法确定交易价格,同时考虑可变对价、合同中存在的重大融资成分、非现金对价及应付客户对价等因素的影响,并假定将按照现有合同的约定向客户转让商品,且该合同不会被取消、续约或变更。

(1) 可变对价。可变对价是指可能因为折扣、折让、返利、退款、奖励积分、激励措施、基数不确定的业绩奖金、索赔等因素发生变化的对价金额。合同中存在可变对价的,企业应当对计入交易价格的可变对价进行估计。即按照期望值或最可能发生金额确定可变对价的最佳估计数。具体来说,如果企业拥有大量具有相似特征的合同,并估计产生多个可能结果,通常按照期望值估计可变对价;如果合同只有两种可能结果时,通常按照最可能发生金额估计可变对价。

【例 11-4】 新华公司销售某商品,单独售价为 10 万元/件,其向客户承诺,从本年 1 月 1 日起,凡 1 年内购买量超过 10 件,价格按 8 万元/件。1 月末,南方公司已经购买 8 件商品。另外,根据以往的经验,南方公司对该商品的年需要量为 100 件,由于新华公司距离南方公司很近,在同等价格情况下,南方公司在考虑运输成本等因素的情况下会优先选择新华公司的商品,并且新华公司已为南方公司独家供货五年,预计上述经验在未来一年内继续有效。假设不考虑其他税费。

新华公司 1 月应当确认的收入 = 8 × 8 = 64(万元)。

借: 应收账款 800 000(8 × 10)

　贷: 主营业务收入 640 000(8 × 8)

　　合同负债 160 000

需要注意的是,企业应当根据本企业履行履约义务与客户付款之间的关系在资产负债表中列示合同资产或合同负债。

合同资产是指企业已向客户转让商品而有权收取对价的权利,且该权利取决于时间流逝之外的其他因素。如果企业拥有无条件向客户收取对价的权利,应当将该项资产作为应收款项单独列示;如果该权利取决于时间流逝之外的其他因素,企业应当将该收款权利作为合同资产单独列示。

合同负债是指企业已收或应收客户对价而应向客户转让商品的义务。如果企业尚未将商品转让给客户,但客户已支付了对价或者企业已经拥有一项无条件的收取对价金额的权利,则企业应当在客户付款或付款到期时将向客户转让商品的合同义务列报为一项合同负债。

(2) 合同中存在的重大融资成分。如果合同各方以在合同中(或以隐含的方式)约定的付款时间为客户提供重大融资利益时,即合同中存在重大融资成分,如企业以赊销方式销售商品等。对于合同中存在重大融资成分的,企业应当按照假定客户在取得商品控制权时即以现金支付的金额(即现销价格)确定交易价格。所谓“重大”融资成分的判断,企业应当考虑已承诺的对价金额与现销价格之间的差额。现销价格受以下两种因素的共同影响:①企业将商品转让给客户的时间与客户支付相关款项的时间之间的间隔;②相关市场的现行利率。

为简化操作,如果在合同开始日,企业预计客户取得商品控制权与客户支付价款时间间隔短于一年的,可以不考虑该重大融资成分。

(3) 非现金对价。非现金对价包括实物资产、无形资产、股权、客户提供的服务等,客户应当按照非现金资产在合同开始日的公允价值确定交易价格。需要说明的是,没有商业实质的非货币性资产交换,不应确认收入。例如,两家石油公司之间相互交换石油,以满足不同地点客户的需求,不应确认收入。

(4) 应付客户对价。应付客户对价主要有上架费、进场费、互相销售商品、合作广告安排(企业为经销商报销广告费用)、价格保护(特定期间内为经销商或零售商进行市价下跌损失的补偿)等。企业存在应付客户对价的,应当将该应付客户对价冲减交易价格。但应付客户对价是为了自客户取得其他可明确区分商品的,应当采用与企业其他采购相一致的方式确认所购买的商品。

向客户取得的可明确区分商品公允价值不能合理估计的,企业应当将应付客户对价全额冲减交易价格。在将应付客户对价冲减交易价格处理时,企业应当在确认相关收入与支付(或承诺支付)客户对价二者孰晚的时点冲减当期收入。

4. 将交易价格按照一定的方法分摊至各单项履约义务

在合同开始日,当合同中包含两项或多项履约义务时,企业应当按照各单项履约义务所承诺商品的单独售价的相对比例,将交易价格分摊至各单项履约义务。单独售价是指企业向客户单独销售商品的价款。单独售价无法直接观察的,可以采用市场调整法、成本加成法、余值法等方法合理估计。

【例 11-5】 新华公司与客户签订合同,向其销售 A、B 两项商品,A 商品的单独售价为 6 000 元,B 商品的单独售价为 24 000 元,合同价款为 25 000 元。合同约定,A 商品于合同开始日交付,B 商品在一个月之后交付,只有当两项商品全部交付之后,新华公司才有权收取 25 000 元的合同对价。假定 A 商品和 B 商品分别构成单项履约义务,其控制权在交付时转移给客户。

上述价格均不包含值税,且假定不考虑相关税费影响。

分摊至 A 商品的合同价款 = 25 000 × [6 000 ÷ (6 000 + 24 000)] = 5 000(元)

分摊至 B 商品的合同价款 = 25 000 × [24 000 ÷ (6 000 + 24 000)] = 20 000(元)

新华公司的账务处理如下。

(1) 交付 A 商品。

借:合同资产   5 000

 贷:主营业务收入   5 000

(2) 交付 B 商品。

借:应收账款   25 000

 贷:合同资产   5 000

  主营业务收入   20 000

5. 履行各单项履约义务时确认收入

如前所述,企业应当在履行了合同中的履约义务,即客户取得相关商品控制权时确认收入。具体来讲,对于在某一时间段内履行的履约义务,企业应当选择恰当的方法确定履约进度;对于在某一时点履行的履约义务,企业应当判断其转移时点。

1) 在某一期间履行的履约义务

满足下列条件之一的,属于在某一时间段内履行的履约义务:①企业的履约过程中持续地向客户转移该服务的控制权,如提供长途运输服务、酒店管理服务;②客户能够控制企业履约过程中在建的商品,如在产品、在建工程、尚未完成的研发项目、正在进行的服务等;③企业履约过程中所产出的商品具有不可替代用途,且企业在整个合同期内有权就累计至今已完成的履约部分收取款项,如建造只有客户能够使用的专项资产,或按照客户的指示建造资产。

【例 11-6】 甲公司是一家造船企业,与乙公司签订了一份船舶建造合同,按照乙公司的具体要求设计和建造船舶。甲公司在自己的厂区内完成该船舶的建造,乙公司无法控制在建过程中的船舶。甲公司如果想把该船舶出售给其他客户,需要发生重大的改造成本。

双方约定,如果乙公司单方面解约,乙公司需向甲公司支付相当于合同总价 30% 的违约金,且建造中的船舶归甲公司所有。假定该合同仅包含一项履约义务,即设计和建造船舶。

分析此例,船舶是按照乙公司的具体要求进行设计和建造的,甲公司需要发生重大的改造成本将该船舶改造之后才能将其出售给其他客户,因此,该船舶具有不可替代用途。

然而,如果乙公司单方面解约,仅需向甲公司支付相当于合同总价30%的违约金,表明甲公司无法在整个合同期间内都有权就累计至今已完成的履约部分收取能够补偿其已发生成本和合理利润的款项。

因此,甲公司为乙公司设计和建造船舶不属于在某一时段内履行的履约义务。

对于在某一时间段内履行的履约义务,企业应当根据商品性质的不同,采用合适的方法,例如产出法、投入法等据以确定履约进度,进而按照履约进度确认收入。在确定履约进度时,应当扣除那些即使成本已经发生,但控制权尚未转移给客户的商品和服务。应当注意的是,对于每一项履约义务,企业只能采用一种方法来确定其履约进度,一经选择,不得随意变更。

(1)产出法。主要根据已转移给客户的商品为客户带来的价值确定履约进度,比如根据实际测量的完工进度、评估已实现的结果、已达到的里程、时间进度、已完工或交付的产品等确定履约进度。

(2)投入法。主要根据企业履行履约义务的投入确定履约进度,比如投入的材料数量、人工工时、机器工时、时间进度和发生的成本等确定履约进度。

当期收入=合同的交易价格×履约进度-以前会计期间累计已确认的收入

当期成本=合同预计总成本×履约进度-以前会计期间累计已确认的成本

当履约进度不能合理确定时,企业已经发生的成本预计能够得到补偿的,应当按照已经发生的成本金额确认收入,直到履约进度能够合理确定为止。

企业在采用成本法确定履约进度时,可能需要对已发生的成本进行适当调整,包括已发生的成本并未反映企业履行其履约义务的进度、已发生的成本与企业履行其履约义务的进度不成比例等。

【例11-7】 2019年9月,新华公司与N公司签订合同,约定新华公司为N公司装修办公楼并安装电梯,合同总价款为300万元,预计合同总成本为240万元,其中包含电梯采购成本80万元。2019年12月,新华公司将电梯运达施工现场由N公司验收,验收合格后,N公司取得电梯的控制权。截至2019年12月,新华公司累计发生成本150万元(包含支付给电梯销售方的电梯采购成本80万元)。因装修尚在进行中,甲公司预计2020年才会安装电梯。假定该装修服务(包含电梯安装)构成单项履约义务,新华公司采用投入法确定履约进度,不考虑增值税等其他因素。

新华公司为N公司装修办公楼并安装电梯构成单项履约义务,但电梯不构成单项履约义务,应在客户取得电梯控制权时,按照电梯采购成本的金额确认转让电梯产生的收入。

截至2019年年末,该合同的履约进度=(150-80)÷(240-80)×100%=43.75%。

新华公司应确认的收入=(300-80)×43.75%+80=176.25(万元),应确认的成本=(240-80)×43.75%+80=150(万元)。

2) 在某一时点履行的履约义务

如果一项履约义务不属于在某一期间履行的履约义务,则属于在某一时点履行的履约义务。对于在某一时点履行的履约义务,企业应当在客户取得商品控制权时点确认收入。在判断客户是否已取得商品控制权(即客户是否能够主导该商品的使用并从中获得几乎全部经济利益)时,企业应当考虑下列五个迹象:①企业就该商品享有现时收款权利,即客户就该商品负有现时付款义务;②企业已将该商品的法定所有权转移给客户,即客户已拥有该商品的法定所有权;③企业已将该商品实物转移给客户,即客户已实物占有该商品;④企业已将商品所有权上的主要风险和报酬转移给客户,即客户已取得该商品所有权上的主要风险和报酬;⑤客户已接受该商品,即客户已经按照合同约定的标准和条件对该商品完成验收工作。

需要注意的是,在上述五个迹象中,并没有哪一个或几个迹象是决定性的,企业应当根据合同条款和交易实质进行分析,综合判断其是否将商品控制权转移给客户及何时转移,进而确定收入确认的时点。

11.1.3　收入业务的会计核算

1.收入业务的主要核算科目

1)"主营业务收入"和"主营业务成本"

"主营业务收入"科目核算企业确认的销售商品、提供服务等主营业务的收入。企业在履行了合同单项履约义务时,应按照已收或应收的合同价款,借记"银行存款""应收账款""应收票据""合同资产""长期应收款"及存货、固定资产等非现金资产,贷记本科目。

"主营业务成本"科目核算企业确认销售商品、提供服务等主营业务收入应结转的成本。企业结转主营业务成本时借记本科目,贷记"库存商品""合同履约成本"等科目。

2)"其他业务收入"和"其他业务成本"

"其他业务收入"科目核算企业确认的除主营业务活动以外的其他经营活动实现的收入,包括出租固定资产、出租无形资产、出租包装物和商品、销售材料等实现的收入。

"其他业务成本"科目核算企业确认的除主营业务活动以外的其他经营活动所发生的支出,包括销售材料的成本、出租固定资产的折旧额、出租无形资产的摊销额、出租包装物的成本等。

3)"合同履约成本"

本科目核算企业为履行当前或预期取得的合同所发生的,不属于其他准则规范范围,应当确认为一项资产的各种成本。合同履约成本具有以下三个特征。

(1)该成本与一份当前或预期取得的合同直接相关。预期取得的合同应当是企业能够明确识别的合同,例如现有合同续约后的合同、尚未获得批准的合同的特定合同等。与合同直接相关的成本包括直接人工、直接材料、制造费用(或类似费用)、明确由客户承担的成本及仅因该合同而发生的其他成本。

(2)该成本增加了企业未来用于履行(或持续履行)履约义务的资源。

(3)该成本预期能够收回。

企业发生上述合同履约成本时,借记本科目,贷记"银行存款""应付职工薪酬""原材料"等科目;对合同履约成本进行摊销时借记"主营业务成本""其他业务成本",贷记本科目。

4)"合同取得成本"

本科目核算企业取得合同发生的、预计能够收回的增量成本。增量成本是指取得合同才会发生的成本,不取得合同就不会发生的成本。而无论是否取得合同都会发生的差旅费、投标费等非增量成本,应当在发生时计入当期损益,除非这些支出明确由客户承担。企业为取得合同发生的增量成本预期能够收回的,应当作为合同取得成本确认为一项资产。

企业发生上述合同取得成本时,借记本科目,贷记"银行存款""其他应付款"等科目。对合同取得成本进行摊销时,按照其相关性借记"销售费用"等科目,贷记本科目。

在实务操作中,该资产摊销期限不超过一年的,可以简化处理在发生时直接计入当期损益;若企业选择该简化处理方法的,应当对所有类似合同一致采用。

5)"应收退货成本"

本科目核算销售商品时预期将退回商品的账面价值,扣除收回该商品预计发生的成本(包括退回商品的价值减损)后的余额。

2. 一般性商品销售业务的核算

企业发生的一般性商品销售业务,在同时满足收入确认的条件后,应当按照已收或应收的(合同或协议)价款确认销售收入,贷记"主营业务收入"或"其他业务收入"科目;同时或在资产负债表日(一般为月末)按已经售出的商品的账面价值结转销售成本,借记"主营业务成本"或"其他业务成本"科目;并将销售业务发生时计缴的消费税、资源税、城建税及教育费附加等同时借记"税金及附加"科目;销售时发生的增值税销项税额应当贷记"应交税费——应交增值税(销项税额)"科目。

如果企业在销售商品时不能同时满足收入确认条件,则不能确认销售收入,对于已经发出的商品,应当通过"发出商品"科目核算。"发出商品"科目的期末余额应在编制资产负债表时合并进入"存货"项目来反映。

【例 11-8】 2019 年 10 月 12 日,新华公司销售了一批产品,合同约定该批产品的不含税价格为 200 000 元,结算期为 30 天。假定新华公司已按合同约定发出该批产品,并向购货方开具了增值税专用发票(增值税税率为 13%),该批产品的成本为 140 000 元。

该项交易中,新华公司发出产品并开具了发票,在正常情况下,如果销售方已经按照合同约定的品种和质量发货,在没有证据表明购货方不按合同约定在结算期内支付货款的情况下,一般可以确认收入,并结转相应成本。故新华公司可编制会计分录如下。

```
借:应收账款                      226 000
    贷:主营业务收入                   200 000
        应交税费——应交增值税(销项税额)    26 000
借:主营业务成本                   140 000
    贷:库存商品                      140 000
```

3. 涉及销售折扣、销售折让与销售退回的核算

(1)销售折扣是指企业为了促销,或尽早收回销售款项而给予购货方一定程度的价格折扣,包括商业折扣和现金折扣。有关商业折扣、现金折扣及其会计核算方法参见本书第 2 章内容。

(2)销售折让是指企业因所出售商品的质量不合格等原因而给予购货方的价格折让。销售折让如果发生在销货方确认收入之前,其会计处理与正常的一般销售相同,销货方应当从原定的销售价格中扣除给予的价格折让,按实际价格确认销售收入;销售折让如果发生在销货方确认收入之后,则作为部分销售退回处理,销货方应当按给予的价格折让金额冲减当期销售收入,同时扣减当期的销项税额;销售折让属于资产负债表日后事项的,应当按照资产负债表日后事项的相关规定进行会计处理。

【例 11-9】 2019 年 10 月 10 日,新华公司向某公司销售一批产品(构成单独履约义务),合同约定的销售价格为 50 000 元,增值税销项税额为 6 500 元,该批产品成本为 35 000 元。

假定销售合同约定的结算方式为验货付款,即新华公司应当在购货方验收货物并付款后才能开具发票账单,同时确认销售收入。2019 年 10 月 15 日,购货方在验收时发现该批产品整体质量与合同不符,要求给予 25% 的价格折让,否则予以退货。经协商,双方达成 20% 的折让条件,新华公司同意购货方按折让后的金额支付货款。相关会计分录编制如下。

① 2019 年 10 月 10 日,新华公司发出商品。

借:发出商品   35 000
  贷:库存商品   35 000

② 2019 年 10 月 15 日,购货方按折让后价格付款。

借:银行存款   45 200
  贷:主营业务收入   40 000[50 000×(1−20%)]
    应交税费——应交增值税(销项税额)   5 200(40 000×13%)
借:主营业务成本   35 000
  贷:发出商品   35 000

假定销售合同约定的结算方式为交款提货,即新华公司应当在购货方付款后开具发票账单,同时确认销售收入。2019 年 10 月 15 日,购货方在验收时发现该批产品质量整体与合同不符,要求给予 15% 的价格折让,否则予以退货。新华公司同意给予折让,并退回多收的货款。相关会计分录编制如下。

① 2019 年 10 月 10 日,新华公司收款后开具发票账单,确认收入并结转成本。

借:银行存款   56 500
  贷:主营业务收入   50 000
    应交税费——应交增值税(销项税额)   6 500
借:主营业务成本   35 000
  贷:库存商品   35 000

② 2019 年 10 月 15 日,新华公司冲减收入,并退回多收款项。

借:主营业务收入   7 500(50 000×15%)
  应交税费——应交增值税(销项税额)   975(7 500×13%)
  贷:银行存款   8 475

(3) 销售退回是指企业售出的商品因其质量、品种规格等不符合合同要求而发生的退货。销售退回如果发生在销货方确认收入之前,在会计处理时只需要对原来所做的会计分录予以冲回,借记"库存商品"科目,贷记"发出商品"科目;销售退回如果发生在销货方确认收入之后,应冲减退回当月的销售收入及销售成本,同时按规定扣减退回当期的销项税额,并调整可能发生的现金折扣;销售退回属于资产负债表日后事项的,应当按照资产负债表日后事项的相关规定进行会计处理。

【例 11-10】 接例 11-9 资料,假定销售合同约定的结算方式为验货付款,即新华公司应当在购货方验收货物并付款后才能开具发票账单,同时确认销售收入。2019 年 10 月 15 日,购货方在验收时发现产品质量与合同约定严重不符,要求退货。经协商,新华公司同意退货并于 10 月 18 日办理了退货手续。相关会计分录编制如下。

① 2019 年 10 月 10 日,新华公司发出商品。

借:发出商品   35 000

   贷:库存商品   35 000

② 2019 年 10 月 18 日,新华公司办理退货手续。

借:库存商品   35 000

   贷:发出商品   35 000

假定销售合同约定的结算方式为交款提货,即新华公司应当在购货方付款后开具发票账单,同时确认销售收入。2019 年 10 月 15 日,购货方在验收时发现产品质量与合同约定严重不符,要求退货。新华公司同意退货并于 10 月 18 日办理了退货退款手续。相关会计分录编制如下。

① 2019 年 10 月 10 日,新华公司收款后开具发票账单,确认收入并结转成本。

借:银行存款   56 500

   贷:主营业务收入   50 000

      应交税费——应交增值税(销项税额)   6 500

借:主营业务成本   35 000

   贷:库存商品   35 000

② 2019 年 10 月 18 日,新华公司办理退货退款手续。

借:主营业务收入   50 000

    应交税费——应交增值税(销项税额)   6 500

   贷:银行存款   56 500

借:库存商品   35 000

   贷:主营业务成本   35 000

4. 采用预收款方式的商品销售业务的核算

预收款方式的商品销售是指购货方按购销合同的约定先付款,销货方在收到款后交货的销售方式。销货方在发货前收到款项时不能确认收入,应当记入"合同负债"或"应收账款"科目,待发出商品后才能确认销售收入。

【例 11-11】 新华公司与 C 公司签订购销协议,约定以预收款方式向 C 公司销售一批产品,产品售价 300 000 元,增值税销项税额 39 000 元;C 公司应在签订协议当日支付 40% 的货款,余款在一个月后支付,新华公司在收到余款后开具增值税专用发票并交付产品。假定该批产品的成本为 250 000 元。相关的会计处理如下。

① 新华公司收到 40% 的预收款。

$$(300\ 000 + 39\ 000) \times 40\% = 135\ 600(元)$$

借:银行存款   135 600

   贷:合同负债   135 600

② 收到余款同时发货。

借:银行存款   203 400

合同负债	135 600	
贷：主营业务收入		300 000
应交税费——应交增值税(销项税额)		39 000
借：主营业务成本	250 000	
贷：库存商品		250 000

5. 采用分期收款方式的商品销售业务的核算

分期收款方式销售商品是先交付商品,再分期收回货款。在这种销售方式下,销货方应当在发出商品时确认销售收入,而不能按照合同约定的收款日期分期确认收入(按《小企业会计准则》的规定,分期收款销售商品是在合同约定的收款日期确认收入)。

【例 11-12】 2019 年 1 月 1 日,新华公司采用分期收款方式向南方公司销售一套大型设备,合同约定的销售价格为 2 000 万元(不含增值税),分 5 次于每年 12 月 31 日等额收取。该大型设备成本为 1 560 万元。在现销方式下,该大型设备的销售价格为 1 600 万元。r＝7.93%。假定新华公司发出商品时,其有关增值税纳税义务尚未发生,在合同约定的收款日期,发生有关的增值税纳税义务;并假定不考虑南方公司因购买大型设备发生的利息费用等因素。

根据本例的资料,新华公司应当确认的销售商品收入金额为 1 600 万元。

新华公司各期的会计分录如下。

(1) 2019 年 1 月 1 日,销售实现。

借：长期应收款	20 000 000	
贷：主营业务收入		16 000 000
未实现融资收益		4 000 000
借：主营业务成本	15 600 000	
贷：库存商品		15 600 000

(2) 2019 年 12 月 31 日,收取货款(第 1 年年末)。

借：银行存款	4 520 000	
贷：长期应收款		4 000 000
应交税费——应交增值税(销项税额)		520 000
借：未实现融资收益	1 268 800	
贷：财务费用		1 268 800

(3) 2020 年 12 月 31 日,收取货款(第 2 年年末)。

借：银行存款	4 520 000	
贷：长期应收款		4 000 000
应交税费——应交增值税(销项税额)		520 000
借：未实现融资收益	1 052 200	
贷：财务费用		1 052 200

(4) 2021 年 12 月 31 日,收取货款(第 3 年年末)。

借：银行存款	4 520 000	
贷：长期应收款		4 000 000
应交税费——应交增值税(销项税额)		520 000

借：未实现融资收益	818 500	
贷：财务费用		818 500

(5) 2022 年 12 月 31 日,收取货款(第 4 年年末)。

借：银行存款	4 520 000	
贷：长期应收款		4 000 000
应交税费——应交增值税(销项税额)		520 000
借：未实现融资收益	566 200	
贷：财务费用		566 200

(6) 2023 年 12 月 31 日,收取货款和增值税税额(最后一年年末)。

借：银行存款	4 520 000	
贷：长期应收款		4 000 000
应交税费——应交增值税(销项税额)		520 000
借：未实现融资收益	294 300	
贷：财务费用		294 300

6. 附有销售退回条款的销售业务的核算

附有销售退回条款的销售,企业应当在客户取得相关商品控制权时,按照向客户转让商品而预期有权收取的对价金额(扣除预期因销售退回将退还的金额)确认收入,将预期因销售退回将退还的金额确认为负债;同时,按照所转让商品的账面价值(扣除收回客户退回商品预计发生的成本)结转成本。

企业应当在每一个资产负债表日,重新估计未来的销售退回情况,如有变化则作为会计估计变更处理。

【例 11-13】 新华公司是一家健身器材销售公司。2019 年 11 月 1 日,新华公司向南方公司销售 5 000 件健身器材,单位销售价格为 500 元,单位成本为 400 元,开出的增值税专用发票上注明的销售价格为 250 万元,增值税为 32.5 万元。健身器材已经发出,但款项尚未收到。根据协议约定,南方公司应于 2019 年 12 月 31 日之前支付货款。在 2020 年 3 月 31 日之前有权退还健身器材。新华公司根据过去的经验,估计该批健身器材的退货率约为 20%。在 2019 年 12 月 31 日,新华公司对退货率进行了重新评估,认为只有 10% 的健身器材会被退回。新华公司为增值税一般纳税人,健身器材发出时纳税义务已经发生,实际发生退回时取得税务机关开具的红字增值税专用发票。假定健身器材发出时控制权转移给南方公司。2020 年 3 月 31 日发生销售退回,实际退货量为 400 件(8%),退货款项已支付。

(1) 2019 年 11 月 1 日,发出健身器材。

借：应收账款	2 825 000	
贷：主营业务收入		2 000 000
预计负债——应付退货款		500 000
应交税费——应交增值税(销项税额)		325 000
借：主营业务成本	1 600 000	
应收退货成本	400 000	
贷：库存商品		2 000 000

（2）2019 年 12 月 31 日前收到货款。

借：银行存款   2 825 000

 贷：应收账款   2 825 000

（3）2019 年 12 月 31 日，甲公司对退货率进行重新评估。

借：预计负债——应付退货款   250 000

 贷：主营业务收入   250 000

借：主营业务成本   200 000

 贷：应收退货成本   200 000

（4）2020 年 3 月 31 日发生销售退回，实际退货量为 400 件，退货款项已经支付。

借：库存商品   160 000

 应交税费——应交增值税（销项税额） 26 000

 预计负债——应付退货款   250 000

 贷：应收退货成本   160 000

  主营业务收入   50 000

  银行存款   226 000

借：主营业务成本   40 000

 贷：应收退货成本   40 000

7. 采用委托代销的商品销售业务的核算

以委托代销方式销售商品是指委托方根据合同委托受托方代销商品的一种较为特殊的商品销售方式，按照收入确认方法的不同可以分为视同买断和支付手续费两种方式，相关会计核算涉及委托方和受托方两个会计主体。

对于视同买断方式的销售，如果委托销售合同明确规定，受托方在取得代销的商品后，无论是否能够再卖出、是否获利，均与委托方无关，则一般可以理解为与直接销售没有本质上的区别，因为这种情况下随着委托方发出（代销）商品，与代销商品相关的风险和报酬也转移给了受托方，委托方应当在此时确认相关的销售收入，向受托方开具相关的发票，而受托方则将取得的代销商品作为购进存货来处理。

【例 11-14】 2019 年 11 月 2 日，新华公司与甲公司签订了委托购销合同，决定采用视同买断方式委托甲公司代销一批商品。该批商品的成本为 60 000 元，协议价格 72 000 元，增值税税额为 9 360 元；甲公司在取得代销的商品后，无论是否能够再卖出、是否获利，均与新华公司无关，且代销商品的实际售价由甲公司自定。甲公司随后陆续将上述商品以 85 000 元的价格售出，增值税税额为 11 050 元，并在 2019 年 11 月 25 日向新华公司开具了代销清单、结清协议价款。

（1）委托方（新华公司）的账务处理如下。

① 发出商品，出具发票。

借：应收账款——甲公司   81 360

 贷：主营业务收入   72 000

  应交税费——应交增值税（销项税额） 9 360

借：主营业务成本   60 000

 贷：库存商品   60 000

② 收到甲公司开来的代销清单及汇入的价款。

借:银行存款   81 360

  贷:应收账款——甲公司   81 360

(2) 受托方(甲公司)的账务处理如下。

① 收到商品。

借:库存商品   72 000

    应交税费——应交增值税(进项税额)   9 360

  贷:应付账款——新华公司   81 360

② 售出代销商品。

借:银行存款   96 050

  贷:主营业务收入   85 000

    应交税费——应交增值税(销项税额)   11 050

借:主营业务成本   72 000

  贷:库存商品   72 000

③ 将合同款付给新华公司。

借:应付账款——新华公司   81 360

  贷:银行存款   81 360

如果委托销售合同中明确规定,受托方如果未能将代销的商品售出,可以将代销商品退回给委托方,或受托方因降价销售出现亏损时可以要求委托方补偿,则委托方在发出(代销)商品时,仍然保留了与代销商品相关的风险和报酬,委托方不能在此时确认相关的销售收入,而应当通过"发出商品"或"委托代销商品"科目对发出的商品进行核算;受托方在收到代销商品时则通过"委托代销商品"核算。受托方在售出代销商品后,按实际售价确认收入并向委托方开具代销清单;委托方收到代销清单时,确认相应的销售收入,并向受托方开具相关的发票。

【例 11-15】 接例 11-14 资料,假定根据委托销售合同规定,甲公司在未能售出代销商品时可以将商品退回,其他条件不变。

(1) 委托方(新华公司)的账务处理如下。

① 发出商品。

借:发出商品   60 000

  贷:库存商品   60 000

② 收到甲公司开来的代销清单,开出增值税专用发票。

借:应收账款——甲公司   81 360

  贷:主营业务收入   72 000

    应交税费——应交增值税(销项税额)   9 360

借:主营业务成本   60 000

  贷:发出商品   60 000

③ 收到甲公司汇入的价款。

借:银行存款   81 360

  贷:应收账款——甲公司   81 360

（2）受托方（甲公司）的账务处理如下。

① 收到商品。

借：受托代销商品   72 000

 贷：受托代销商品款   72 000

"受托代销商品款"可以视为往来性质的过渡科目。

② 售出代销商品。

借：银行存款   96 050

 贷：主营业务收入   85 000

  应交税费——应交增值税（销项税额） 11 050

借：主营业务成本   72 000

 贷：受托代销商品   72 000

借：受托代销商品款   72 000

 贷：应付账款——新华公司   72 000

随着商品的售出，甲公司与新华公司形成正常的往来结算关系，应当将委托代销商品款转为应付账款处理。

③ 收到新华公司开具的增值税专用发票。

借：应交税费——应交增值税（进项税额） 9 360

 贷：应付账款——新华公司   9 360

④ 将合同款付给新华公司。

借：应付账款——新华公司   81 360

 贷：银行存款   81 360

对于支付手续费方式的销售，受托方一般应当按照委托方规定的价格销售商品，不能自行改变代销商品的售价。在支付手续费方式下，委托方发出代销商品时，与之相关的风险和报酬没有转移给受托方，委托方不能在发出商品时确认销售收入，而应当通过"发出商品"或"委托代销商品"科目对发出的商品进行核算；受托方在收到代销商品时则通过"受托代销商品"核算。受托方在售出代销商品后，按委托代销合同规定的收费方式和实际售出商品数量计算（向委托方缴交）手续费，作为劳务收入确认入账；委托方在收到代销清单时，根据代销清单所列的已销商品金额确认相应的销售收入，支付的手续费则计入当期销售费用，同时向受托方开具相关的发票。

【例 11-16】 2019 年 11 月 18 日，新华公司与乙公司签订委托代销合同，拟采用支付手续费方式委托乙公司代销商品，商品成本 120 000 元，售价为 150 000 元，增值税税额为 19 500 元，乙公司按商品销售价款（不含税）的 10％收取手续费，手续费的增值税税率为 6％。2019 年 11 月 30 日，乙公司向新华公司开出代销清单（全部代销商品已经售出），新华公司根据清单所列的已销商品金额给乙公司开具增值税专用发票。

（1）委托方（新华公司）的账务处理如下。

① 发出商品。

借：发出商品   120 000

 贷：库存商品   120 000

② 收到乙公司代销清单并开出发票。

借：应收账款——乙公司   169 500
   贷：主营业务收入   150 000
      应交税费——应交增值税(销项税额)   19 500
借：主营业务成本   120 000
   贷：发出商品   120 000
借：销售费用   15 000
      应交税费——应交增值税(进项税额)   900
   贷：应收账款——乙公司   15 900

$$手续费 = 150\ 000 \times 10\% = 15\ 000(元)$$

③ 收到乙公司的结算款。

借：银行存款   153 600
   贷：应收账款——乙公司   153 600

(2) 受托方(乙公司)的账务处理如下。

① 收到商品。

借：受托代销商品   150 000
   贷：受托代销商品款   150 000

注意："受托代销商品"及"受托代销商品款"应该按委托代销合同规定的售价登记金额。

② 售出受托代销商品。

借：银行存款   169 500
   贷：应付账款——新华公司   150 000
      应交税费——应交增值税(销项税额)   19 500

③ 收到增值税专用发票。

借：应交税费——应交增值税(进项税额)   19 500
   贷：应付账款——新华公司   19 500

④ 转销受托代销商品及受托代销商品款。

借：受托代销商品款   150 000
   贷：受托代销商品   150 000

⑤ 计算代销手续费并结清代销商品款。

借：应付账款   169 500
   贷：银行存款   153 600
      其他业务收入   15 000
      应交税费——应交增值税(销项税额)   900

11.2 费 用

11.2.1 费用的概念及其确认

1. 费用的概念

费用是指企业在其生产、销售商品或提供劳务等日常经营活动中发生的、会导致所有者权益减少的、与向所有者分配利润无关的经济利益的总流出。事实上,费用最终表现为企业资源的耗费,其发生意味着企业资产的减少或负债的增加,并最终减少企业的所有者权益。

需要注意的是,费用和成本是一组相似但不相同的概念。费用与成本都是一种资源的耗费,但费用是相对于收入而言的,当相关的支出和耗费能与当期收入相配比时才能计入当期的费用,也就是说,费用是按时间归集的;而成本是与一定的成本对象(如具体某种产品)相联系的,是对象化的费用。以制造业企业为例,费用与成本的关系如下式所示。

期初在产品成本+本期生产费用-期末在产品成本=本期完工产品成本

期初完工产品成本+本期完工产品成本-期末完工产品成本=本期销售产品成本

费用与损失是另一组不同的概念。费用是企业日常经营活动中的耗费,是相对于收入而言的,与收入存在严格的配比关系;而损失是偶然性的耗费,与利得相对应,但与之没有相应的配比关系,包括因有价证券的出售、旧设备的处置及部分资产采用公允价值计量而产生的损失等。

2. 费用的分类

企业发生的各项费用可以按照不同标准进行分类,以便对其进行有效的管理和核算。

1)费用按照其经济内容分类

费用按照其体现的经济内容可以分为以下八类。

(1)外购材料包括企业为进行生产经营而耗用的,从外部购入的原材料、周转材料及半成品等。

(2)外购燃料是指企业为进行生产经营而耗用的,从外部购入的各种燃料。

(3)外购动力是指企业为进行生产经营而耗用的,从外部购入的各种动力。

(4)薪酬福利费用是指包括企业应计入成本费用的,支付给员工的各项薪酬、福利费用。

(5)折旧费是指企业按照核定的固定资产折旧率对其持有的固定资产计提的折旧费用。

(6)利息净支出是指企业应计入成本费用的利息支出减去利息收入后的净额。

(7)税金是指企业应计入成本费用的各项税金。

(8)其他支出包括不属于上述分类的其他各项费用支出。

2)费用按照其经济用途分类

费用按照其经济用途的不同可分为产品生产费用和期间费用两类。其中产品生产费用包括直接用于产品生产的外购或自制的原材料、辅助材料、半成品、燃料和动力费用,直接从事产品生产的员工薪酬与福利,以及为组织和管理生产而发生的其他间接费用;而期间费用则主要包括当期发生的销售费用、管理费用和财务费用,其特点是不能直接或难以间接归属于某种产品成本,而是直接计入当期损益。

3. 费用的确认与计量原则

根据《企业会计准则》的规定,企业应当按照权责发生制和配比原则确认相关费用。为此,企业首先要根据相关支出的效益涉及期间来确认费用。如果支出的效益仅涉及本会计年度(营业周期),则列为收益性支出,确认为当期费用;如果支出的效益涉及若干个会计年度(营业周期),则予以资本化,在未来各期以折旧、摊销等方式逐步确认为费用。其次,对于应当确认为本期费用的,不论其款项是否在本期支付,均确认为当期费用;反之,不能归属于本期的已支付款项则不应当确认为当期费用。最后,在会计核算中还要根据费用与收入的因果关系、合理可行的分配方法或按照期间配比方法等确认相关的生产费用和期间费用项目。

企业在其生产经营过程中所发生的各项费用支出,应当以实际发生金额计入成本或费用。

11.2.2 生产成本

生产成本是指一定期间生产产品所发生的直接费用和间接费用的总和,是对象化的费用——按照产品品种等成本计算对象,对当期发生的生产性费用进行归集所形成的。企业对生产成本的核算内容主要包括产品生产成本的计算和相关的账务处理方法。

1. 产品生产成本的计算

产品的生产成本计算,就是在企业的生产经营过程中,使用一定的计算方法,按照一定对象归集和分配所发生的各种费用支出,以确定各个对象的总成本和单位成本的专门方法。计算产品的生产成本,既是入库产成品对外销售计价的依据,也是企业确定会计期间盈亏的需要。有关产品成本计算的基本流程如图 11-1 所示。

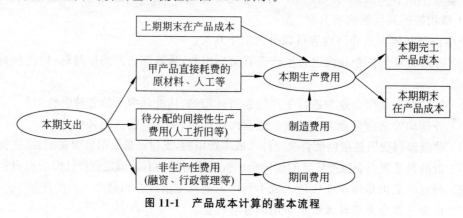

图 11-1 产品成本计算的基本流程

产品生产成本的计算方法和程序包括以下内容。

1) 确定成本计算对象

确定成本计算对象就是确定以什么产品作为对象来归集其发生的生产费用并计算其实际成本,是设置产品成本计算单和明细账、进行成本计算的前提。只有确定了具体的费用归集对象才能合理准确地分配生产费用、计算该对象的总成本和单位成本。实际工作中确定成本计算对象的方法因企业的生产特点和管理要求不同而比较复杂,常见的有根据产品品种、生产批别和生产步骤来确定成本计算对象。

2) 确定成本计算期

成本计算期是成本计算的间隔期,一般与企业产品生产的特点密切相关。一般来说,产品生产成本每月计算一次,如大量、大批生产的企业,由于产品生产的不间断性造成每个月都会存在尚未完工的在产品,为及时计算完工产品成本,并按期计算产品销售利润,必须按月计算成本,成本计算期与会计期间保持一致。但对于一些单件、小批量生产的企业,不论生产周期长短,往往是一次投入一批完工,整体销售并结转成本,这就使成本计算期与生产周期一致,而相对于会计期间来说是不定期的。但不管什么情况,企业每月发生的生产费用还是应该按月进行归集和分配。

3）确定成本项目

成本项目是指计入产品成本的各种费用按其经济用途所做的分类。企业在生产经营过程中发生的各种费用很多，用途也各不相同，有的直接用于生产，有的用于组织和管理生产。为了更好地进行核算，在计算产品生产成本时一般可以将这些费用划分为以下三个成本项目。

（1）原材料又称为直接材料，是指直接用于产品生产，构成产品实体的原料、主要材料以及有助于产品形成的各种辅料。

（2）职工薪酬又称为直接人工，是指直接参加产品生产的工人工资及各项福利。

（3）制造费用又称为间接费用，是指企业的生产车间为组织和管理产品的生产而发生的各项费用，如车间管理人员的工资及福利、车间管理消耗的原材料、水电费、生产用固定资产的折旧费等，这些费用难以直接计入产品的成本，需要按照一定的方法进行分配才能计入具体产品的成本。

4）正确归集和分配费用

正确计算产品生产成本的关键在于正确地归集、分配各种费用。企业在按照成本对象归集各种费用时，应注意分清成本与费用的界限，凡是可以计入产品成本的费用应全部计入成本，不能计入产品成本的费用则不能随意挤入成本中，以保证产品成本内容的正确性；要根据权责发生制的原则划清费用的受益期，确定各种费用是计入上期、下期，还是本期成本，以保证各期成本的准确性以便计算各期盈亏；要按照成本分配受益原则划清费用的受益对象，以保证不同对象成本计算的准确性；在成本计算过程中，还应当分清费用是直接计入还是需要通过归集分配后间接计入。

企业在按照成本计算对象归集和分配各种费用时，需要采用一定的标准和适当的方法进行。首先，需要将已归集的生产费用在不同的产品之间进行分配，以便确定各产品的生产费用；其次，应将各产品的生产费用在其完工产品和在产品之间进行分配，以便正确计算出本期完工验收入库的产品成本。完工产品成本与期末在产品成本之间的关系如下列公式所示。

$$期初在产品成本＋本期生产费用＝本期完工产品成本＋期末在产品成本$$
$$本期完工产品成本＝期初在产品成本＋本期生产费用－期末在产品成本$$
$$期末在产品成本＝期初在产品成本＋本期生产费用－本期完工产品成本$$

企业为了计算产品的成本，还需要按照成本计算对象设置相关的成本明细账（或成本计算单），逐笔登记各项费用的发生情况，再根据成本明细账的资料编制各种成本计算表，以最终确定各种产品的总成本和单位成本。

2. 产品生产成本的会计核算

企业为了核算生产各种产品所发生的费用，准确计算产品生产成本，应当设置"生产成本"和"制造费用"科目来进行相关的核算。其中"生产成本"科目的借方登记企业在某项产品生产过程中发生的各项直接材料、直接人工支出和分配计入的制造费用金额；贷方登记期末按实际成本计价的、生产完工入库的产品（结转至"库存商品"科目）；期末余额一般在借方，表明期末尚未完工的在产品生产成本。"生产成本"科目应按不同的成本计算对象来设置明细科目，并按直接材料、直接人工和制造费用等成本项目设置专栏，进行明细核算。

"制造费用"科目用以核算企业为生产产品和提供劳务而发生的各项间接费用,包括机器设备折旧费、修理费、生产车间管理人员的薪酬、办公费、水电费、保险费等。其借方登记生产过程中发生的上述各项费用;贷方登记期末按一定的分配方法和分配标准在各成本计算对象间进行(制造费用)分配结转的金额;期末结转后一般没有余额。"制造费用"科目通常按不同的车间、部门设置明细科目,并按费用的经济用途和费用的经济性质设置专栏进行明细核算。

有关生产成本的计算和会计处理可参阅《成本会计》教材。

11.2.3 期间费用

期间费用是指企业当期发生的,难以或不能直接归属于某项特定产品成本的费用,包括销售费用、管理费用和财务费用。

1. 销售费用

销售费用是指企业在销售商品和材料、提供劳务等过程中发生的各项费用以及专设销售机构的各项经费支出。销售费用包括应由企业承担的产品包装费、运输费、装卸费、保险费、展览费、广告费,以及销售部门职工薪酬、办公费、折旧费、差旅费和销售提成等。

企业发生的销售费用通过"销售费用"科目核算。企业发生各项销售费用支出时,借记"销售费用"科目,期末余额结转至"本年利润"科目,计入当期损益。

【例 11-17】 新华公司 2019 年 12 月根据本月发生的销售费用,编制相关会计分录如下。

(1) 开出转账支票支付广告费 150 000 元

借:销售费用——广告费　　　　　　　　　　　　　150 000
　　贷:银行存款　　　　　　　　　　　　　　　　　　150 000

(2) 现金支付运输费 4 000 元。

借:销售费用——运输费　　　　　　　　　　　　　　4 000
　　贷:库存现金　　　　　　　　　　　　　　　　　　　4 000

(3) 支付销售业务人员业务提成 15 000 元。

借:销售费用——业务提成　　　　　　　　　　　　　15 000
　　贷:库存现金　　　　　　　　　　　　　　　　　　　15 000

(4) 分配销售部门员工的薪酬 85 000 元。

借:销售费用——薪酬　　　　　　　　　　　　　　　85 000
　　贷:应付职工薪酬　　　　　　　　　　　　　　　　　85 000

(5) 月末结转销售费用 254 000 元。

借:本年利润　　　　　　　　　　　　　　　　　　　254 000
　　贷:销售费用　　　　　　　　　　　　　　　　　　　254 000

2. 管理费用

管理费用是指企业行政管理部门为组织和管理生产经营活动而发生的各项费用。管理费用包括企业筹建期间发生的开办费、董事会和行政管理部门在企业经营管理中发生的公司经费、工会经费、业务招待费、差旅费、折旧费、保险费、无形资产摊销等,以及房产税、车船税、印花税等相关税金。

【知识链接】 小企业管理费用的核算内容

《小企业会计准则》规定的管理费用核算内容不包括房产税、车船税、印花税及矿产资源补偿费等,上述税费记入"税金及附加"科目。

企业发生的管理费用通过"管理费用"科目核算。企业发生各项管理费用支出时,借记"管理费用"科目,期末余额结转至"本年利润"科目,计入当期损益。

【例 11-18】 新华公司 2019 年 12 月根据本月发生的管理费用,编制相关会计分录如下。

(1) 计提管理部门固定资产折旧费 20 000 元。

借:管理费用——折旧费　　　　　　　　　　20 000

　　贷:累计折旧　　　　　　　　　　　　　　　　20 000

(2) 支付办公费用 2 000 元。

借:管理费用——办公费　　　　　　　　　　2 000

　　贷:库存现金　　　　　　　　　　　　　　　　2 000

(3) 支付业务招待费 5 000 元。

借:管理费用——业务招待费　　　　　　　　5 000

　　贷:库存现金　　　　　　　　　　　　　　　　5 000

(4) 分配管理部门员工的薪酬 108 000 元。

借:管理费用——薪酬　　　　　　　　　　　108 000

　　贷:应付职工薪酬　　　　　　　　　　　　　　108 000

(5) 月末结转管理费用 135 000 元。

借:本年利润　　　　　　　　　　　　　　　135 000

　　贷:管理费用　　　　　　　　　　　　　　　　135 000

3. 财务费用

财务费用是指企业为筹集生产经营所需资金而发生的费用。其具体内容包括利息净支出(利息支出减去利息收入后的余额)、金融机构手续费、企业发生的现金折扣或收到的现金折扣、汇兑净损失等。

企业发生的财务费用通过"财务费用"科目核算。企业发生利息支出、金融机构手续费支出和发生汇兑损失、现金折扣时,借记"财务费用"科目;发生利息收入、汇兑收益或收到现金折扣时贷记"财务费用"科目,期末余额结转至"本年利润"科目,计入当期损益。

【例 11-19】 新华公司 2019 年 12 月根据本月发生的财务费用,编制相关会计分录如下。

(1) 实际支付短期借款利息 3 000 元(未采用预提利息的做法)。

借:财务费用——利息支出　　　　　　　　　3 000

　　贷:银行存款　　　　　　　　　　　　　　　　3 000

(2) 收到银行存款利息 1 200 元。

借:银行存款　　　　　　　　　　　　　　　1 200

  贷：财务费用——利息收入   1 200

（3）月末结转财务费用。

借：本年利润   1 800

  贷：财务费用   1 800

11.2.4　所得税费用

  所得税费用是指应在会计税前利润(或利润总额)中扣除的所得税费用,其构成及确认方法取决于所得税的会计处理方法。根据《企业会计准则》的规定,企业所得税的会计处理应当采用资产负债表债务法,在这一框架下,企业的所得税费用包括当期所得税费用和递延所得税费用两部分。即

$$所得税费用＝当期所得税费用＋递延所得税费用$$

1. 当期所得税费用的确认与计量

  当期所得税费用是指企业按照当期应缴纳所得税的金额确认的费用。企业在确定当期应交所得税时,对于会计处理与纳税处理不同的交易或事项,应当在会计利润的基础上进行适当的调整,计算出当期应纳税所得额,再根据应纳税所得额与适用的所得税税率来计算确定当期应交所得税金额。即

$$应纳税所得额＝会计利润＋(或－)纳税调整事项$$

$$当期应交所得税＝应纳税所得额×适用的所得税税率$$

式中,会计利润取自利润表中的利润总额,也就是税前利润;应纳税所得额是指按所得税法规定的项目计算确定的收益,是计算缴纳所得税的依据。显然,由于企业会计税前利润与应纳税所得额的计算口径不一致,两者之间通常会存在差异,需要做出适当的(纳税)调整。

  例如,企业购买国债取得的利息收入,在会计核算中可作为投资收益计入会计税前利润,而所得税法规定国债利息收入免征所得税,不计入应纳税所得额;企业确认的(资产)公允价值变动损益,在会计核算中计入会计税前利润,而所得税法规定不计入应纳税所得额,因此而产生的上述差异便构成了纳税调整事项——企业应当在会计税前利润基础上减去这些差异项来计算应纳税所得额。

  而对于某些记入了利润表,但根据所得税法规定不允许税前扣除的费用,如超过税法规定的抵扣标准的业务招待费支出、根据所得税法应当采用直线折旧法而企业按准则规定选择了加速折旧法计提折旧等,也构成了纳税调整事项——企业应当在会计税前利润基础上加上这些差异项来计算应纳税所得额。

  需要注意的是,上述差异包括未来不能转回的永久性差异(如免税的国债利息收入、超标的业务招待费等),和未来可以转回的暂时性差异(如采用不同的折旧方法等)。

  【例 11-20】　假定新华公司 2019 年 12 月的应纳税所得额及应交所得税计算如下(所得税税率为 25%)。

会计税前利润	168 000
减：国债利息收入	2 000
减：公允价值变动损益	36 000
加：资产减值损失	20 000
加：超标的业务招待费	10 000

应纳税所得额　　　　　　　　　　　　160 000（元）

　　　　　　　　应交所得税＝160 000×25％＝40 000（元）

2. 递延所得税费用的确认与计量

递延所得税费用是指由于暂时性差异的发生或转回而确认的所得税费用。即

　　　　　　递延所得税费用＝递延所得税负债－递延所得税资产

（1）递延所得税负债。递延所得税负债产生于应纳税暂时性差异（等于应纳税暂时性差异×适用所得税税率），是由于资产的账面价值大于其计税基础，或者负债的账面价值小于其计税基础，而导致根据会计利润计算的应交所得税额大于根据所得税法计算的应交所得税额，这在企业看来，相当于形成了一项应交而实际未交的所得税负债（需要在未来期间随着暂时性差异的转回而补交未来期间的税款）。

🐁 **【知识链接】　资产和负债的计税基础**

资产的计税基础是指某项资产在未来期间计税时，按照税法规定可予税前扣除的金额。例如，某项资产的会计成本为 80 万元，税法认可 50 万元，计税基础为 50 万元，表明该资产出售后可税前扣除金额只能为 50 万元，税前扣除 50 余万元即计算应纳税所得额时按照税法规定可以自应税经济利益中抵扣的金额。而负债的计税基础是指负债的账面价值减去未来期间计算应纳税所得额时按照税法规定可予抵扣的金额。

【例 11-21】 新华公司 2019 年 12 月 1 日购入某股票，实际支付价款 120 000 元，并作为交易性金融资产核算。12 月 31 日，该股票的公允价值为 135 000 元，确认公允价值变动收益 15 000 元。

在资产负债表日，该项交易性金融资产的账面价值为 135 000 元，计税基础仍为 120 000 元，资产的账面价值大于计税基础，其差异数 15 000 元为应纳税暂时性差异。

（2）递延所得税资产。递延所得税资产产生于可抵扣暂时性差异（等于可抵扣暂时性差异×适用所得税税率），是由于资产的账面价值小于其计税基础，或者负债的账面价值大于其计税基础，而导致根据会计利润计算的应交所得税额小于根据所得税法计算的应交所得税额，这在企业看来，相当于预付了一部分税款，形成一项所得税资产（可在未来期间随着暂时性差异的转回而抵扣未来期间的税款）。

【例 11-22】 新华公司 2019 年 12 月 31 日购入一台设备，原值 80 000 元，预计净残值为零。税法规定采用直线法计提折旧，折旧年限 8 年，而公司在采用直线法计提折旧时拟订的折旧年限为 4 年。

2019 年 12 月 31 日，该项固定资产的账面价值和计税基础都是 80 000 元，没有差异。

2020 年 12 月 31 日，该项固定资产实际计提折旧 20 000 元，账面价值为 60 000 元；而按照税法规定应计提折旧为 10 000 元，计税基础为 70 000 元，资产账面价值小于计税基础，其差异数 10 000 元为可抵扣暂时性差异。

显然，企业当期确认的递延所得税负债如果大于当期确认的递延所得税资产，其差额构成会计核算上的当期递延所得税费用（不构成实际应交所得税额，但增加了当期所得税费用）；当期确认的递延所得税负债如果小于当期确认的递延所得税资产，其差额构成会计核算上的当期递延所得税收益（不影响实际应交所得税额，但抵减当期所得税费用）。

3. 所得税费用的账务处理

为了反映当期所得税费用及应交所得税的变动情况,企业应当设置"所得税费用""递延所得税资产"和"递延所得税负债"等科目。其中,"所得税费用"科目的借方登记企业按(调整后)应纳税所得计算的实际应交所得税额,以及可能的递延所得税费用;贷方登记可能的递延所得税收益,以及结转至"本年利润"的金额;期末一般没有余额。"递延所得税资产"科目的借方登记本期因可抵扣暂时性差异形成的递延所得税资产;贷方登记未来应转回的金额。"递延所得税负债"科目的贷方登记本期因应纳税暂时性差异形成的递延所得税负债;借方登记未来应转回的金额。

【例 11-23】 接例 11-20 资料,应编制会计分录如下。

借:所得税费用——当期所得税　　　　　　　　　40 000

　　贷:应交税费——应交所得税　　　　　　　　　　　40 000

同时,其资产公允价值变动损益 36 000 元体现了应纳税暂时性差异,资产减值损失20 000 元则体现了可抵扣暂时性差异。

当期确认的递延所得税负债＝36 000×25％＝9 000(元)

当期确认的递延所得税资产＝20 000×25％＝5 000(元)

当期确认的递延所得税费用＝9 000－5 000＝4 000(元)

借:所得税费用——递延所得税费用　　　　　　　4 000

　　递延所得税资产　　　　　　　　　　　　　　5 000

　　贷:递延所得税负债　　　　　　　　　　　　　　9 000

企业(会计)确认的当期所得税费用＝40 000＋4 000＝44 000(元)

【知识链接】　小企业所得税的会计处理

根据《小企业会计准则》规定,小企业应当按照企业所得税法规定计算的当期应纳税额,确认所得税费用。小企业应当在利润总额基础上,按照企业所得税法规定进行纳税调整,计算出当期应纳税所得额,以应纳税所得额与适用所得税税率为基础计算确定当期应纳税额。

11.3　利润及其分配

11.3.1　利润及其构成

利润是指企业在一定的会计期间里所取得的经营成果,包括收入减去费用后的净额、直接计入当期利润的利得和损失等。其中,收入减去费用后的净额反映了企业日常经营活动的业绩;直接计入当期利润的利得和损失,反映的是企业非日常经营活动的业绩。

企业的利润一般包括营业利润、利润总额和净利润三部分。

(1)营业利润是企业在一定会计期间的日常经营活动中所取得的利润,其构成内容以公式表示为

营业利润＝营业收入－营业成本－税金及附加－销售费用－管理费用

　　　　－财务费用－资产减值损失＋公允价值变动收益(－公允价值变动损失)

　　　　＋投资收益(－投资损失)＋资产处置收益(－资产处置损益)＋其他收益

其中,营业收入是指企业经营业务所实现的收入,包括主营业务收入和其他业务收入;营业成本包括主营业务成本和其他业务成本;税金及附加包括应当由企业承担的营业税、消费税、城市维护建设税、资源税、土地增值税、教育费附加等;公允价值变动损益是指企业的交易性金融资产(负债)和采用公允价值模式计量的投资性房地产等公允价值变动形成的,应计入当期损益的利得或损失;投资收益是指企业以各种方式对外投资所取得的净收益或净损失。

"资产处置损益"反映企业出售划分为持有待售的非流动资产(金融工具、长期股权投资和投资性房地产除外)或处置组时确认的处置利得或损失,以及处置未划分为持有待售的固定资产、在建工程、生产性生物资产及无形资产而产生的处置利得或损失。债务重组中因处置非流动资产产生的利得或损失和非货币性资产交换产生的利得或损失也包括在本项目内。

(2) 利润总额是企业在缴纳所得税之前的利润,即税前利润。其构成内容以公式表示为

$$利润总额=营业利润+营业外收入-营业外支出$$

其中,营业外收入是指企业取得的与日常经营活动没有直接关系的各项利得,包括罚没利得、捐赠利得、盘盈利得、无法支付的应付款项等。

营业外支出是指企业发生的与日常经营活动没有直接关系的各项损失,包括捐赠支出、盘亏损失等。

营业外收入和营业外支出所包括的各个收支项目不存在彼此相互配比的关系,不得相互抵补,应当分别通过"营业外收入"和"营业外支出"科目来单独核算。

【知识链接】 小企业营业外收支项目的核算内容

《小企业会计准则》规定的营业外收支项目比《企业会计准则》规定的内容要少,但与税法规定保持一致,把存货盘盈收益、已作坏账损失处理后又收回的应收款项、汇兑收益、出租包装物和商品的租金收入列入了营业外收入,把坏账损失列入了营业外支出。

(3) 净利润是企业在一定会计期间的利润总额减去所得税费用后的净额,即税后利润。其构成内容以公式表示为

$$净利润=利润总额-所得税费用$$

其中,所得税费用是指企业按规定确认的当期所得税费用和递延所得税费用。

【例 11-24】 新华公司 2019 年度取得主营业务收入 520 万元,其他业务收入 60 万元,投资净收益 50 万元,营业外收入 45 万元;发生主营业务成本 350 万元,其他业务成本 35 万元,税金及附加 8 万元,销售费用 26 万元,管理费用 28 万元,财务费用 8 万元,资产减值损失 10 万元,公允价值变动净损失 15 万元,营业外支出 20 万元;本年度确认的所得税费用为 40 万元。则

营业利润$=(520+60)-(350+35)-8-26-28-8-10-15+50=150(万元)$

利润总额$=150+45-20=175(万元)$

净利润$=175-40=135(万元)$

11.3.2 利润的结转与分配

1. 利润的结转

企业应当设置"本年利润"科目,用于核算企业当期实现的净利润或发生的净亏损。实务中,企业可选择采用账结法或表结法来结转利润。

账结法是指企业在各月的月末将所有损益类账户的余额转入"本年利润"科目,即借记所有收入类科目,贷记"本年利润"科目;借记"本年利润"科目,贷记所有费用类科目。结转后,各损益类账户没有期末余额;"本年利润"科目的贷方余额反映年度内累计实现的净利润,借方余额反映年度内累计发生的净亏损。

表结法是指企业在各月月末不结转利润,只在年末将所有损益类科目余额转入"本年利润"科目。结转后,各损益类科目结平;"本年利润"科目的贷方余额反映年度内累计实现的净利润,借方余额反映年度内累计发生的净亏损。

无论采用何种结账方法,企业均应当在年度终了时,将本年实现的净利润转入"利润分配——未分配利润"科目的贷方;将本年发生的净亏损转入"利润分配——未分配利润"科目的借方。

【例 11-25】 接例 11-24 资料。新华公司在 2019 年年末结转利润时编制会计分录如下。

借:主营业务收入	5 200 000
其他业务收入	600 000
投资收益	500 000
营业外收入	450 000
贷:本年利润	6 750 000
借:本年利润	5 400 000
贷:主营业务成本	3 500 000
其他业务成本	350 000
税金及附加	80 000
销售费用	260 000
管理费用	280 000
财务费用	80 000
资产减值损失	100 000
公允价值变动损益	150 000
营业外支出	200 000
所得税费用	400 000

企业实现的净利润＝6 750 000－5 400 000＝1 350 000(元)

借:本年利润	1 350 000
贷:利润分配——未分配利润	1 350 000

2. 利润的分配

利润分配是企业根据国家有关规定和投资者的决议,对企业当年可供分配的利润进行分配的行为。可供分配的利润是指企业当期实现的净利润,加上年初未分配利润(或减去年初未弥补亏损)后的余额。对于当年可供分配的利润,企业一般按照下列顺序进行分配。

(1) 提取法定盈余公积是指企业根据有关法律规定,按照当年实现的净利润的 10% 计提的盈余公积,法定盈余公积累计金额超过企业注册资本的 50% 以上时,可以不再提取。

(2) 提取任意盈余公积是指企业根据股东大会决议提取的盈余公积。

(3) 向投资者分派现金股利或利润是指企业按照股东大会通过的利润分配方案分派给股东的现金股利,也包括非股份有限公司分配给投资者的利润。

(4) 转作股本的股利是指企业按照股东大会通过的利润分配方案分派给股东的股票股利,也包括非股份有限公司以利润转增的资本。

经上述分配后剩余的利润,是企业的未分配利润,也是企业留待以后年度进行分配的历年结存利润。

企业应当设置"利润分配"科目,核算利润的分配(或亏损的弥补)情况,以及历年积存的未分配利润(或未弥补亏损)。"利润分配"下设"提取法定盈余公积""提取任意盈余公积""应付现金股利(利润)""转作股本股利""盈余公积补亏"和"未分配利润"等明细科目,进行相关的明细核算。

企业应当在年度终了时将全年实现的净利润自"本年利润"科目转至"利润分配——未分配利润"科目的贷方,或将全年发生的亏损自"本年利润"科目转至"利润分配——未分配利润"科目的借方,在进行了相关的利润分配后再将"利润分配"下的其他有关明细科目余额转入"未分配利润"明细科目。经此结转后,除"未分配利润"明细科目外,其他的明细科目应无余额,而"未分配利润"明细科目的贷方余额即累积未分配的利润数额,如果出现借方余额则为累积未弥补亏损。

根据《企业所得税法》的相关规定,企业纳税年度发生的亏损,准予向以后年度结转,即未弥补亏损可以用以后年度实现的税前利润进行弥补,但弥补亏损期限不得超过 5 年,之后企业只能以税后利润予以弥补。这也意味着企业在某一年度实现净利润但未能弥补之前累积的未弥补亏损时,可以不计提盈余公积。

企业以当年实现的净利润弥补以前年度结转的亏损时,只需要进行正常的利润结转,使"利润分配——未分配利润"贷方发生额与"利润分配——未分配利润"的借方余额自然抵补即可,不需要进行专门的(补亏)账务处理。有关利润及其分配的核算流程如图 11-2 所示。

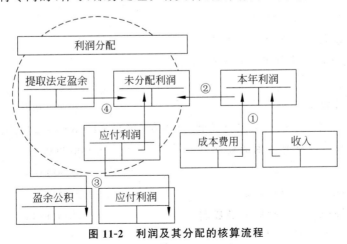

图 11-2 利润及其分配的核算流程

【例 11-26】 新华股份有限公司的股本为 100 000 000 元,每股面值 1 元。2019 年年初未分配利润为贷方 80 000 000 元,2019 年实现净利润 50 000 000 元。

假定公司按照 2019 年实现净利润的 10% 提取法定盈余公积,5% 提取任意盈余公积,同时向股东按每股 0.2 元派发现金股利,按每 10 股送 3 股的比例派发股票股利。

2020 年 3 月 15 日,公司以银行存款支付了全部现金股利,新增股本也已经办理完股权登记和相关增资手续。

完成新华公司 2019—2020 年相关会计处理。

新华公司的账务处理如下。

(1) 2019 年度终了时,企业结转本年实现的净利润。

借:本年利润 50 000 000
 贷:利润分配——未分配利润 50 000 000

(2) 提取法定盈余公积和任意盈余公积。

借:利润分配——提取法定盈余公积 5 000 000
     ——提取任意盈余公积 2 500 000
 贷:盈余公积——法定盈余公积 5 000 000
     ——任意盈余公积 2 500 000

(3) 结转"利润分配"的明细科目。

借:利润分配——未分配利润 7 500 000
 贷:利润分配——提取法定盈余公积 5 000 000
     ——提取任意盈余公积 2 500 000

新华公司 2019 年年底"利润分配——未分配利润"科目的余额为 = 80 000 000 + 50 000 000 − 7 500 000 = 122 500 000(元),即贷方余额 122 500 000 元,反映企业的累计未分配利润为 122 500 000 元。

(4) 批准发放现金股利:100 000 000 × 0.2 = 20 000 000(元)。

借:利润分配——应付现金股利 20 000 000
 贷:应付股利 20 000 000

借:利润分配——未分配利润 20 000 000
 贷:利润分配——应付现金股利 20 000 000

2020 年 3 月 15 日,实际发放现金股利时

借:应付股利 20 000 000
 贷:银行存款 20 000 000

(5) 2020 年 3 月 15 日,发放股票股利:100 000 000 × 1 × 30% = 30 000 000(元)。

借:利润分配——转作股本的股利 30 000 000
 贷:股本 30 000 000

借:利润分配——未分配利润 30 000 000
 贷:利润分配——转作股本的股利 30 000 000

11.4 收入、费用的披露与分析

11.4.1 收入、费用的披露

企业在其利润表中,应当将营业收入(包括主营业务收入和其他业务收入)、营业成本(包括主营业务成本和其他业务成本)单独列示,同时准确列示销售费用、管理费用和财务费用等,以便计算营业利润;在加减营业外收入和营业外支出后,计算出企业的利润总额。

企业还应当披露下列与收入有关的事项。

(1)确认收入所采用的会计政策:①在各项重大交易中,企业确认收入所采用的确认原则;②是否采用分期收款法确认收入的情况;③确定劳务的完成程度所采用的方法。

(2)本期确认的每一重大收入类别的金额,包括销售商品、提供劳务、利息、特许权使用费和股利收入,以及一些重大和特殊交易(包括关联交易)所产生的收入等。

企业对成本、费用的披露,应当结合资产负债表项目,就其存货发出的计价方法、固定资产折旧计提方法、无形资产摊销计提方法、自行研发无形资产的资本化支出、资产减值计提方法、所得税的会计处理方法等影响企业成本和费用计算的会计政策和方法做出相关的披露,以便财务报表的使用者对企业报告期间的经营业绩有全面、客观的了解。

11.4.2 收入、费用的分析

财务报表使用者对企业收入、费用的分析应当着重于分析其项目的真实性与合理性。

(1)关注企业收入的确认方法及确认时点,分析企业是否存在通过提前或延迟确认收入来调节当期利润。例如,采用预收款方式或收取手续费委托代销商品,如果在预收货款或发出商品时提前确认收入,即可达到虚增当期利润的目的;或者将本期应确认的收入递延至未来期间,造成公司经营稳定的假象等。

(2)结合资产负债表和现金流量表相关项目,分析企业是否存在虚构收入的现象,尤其需要关注以下非正常现象。

① 期末出现大幅增加的营业收入和应收账款,或者应收账款相对于收入的跳跃,以及不正常的其他应收款余额变化等。

② 存货增长持续快于销售增长、存货周转率逐期下降,或存货占总资产百分比逐期增加、运输成本占存货成本的比重持续下降等。

③ 营业现金净流量持续落后于净收入增长等。

(3)分析企业当期及前后期收入的构成和比重,尤其关注其他业务收入比重的快速增长、关联子公司的合并收入大幅提高的现象,对其他业务收入、投资收益、补贴收入、营业外收入等偶然性收入的构成及真实性做出相应判断。

(4)分析企业前后各期涉及的折旧方法、存货计价方法、减值计提方法等变更情况,以判断当期利润的真实性。

 案例 11-1

万福生科(300268.SZ)2×11 年 9 月 27 日在创业板成功挂牌上市,发行价 25 元,当天报收 29.04 元。

2×12 年 8 月，湖南证监局对上市不满一年的万福生科进行例行现场检查。督导小组发现万福生科竟然存在三套账本：税务账、银行账和一套供公司管理层查阅的实际收支的业务往来账，万福生科造假问题由此浮现。

2×12 年 9 月 14 日，湖南证监局将现场检查发现的线索上报中国证监会，证监会决定对万福生科立案调查。随后，证监会抽调稽查总队骨干人员数十人奔赴湖南常德，对万福生科进行全面调查。

2×13 年 3 月 2 日，万福生科发布公告，承认在 2×08—2×11 年累计虚增收入约 7.4 亿元，虚增营业利润约 1.8 亿元，虚增净利润 1.6 亿元左右。

2×13 年 3 月 29 日，万福生科发布致歉公告，因公司自 2×08—2×11 年财务数据存在虚假记载，已被深交所谴责过两次，若再受公开谴责，按照创业板上市规则，上市三年内遭受三次公开谴责，将面临退市风险。

根据证监会的调查，万福生科在首发上市过程中，存在虚增原材料、虚增销售收入、虚增利润等行为，涉嫌欺诈发行股票；同时，万福生科在 2×11 年年报和 2×12 年年报涉嫌虚假记载，包括公司将已实际入库的粮食运出，以农户的名义再次卖给粮食经纪人，后者再卖给公司，即一批粮食多次入库，每次都有实际的入库记录等，其造假手法隐蔽，资金链条长，调查对象涉及数十个县乡镇。

2×13 年 5 月 10 日，证监会公布对万福生科造假案做出处罚，对发行人万福生科、保荐机构平安证券、中磊会计师事务所和湖南博鳌律师事务所各自给予处罚，相应的责任人也受到了处分。

案例 11-2

在近几年我国钢铁行业整体产能过剩、成本上升的情况下，同为钢铁企业的某上市公司（ST）2×10 年的年报显示，营业收入实现 432.47 亿元，同比增长 12.37%；净利润由 2×09 年亏损 16.36 亿元，大幅逆转为盈利 10.62 亿元。在年报扭亏、成功摘帽重组成功预期较大的影响下，其股价也从 2×10 年 11 月初的约 9 元/股，一路飙升至 2×11 年 4 月的 14 元/股左右，大大高于其第二次现金选择权的行权价格。众多投资机构和业内人士对此提出质疑，普遍认为其报表至少存在以下盈余管理行为。

（1）管理费用。2×10 年公司管理费用为 32.19 亿元，较 2×09 年同期的 40.59 亿元下降 8.40 亿元，下降幅度为 20%，而减少的管理费用约为公司 2×10 年税前利润的 77%。公司在年报中将管理费大幅下降解释为"内退人员预计负债减少及公司采取措施压缩费用开支"。

通过相关项目分析发现，最能够表现压缩费用开支的项目"差旅费""业务招待费"和"办公费"与 2×09 年相比不但没有减少，反而分别增加 14%、27% 和 12%。事实上，管理费中减幅最大的是"修理费"和"其他"，其下降金额分别为 5.08 亿元和 2.58 亿元，占 2×10 年税前利润的 46.6% 和 23.7%，较 2×09 年下降约 33% 和 36%。显然，在公司主营业务收入增加 13% 的情况下，与公司正常生产运营相关紧密的修理费用却下降了 33%，这种反常的财务现象有些不符合逻辑——有可能是公司将一部分主要修理提前在 2×09 年进行，或者将实际发生的修理费用推迟到 2×11 年确认，这样 2×10 年的修理费用就可以大幅降低，从而提高 2×10 年的利润。

(2) 资产减值准备。2×10 年公司的坏账计提为 0.14 亿元,仅占当年应收账款账面余额与其他应收账款账面余额之和(31.84 亿元)的 0.45%,相比 2×09 年公司的坏账计提比例 4.42% 大幅下降,而同行业的宝钢股份和重庆钢铁的同期上述比例分别为 2.13% 和 1.96%;2×10 年,公司的存货跌价计提为 0.60 亿元,仅占当年存货账面余额(95.50 亿元)的 0.62%,相比 2×09 年公司的 2.03% 大幅下降,而同行业的宝钢股份和重庆钢铁的同期上述比例分别为 2.2% 和 7.4%,同时公司还对 2×09 年的存货跌价准备进行了 0.23 亿元的转回。

而基于上述财务调控对年报的粉饰,该上市公司也成功摘星脱帽,上演了一出金蝉脱壳大戏。

本 章 小 结

本章着重介绍了企业收入、费用和利润的核算。

1. 收入核算包括一般商品销售收入和特殊商品销售收入的计量确认及会计处理、提供劳务收入的计量确认及会计处理、其他业务收入的会计处理等。

2. 费用核算包括费用的分类和特征、企业成本的计算过程,以及销售费用、管理费用、财务费用和所得税费用的核算内容及会计处理等。

3. 利润核算包括收入和费用的结转、利润的计算和分配,以及相应的会计处理。

本章重点:收入的确认;一般商品销售和特殊商品销售收入的核算;劳务收入的核算;成本计算;利润计算及利润分配;所得税费用的会计处理。

本章难点:特殊商品销售收入的核算;利润分配的核算;所得税费用的核算。

本 章 练 习 题

一、单项选择题

1. 某企业在 2019 年 11 月 18 日销售商品 100 件,增值税专用发票上注明的价款为 100 万元,增值税为 13 万元。企业为了及早收回货款而在合同中规定的现金折扣条件为:2/10,1/20,n/30。假定计算现金折扣时不考虑增值税。如果买方在 2019 年 11 月 27 日付清货款,该企业实际收款金额应为(   )万元。

A. 110   B. 111   C. 113   D. 112

2. 2020 年 1 月 1 日,甲公司采用分期收款方式向乙公司销售一套大型设备,该设备成本为 800 万元,合同约定销售价格(不含税)为 1 000 万元,自 2020 年起分 4 次于每年 12 月 31 日等额收取。假定该商品销售符合收入确认条件,同期银行贷款年利率为 6%。不考虑其他因素,则甲公司 2020 年 1 月 1 日应确认的销售商品收入金额为(   )万元。[$(P/A, 6\%, 4) = 3.465\ 11$]

A. 800   B. 866.28   C. 1 000   D. 1 170

3. 某企业于 2019 年 9 月接受一项产品安装任务,安装期 5 个月,合同总收入 30 万元,年度预收款项 12 万元,余款在安装完成时收回,当年实际发生成本 15 万元,预计还将发生成本 3 万元。2019 年年末请专业测量师测量,产品安装程度为 60%。该项劳务(   )。

   A. 不影响当年利润　　　　　　　　B. 使当年利润增加 7.2 万元

   C. 使当年利润增加 15 万元　　　　　D. 使当年利润增加 30 万元

4. 委托方采用支付手续费的方式委托代销商品,委托方在收到代销清单后应按(　　)确认收入。

   A. 销售价款和增值税之和　　　　　　B. 商品进价

   C. 销售价款和手续费之和　　　　　　D. 商品售价

5. 企业收取的下列各项收入中,不属于让渡资产使用权所取得的收入的是(　　)。

   A. 债券利息收入　　　　　　　　　　B. 进行股权投资而取得的收入

   C. 出售无形资产取得的价款　　　　　D. 出租固定资产取得的租金收入

6. 下列各项中,不应计入营业外收入的是(　　)。

   A. 债务重组利得　　　　　　　　　　B. 处置固定资产净收益

   C. 收发差错造成存货盘盈　　　　　　D. 确实无法支付的应付账款

7. 某企业 2019 年 11 月主营业务收入为 200 万元,主营业务成本为 150 万元,管理费用为 8 万元,公允价值变动收益为 3 万元,资产减值损失为 1 万元,投资收益为 7 万元,营业外收入为 6 万元。假定不考虑其他因素,该企业当月的营业利润为(　　)万元。

   A. 42　　　　　　B. 45　　　　　　C. 51　　　　　　D. 57

8. 某企业 2018 年发生亏损 50 万元,2019 年实现税前会计利润 300 万元,其中包括国债利息收入 25 万元;在营业外支出中有税收滞纳金罚款 35 万元;所得税税率为 25%,该企业可以使用税前利润弥补亏损,不考虑其他因素。则 2019 年的应交所得税为(　　)万元。

   A. 65　　　　　　B. 67　　　　　　C. 58　　　　　　D. 86

9. 某工业企业 2019 年度主营业务收入为 3 000 万元,营业成本为 2 500 万元,其他业务收入为 20 万元,其他业务成本为 10 万元,投资收益为 20 万元(其中包括国债利息收入 8 万元),营业外支出为 10 万元(其中包括行政罚款支出 5 万元),所得税税率为 25%。假定不考虑其他因素,该企业 2019 年度的净利润应为(　　)万元。

   A. 383.25　　　　B. 382.5　　　　　C. 390.75　　　　D. 390

10. 下列各项税费中,应该计入税金及附加的是(　　)。

   A. 出售固定资产应交的增值税

   B. 增值税一般纳税人销售产品应交的增值税

   C. 出租无形资产应交的教育费附加

   D. 委托加工物资收回后用于连续生产应税消费品被代扣代缴的消费税

11. 下列费用中,不属于管理费用列支范围的是(　　)。

   A. 出租无形资产发生的服务费　　　　B. 董事会费

   C. 无形资产摊销费用　　　　　　　　D. 业务招待费

12. 某企业 2019 年 11 月发生部分业务如下:确认应付给受托方的代销手续费 15 万元;给予购货方 5 万元销售折让;领用随同商品出售不单独计价包装物的实际成本 4 万元;为促销商品发生业务招待费 6 万元。则该企业当月销售费用的发生额为(　　)万元。

   A. 23　　　　　　B. 21　　　　　　C. 25　　　　　　D. 19

13. 某企业年初未分配利润为 50 万元,当年净利润为 200 万元,按 10% 和 5% 分别提取法定盈余公积和任意盈余公积。该企业未分配利润余额为(　　)万元。

    A. 245   B. 220   C. 250   D. 195

    14. 某企业年初未分配利润为 160 万元,本年度实现净利润 300 万元,以资本公积转增资本 50 万元,按 10% 提取盈余公积,向投资者分配现金股利 20 万元,发放股票股利 10 万股。假设不考虑其他因素,该企业年末未分配利润为(　　)万元。

    A. 410   B. 400   C. 440   D. 350

    15. 某企业 2019 年 1 月 1 日所有者权益构成情况如下:实收资本 1 500 万元,资本公积 100 万元,盈余公积 300 万元,未分配利润 200 万元。2019 年度实现利润总额为 600 万元,企业所得税税率为 25%。假定不存在纳税调整事项及其他因素,该企业 2019 年 12 月 31 日可供分配利润为(　　)万元。

    A. 600   B. 650   C. 800   D. 1100

二、多项选择题

    1. 下列各项中,属于期间费用的有(　　)。

    A. 董事会会费   B. 管理部门的劳动保险费

    C. 销售人员工资   D. 季节性停工损失

    2. 下列各项中,应计入其他业务成本的有(　　)。

    A. 出借包装物成本的摊销

    B. 出租包装物成本的摊销

    C. 随同产品出售单独计价的包装物成本

    D. 随同产品出售不单独计价的包装物成本

    3. 下列各项中,属于费用核算范围的有(　　)。

    A. 销售商品结转的商品成本   B. 出售固定资产产生的净损失

    C. 出租固定资产计提的折旧费   D. 因违约支付的赔偿款

    4. 下列经济业务取得的收入应通过"其他业务收入"科目核算的有(　　)。

    A. 出租无形资产取得的租金收入

    B. 出租固定资产取得的租金收入

    C. 采用公允价值模式计量投资性房地产取得的租金收入

    D. 采用成本模式计量投资性房地产取得的租金收入

三、判断题

    1. 工业企业出售产品应交的增值税销项税额,应计入营业成本。   (　　)

    2. 应当在确认销售商品收入、提供劳务收入等时,将已销售商品、已提供劳务的成本等计入当期损益。   (　　)

    3. 企业出售投资性房地产应交的增值税,应列入利润表的税金及附加项目。   (　　)

    4. 现金折扣和销售折让,均应在实际发生时计入当期财务费用。   (　　)

    5. 企业在确定商品销售收入时,不考虑各种可能发生的现金折扣和销售折让。(　　)

四、综合题

    1. 甲股份公司(以下简称甲公司)为增值税一般纳税人企业,其销售的产品为应纳增值税产品,适用的增值税税率为 13%,产品销售价款中均不含增值税额。甲公司适用的所得税税率为 25%。产品销售成本按经济业务逐项结转。2019 年度甲公司发生如下经济业务事项。

（1）销售 A 产品一批,产品销售价款为 800 000 元,产品销售成本为 350 000 元。产品已经发出,并开具了增值税专用发票,同时向银行办妥了托收手续。

（2）收到乙公司因产品质量问题退回的 B 产品一批,并验收入库。甲公司用银行存款支付了退货款,并按规定向乙公司开具了红字增值税专用发票。该退货系甲公司 2019 年 12 月 20 日以提供现金折扣方式(折扣条件为:2/10、1/20、n/30,折扣仅限于销售价款部分)出售给乙公司的,产品销售价款为 40 000 元,产品销售成本为 22 000 元。销售款项于 12 月 29 日收到并存入银行(该项退货不属于资产负债表日后事项)。

（3）委托丙公司代销 C 产品一批,并将该批产品交付丙公司。代销合同规定甲公司按售价的 10% 向丙公司支付手续费,该批产品的销售价款为 120 000 元,产品销售成本为 66 000 元。

（4）甲公司收到了丙公司的代销清单。丙公司已将代销的 C 产品全部售出,款项尚未支付给甲公司。甲公司在收到代销清单时向丙公司开具了增值税专用发票,并按合同规定确认应向丙公司支付的代销手续费。

（5）用银行存款支付发生的管理费用 67 800 元,计提坏账准备 4 000 元。

（6）销售产品应交的城市维护建设税为 2 100 元,应交的教育费附加为 900 元。

（7）计算应交所得税(假定甲公司不存在纳税调整因素)。

（8）结转本年利润(甲公司年末一次性结转损益类科目)。

要求:

（1）根据上述业务,编制甲公司 2019 年度经济业务事项的会计分录("应交税费"科目要求写出明细科目)。

（2）计算甲公司 2019 年度的主营业务收入、主营业务成本、营业利润和净利润(要求列出计算过程)。

2. A 公司 2019 年度利润表中利润总额为 3 000 万元,该公司适用的所得税税率为 25%。递延所得税资产及递延所得税负债不存在期初余额。与所得税核算有关的情况如下。

2019 年发生的有关交易和事项中,会计处理与税收处理存在差别的有以下几种。

（1）2019 年 1 月开始计提折旧的一项固定资产,成本为 1 500 万元,使用年限为 10 年,净残值为 0,会计处理按双倍余额递减法计提折旧,税收处理按直线法计提折旧。假定税法规定的使用年限及净残值与会计规定相同。

（2）向关联企业捐赠现金 500 万元。假定按照税法规定,企业向关联方的捐赠不允许税前扣除。

（3）当期取得作为交易性金融资产核算的股票投资成本为 800 万元,2019 年 12 月 31 日的公允价值为 1 200 万元。税法规定,以公允价值计量的金融资产持有期间市价变动不计入应纳税所得额。

（4）违反环保法规定应支付罚款 250 万元。

（5）存货的期初账面价值为 2 075 万元,期末对持有的存货计提了 75 万元的存货跌价准备。

要求:计算所得税费用及做出相关会计处理。

3. 东方公司 2019 年年初未分配利润 300 000 元,任意盈余公积 200 000 元,当年实现税后利润为 1 800 000 元,公司股东大会决定按 10% 提取法定盈余公积,25% 提取任意盈余公积,分派现金股利 500 000 元。

东方公司现有股东情况如下:A 公司占 25%,B 公司占 30%,C 公司占 10%,D 公司占 5%,其他占 30%。2020 年 5 月,经公司股东大会决议,以任意盈余公积 500 000 元转增资本,并已办妥转增手续。2020 年度东方公司发生亏损 350 000 元。

要求:

(1) 根据以上资料,编制 2019 年有关利润分配的会计处理。

(2) 编制东方公司盈余公积转增资本的会计分录。

(3) 编制 2020 年年末结转亏损的会计分录,并计算未分配利润的年末金额。

(盈余公积和利润分配的核算写明明细科目)

第12章 会 计 调 整

本章的学习将会使你：

(1) 了解会计变更的种类及构成内容、会计估计和会计差错的类型。

(2) 掌握会计政策变更、会计估计变更和会计差错的会计处理方法。

(3) 熟悉资产负债表日后事项的类别、调整事项的调整方法和信息披露要求。

12.1 会计政策及会计政策变更

12.1.1 会计政策

1. 会计政策的概念

会计政策是指企业在会计确认、计量和报告中所采用的原则、基础和会计处理方法。

(1) 会计原则是指按照企业会计准则规定的、适合于企业会计要素确认过程中所采用的具体会计原则。例如，《企业会计准则第14号——收入》规定的与商品所有权有关的主要风险和报酬转移、经济利益能够流入企业、收入和成本能够可靠计量等作为收入确认的标准，就属于收入确认的具体会计原则。

(2) 会计基础是指为了将会计原则应用于交易或者事项而采用的基础，主要是计量基础(计量属性)，包括历史成本、重置成本、可变现净值、现值和公允价值等。

(3) 会计处理方法是指企业在会计核算中按照法律、行政法规或者国家统一的会计制度等规定采用或者选择的、适合于本企业的具体会计处理方法。

2. 会计政策的确定与披露

在实际工作中，企业应在国家法律法规和企业会计准则所规定的会计政策范围内，结合本企业的实际情况，确定相关的会计政策，经股东大会或董事会、经理(厂长)会议或类似机构的批准，并按照法律法规等的规定报送有关各方备案。

企业应当披露重要的会计政策，不具有重要性的会计政策可以不予披露。判断会计政策是否重要，应当考虑与会计政策相关项目的性质和金额。企业应当披露的会计政策主要包括以下内容。

(1) 发出存货成本的计量是指企业确定发出存货成本采用的会计处理方法。例如，企业发出存货成本的计量是采用先进先出法，还是一次加权平均法，或者是采用其他计量方法。

(2) 长期股权投资的后续计量是指企业取得长期股权投资后的会计处理。例如，企业取得的长期股权投资的后续计量是采用成本法还是权益法。

(3) 投资性房地产的后续计量是指企业对投资性房地产进行后续计量所采用的会计处理。例如，企业对投资性房地产的后续计量是采用成本模式还是公允价值模式。

（4）固定资产的初始计量是指企业对取得的固定资产的初始成本的计量。例如，企业对取得固定资产的初始成本是按照购买价款为基础进行计量，还是以购买价款的现值为基础进行计量。

（5）无形资产的确认是指对无形项目的支出是否确认为无形资产。例如，企业内部研究开发项目开发阶段的支出是确认为无形资产，还是在发生时计入当期损益。

（6）收入的确认是指收入确认所采用的会计方法。例如，企业确认收入时是按照从购货方已收或者应收的合同或协议价款还是公允价值确定销售产品收入金额。

（7）其他如非货币性资产交换计量、借款费用处理等重要的会计政策。

12.1.2 会计政策变更的概念

会计政策变更是指企业对相同的交易或者事项由原来采用的会计政策改用另一会计政策的行为，也就是在不同的会计期间执行不同的会计政策。为保证会计信息的可比性，使财务报表使用者在比较企业一个以上期间的财务报表时，能够正确判断企业的财务状况、经营成果和现金流量的趋势，一般情况下，企业采用的会计政策，在每一会计期间和前后各期应当保持一致，不得随意变更。但是，满足下列条件之一的，企业可以变更其会计政策。

（1）法律、行政法规或者国家统一的会计制度等要求变更。按照法律、行政法规以及国家统一的会计制度的规定，要求企业采用新的会计政策，则企业应当按照法律、行政法规以及国家统一的会计制度的规定改变原会计政策，按照新的会计政策执行。

（2）会计政策变更能够提供更可靠、更相关的会计信息。由于经济环境、客观情况的改变，使企业原采用的会计政策所提供的会计信息，已不能恰当地反映企业的财务状况、经营成果和现金流量等情况。在这种情况下，应改变原有会计政策，按变更后新的会计政策进行会计处理，以便对外提供更可靠、更相关的会计信息。

需要注意的是，以下两种情况不属于会计政策变更：①本期发生的交易或者事项与以前相比具有本质差别而采用新的会计政策；②对初次发生的或不重要的交易或者事项采用新的会计政策。

【例 12-1】 新华公司以往租入的设备均为临时需要而租入的，因此按经营租赁会计处理方法核算，如果自本年度起租入的设备均采用融资租赁方式，则该企业自本年度起对新租赁的设备采用融资租赁会计处理方法核算。由于该企业自本年度起租赁的设备均改为融资租赁，经营租赁和融资租赁有着本质差别，因而改变会计政策不属于会计政策变更。

【例 12-2】 新华公司初次签订一项建造合同，为另一企业建造三栋厂房，公司对该项建造合同采用完工百分比法确认收入。由于新华公司是初次发生该项交易，采用完工百分比法确认该项交易的收入，不属于会计政策变更。

需要注意的是，除法律、行政法规以及国家统一的会计制度要求变更会计政策的，应当按照国家的相关规定执行外，企业因满足上述第二个条件变更会计政策时，必须有充分、合理的证据表明其变更的合理性，并说明变更会计政策后，能够提供关于企业财务状况、经营成果和现金流量等更可靠、更相关的会计信息的理由。对会计政策的变更，企业应经过股东大会或董事会、经理（厂长）会议或类似机构批准，并按照法律、行政法规等的规定报送有关各方备案。如无充分、合理的证据表明会计政策变更的合理性，或者未经股东大会或董事会、经理（厂长）会议或类似机构批准擅自变更会计政策的，或者连续、反复地自行变更会计政策的,均视为滥用会计政策,按照前期差错更正的方法进行处理。

12.1.3 会计政策变更的会计处理

1. 会计政策变更的会计处理原则

企业变更其会计政策时,应当分别不同情况进行相应的会计处理。

(1) 企业根据法律、行政法规或者国家统一的会计制度等要求变更会计政策的,应当按照国家发布的相关会计处理规定进行处理。例如,2007 年 1 月 1 日我国上市公司执行新企业会计准则,会计准则发生了较大的变动,财政部制定了《企业会计准则第 38 号——首次执行企业会计准则》规定了企业执行新会计准则时应遵循的处理办法。如果国家没有发布相关的会计处理办法,则采用追溯调整法进行会计处理。

(2) 在会计政策变更能够提供更可靠、更相关的会计信息的情况下,企业应当采用追溯调整法进行会计处理,将会计政策变更累积影响数调整列报前期最早期初留存收益,其他相关项目的期初余额和列报前期披露的其他比较数据也应当一并调整。

(3) 在难以确定会计政策变更对以前各期累积影响数时,或新的会计政策适用于变更当期及未来期间发生的交易或事项,则应当采用未来适用法处理,不必计算会计政策变更的累积影响数,也不必调整变更当年期初的留存收益。例如,企业因账簿、凭证超过法定保存期限而销毁,或因不可抗力而毁坏、遗失等,造成会计政策变更对以前各期的累积影响数无法准确计算,会计政策变更应当采用未来适用法进行处理。

2. 追溯调整法

追溯调整法是指对某项交易或事项变更会计政策,视同该项交易或事项初次发生时,即采用变更后的会计政策,并以此对以前的相关项目进行调整的方法。

企业应用追溯调整法进行相关会计处理时应遵循以下步骤。

(1) 计算会计政策变更的累积影响数。累积影响数是指假设与会计政策变更相关的交易或事项在初次发生时即采用新的会计政策,据此计算出来的变更年度期初留存收益应有的金额。其计算过程如下。

① 根据新会计政策重新计算受影响的前期交易或事项。

② 计算两种会计政策下的差异。

③ 计算差异的所得税影响金额。

④ 确定前期中的每一期的税后差异。

⑤ 计算会计政策变更的累积影响数。

值得注意的是,会计政策变更的追溯可能影响调整,但不会影响以前年度应交所得税的变动,也就是说,不会涉及应交所得税的调整。但追溯调整时如果涉及暂时性差异,则应该考虑递延所得税的调整,这种情况下若与损益相关,还应该考虑前期所得税费用的调整。

(2) 编制相关项目的调整分录。

(3) 调整列报前期最早期初财务报表相关项目及其金额。

(4) 附注说明。

【例 12-3】 新华公司 2017 年、2018 年分别以 400 000 元和 600 000 元的价格从股票市场购入 A、B 两只以交易为目的的股票,市价一直高于成本。假定不考虑相关税费,且采用成本与市价孰低法对购入的股票进行计量。公司从 2019 年起对其以交易为目的从股票市场购入的股票由成本与市价孰低改为公允价值计量,公司保存的会计资料比较齐备,可以通过会计资料追溯计算。假设所得税税率为 25%,公司按净利润的 10% 提取法定盈余公积,按净利润的 5% 提取任意盈余公积。2018 年公司发行在外普通股加权平均数为 45 万股。A、B 股票有关成本及公允价值资料见表 12-1。

表 12-1　A、B 股票有关成本及公允价值　　　　　　　　单位:元

股　票	购入成本	2017 年年末公允价值	2018 年年末公允价值
A 股票	400 000	500 000	500 000
B 股票	600 000	—	750 000

根据上述资料,新华公司的会计处理如下。

(1) 改变交易性金融资产计量方法后的累积影响数,见表 12-2。

表 12-2　改变交易性金融资产计量方法后的累积影响数　　　单位:元

时　间	公允价值	成本与市价孰低	税前差异	所得税影响	税后差异
2017 年年末	500 000	400 000	100 000	25 000	75 000
2018 年年末	1 250 000	1 000 000	250 000	62 500	187 500

(2) 编制有关项目的调整分录。

新华公司 2019 年 12 月 31 日的比较财务报表最早期初为 2018 年 1 月 1 日。

新华公司在 2017 年年末的交易性金融资产按公允价值计量的账面价值为 500 000 元,按成本与市价孰低计量的账面价值为 400 000 元,两者的所得税影响差异为 25 000 元,税后差异为 75 000 元,即为该公司 2018 年期初交易性金融资产由成本与市价孰低改为公允价值计量的累积影响数。

新华公司在 2018 年年末的交易性金融资产按公允价值计量的账面价值为 1 250 000 元,按成本与市价孰低计量的账面价值为 1 000 000 元,两者的所得税影响差异为 62 500 元,税后差异为 187 500 元。其中,75 000 元应当调整 2018 年累积影响数;112 500 元应当调整 2018 年当期金额。

编制相关的调整分录如下。

① 调整交易性金融资产。

借:交易性金融资产——公允价值变动　　　　　　　　250 000
　　贷:利润分配——未分配利润　　　　　　　　　　　　　187 500
　　　　递延所得税负债　　　　　　　　　　　　　　　　　 62 500

② 调整利润分配。

借:利润分配——未分配利润　　　　　　　28 125(187 500×15%)
　　贷:盈余公积　　　　　　　　　　　　　　　　　　　　28 125

其中,按净利润的 10% 提取法定盈余公积,按净利润的 5% 提取任意盈余公积。

(3) 财务报表调整和重述(财务报表略)。

新华公司在列报 2019 年度的财务报表时,应调整 2019 年资产负债表有关项目的年初余额、利润表有关项目的上年金额。

　　① 资产负债表项目的调整：调增交易性金融资产年初余额 250 000 元；调增递延所得税负债年初余额 62 500 元；调增盈余公积年初余额 28 125 元；调增未分配利润年初余额 159 375 元(187 500－28 125)。

　　② 利润表项目的调整：调增公允价值变动收益上年金额 150 000 元(250 000－100 000)；调增所得税费用上年金额 37 500 元(62 500－25 000)；调增净利润上年金额 112 500 元(187 500－75 000)；调增基本每股收益上年金额 0.25 元(112 500÷450 000)。所有者权益变动表有关项目的上年金额和本年金额也应进行相应的调整。

　　(4) 附注说明。

　　本公司 2019 年按照会计准则规定，对交易性金融资产期末计量由成本与市价孰低改为以公允价值计量。此项会计政策变更采用追溯调整法，2019 年比较财务报表已重新表述。2018 年期初运用新会计政策追溯计算的会计政策变更累积影响数为 75 000 元，调增 2018 年的期初留存收益 75 000 元。其中，调增未分配利润 63 750 元，调增盈余公积 112 500 元。会计政策变更对 2018 年度财务报表本年金额的影响为增加未分配利润 95 625 元，调增盈余公积 16 875 元，调增净利润 112 500 元。

3. 未来适用法

　　未来适用法是指将变更后的会计政策应用于变更日及以后发生的交易或者事项，或者在会计估计变更当期和未来期间确认会计估计变更影响数的方法。

　　在未来适用法下，不需要计算会计政策变更产生的累积影响数，也无须重编以前年度的财务报表。企业会计账簿记录及财务报表上反映的金额，变更之日仍保留原有的金额，不因会计政策变更而改变以前年度的既定结果，并在现有金额的基础上再按新的会计政策进行核算。

　　【例 12-4】　新华公司原来对存货发出计价采用移动加权平均法，由于管理的需要，公司从 2019 年 1 月 1 日开始改用先进先出法。2019 年 1 月 1 日存货的价值为 2 000 000 元，公司本年度购入存货的实际成本为 800 000 元，2019 年 12 月 31 日按照先进先出法计算确定的存货价值为 1 800 000 元，当年的销售额为 20 000 000 元，适用所得税税率为 25%，税法允许按照先进先出法计算的存货成本在税前扣除。假设 2019 年 12 月 31 日按照移动平均法计算的存货价值 1 950 000 元，公司对以前年度的存货成本不能进行合理调整。

　　新华公司由于管理环境发生变化而改变会计政策，属于会计政策变更。由于采用先进先出法对以前年度的存货成本不能进行合理的调整，因此，采用未来适用法进行处理，不需要按先进先出法计算 2019 年 1 月 1 日以前存货的应有余额，以及对留存收益的影响金额。

　　(1) 采用先进先出法计算的销售成本：

$$期初存货＋购入存货实际成本－期末存货＝2\ 000\ 000＋800\ 000－1\ 800\ 000$$
$$＝1\ 000\ 000(元)$$

　　(2) 采用移动加权平均法计算的销售成本：

$$期初存货＋购入存货实际成本－期末存货＝2\ 000\ 000＋800\ 000－1\ 950\ 000$$
$$＝850\ 000(元)$$

　　由于会计政策变更使公司当期利润减少：

$$(1\ 000\ 000－850\ 000)×25\%＝37\ 500(元)$$

12.2　会计估计及会计估计变更

12.2.1　会计估计及会计估计变更的概念

1. 会计估计

会计估计是指企业对其结果不确定的交易或事项以最近可利用的信息为基础所做的判断。会计估计的存在是由于经济活动中内在的不确定性因素的影响,由于企业经营活动中内在的不确定因素,许多财务报表项目不能准确地计量,只能加以估计,进行会计估计时,往往以最近可利用的信息或资料为基础。但是,进行会计估计并不会削弱会计确认和计量的可靠性,因为估计毕竟是就现有资料对未来所做的判断。常见的会计估计包括以下内容。

(1) 存货可变现净值的确定。

(2) 采用公允价值模式下的投资性房地产公允价值的确定。

(3) 固定资产的使用寿命、预计净残值和折旧方法、弃置费用的确定。

(4) 使用寿命有限的无形资产的预计使用寿命、残值、摊销方法。

(5) 非货币性资产公允价值的确定。

(6) 固定资产、无形资产、长期股权投资等非流动资产可回收金额的确定。

(7) 职工薪酬金额的确定。

(8) 预计负债金额的确定。

(9) 收入金额的确定、提供劳务完工进度的确定。

(10) 一般借款资本化金额的确定。

(11) 应纳税暂时性差异和可抵扣暂时性差异的确定。

(12) 与非同一控制下的企业合并相关的公允价值的确定。

(13) 与金融工具相关的公允价值的确定、摊余成本的确定、金融减值损失的确定等。

2. 会计估计变更

会计估计变更是指由于资产和负债的当前状况及预期经济利益和义务发生了变化,从而对资产或负债的账面价值或者资产的定期消耗金额进行调整。会计估计变更,并不意味着以前期间的会计估计是错误的,只是由于情况发生变化,或者掌握了新的信息,积累了更多的经验,使变更会计估计能够更好地反映企业的资产和负债状况。如果以前期间的会计估计是错误的,则属于前期差错,需按照前期差错更正的会计处理办法进行处理。

企业可能由于以下原因而发生会计估计变更。

(1) 赖以进行估计的基础发生了变化。例如,某企业的一项无形资产摊销年限原定为10 年,以后发生的情况表明,该资产的受益年限只有 7 年,应相应调减摊销年限。

(2) 取得了新的信息、积累了更多的经验。例如,某企业原根据当时能够得到的信息,对某应收账款计提一定金额的坏账准备。现在掌握了新的信息,判定应收账款基本不能收回,企业应当全额计提坏账准备。

12.2.2 会计政策变更与会计估计变更的区分

企业应当以变更事项的会计确认、计量基础和列报项目是否发生变更作为判断该变更是会计政策变更，还是会计估计变更，并据此采用不同的方法进行相关会计处理。

(1) 以会计确认是否发生变更作为判断基础。一般地，对会计要素包括资产、负债、所有者权益、收入、费用和利润确认的指定或选择是会计政策，其相应的变更是会计政策变更。会计确认、计量的变更一般会引起列报项目的变更。例如，某企业在前期将某项内部研发项目开发阶段的支出计入当期损益，而当期按照《企业会计准则第6号——无形资产》的规定，该项支出符合无形资产的确认条件，应当确认为无形资产。该事项的会计确认发生变更，即前期将开发费用确认为一项费用，而当期将其确认为一项资产，所以该变更属于会计政策变更。

(2) 以计量基础是否发生变更作为判断基础。《企业会计准则》规定了历史成本、重置成本、可变现净值、现值和公允价值5项会计计量属性，是会计处理的计量基础。一般地，对计量基础的指定或选择是会计政策，其相应的变更是会计政策变更。例如，某企业在前期对购入的价款超过正常信用条件延期支付的固定资产初始计量采用历史成本，而当期按照《企业会计准则第4号——固定资产》的规定，该类固定资产的初始成本应以购买价款的现值为基础确定。该事项的计量基础发生了变化，所以该变更属于会计政策变更。

(3) 以列报项目是否发生变更作为判断基础。一般地，对列报项目的指定或选择是会计政策，其相应的变更是会计政策变更或者相反。例如，某商业企业在前期将商品采购费用列入营业费用，当期根据《企业会计准则第1号——存货》的规定，将采购费用列入成本。因为列报项目发生了变化，所以该变更是会计政策变更。当然这里也涉及会计确认、计量的变更。

(4) 根据会计确认、计量基础和列报项目所选择的、为取得与该项目有关的金额或数值所采用的处理方法，不是会计政策，而是会计估计，其相应的变更是会计估计变更。例如，某企业需要对某项资产采用公允价值进行计量，而公允价值的确定需要根据市场情况选择不同的处理方法。在不存在销售协议和资产活跃市场的情况下，需要根据同行业类似资产的近期交易价格对该项资产进行估计；在不存在销售协议但存在资产活跃市场的情况下，其公允价值应当以该项资产的市场价格为基础进行估计。因为企业所确定的公允价值是与该项资产有关的金额，所以为确定公允价值所采用的处理方法是会计估计，不是会计政策。相应地，当企业面对的市场情况发生变化时，其采用的确定公允价值的方法变更是会计估计变更，不是会计政策变更。

可见，在单个会计期间，会计政策决定了财务报表所列报的会计信息和列报方式；会计估计是用来确定与财务报表所列报的会计信息有关的金额和数值。

12.2.3 会计估计变更的会计处理

企业对会计估计变更应当采用未来适用法进行相应会计处理，即在会计估计变更当年及以后期间，采用新的会计估计，不改变以前期间的会计估计，也不调整以前期间的报告结果。具体处理方法如下。

（1）会计估计变更仅影响变更当期的，其影响数应当在变更当期予以确认。

（2）既影响变更当期又影响未来期间的，其影响数应当在变更当期和未来期间予以确认。

会计估计变更的影响数应计入变更当期与前期相同的项目中。为了保证不同期间的财务报表具有可比性，如果会计估计变更的影响以前包括在企业日常经营活动的损益中，则以后也应包括在相应的损益类项目中；如果会计估计变更的影响数以前包括在特殊项目中，则以后也相应作为特殊项目反映。

（3）企业应当正确划分会计政策变更和会计估计变更，并按不同的方法进行相关会计处理。企业通过判断会计政策变更和会计估计变更划分基础仍然难以对某项变更进行区分的，应当将其作为会计估计变更处理。

【例 12-5】 新华公司于 2018 年年末购入一台设备并投入企业管理部门使用，入账价值为 463 500 元，预计使用年限为 5 年，预计净残值为 13 500 元，自 2019 年起按照年限平均法计提折旧。2020 年 1 月 1 日，由于技术进步和设备所含经济利益预期实现方式等原因，新华公司将该设备的折旧方法更改为年数总和法，预计剩余使用年限为 3 年，净残值不变。

至 2019 年 12 月 31 日，新华公司的管理用设备已计提折旧 1 年，累计折旧 90 000 元，固定资产净值 373 500 元。2020 年 1 月 1 日，公司改按新的使用年限和方法计提折旧，每年的折旧费用为（373 500−13 500）×[3÷(1+2+3)]=180 000（元）。

2020 年 12 月 31 日，新华公司编制会计分录如下。

借：管理费用   180 000

    贷：累计折旧   180 000

12.3　前期差错及其更正

12.3.1　前期差错

前期差错产生于财务报表项目的确认、计量、列报或披露的会计处理过程中，如果财务报表中包含重要差错，或者差错不重要但是故意造成的（以便形成对企业财务状况、经营成果和现金流量等会计信息某种特定形式的列报），即应认为该财务报表未遵循企业会计准则的规定进行编报。在当期发现的当期差错，应当在财务报表发布之前予以更正；当期差错直到下一期间才被发现，就形成了前期差错。

前期差错通常包括计算错误、应用会计政策错误、疏忽或曲解事实、舞弊产生的影响以及存货、固定资产盘盈等。

重要的前期差错是指足以影响财务报表使用者对企业财务状况、经营成果和现金流量做出正确判断的前期差错。不重要的前期差错是指不足以影响财务报表使用者对企业财务状况、经营成果和现金流量做出正确判断的前期差错。

前期差错的重要性取决于在相关环境下对遗漏或错误表述的规模和性质的判断。前期差错所影响的财务报表项目的金额或性质，是判断该前期差错是否具有重要性的决定性因素。一般来说，前期差错所影响的财务报表项目的金额越大，性质越严重，其重要性水平越高。

12.3.2 前期差错更正的会计处理

1. 不重要的前期差错的会计处理

企业应当采用未来适用法更正不重要的前期差错,即不需调整财务报表相关项目的期初数,但应调整发现当期与前期相同的相关项目。影响损益的,应直接计入本期与上期相同的净损益项目;不影响损益的,应调整本期与前期相同的相关项目。

【例 12-6】 新华公司在 2019 年 12 月 31 日发现,有一台价值 6 600 元的管理用设备应计入固定资产,并于 2018 年 3 月 1 日开始计提折旧,但在 2018 年计入了当期费用。该公司固定资产折旧采用直线法,该资产估计使用年限为 4 年,假设不考虑净残值因素。则在 2019 年 12 月 31 日更正此差错的会计分录如下。

借:固定资产　　　　　　　　　　　　　　　　　　6 600
　　贷:管理费用　　　　　　　　　　　　　　　　　　　　6 600
借:管理费用　　　　　　　　　　　　3 025(6 600÷4÷12×22)
　　贷:累计折旧　　　　　　　　　　　　　　　　　　　　3 025

【例 12-7】 新华公司在 2020 年发现 2019 年漏记了一项行政管理人员工资(分配),金额为 12 000 元。则 2020 年更正此差错的会计分录如下。

借:管理费用　　　　　　　　　　　　　　　　　12 000
　　贷:应付职工薪酬　　　　　　　　　　　　　　　　　12 000

2. 重要的前期差错的会计处理

企业应当采用追溯重述法更正重要的前期差错,但确定前期差错累积影响数不切实可行的除外。追溯重述法是指在发现前期差错时,视同该项前期差错从未发生过,从而对财务报表相关项目进行更正的方法。

对于重要的前期差错,企业应当在其发现当期的财务报表中,调整前期比较数据。具体地说,企业应当在重要的前期差错发现当期的财务报表中,通过下述处理对其进行追溯更正。

(1)追溯重述差错发生期间列报的前期比较金额。

(2)如果前期差错发生在列报的最早前期之前,则追溯重述列报的最早前期的资产、负债和所有者权益相关项目的期初余额。

对于发生的重要前期差错,如影响损益,应将其对损益的影响数调整发现当期的期初留存收益,财务报表其他相关项目的期初数也应一并调整;如不影响损益,应调整财务报表相关项目的期初数。

在编制比较财务报表时,对于比较财务报表期间重要的前期差错,应调整各该期间的净损益和其他相关项目,视同该差错在产生的当期已经更正;对于比较财务报表期间以前的重要的前期差错,应调整比较财务报表最早期间的期初留存收益,财务报表其他相关项目的数字也应一并调整。

企业应设置"以前年度损益调整"科目核算企业本年度发现的重要前期差错,更正涉及调整以前年度损益的事项以及本年度发生的调整以前年度损益的事项。

(1)企业调整增加以前年度利润或减少以前年度亏损,借记有关科目,贷记"以前年度损益调整"科目;调整减少以前年度利润或增加以前年度亏损,借记"以前年度损益调整"科目,贷记有关科目。

（2）由于以前年度损益调整增加的所得税费用,借记"以前年度损益调整"科目,贷记"应交税费——应交所得税"科目或"递延所得税资产"科目或"递延所得税负债"科目;由于以前年度损益调整减少的所得税费用,借记"应交税费——应交所得税"科目或"递延所得税资产"科目或"递延所得税负债"科目,贷记"以前年度损益调整"科目。

（3）经上述调整后,应将"以前年度损益调整"科目的余额转入"利润分配——未分配利润"科目。如为贷方余额,借记"以前年度损益调整"科目,贷记"利润分配——未分配利润"科目;如为借方余额,做相反的会计分录。

【例 12-8】 新华公司在 2019 年 12 月发现,2018 年漏记了一项管理用固定资产的折旧费用 180 000 元,但在所得税申报表中扣除了该项折旧费用。2018 年使用的所得税税率为 25%,并对该项固定资产记录了 45 000 元的递延所得税负债,无其他纳税调整事项。该公司按照净利润的 15% 提取盈余公积金。

（1）前期差错的分析。上年少计提折旧费用 180 000 元,多计递延所得税费用 45 000 元（180 000×25%）,多计净利润 135 000 元,多计递延所得税负债 45 000 元,多提盈余公积金 20 250 元。

（2）有关的账务处理如下。

① 补提折旧。

借:以前年度损益调整　　　　　　　　　　　　　180 000

　　贷:累计折旧　　　　　　　　　　　　　　　　　　180 000

② 转回递延所得税负债。

借:递延所得税负债　　　　　　　　　　　　　　45 000

　　贷:以前年度损益调整　　　　　　　　　　　　　　45 000

③ 将"以前年度损益调整"科目余额转入"利润分配——未分配利润"科目。

借:利润分配——未分配利润　　　　　　　　　　135 000

　　贷:以前年度损益调整　　　　　　　　　　　　　　135 000

④ 调整利润分配有关数字。

借:盈余公积　　　　　　　　　　　　　　　　　20 250

　　贷:利润分配——未分配利润　　　　　　　　　　　20 250

⑤ 调整报表（见表 12-3 和表 12-4）。

表 12-3　资产负债表（局部）

编制单位:新华公司　　　　　　　2019 年 12 月 31 日　　　　　　　　单位:元

资产	年初数			负债和所有者权益	年初数		
	调整前	调增（减）	调整后		调整前	调增（减）	调整后
固定资产	1 800 000	−180 000	1 620 000	递延所得税负债	45 000	−45 000	0
				盈余公积	60 000	−20 250	39 750
				未分配利润	200 000	−114 750	85 250
⋮				⋮			

表 12-4　利润表（局部）

编制单位：新华公司　　　　　　　　　　2019 年度　　　　　　　　　　单位：元

项　目	上 年 数		
	调整前	调增（减）	调整后
⋮			
减：管理费用	18 000	180 000	198 000
⋮			
三、营业利润	1 000 000	−180 000	820 000
⋮			
四、利润总额	1 100 000	−180 000	920 000
减：所得税费用	275 000	−45 000	230 000
净利润	825 000	−135 000	690 000

 【知识链接】　追溯调整法与追溯重述法的区别

（1）适用范围不同。追溯调整法适用于会计政策变更的会计处理；追溯重述法适用于重大前期差错更正。

（2）调税原则不同。会计政策变更形成的影响数一般属于暂时性差异，调账时只需调整递延所得税和所得税费用，而无须调整应交的所得税额；前期差错所形成的影响数可能是差额，也可能是暂时性差异或永久性差异，所以在更正前期差错时：

① 属于差额部分的调整应交所得税和所得税费用。

② 属于暂时性差异部分调整递延所得税和所得税费用。

③ 属于永久性差异的部分则既不调整所得税费用，也不调整应交所得税，更不需要调整递延所得税。

12.4　资产负债表日后事项

财务报告的编制需要一定的时间，因此，资产负债表日与财务报告的批准报出日之间往往存在时间差，这段时间发生的一些事项可能对财务报告使用者有重要影响。

12.4.1　资产负债表日后事项的概念

资产负债表日后事项是指资产负债表日至财务报告批准报出日之间发生的，需要调整或说明的有利或不利事项。

资产负债表日是指会计年度末和会计中期（通常包括半年度、季度和月度等）期末。财务报告批准报出日是指董事会或类似机构批准财务报告报出的日期，通常是指对财务报告的内容负有法律责任的单位或个人批准财务报告对外公布的批准日期。这里的财务报告是指对外提供的财务报告，不包括为企业内部管理部门提供的内部报表。

资产负债表日后事项准则所称"有利或不利事项"，是指资产负债表日后事项肯定对企业财务状况和经营成果具有一定影响(既包括有利影响也包括不利影响)的事项。如果某些事项的发生对企业财务状况和经营成果无任何影响,那么,这些事项既不是有利事项也不是不利事项,所以也就不属于准则所称的资产负债表日后事项。

12.4.2 资产负债表日后事项涵盖的期间

资产负债表日后事项涵盖的期间是自资产负债表日次日起至财务报告批准报出日止的一段时间,具体是指报告期下一期间的第一天至董事会或类似机构批准财务报告对外公布的日期。

资产负债表日后事项限定在一个特定的期间内,即资产负债表日至财务报告批准报出日之间发生的事项,它是对资产负债表日存在状况的一种补充或说明。资产负债表日后事项表明持续经营假设不再适用的,企业不应当在持续经营基础上编制财务报表。

【例 12-9】 新华公司 2019 年的年度财务报告于 2020 年 2 月 20 日编制完成,注册会计师完成年度财务报表审计工作并签署审计报告的日期为 2020 年 4 月 16 日,董事会批准财务报告对外公布的日期为 2020 年 4 月 17 日,财务报告实际对外公布的日期为 2020 年 4 月 23 日,股东大会召开日期为 2020 年 5 月 10 日。

该公司 2019 年年报的资产负债表日后事项涵盖的期间为 2020 年 1 月 1 日至 4 月 17 日。

如果在 4 月 17 日至 23 日之间发生了重大事项,需要调整财务报表相关项目的数字或需要在财务报表附注中披露;经调整或说明后的财务报告再经董事会批准报出的日期为 2020 年 4 月 25 日,实际报出的日期为 2020 年 4 月 30 日。

资产负债表日后事项涵盖的期间为 2020 年 1 月 1 日至 4 月 25 日。

12.4.3 资产负债表日后事项的内容

资产负债表日后事项包括资产负债表日后调整事项(以下简称调整事项)和资产负债表日后非调整事项(以下简称非调整事项)两类。

1. 调整事项

调整事项是指在资产负债表日后至财务报告批准报出日之间发生的,能对资产负债表日已经存在的情况提供进一步证据的事项。这类事项所提供的进一步证据有助于对资产负债表日存在状况的有关金额做出重新估计,应当作为调整事项,并据此对资产负债表日所确认的资产、负债和所有者权益,以及资产负债表日所属期间的收入、费用等进行调整。调整事项有以下特点。

(1) 在资产负债表日或以前已经存在(某种征兆),在资产负债表日后得以证实的事项。

(2) 对按资产负债表日存在状况编制的会计报表产生重大影响的事项。

调整事项的事例包括以下内容。

(1) 资产负债表日后诉讼案件结案,法院判决证实了企业在资产负债表日已经存在现时义务,需要调整原先确认的与该诉讼案件相关的预计负债,或确认一项新负债。

(2) 资产负债表日后取得确凿证据,表明某项资产在资产负债表日发生了减值或者需要调整该项资产原先确认的减值金额。

(3) 资产负债表日后进一步确定了资产负债表日前购入资产的成本或售出资产的

收入。

（4）资产负债表日后发现了财务报表舞弊或差错。

2. 非调整事项

非调整事项是指在资产负债表日后至财务报告批准报出日之间发生的，不影响资产负债表日已经存在的情况，但不加以说明将会影响财务报告使用者做出正确估计和决策的事项。企业发生的资产负债表日后非调整事项，通常包括下列各项。

（1）资产负债表日后发生重大诉讼、仲裁、承诺。

（2）资产负债表日后资产价格、税收政策、外汇汇率发生重大变化。

（3）资产负债表日后因自然灾害导致资产发生重大损失。

（4）资产负债表日后发行股票和债券以及其他巨额举债。

（5）资产负债表日后资本公积转增资本。

（6）资产负债表日后发生巨额亏损。

（7）资产负债表日后发生企业合并或处置子公司。

（8）资产负债表日后，企业利润分配方案中拟分配的以及经审议批准宣告发放的股利或利润。

企业对于上述非调整事项，需要在报表附注中披露其性质、内容及其对财务状况和经营成果的影响。

3. 调整事项与非调整事项的区别

如何确定资产负债表日后发生的某一事项是调整事项还是非调整事项，是运用资产负债表日后事项准则的关键。某一事项究竟是调整事项还是非调整事项，取决于该事项表明的情况在资产负债表日或资产负债表日以前是否已经存在。若该情况在资产负债表日或之前已经存在，则属于调整事项；反之，则属于非调整事项。

【例 12-10】 债务人甲公司财务状况恶化，致使新华公司对其形成的应收账款发生坏账损失。其包括以下两种情形。

（1）2019 年 12 月 31 日甲公司财务状况尚可，新华公司预计应收账款能够按时收回；甲公司 2020 年 1 月 15 日因火灾导致重大经济损失，新华公司 40% 的应收账款无法收回。

（2）2019 年 12 月 31 日新华公司根据掌握的资料分析甲公司有破产清算的可能性，所以对甲公司的应收账款按照 20% 的比例计提坏账准备。2020 年 1 月 15 日新华公司接到通知，甲公司已被宣告破产清算，新华公司据此估计将有 60% 的债权无法收回。

分析如下。

（1）导致新华公司 2019 年度应收账款损失的原因是甲公司火灾，且这一事实是在资产负债表日之后发生，因此该事项是非调整事项。

（2）导致新华公司 2019 年度应收账款无法收回的事实是甲公司财务状况恶化，这一事实在资产负债表日已经存在，之后甲公司被宣告破产清算只是对资产负债表日财务状况恶化的情况的证实，因此该事项属于调整事项。

12.4.4　资产负债表日后调整事项的会计处理

企业发生资产负债表日后调整事项，应当调整资产负债表日已编制的财务报表。对于年度财务报告而言,由于资产负债表日后事项发生在报告年度的次年,报告年度的有关账目已经结转,特别是损益类科目在结账后已无余额。因此,年度资产负债表日后发生的调整事项,应分别按以下情况进行处理。

(1) 涉及损益的事项,通过"以前年度损益调整"科目核算。调整增加以前年度利润或调整减少以前年度亏损的事项,记入"以前年度损益调整"科目的贷方;反之,记入"以前年度损益调整"科目的借方。

需要注意的是,涉及损益的调整事项如果发生在资产负债表日所属年度(报告年度)所得税汇算清缴前的,应按准则要求调整报告年度应纳税所得额、应纳所得税税额;发生在报告年度所得税汇算清缴后的,应按准则要求调整本年度(即报告年度的次年)应纳所得税税额。

(2) 涉及利润分配调整的事项,直接在"利润分配——未分配利润"科目中核算。

(3) 不涉及损益以及利润分配的事项,调整相关科目。

(4) 通过上述账务处理后,还应同时调整财务报表相关项目的数字,包括:①资产负债表日编制的财务报表相关项目的期末数或本年发生数;②当期编制的财务报表相关项目的期初数或上年数;③经过上述调整后,如果涉及报表附注内容的,还应做出相应调整。

【例 12-11】 新华公司 2019 年 5 月销售给乙公司一批产品,价款为 585 000 元(含增值税),乙公司 2019 年 5 月收到物资并验收入库。按合同约定,乙公司应在收到物资的 2 个月内付款。但是乙公司财务状况出现问题,新华公司直至 2019 年 12 月 31 日仍未收到款项。新华公司在编制 2019 年度会计报告时,已为该项应收账款计提了坏账准备 58 500 元。12 月 31 日,新华公司"应收账款"科目余额为 1 000 000 元,"坏账准备"科目余额为 100 000 元。2020 年 3 月 5 日新华公司收到乙公司通知,乙公司已进入破产清算程序,无力偿还部分货款,预计新华公司可收回应收账款的 50%。假定税法不允许税前扣除计提的坏账准备,公司按 10% 计提法定盈余公积,按 5% 计提任意盈余公积。相关账务处理如下。

(1) 补提坏账准备。

应补提的坏账准备=585 000×50%-58 500=234 000(元)

借:以前年度损益调整　　　　　　　　　　　234 000
　　贷:坏账准备　　　　　　　　　　　　　　　　234 000

(2) 调整所得税费用。

借:递延所得税资产　　　　　　　　　　　58 500(234 000×25%)
　　贷:以前年度损益调整　　　　　　　　　　　58 500

(3) 将"以前年度损益调整"科目余额转入利润分配。

借:利润分配——未分配利润　　　　　　　175 500
　　贷:以前年度损益调整　　　　　　　　　　　175 500

(4) 调整利润分配有关数字。

借:盈余公积　　　　　　　　　　　26 325(175 500×15%)
　　贷:利润分配——未分配利润　　　　　　　26 325

(5) 调整财务报表相关项目的数字。

略。

本 章 小 结

本章的主要内容包括会计政策变更、会计估计变更、前期差错的概念及相应的会计处理方法;资产负债表日后事项及其会计处理。

1. 会计政策是指企业在会计确认、计量和报告中所采用的原则、基础和会计处理方法。在法律、行政法规或者国家统一的会计制度等要求变更,或会计政策变更能够提供更可靠、更相关的会计信息时,企业可以选择变更会计政策,并采用追溯调整法或未来适用法进行相关的会计处理。其中,追溯调整法是对某项交易或事项变更会计政策,视同该项交易或事项初次发生时,即采用变更后的会计政策,并以此对以前的相关项目进行调整的方法;而未来适用法不需要计算会计政策变更产生的累积影响数,也无须重编以前年度的财务报表。

2. 会计估计是指企业对其结果不确定的交易或事项以最近可利用的信息为基础所做的判断。如果由于资产和负债的当前状况及预期经济利益和义务发生了变化,企业应当就相应的会计估计变更,采用未来适用法对其资产或负债的账面价值或者资产的定期消耗金额进行调整。

3. 前期差错通常包括计算错误、应用会计政策错误、疏忽或曲解事实、舞弊产生的影响以及存货、固定资产盘盈等。企业应当采用未来适用法更正不重要的前期差错,采用追溯重述法更正重要的前期差错。

4. 资产负债表日后事项是指资产负债表日至财务报告批准报出日之间发生的,需要调整或说明的有利或不利事项。某一事项究竟是调整事项还是非调整事项,取决于该事项表明的情况在资产负债表日或资产负债表日以前是否已经存在。企业对非调整事项,需要在报表附注中披露其性质、内容,及其对财务状况和经营成果的影响;对调整事项则应当通过"以前年度损益调整"科目进行相关会计处理。

本章重点:会计政策、会计估计及其变更的区别;追溯调整、追溯重述和未来适用法的会计处理;资产负债表日后事项的分类。

本章难点:会计政策和会计估计变更的分类和会计处理方法。

本章练习题

一、单项选择题

1. 下列不属于会计政策变更的事项是(　　　)。

    A. 坏账准备由应收账款余额3%提取改按5%提取

    B. 存货期末计价由成本法改为成本与可变现净值孰低法

    C. 所得税会计处理由应付税款法改为资产负债表债务法

    D. 投资性房地产的后续计量模式由成本模式改为公允价值模式

2. 追溯调整法下不应调整的项目是(　　　)。

    A. 法定盈余公积　　　B. 未分配利润　　　　C. 应付利润　　　　　D. 留存收益

3. A公司于2017年12月将建造完工的办公楼对外出租作为投资性房地产,该办公楼的入账价值为3 000万元,至2018年12月31日,已提折旧240万元。2019年1月1日公司决定采用公允价值对出租的办公楼进行后续计量。该办公楼 2019 年 12 月 31 日的公允价值为 2 800 万元。假定公司按净利润的 10% 计提盈余公积,所得税税率为 25%。则该公司 2019 年此项会计政策变更的累积影响数为(　　)万元。

  A. 20　　　　　　　B. 30　　　　　　　C. 200　　　　　　　D. 340

  4. A 公司 2015 年 12 月 1 日购入管理用设备一台,原价 80 万元,预计使用年限 8 年,预计净残值 8 万元,按直线法折旧。由于新技术发展的原因,2018 年 1 月公司将原来预计的该设备使用年限改为 5 年,净残值不变,公司所得税税率为 25%。此项变更对公司 2020 年净利润的影响为减少(　　)元。

  A. 22 500　　　　　　B. 90 000　　　　　　C. 54 000　　　　　　D. 13 500

  5. B 公司 2019 年实现净利润 500 万元。该公司 2019 年发生和发现的下列交易或事项中,会影响 2019 年年初未分配利润的是(　　)。

  A. 发现 2018 年漏计管理人员工资 3 000 元

  B. 为 2018 年售出的设备提供售后服务支出 30 万元

  C. 发现 2018 年少计提折旧费用 20 万元

  D. 应收账款坏账准备计提比例由 5% 改为 3%

  6. 某上市公司 2019 年度财务报告于 2020 年 3 月 5 日编制完成,会计师事务所出具审计报告的日期是 2020 年 4 月 25 日,经董事会批准报表对外公布是 4 月 30 日,股东大会召开日期是 5 月 20 日。资产负债表日后事项的期间为(　　)。

  A. 2020 年 1 月 1 日至 2020 年 3 月 5 日

  B. 2020 年 3 月 5 日至 2020 年 4 月 25 日

  C. 2020 年 1 月 1 日至 2020 年 4 月 30 日

  D. 2020 年 3 月 5 日至 2020 年 5 月 20 日

  7. 在资产负债表日或以前提出的诉讼,在资产负债表日后以不同于资产负债表金额结案的,属于(　　)。

  A. 或有事项　　　B. 非调整事项　　　C. 调整事项　　　　D. 会计估计变更

  8. 甲企业 2019 年 12 月 20 日向乙企业销售一批商品并已确认收入,2020 年 2 月 1 日,乙企业在验收货物时发现质量问题要求退货,经双方协商,2 月 10 日甲企业给予乙企业折让 120 万元。甲企业年度财务报表的批准报出日期是 4 月 30 日。甲企业对此项业务的处理是(　　)。

  A. 作为 2019 年资产负债表日后事项的调整事项

  B. 作为 2019 年资产负债表日后事项的非调整事项

  C. 作为 2020 年差错更正事项

  D. 作为 2020 年当期正常事项

  二、综合题

  1. 甲公司 2017 年年末支付 3 000 万元购置了一栋写字楼,于 2018 年 1 月 1 日出租给乙公司,租期三年,每年租金 200 万元,在 2018 年年初一次性收取。甲公司对该项投资性房地产采用成本模式计量,其使用年限为 30 年,预计净残值为零,按直线法计提折旧。鉴于能取得可靠的公允价值,甲公司决定自 2020 年 1 月 1 日起对该项投资性房地产由成本模式改为公允价值模式计量,并采用追溯调整法进行相应的会计处理。假定 2018 年年末、2019 年年末该项投资性房地产的公允价值分别为 3 300 万元和 3 500 万元,税法规定按成本模式计量发生的损益缴纳所得税,所得税税率为 25%,甲公司按净利润的 10%分别计提法定盈余公积和任意盈余公积。

要求:对该项投资性房地产在 2020 年的会计政策变更进行会计处理。

2. 乙公司 2020 年发现下列会计差错。

(1) 2020 年年初支付的生产用设备保险费用 15 000 元,借记"管理费用"科目。

(2) 2019 年度漏记了一项差旅费支出 2 000 元,属于不重要的会计差错。

(3) 2019 年度漏记了一项固定资产的折旧费用 100 000 元,属于重要的会计差错,所得税申报表中未扣除该项折旧费用,税法允许调整应交所得税。

假定公司适用的所得税税率为 25%,按净利润的 10%计提法定盈余公积,按净利润的 5%计提任意盈余公积。

要求:根据上述资料,做出有关会计差错的会计处理。

第 13 章 财务报表

本章的学习将会使你：

（1）了解财务报表的意义和种类及编制要求。

（2）熟练掌握资产负债表的意义与填列方法。

（3）熟练掌握利润表的意义与基本填列方法。

（4）掌握现金流量表的意义与结构。

（5）了解会计报表附注和财务情况说明书的基本内容。

13.1　财务报表概述

13.1.1　财务报表及其分类

财务报表是指以其日常会计核算资料为主要依据，集中、概括性地对外提供反映企业某一特定日期的财务状况和某一会计期间的经营成果、现金流量等相关信息的文件。

按编制时间分，财务报表分为中期财务报表和年度财务报表。中期财务报表是以短于一个完整会计年度的报告期间为基础而编制的财务报表，分为月度报表、季度报表和半年度报表，中期财务报表至少包括资产负债表、利润表、现金流量表和报表附注（附注披露可适当简略）；年度财务报表则应当同时包括资产负债表、利润表、现金流量表、所有者权益（或股东权益）变动表及附注。小企业编制的会计报表可以不包括现金流量表。

按财务报表编报主体不同，财务报表可分为个别财务报表和合并财务报表。个别财务报表反映的是企业自身的财务状况、经营成果和现金流量等；合并财务报表则以母公司和子公司组成的企业集团为会计主体，根据母公司和所属子公司的财务报表，由母公司编制的综合反映企业集团财务状况、经营成果和现金流量等的财务报表。

在企业的财务报表体系中，资产负债表、利润表、现金流量表、所有者权益（或股东权益）变动表属于基本财务报表，而附注是对基本报表的信息进行进一步说明、补充或解释，以便帮助报表使用者更好地理解和使用报表信息。

财务报表格式和附注分一般企业、商业银行、保险公司、证券公司等企业类型予以规定，企业应当根据其经营活动性质，确定本企业采用的财务报表格式和附注。

13.1.2　财务报表的作用

财务报表是企业向报表使用者，包括投资者、债权人、企业管理层、政府有关部门及其他利益相关者提供综合会计信息的一种重要手段，及时、准确地编制财务报表对满足会计信息使用者的需要具有十分重要的意义。

（1）财务报表有助于投资者和债权人等进行合理的决策。企业的投资者（包括潜在的投资者）和债权人（包括潜在的债权人），可以利用财务报表所反映的有关企业资金运动及其结果的信息，分析企业的盈利能力和偿债能力，判断企业在市场竞争中的生存能力和发展能力，并预测企业未来时期的财务状况、经营成果和现金流量情况，从而做出合理有效的投资、信贷决策。

（2）财务报表有助于分析企业财务计划（预算）的执行情况，考核管理层的经营业绩。通过系统、连续、综合、客观的报表信息及其分析，可以及时发现企业经营中存在的问题，总结工作经验，从而有效评价企业的经营管理工作，预测企业的经济前景并进行相关的经营决策。

（3）财务报表有助于国家相关部门加强公关经济调控，促进社会资源的有效配置。政府经济管理部门根据企业财务报表所提供的企业资金使用、成本计算、利润形成和分配及税金计缴等重要信息，以及经过汇总而形成的各区域、各行业乃至全国范围的企业发展状况报告，了解和掌握各部门、各地区经济计划（预算）的执行情况、各种财经政策和规章制度的落实情况，并针对存在的问题，及时运用经济杠杆和其他手段调控宏观经济活动，优化社会资源配置。

13.1.3　财务报表的编制要求

企业财务报表所反映的信息涉及各类使用者的利益，为了保证财务报表的质量，充分发挥财务报表的作用，企业应当遵循内容真实可靠、信息相关有用及效益大于成本等基本的原则，在编制财务报表时符合以下要求。

（1）依据企业会计准则确认和计量结果，即以真实的交易、事项及完整、准确的账簿记录为依据来编制相关的财务报表。（报表）附注仅提供报表信息的进一步补充说明，不能代替对交易和事项的确认与计量。

（2）在编制财务报表前，应当全面清查资产、核实债务，并核对各会计账簿记录与会计凭证的内容和金额是否一致，不能为赶编报表而提前结账，以保证财务报表编制所采集的会计信息真实可靠。

（3）按照国家统一的会计制度而规定的报表格式和内容，以一定的方法编报财务报表，保证财务报表之间、财务报表各项目之间钩稽关系的准确性。

13.2　资产负债表

13.2.1　资产负债表概述

资产负债表是反映企业在资产负债表日（月末、季末或年末）全部资产、负债和所有者权益的会计报表，是解释企业在一个特定时点上财务状况的静态报表。资产负债表的编制依据是会计恒等式"资产＝负债＋所有者权益"。

1. 资产负债表的作用

资产负债表的作用主要体现在以下方面。

（1）从整体上反映企业的资产总额及相关资产的资金来源，体现了企业资金占用与等额资金来源的关系。

（2）揭示了企业资产构成和负债构成，通过资产结构分析反映企业资产配置的合理性、资产的流动性和资产的运营能力;通过负债结构分析有助于评价企业的财务风险(债务何时到期,金额大小等);通过资产与负债的对比分析,可以反映企业的偿债能力。

(3) 揭示了所有者在企业里所持有的权益份额及权益构成,并通过所有者权益与负债的对比分析反映企业的资本结构情况及相应的财务风险。

(4) 通过对前后连续的各期资产负债表进行比较分析,可以反映出企业财务状况的变化趋势,有助于信息使用者分析企业的流动性、偿债能力和资产运营效率,从而做出相关经济决策。

2. 资产负债表的局限性

需要指出的是,资产负债表因为其编制方法和内容受到会计准则及会计惯例的影响,具有一定的局限性,主要表现在以下四个方面。

(1) 资产负债表是以历史成本为报告基础的,它不反映资产、负债和所有者权益的现行市场价值。因而报表信息虽然有客观、可核实之优点,但由于通货膨胀的影响,账面上的原始成本与编表日的现时价值已相去甚远。例如,10 年前购入的房屋,价格已涨了好几倍,甚至几十倍,但报表上仍以 10 年前购入的成本扣除累计折旧后的净额陈报,难免不符合实际,削弱对报表使用者的作用。

(2) 由于会计信息主要是指能用货币表述的信息,因此资产负债表难免会遗漏许多无法用货币计量的重要信息。例如,企业的人力资源(包括人数、知识结构和工作态度)、固定资产在全行业的先进程度、企业所承担的社会责任等信息对决策均具有影响力,然而因无法数量化,或至少无法用货币计量,而未能作为资产和负债纳入资产负债表中。

(3) 资产负债表的信息包含了许多估计数。例如,坏账准备、固定资产折旧和无形资产摊销等,分别基于对坏账百分比、固定资产使用年限和无形资产摊销期限等因素的估计。估计的数据难免主观,从而影响信息的可靠性。

(4) 理解资产负债表的含义必须依靠报表使用者的判断。资产负债表有助于解释、评价和预测企业的长、短期偿债能力和经营绩效,然而报表本身并不直接披露这些信息,需要报表使用者自己加以判断,同时借助其他相关信息去理解资产负债表的含义并作出正确的评价。

13.2.2　资产负债表的结构和内容

1. 资产负债表的构成

资产负债表是由资产、负债和所有者权益三项会计要素构成的,并根据其内在关系来进行报表结构和项目列报的设计。一般来说,资产负债表有账户式和报告式两种基本格式。

(1) 报告式资产负债表是将资产、负债、所有者权益三部分及相关的项目采用垂直分列的形式反映,通常按照"资产－负债＝所有者权益"的等式设计,其基本格式如表 13-1 所示。

从报表结构来看,报告式资产负债表着重于通过资产与负债的比较来体现所有者对企业资产的要求权。

(2) 账户式资产负债表是 T 形账户的形式设计的资产负债表,呈左右结构,按照"资产＝负债＋所有者权益"原理排列。报表的左边列示资产项目,右边列示负债和所有者权益项目,左右两方的总金额相等。其基本格式如表 13-2 所示。

表 13-1 资产负债表(报告式)

编制单位: 　　　　　　年　　月　　日　　　　　　单位:

项 目	金 额	项 目	金 额	项 目	金 额
资产		资产合计		……	
流动资产		负债		负债合计	
……		流动负债		所有者权益	
非流动资产		……		……	
……		非流动负债		所有者权益合计	

表 13-2 资产负债表(账户式)

编制单位: 　　　　　　年　　月　　日　　　　　　单位:

资产	期末余额	年初余额	负债和所有者权益 (或股东权益)	期末余额	年初余额
流动资产:			流动负债:		
货币资金			短期借款		
交易性金融资产			交易性金融负债		
衍生金融资产			衍生金融负债		
应收票据			应付票据		
应收账款			应付账款		
预付款项			预收款项		
其他应收款			合同负债		
存货			应付职工薪酬		
合同资产			应交税费		
持有待售资产			其他应付款		
一年内到期的非流动资产			持有待售负债		
其他流动资产			一年内到期的非流动负债		
流动资产合计			其他流动负债		
非流动资产:			流动负债合计		
债权投资			非流动负债:		
其他债权投资			长期借款		
长期应收款			应付债券		
长期股权投资			其中:优先股		
其他权益工具投资			永续债		
其他非流动金融资产			长期应付款		
投资性房地产			预计负债		

续表

资产	期末余额	年初余额	负债和所有者权益 （或股东权益）	期末余额	年初余额
固定资产			递延收益		
在建工程			递延所得税负债		
生产性生物资产			其他非流动负债		
油气资产			非流动负债合计		
无形资产			负债合计		
开发支出			所有者权益（或股东权益）：		
商誉			实收资本（或股本）		
长期待摊费用			其他权益工具		
递延所得税资产			其中：优先股		
其他非流动资产			永续债		
非流动资产合计			资本公积		
			减：库存股		
			其他综合收益		
			盈余公积		
			未分配利润		
			所有者权益合计		
资产总计			负债和所有者权益总计		

显然，账户式资产负债表着重于反映企业的全部资产及其相应的资金来源，并通过资产、负债和所有者权益的左右列报形式进行直观的对比分析，以揭示其内在关系。根据《企业会计准则》的规定，我国企业的资产负债表采用账户式的格式，同时，为便于报表项目的期初数与期末数比较，并有助于编制现金流量表，企业应当提供比较资产负债表，即采用前后两期对比方式编制资产负债表。

2. 资产负债表的内容

资产负债表上的项目从总体上分为资产、负债和所有者权益三大类。

（1）资产类项目首先分为流动资产和非流动资产两个大项，在每一个大项中再按资产的流动性（变现能力）的大小分类排列，例如流动资产按顺序列示货币资金、交易性金融资产、应收票据、应收账款、存货等项目；非流动资产按顺序列示债权投资、其他债权投资、长期股权投资、投资性房地产、固定资产、无形资产等项目。资产类项目反映了企业投入资金所形成的各项资产（资金占用形态）的金额及结构分布情况。

（2）负债类项目也是先分为流动负债和非流动负债两个大项，在每一个大项中再按负债的流动性大小（负债到期日的远近）分类排列，例如流动负债按顺序列示短期借款、交易性金融负债、应付票据、应付账款、应付职工薪酬等项目；非流动负债按顺序列示长期借款、应付债券、长期应付款等项目。负债类项目反映了企业通过各种形式举债形成的（投入）资金的来源。

（3）所有者权益项目按其构成分为实收资本（股本）、资本公积、盈余公积和未分配利润。所有者权益项目反映了企业以自有资金形式形成的（投入）资金来源——包括所有者从外部投入企业的资金（实收资本）及可能的资本溢价，依靠企业经营所得的盈利累积而形成的资金（盈余公积和未分配利润，即留存收益）。前者是企业所有者权益的基本构成，也是企业生存和发展的初始动力；后者则体现了企业自身经营的成果，其实质即企业在其经营过程中产生并积累的利润额，因此衍生出另一张重要的财务报表——利润表。

显然，企业以自有资金和举债方式筹得其经营发展所需要的资金，并在生产经营过程中表现为各种形态的资产，符合"资产＝负债＋所有者权益"的会计恒等式，也成为资产负债表的基本框架。

13.2.3 资产负债表的编报方法

1. 资产负债表的基本编制方法

资产负债表"年初余额"栏内各项数字，应根据上年年末资产负债表"期末余额"栏内年初余额栏的列报方法所列数字填列。如果上年度资产负债表规定的各个项目的名称和内容同本年度不一致，应对上年年末资产负债表各项目的名称和数字按照本年度的规定进行调整，填入表中"年初余额"栏内，而本期"期末余额"各项目则按照以下几种情况来填列。

（1）根据总账科目的余额填列，资产负债表中的有些项目，可直接根据有关总账科目的期末余额填列，如"交易性金融资产""短期借款""应付职工薪酬"等项目，可根据有关总账科目的余额填列。

（2）有些项目则需根据几个总账科目的余额计算填列，如"货币资金"项目，需根据"库存现金""银行存款""其他货币资金"三个总账科目余额的合计数填列。

（3）根据总账科目和明细科目的余额分析计算填列，如"长期借款"项目，需根据"长期借款"总账科目余额扣除"长期借款"科目所属的明细科目中将在资产负债表日起一年内到期，且企业不能自主地将清偿义务展期的长期借款后的金额计算填列。

（4）根据有关科目余额减去其备抵科目余额后的净额填列，如资产负债表中的"固定资产"等项目，应根据"固定资产"等科目的期末余额减去"固定资产减值准备""累计折旧"等科目余额后的净额填列。

（5）综合运用上述填列方法分析填列，如资产负债表中的"存货"项目，需根据"原材料""库存商品""生产成本""委托加工物资""周转材料""材料采购""在途物资""发出商品"和"材料成本差异"等总账科目期末余额的分析汇总数，再减去"存货跌价准备"科目余额后的金额填列。

2. 资产负债表主要项目的具体列报说明

（1）"货币资金"项目，反映企业库存现金、银行结算户存款、外埠存款、银行汇票存款、银行本票存款、信用卡存款、信用证保证金存款等的合计数。本项目应根据"库存现金""银行存款""其他货币资金"科目期末余额的合计数填列。

（2）"交易性金融资产"项目，反映企业资产负债表日企业分类为以公允价值计量且其变动计入当期损益的金融资产，以及企业持有的直接指定为以公允价值计量且其变动计入当期损益的金融资产的期末账面价值。本项目应根据"交易性金融资产"科目及明细科目的期末余额分析填列。

（3）"应收票据"项目，反映企业因销售商品、提供服务等而收到的商业汇票。本项目中的应收票据，应根据"应收票据"科目的期末余额，减去"坏账准备"科目中有关应收票据计提的坏账准备期末余额后的金额填列。

（4）"应收账款"项目，反映企业因销售商品、提供服务应收而未收的款项。本项目中的应收账款，应根据"应收账款"和"预收账款"科目所属各明细科目的期末借方余额合计数，减去"坏账准备"科目中有关应收账款和预收账款计提的坏账准备期末余额后的金额填列。如"应收账款"科目所属明细科目期末有贷方余额，应在资产负债表"预收款项"项目（负债类）内填列。

（5）"预付款项"项目，反映企业按照购货合同规定预付给供应单位的款项等。本项目应根据"预付账款"和"应付账款"科目所属各明细科目的期末借方余额合计数，减去"坏账准备"科目中有关预付款项计提的坏账准备期末余额后的金额填列。如"预付账款"科目所属各明细科目期末有贷方余额，应在资产负债表"应付账款"项目（负债类）内填列。

（6）"其他应收款"项目，反映企业除应收票据、应收账款、预付账款等经营活动以外的其他各种应收、暂付的款项。本项目应根据"其他应收款""应收股利""应收利息"科目的期末余额分析填列。

（7）"存货"项目，反映企业期末在库、在途和在加工中的各种存货的成本或可变现净值，本项目应根据"材料采购"（或在途物资）"原材料""低值易耗品""库存商品""周转材料""委托加工物资""材料成本差异""生产成本"等科目的期末余额合计数，减去"存货跌价准备"科目期末余额后的金额填列。

（8）"合同资产"项目，反映企业已向客户转让商品而有权收取对价的权利（该权利取决于时间流逝之外的其他因素）的价值。本项目应根据"合同资产"科目及相关明细科目的期末余额填列。

（9）"一年内到期的非流动资产"项目，反映企业将于一年内到期的非流动资产项目金额。本项目应根据有关科目的期末余额填列。

（10）"债权投资"项目，反映企业业务管理模式为以特定日期收取合同现金流量为目的的以摊余成本计量的金融资产的账面价值。本项目应根据"债权投资"科目余额减去"债权投资减值准备"科目的余额填列。

（11）"其他债权投资"项目，反映企业既可能持有至到期收取现金流量，也可能在到期之前全部出售的债权投资的账面价值（即公允价值）。本项目应根据"其他债权投资"科目的期末余额填列。

（12）"长期应收款"项目，反映企业融资租赁产生的应收款项、采用递延方式具有融资性质的销售商品和提供劳务等产生的长期应收款项等。本项目应根据"长期应收款"科目的期末余额，减去相应的"未实现融资收益"科目和"坏账准备"科目所属相关明细科目期末余额及明细科目中一年内到期的部分后的金额填列。

（13）"长期股权投资"项目，反映企业持有的对子公司、联营企业和合营企业的长期股权投资。本项目应根据"长期股权投资"科目的期末余额，减去"长期股权投资减值准备"科目期末余额后的金额填列。

(14)"其他权益工具投资"项目,反映企业不具有控制、共同控制和重大影响的股权及非交易性股票投资的账面价值(即公允价值)。本项目应根据"其他权益工具投资"科目的期末余额填列。

(15)"投资性房地产"项目,反映企业持有的投资性房地产。企业采用成本模式计量投资性房地产的,本项目应根据"投资性房地产"科目的期末余额,减去"投资性房地产累计折旧(或摊销)"和"投资性房地产减值准备"科目期末余额后的金额填列。企业采用公允价值模式计量投资性房地产的,本项目应根据"投资性房地产"科目的期末余额填列(含"成本"和"公允价值变动"明细科目)。

(16)"固定资产"项目,反映企业各种固定资产的账面净额。本项目应根据"固定资产"科目的期末余额,减去"累计折旧"和"固定资产减值准备"科目期末余额及"固定资产清理"科目的余额分析填列。

(17)"在建工程"项目,反映企业期末各项未完工程的实际支出数额。本项目应根据"在建工程""工程物资""在建工程减值准备"科目的期末余额分析填列。

(18)"无形资产"项目,反映企业持有的无形资产,包括专利权、非专利技术、商标权、著作权、土地使用权等。本项目应根据"无形资产"科目的期末余额,减去"累计摊销"和"无形资产减值准备"科目期末余额后的金额填列。

(19)"开发支出"项目,反映企业开发无形资产过程中能够资本化形成无形资产成本的支出部分。本项目应根据"研发支出"科目中所属的"资本化支出"明细科目的期末余额填列。

(20)"长期待摊费用"项目,反映企业已经发生,但应由本期和以后各期负担的分摊期限在一年以上的各项费用。长期待摊费用中在一年内(含一年)摊销的部分,在资产负债表"一年内到期的非流动资产"项目填列。本项目应根据"长期待摊费用"科目的期末余额减去将于一年内(含一年)摊销的数额后的金额填列。

(21)"递延所得税资产"项目,反映企业确认的可抵扣暂时性差异产生的递延所得税资产。本项目应根据"递延所得税资产"科目的期末余额填列。

(22)"短期借款"项目,反映企业向银行或其他金融机构等借入的期限在一年以下(含一年)的各种借款。本项目应根据"短期借款"科目的期末余额填列。

(23)"交易性金融负债"项目,反映企业承担的以公允价值计量且其变动计入当期损益的、为交易目的所持有的金融负债。本项目应根据"交易性金融负债"科目的期末余额填列。

(24)"应付票据"项目,反映企业购买材料、商品和接受服务等而开出、承兑的商业汇票。本项目应根据"应付票据"科目的期末余额填列。

(25)"应付账款"项目,反映企业购买材料、商品和接受服务等应支付而尚未支付的款项。本项目应根据"应付账款"和"预付账款"科目所属各明细科目的期末贷方余额合计数填列。

(26)"预收款项"项目,反映企业按照销货合同规定预收购买单位的款项。本项目应根据"预收账款"和"应收账款"科目所属各明细科目的期末贷方余额合计数填列。

(27)"合同负债"项目,反映企业已收客户对价而应向客户转让商品的义务的价值。本项目应根据"合同负债"科目的期末余额填列。

(28)"应付职工薪酬"项目,反映企业根据有关规定应付给职工的工资、职工福利、社会保险费、住房公积金、工会经费、职工教育经费、非货币性福利、辞退福利等薪酬。本项目应根据"应付职工薪酬"科目的期末余额填列。

(29)"应交税费"项目,反映企业按照税法规定计算应缴纳的各种税费,包括增值税、消费税、所得税、城市维护建设税、车船税、教育费附加等及企业代扣代缴的个人所得税。本项目应根据"应交税费"科目的期末贷方余额填列。如"应交税费"科目期末为借方余额,应以"—"号填列。

(30)"其他应付款"项目,反映企业除应付票据、应付账款、预收账款、应付职工薪酬、应交税费等经营活动以外的其他各项应付、暂收的款项。本项目应根据"其他应付款""应付股利""应付利息"科目的期末余额填列。

(31)"一年内到期的非流动负债"项目,反映企业非流动负债中将于资产负债表日后一年内到期部分的金额,如将于一年内偿还的长期借款。本项目应根据有关科目的期末余额填列。

(32)"长期借款"项目,反映企业向银行或其他金融机构借入的期限在一年以上(不含一年)的各项借款。本项目应根据"长期借款"科目的期末余额填列。

(33)"应付债券"项目,反映企业为筹集长期资金而发行的债券本金和利息。本项目应根据"应付债券"科目的期末余额减去一年内到期数额填列。

(34)"长期应付款"项目,反映企业除长期借款和应付债券以外的其他各种长期应付款项。本项目应根据"长期应付款"科目的期末余额,减去相应的"未确认融资费用"科目期末余额后的金额减去一年内到期数额填列。

(35)"预计负债"项目,反映企业确认的对外提供担保、未决诉讼、产品质量保证、重组义务、亏损性合同等预计负债。本项目应根据"预计负债"科目的期末余额填列。

(36)"递延所得税负债"项目,反映企业确认的应纳税暂时性差异产生的所得税负债。本项目应根据"递延所得税负债"科目的期末余额填列。

(37)"实收资本(或股本)"项目,反映企业各投资者实际投入的资本(或股本)总额。本项目应根据"实收资本(或股本)"科目的期末余额填列。

(38)"资本公积"项目,反映企业资本公积的期末余额。本项目应根据"资本公积"科目的期末余额填列。

(39)"其他综合收益"项目,是指企业根据其他会计准则规定未在当期损益中确认的各项利得和损失。本项目应根据"其他综合收益"科目的期末余额填列。

(40)"盈余公积"项目,反映企业盈余公积的期末余额。本项目应根据"盈余公积"科目的期末余额填列。

(41)"未分配利润"项目,反映企业尚未分配的利润。本项目应根据"本年利润"科目和"利润分配"科目的余额计算填列。未弥补的亏损在本项目内以"—"号填列。

3. 资产负债表编制实例

【例 13-1】 新华公司为增值税一般纳税人,适用税率 13%,所得税税率 25%,公司2018 年 12 月 31 日资产负债表(简表)及 2019 年 12 月 31 日的科目余额表分别见表 13-3 和表 13-4。

根据上述资料,新华公司编制 2018 年 12 月 31 日的资产负债表见表 13-5。

表 13-3 资产负债表

编制单位：新华公司　　　　　　　　　2018 年 12 月 31 日　　　　　　　　　单位：元

资　　产	期末余额	年初余额	负债和所有者权益	期末余额	年初余额
流动资产：			流动负债：		
货币资金	8 437 800		短期借款	1 800 000	
交易性金融资产	90 000		交易性金融负债	0	
应收票据	1 476 000		应付票据	1 200 000	
应收账款	1 794 600		应付账款	5 722 800	
预付款项	600 000		预收款项	0	
其他应收款	30 000		应付职工薪酬	660 000	
存货	15 480 000		应交税费	219 600	
一年内到期的非流动资产	0		应付股利	0	
其他流动资产	600 000		应付利息	6 000	
流动资产合计	28 508 400		其他应付款	300 000	
非流动资产：			一年内到期的非流动负债	6 000 000	
债权投资	0		流动负债合计	15 908 400	
其他债权投资	0		非流动负债：		
长期应收款	0		长期借款	3 600 000	
长期股权投资	1 500 000		应付债券	0	
固定资产	6 600 000		非流动负债合计	3 600 000	
在建工程	9 000 000		负债合计	19 508 400	
无形资产	3 600 000		所有者权益：		
长期待摊费用	0		实收资本(或股本)	30 000 000	
其他非流动资产	1 200 000		资本公积	0	
非流动资产合计	21 900 000		其他综合收益	0	
			盈余公积	600 000	
			未分配利润	300 000	
			所有者权益合计	3 090 000	
资产总计	50 408 400		负债和所有者权益总计	50 408 400	

表 13-4 科目余额表

2019 年 12 月 31 日 单位：元

会 计 科 目	借方余额	贷方余额	会 计 科 目	借方余额	贷方余额
库存现金	12 000		工程物资	1 800 000	
银行存款	4 834 986		在建工程	2 568 000	
其他货币资金	43 800		无形资产	3 600 000	
交易性金融资产	0		累计摊销		360 000
应收票据	396 000		递延所得税资产	45 000	
应收账款	3 600 000		其他长期资产	1 128 000	
坏账准备		10 800	短期借款		300 000
预付款项	600 000		应付票据		600 000
其他应收款	30 000		应付账款		5 722 800
在途物资	1 650 000		其他应付款		300 000
原材料	270 000		应付职工薪酬		1 080 000
周转材料	228 300		应交税费		1 360 386
库存商品	12 734 400		应付股利		193 295.1
材料成本差异	25 500		长期借款		6 888 000
其他流动资产	600 000		股本		30 000 000
长期股权投资	1 572 000		资本公积		72 000
固定资产	14 406 000		盈余公积		748 622.4
累计折旧		1 020 000	未分配利润		1 308 082.5
固定资产减值准备		180 000	合　计	50 143 986	50 143 986

表 13-5 资产负债表

编制单位：新华公司 2019 年 12 月 31 日 单位：元

资　　　产	期末余额	年初余额	负债和所有者权益	期末余额	年初余额
流动资产：			流动负债：		
货币资金	4 890 786	8 437 800	短期借款	300 000	1 800 000
交易性金融资产	0	90 000	交易性金融负债	0	0
应收票据	396 000	1 476 000	应付票据	600 000	1 200 000
应收账款	3 589 200	1 794 600	应付账款	5 722 800	5 722 800
预付款项	600 000	600 000	预收款项	0	0
其他应收款	30 000	30 000	应付职工薪酬	1 080 000	660 000
存货	14 908 200	15 480 000	应交税费	1 360 386	219 600
持有待售的资产	0	0	其他应付款	493 295.1	306 000
一年内到期的非流动资产	0	0	持有待售负债	0	0

续表

资　产	期末余额	年初余额	负债和所有者权益	期末余额	年初余额
其他流动资产	600 000	600 000	一年内到期的非流动负债	0	6 000 000
流动资产合计	25 014 186	28 508 400	其他非流动负债	0	0
			流动负债合计	9 556 481.1	15 908 400
非流动资产：			非流动负债：		
债权投资	0	0	长期借款	6 888 000	3 600 000
其他债权投资	0	0	应付债券	0	0
长期应收款	0	0	长期应付款	0	0
长期股权投资	1 572 000	1 500 000	专项应付款	0	0
投资性房地产	0	0	预计负债	0	0
固定资产	13 206 000	6 600 000	递延收益	0	0
			递延所得税负债		
在建工程	4 368 000	9 000 000	其他非流动负债		
生产性生物资产	0	0	非流动负债合计	6 888 000	3 600 000
油气资产	0	0	所有者权益：		
无形资产	3 240 000	3 600 000	实收资本(或股本)	30 000 000	30 000 000
开发支出	0	0	资本公积	72 000	0
商誉	0	0	减:库存股	0	0
长期待摊费用	0	0	其他综合收益	0	0
递延所得税资产	45 000	0	盈余公积	748 622.4	600 000
其他非流动资产	1 128 000	1 200 000	未分配利润	1 308 082.5	300 000
非流动资产合计	23 559 000	21 900 000	所有者权益合计	32 128 704.9	30 900 000
资产总计	48 573 186	50 408 400	负债和所有者权益总计	48 573 186	50 408 400

13.3 利　润　表

13.3.1 利润表概述

利润表又称损益表,是反映企业在一定会计期间的经营成果的会计报表,是动态报表。其理论依据是“收入-费用=利润”的会计等式。

通过利润表,报表使用者可以全面了解企业收入的取得和费用开支情况及利润的构成情况,从而一定程度上对企业的经营成果和投资效率做出评价。利润表的作用具体表现在以下两个方面。

(1) 有助于企业内部管理层进行经营决策,并为企业内部考核提供了重要依据。利润表综合地反映了企业收入、营业成本、各项期间费用,披露了利润构成要素,通过动态比较可以分析各项目(构成)变化的情况和原因,再找出差距,拟定改善措施的同时,也能有助于企业各部门的业绩考核。

(2)为企业投资者的投资决策和债权人的信贷决策提供依据。通过利润表可以计算企业利润的绝对值、销售利润率和投资报酬率等相对指标,并通过相关指标的横向和纵向比较分析,了解企业的盈利能力、投资效果及其变化趋势,据此决定是否投资,或是否追加投资或改变投资结构与投资方向等。

当然,受制于准则规定,企业的利润表也有其局限性,主要体现在以下五个方面。

(1)由于采用货币计量,许多管理当局的努力,即便对公司的获利能力有重大帮助或提升,却因无法可靠地量化而无法在利润表中列示,例如企业形象和顾客满意度的提升。

(2)由于采用历史成本计价,所耗用的资产按取得时的历史成本转销,而收入按现行价格计量,进行配比的收入与费用未建立在同一时间基础上,因而使收益的计量缺乏内在逻辑上的统一性,使成本无法得到真正的回收;另外,在物价上涨的情况下,无法区别企业的持有收益及营业收益,常导致虚盈实亏的现象,进而影响企业持续经营能力。

(3)许多费用必须采用估计数,如坏账费用、产品售后服务成本、折旧年限及残值、或有损失等,可能在以后年度修正。

(4)由于准则允许企业采用不同的会计方法,例如存货计价按先进先出法或加权平均法,折旧按直线法或年数总和法,使不同公司收益的比较受到影响。

(5)目前的利润表项目多半按功能性分类,例如销售成本、营业费用、管理费用等,而非按成本性态分类,例如固定费用、变动费用,不利于预测未来利润及现金流量。

13.3.2 利润表的结构和内容

利润表的常见结构有单步式和多步式两种。单步式利润表是将当期所有的收入列在一起,然后将所有的费用列在一起,两者相减得出当期净损益。该种结构的优点是表式简单,易于理解,但不能直观反映经营性收益和经营性收益对利润的影响,及主要经营业务收益与非主要经营收益对利润的影响(程度)。

多步式利润表是通过对当期的收入、费用、支出项目按性质加以归类,按利润形成的主要环节列示一些中间性利润指标,如营业利润、利润总额,便于报表使用者理解企业经营成果的不同来源,以及各项利润构成因素对财务成果的影响。根据《企业会计准则》的规定,我国企业的利润表采用多步式,每个项目通常分为"本期金额"和"上期金额"两栏分别填列。

多步式利润表的利润形成分以下三个层次。

(1)营业利润,以营业收入为基础,减去经营性成本(费用)后所得金额,即

营业利润=营业收入-营业成本 -税金及附加 - 销售费用 -管理费用
-研发费用-财务费用 -资产减值损失 -信用减值损失
+公允价值变动收益(-公允价值变动损失)+投资收益(-投资损失)
+其他收益

(2)利润总额,在营业利润基础上加减营业外收支项目所得的金额,即

利润总额=营业利润+营业外收入-营业外支出

(3) 净利润,在利润总额基础上减去所得税费用所得的金额,即

$$净利润=利润总额-所得税费用$$

上市公司按规定还应当在利润表中列示每股收益信息,并在附注中披露说明按照性质分类的费用项目,如原材料、职工薪酬、折旧费等。根据《企业会计准则解释第3号》的规定,企业还应当在利润表中列示企业净利润和其他综合收益的合计金额,即综合收益总额。

多步式利润表的基本格式如表13-6所示。

表13-6　利润表(多步式)

编制单位:　　　　　　　　　年　月　　　　　　　　　单位:

项　　目	本期金额	上期金额
一、营业收入		
减:营业成本		
税金及附加		
销售费用		
管理费用		
研发费用		
财务费用		
其中:利息费用		
利息收入		
资产减值损失		
信用减值损失		
加:其他收益		
投资收益(损失以"-"号填列)		
其中:对联营企业和合营企业的投资收益		
净敞口套期收益(损失以"-"号填列)		
公允价值变动收益(损失以"-"号填列)		
资产处置收益(损失以"-"号填列)		
二、营业利润(亏损以"-"号填列)		
加:营业外收入		
减:营业外支出		
三、利润总额(亏损总额以"-"号填列)		
减:所得税费用		
四、净利润(净亏损以"-"号填列)		
(一)持续经营净利润(净亏损以"-"号填列)		
(二)终止经营净利润(净亏损以"-"号填列)		

续表

项　　目	本期金额	上期金额
五、其他综合收益的税后净额		
（一）不能重分类进损益的其他综合收益		
（二）将重分类进损益的其他综合收益		
六、综合收益总额		
七、每股收益		
（一）基本每股收益		
（二）稀释每股收益		

13.3.3　利润表的编制方法

1. 利润表的基本编制方法

利润表的列示主要是填列该表中的"本期金额"和"上期金额"这两栏的数字指标。

本期利润表中的"上期金额"栏内各项数字,应根据上年同期编制的利润表中"本期金额"栏内所列金额填列。如果上年该期利润表规定的各个项目的名称和内容与本期不一致,应对上年该期利润表各项目的名称和数字按照本期的规定进行调整,填入本期利润表"上期金额"栏内。

利润表中"本期金额"栏内各项数字,一般应当根据损益类科目的发生额分析或计算填列。

（1）根据当期总账科目的发生额直接填列。包括税金及附加、销售费用、管理费用、财务费用、资产减值损失、公允价值变动收益、投资收益、营业外收入、营业外支出、所得税费用等项目。

（2）根据有关总账科目的发生额加计汇总填列。如"营业收入"和"营业成本"项目在现有的账户中是不能直接根据账户发生额填列的,应将反映该项目内容的有关账户的发生额相加,求得该项目的合计数后再填列。如"营业收入"项目填列的金额应为"主营业务收入"账户和"其他业务收入"账户的发生额之和。

2. 利润表主要项目的具体列报说明

（1）"营业收入"项目,反映企业经营主要业务和其他业务所确认的收入总额,应根据"主营业务收入"和"其他业务收入"科目的发生额分析填列。

（2）"营业成本"项目,反映企业经营主要业务和其他业务所发生的实际成本总额,应根据"主营业务成本"和"其他业务成本"科目的净发生额分析填列。

（3）"税金及附加"项目,反映企业经营业务应负担的消费税、城市维护建设税、资源税、土地增值税及教育费附加等,应根据"税金及附加"科目的发生额分析填列。

（4）"销售费用"项目,反映企业在销售商品过程中发生的包装费、广告费等费用,以及为销售本企业商品而专设的销售机构的职工薪酬、业务费等经营费用,应根据"销售费用"科目的发生额分析填列。

（5）"管理费用"项目,反映企业为组织和管理生产进行所发生的管理费用,应根据"管理费用"科目的发生额分析填列。

（6）"研发费用"项目,反映企业为组织和管理生产经营发生的研发费用,应根据"管理费用"科目的发生额分析填列;或根据"研发费用"明细科目的发生额填列。

（7）"财务费用"项目,反映企业筹集生产经营所需资金等而发生的筹资费用。本项目应根据"财务费用"科目的发生额分析填列;对其中的利息费用和利息收入应根据"财务费用"科目相关明细科目的发生额分析填列。

（8）"资产减值损失"项目,反映企业各项资产发生的减值损失,应根据"资产减值损失"科目的发生额分析填列。

（9）"信用减值损失"项目,反映企业计提的各项金融工具减值准备形成的预期信用损失,应根据"信用减值损失"科目的发生额分析填列。

（10）"其他收益"项目,反映计入营业利润的政府补助等,应根据"其他收益"科目的发生额分析填列。

（11）"投资收益"项目,反映企业以各种方式对外投资所取得的净收益,应根据"投资收益"科目的发生额分析填列,如为净损失,以"－"号填列。

（12）"公允价值变动收益"项目,反映企业应当计入当期损益的资产或负债的公允价值变动净收益,应根据"公允价值变动损益"科目的发生额分析填列,如为净损失,以"－"号填列。

（13）"营业外收入"和"营业外支出"项目,反映企业发生的与其经营活动无直接关系的各项收入和支出,应分别根据"营业外收入"和"营业外支出"科目的发生额填列,其中,处置非流动资产净损失应当单独列示。

（14）"所得税费用"项目,反映企业根据会计准则确认的,应从当期利润总额中扣除的所得税费用,应根据"所得税费用"科目的发生额分析填列。

（15）"营业利润""利润总额"和"净利润"项目,分别反映企业实现的营业利润、利润和净利润情况,通过相关项目的数据计算填列,如出现亏损,应以"－"号填列。

（16）"其他综合收益的税后净额"项目,反映企业根据《企业会计准则》规定,未在损益中确认的各项利得和损失在扣除所得税影响后的净额,包括可供出售金融资产因公允价值变动产生的利得(或损失)、按照权益法核算的长期股权投资在被投资方其他综合收益中所享有的份额等。

（17）"综合收益总额"项目,反映企业净利润与其他综合收益的合计金额。企业如有必要,可以单独编制综合收益表。综合收益表的基本格式如表 13-7 所示。

（18）"基本每股收益"项目,反映上市公司按当期实际发行在外的普通股股份计算的每股净利润,应按照归属于普通股股东的当期净利润除以当期实际发行在外普通股的加权平均数计算确定。

（19）"稀释每股收益"项目,是以基本每股收益为基础,假设上市公司所有发行在外的稀释性潜在普通股,如可转换公司债、认股权证等,均已转换为普通股,从而分别调整归属于普通股股东的当期利润及发行在外普通股的加权平均数计算而得的每股收益。

表 13-7 综合收益表

编制单位：　　　　　　　　　　　年　　月　　　　　　　　　　　单位：元

项　目	本期金额	上期金额
一、净利润		
二、以公允价值计量且其变动计入其他综合收益的金融资产		
1. 其他债权投资或其他权益工具投资		
加：当期利得（损失）金额		
减：前期计入其他综合收益当期转入利润金额		
2. 按照权益法核算的在被投资单位其他综合收益中享有的份额		
3. 现金流量套期工具		
加：当期利得（损失）金额		
减：前期计入其他综合收益当期转入利润金额		
当期转为被套期项目初始确认金额的调整额		
4. 境外经营外币折算差额		
5. 与计入其他综合收益项目相关的所得税影响		
6. 其他		
其他综合收益合计		
综合收益总额		

3. 利润表编制实例

【例 13-2】　新华公司 2019 年有关账户 12 月的发生额如表 13-8 所示。

表 13-8 新华公司 2019 年 12 月收入类、费用类账户的发生额　　单位：元

账户名称	本期发生额	
	借方	贷方
主营业务收入		6 500 000
其他业务收入		1 000 000
投资收益		189 000
营业外收入		300 000
公允价值变动损益		0
主营业务成本	4 000 000	
其他业务成本	500 000	
税金及附加	12 000	
销售费用	120 000	
管理费用	942 600	
财务费用	249 000	
资产减值损失	160 000	
信用减值损失	25 400	
营业外支出	118 200	
所得税费用	511 800	

新华公司所得税税率为 25%。

根据上述资料和利润表填列方法要求，编制新华公司 2019 年 12 月的利润表，见表 13-9。

表 13-9　利润表（多步式）

编制单位：新华公司　　　　　　　　2019 年 12 月　　　　　　　　单位：元

项　　目	本期金额	上期金额
一、营业收入	7 500 000	
减：营业成本	4 500 000	
税金及附加	12 000	
销售费用	120 000	
管理费用	942 600	
研发费用	0	
财务费用	249 000	
其中：利息费用		
利息收入		
资产减值损失	160 000	
信用减值损失	25 400	
加：其他收益	0	
投资收益（损失以"－"号填列）	189 000	
其中：对联营企业和合营企业的投资收益		
净敞口套期收益（损失以"－"号填列）	0	
公允价值变动收益（损失以"－"号填列）	0	
资产处置收益（损失以"－"号填列）	0	
二、营业利润（亏损以"－"号填列）	1 680 000	
加：营业外收入	300 000	
减：营业外支出	118 200	
三、利润总额（亏损总额以"－"号填列）	1 861 800	
减：所得税费用	511 800	
四、净利润（净亏损以"－"号填列）	1 350 000	
（一）持续经营净利润（净亏损以"－"号填列）		
（二）终止经营净利润（净亏损以"－"号填列）		
五、其他综合收益的税后净额		
（一）不能重分类进损益的其他综合收益		
（二）将重分类进损益的其他综合收益		
六、综合收益总额		
七、每股收益		
（一）基本每股收益		
（二）稀释每股收益		

13.4 现金流量表

13.4.1 现金流量表概述

现金流量表是反映企业一定会计期间现金和现金等价物流入和流出,并披露与投资、筹资活动相关现金活动信息的会计报表。和利润表一样,现金流量表也是动态的报表。现金流量表在有关现金流量的信息揭示方面可以弥补资产负债表和利润表的不足,具体来说,其作用主要表现在以下方面。

(1) 通过现金流量表可以较为全面客观地了解企业在经营活动和投融资过程中产生的现金流量信息(现金收支情况),有助于报表使用者对企业未来会计期间产生净现金流量的能力做出合理预计。

(2) 通过现金流量表可以对企业的支付能力和偿债能力,以及企业对外部资金的需求做出较为可靠的判断。资产负债表虽然可以显示企业是否具有偿债能力,但无法反映财务状况的变动;利润表虽然可以反映企业当期经营活动成果,但不能说明经营活动所产生的现金流量有多少,也不能体现投融资活动实现的现金净流量有多少,而企业的安全在很大程度上取决于其现金的支付能力(包括偿债能力),进而合理安排资本结构和预算。显然,现金流量表有助于报表使用者分析利润与现金流量发生差异的原因及实际的现金支付能力。

(3) 通过对现金流量表的分析,可以一定程度上佐证(或修正)资产负债表和利润表分析的结果,有助于更加真实地分析企业当前的财务状况,并预测未来发展趋势。例如,通过比较当期的营业利润和当期的经营活动现金净流量,可以一定程度上看出利润的真实性和有效性,如果利润很高,但经营活动现金净流量很少甚至为负数,表明该企业存在虚构利润的可能,或经营利润无法有效转化为实际的现金净流入,给企业未来经营带来一定的风险。

(4) 现金流量表除了披露企业经营活动、投资活动和筹资活动的现金流量外,还披露了与现金无关的投资和筹资活动信息,更为全面地揭示企业财务状况,对报表使用者制定合理的投资与信贷决策,评估企业未来的现金流量具有重要意义。

现金流量表是以现金(收付)为基础编制的,根据《企业会计准则》的规定,现金流量表的现金是广义的现金概念,是指现金及现金等价物,即包括:①库存现金;②可以随时用于支取的各种银行存款(包括其他货币资金项目);③企业持有的期限短、流动性强、易于转换为已知金额的现金、价值变动风险很小的投资,通常包括 3 个月内到期的短期债券投资——权益性投资变现的金额通常难以确定,因而不属于现金等价物。

13.4.2 现金流量表的结构和内容

企业编制现金流量表的目的在于披露一定会计期间内有关现金流入和现金流出的信息,而现金的流入流出又产生于企业的各项经济业务活动,如购买原材料支付的价款、销售商品收到的现金、支付各项费用开支、购置长期资产、筹措资金等,故而企业首先要对企业的经营业务活动进行合理分类,一般按其性质分为经营活动、投资活动和筹资活动,再据此对现金流量做出相应的分类,以合理全面地反映会计期间内企业现金的流入流出及其变动情况。

根据《企业会计准则》的规定,现金流量表包括正表和补充资料两部分。正表是采用直接法编制的现金流量表,按照现金流量的类别分别列示。包括六项内容:一是经营活动产生的现金流量;二是投资活动产生的现金流量;三是筹资活动产生的现金流量;四是汇率变动对现金的影响;五是现金及现金等价物净增加额;六是期末现金及现金等价物余额。其中,经营活动、投资活动和筹资活动产生的现金流量构成现金流量表的主体结构。

1. 经营活动产生的现金流量

经营活动是指企业投资和筹资活动以外的所有交易和事项,与之相关的现金流量即经营活动现金流量。由于企业所在行业的特点有所不同,经营活动的界定也有所不同,对于一般的工商企业,其经营活动主要包括购买材料或商品、接受劳务、支付各种税费、销售商品及提供劳务等。

2. 投资活动产生的现金流量

投资活动是指企业长期资产的购建、不包括在现金等价物范围内的各项投资活动,包括实物资产投资、金融资产投资及相关资产的处置等,与之相关的现金流量即投资活动现金流量。同样道理,不同经营性质的企业对投资活动的认定也存在一定差异,例如,与交易性金融资产相关的现金流量,在一般的工商企业属于投资活动现金流量,而对于证券公司而言则是经营活动现金流量。

3. 筹资活动产生的现金流量

筹资活动是指导致企业资本及债务规模和结构发生变化的相关活动,由此产生的现金流量即筹资活动现金流量。需要注意的是,企业的应付票据、应付账款、应交税费等一般划归经营活动而非筹资活动。

显然,这是一种按照企业经营业务活动的重要性自上而下排列的报告式结构。

而补充资料则是按照间接法编制的现金流量表,主要包括三部分内容:一是将净利润调节为经营活动的现金流量;二是不涉及现金收支的重大投资和筹资活动;三是现金及现金等价物净增加情况。

《企业会计准则》对现金流量表格式分一般企业、商业银行、保险公司、证券公司等企业类型予以规定。企业应根据其经营活动的性质,确定企业适用的现金流量表格式。一般工商企业现金流量表的列报格式如表 13-10 所示。

表 13-10 现金流量表

编制单位: 年度   单位:元

项 目	行次	本年金额	上年金额
一、经营活动产生的现金流量:	1		
销售商品、提供劳务收到的现金	2		
收到的税费返还	3		
收到的其他与经营活动有关的现金	4		
经营活动现金流入小计	5		
购买商品、接受劳务支付的现金	6		

续表

项　目	行次	本年金额	上年金额
支付给职工以及为职工支付的现金	7		
支付的各项税费	8		
支付的其他与经营活动有关的现金	9		
经营活动现金流出小计	10		
经营活动产生的现金流量净额	11		
二、投资活动产生的现金流量：	12		
收回投资收到的现金	13		
取得投资收益收到的现金	14		
处置固定资产、无形资产和其他长期资产收回的现金净额	15		
处置子公司及其他营业单位收到的现金净额	16		
收到的其他与投资活动有关的现金	17		
投资活动现金流入小计	18		
购建固定资产、无形资产和其他长期资产支付的现金	19		
投资支付的现金	20		
取得子公司及其他营业单位支付的现金净额	21		
支付的其他与投资活动有关的现金	22		
投资活动现金流出小计	23		
投资活动产生的现金流量净额	24		
三、筹资活动产生的现金流量：	25		
吸收投资收到的现金	26		
借款收到的现金	27		
收到的其他与筹资活动有关的现金	28		
筹资活动现金流入小计	29		
偿还债务支付的现金	30		
分配股利、利润或偿付利息支付的现金	31		
支付的其他与筹资活动有关的现金	32		
筹资活动现金流出小计	33		
筹资活动产生的现金流量净额	34		
四、汇率变动对现金及现金等价物的影响	35		
五、现金及现金等价物净增加额	36		
加：期初现金及现金等价物余额	37		
六、期末现金及现金等价物余额	38		

续表

项　　目	行次	本年金额	上年金额
补充资料		本年金额	上年金额
1.将净利润调节为经营活动现金流量:			
净利润			
加:资产减值准备			
固定资产折旧、油气资产折耗、生产性生物资产折旧			
无形资产摊销			
长期待摊费用摊销			
处置固定资产、无形资产和其他长期资产的损失(收益以"－"号填列)			
固定资产报废损失(收益以"－"号填列)			
公允价值变动损失(收益以"－"号填列)			
财务费用(收益以"－"号填列)			
投资损失(收益以"－"号填列)			
递延所得税资产减少(增加以"－"号填列)			
递延所得税负债增加(减少以"－"号填列)			
存货的减少(增加以"－"号填列)			
经营性应收项目的减少(增加以"－"号填列)			
经营性应付项目的增加(减少以"－"号填列)			
其他			
经营活动产生的现金流量净额			
2.不涉及现金收支的重大投资和筹资活动:			
债务转为资本			
一年内到期的可转换公司债券			
融资租入固定资产			
3.现金及现金等价物净变动情况:			
现金的期末余额			
减:现金的期初余额			
加:现金等价物的期末余额			
减:现金等价物的期初余额			
现金及现金等价物净增加额			

13.4.3 现金流量表的编制方法

1. 现金流量表的基本编制方法

根据《企业会计准则》的规定,企业应当采用直接法编报现金流量,同时要求在附注中披露以净利润为基础调节到经营活动现金流量的信息。

直接法,就是在编报现金流量表时按现金收入和现金支出的主要类别直接反映企业各项经营业务活动(包括经营活动、投资活动和筹资活动)所产生的现金流量,如直接列报"销售商品、提供劳务收到的现金""收回投资收到的现金""吸收投资收到的现金"等。其中在列报经营活动产生的现金流量时,一般以利润表中的营业收入为起点来调节与经营活动有关项目的增减变动,再计算出经营活动产生的现金净流量。而间接法则是以净利润为起点,调整不涉及现金的收入、费用、营业外收支等有关项目,并剔除投资活动、筹资活动对现金流量的影响,据此计算经营活动产生的现金流量。

实务中,企业以直接法编制现金流量表时,可以具体采用工作底稿法或 T 形账户法,也可以根据有关科目记录分析填列。

1)工作底稿法

工作底稿法是以工作底稿为手段,以资产负债表和利润表的数据为基础,结合有关科目的记录,对现金流量表的每一项目进行分析并编制相应的调整分录,从而编制出现金流量表的一种方法。工作底稿一般纵向分成三段,第一段是资产负债表项目(分为借方项目和贷方项目);第二段是利润表项目;第三段是现金流量表项目。工作底稿法的基本程序包括以下内容。

(1)将资产负债表项目的年初余额和期末余额过入工作底稿中与之对应项目的期初数栏和期末数栏。

(2)对当期业务进行分析并编制调整分录——将权责发生制下的收入与费用调整为收付实现制下的现金流入与流出。在调整分录中,有关现金及现金等价物的事项并不直接借记或贷记"库存现金",而是分别记入"经营活动产生的现金流量""投资活动产生的现金流量"和"筹资活动产生的现金流量"等项目,借记表明现金流入,贷记表明现金流出。

(3)将调整分录过入到工作底稿中的相应部分。

(4)核对调整分录,借贷合计应当相等,资产负债表项目期初数加减调整分录中的借贷金额后,应当等于期末数。

(5)根据工作底稿中的现金流量表项目部分编制正式的现金流量表。

2)T 形账户法

T 形账户法是以 T 形账户为手段,以资产负债表和利润表数据为基础,对每一项目进行分析并编制调整分录,从而编制现金流量表。其程序包括以下内容。

(1)为所有的非现金项目(包括资产负债表和利润表项目)分别开设 T 形账户,并过入各自的期末期初变动数。

(2)开设一个大的"现金及等价物"T 形账户,左右两边分别分为经营活动、投资活动和筹资活动三部分,左边登记现金流入,右边登记现金流出,也需要过入期末期初变动数。

(3)以利润表为基础,结合资产负债表分析每一非现金项目的增减变动,据此编制调整分录。

(4) 将调整分录过入到各 T 形账户,并进行核对,该账户借贷相抵后的余额应当与原来过入的期末期初变动数一致。

(5) 根据大的"现金及现金等价物"T 形账户编制正式的现金流量表。

显然,工作底稿法和 T 形账户法只是表现形式与利用的手段不同,其本质都是通过编制调整分录来分析计算现金流量表各项目的金额,而且各项目均需要填列"本期金额"和"上期金额"。

2. 现金流量表主要项目的具体列报说明

1) 经营活动产生的现金流量

(1) "销售商品、提供劳务收到的现金"项目,反映企业本期销售商品、提供劳务收到的现金、前期未收本期收到的现金及本期预收的现金(包括应向买方收取的增值税销项税额),减去本期退回(已售)商品支付的现金。企业销售材料和代购代销业务收到的现金,也在本项目反映。本项目数据可以根据相关账户的本期发生额计算填列,也可以根据利润表和资产负债表有关项目及部分账户资料分析填列。即

$$
\begin{aligned}
\text{销售商品} \\ \text{提供劳务} \\ \text{收到现金}
\end{aligned}
=
\begin{aligned}
\text{本期销售商品} \\ \text{提供劳务收} \\ \text{到的现金}
\end{aligned}
+
\begin{aligned}
\text{以前期间销售} \\ \text{商品提供劳务} \\ \text{本期收到现金}
\end{aligned}
+
\begin{aligned}
\text{以后将要销售} \\ \text{商品提供劳务} \\ \text{本期预收现金}
\end{aligned}
+
\begin{aligned}
\text{本期收回} \\ \text{前期核销的} \\ \text{坏账}
\end{aligned}
-
\begin{aligned}
\text{本期销售} \\ \text{退回的现金}
\end{aligned}
$$

或

$$
\begin{aligned}
\text{销售商品提供} \\ \text{劳务收到现金}
\end{aligned}
= \text{营业收入} + \text{应收款项减少额(期初余额}-\text{期末余额)}
$$
$$
+ \text{预收款项增加额(期末余额}-\text{期初余额)}
$$
$$
- \begin{aligned}\text{债务人以非现金资产} \\ \text{抵债减少的应收款项}\end{aligned} - \begin{aligned}\text{本期计提坏账准备导致} \\ \text{(报表)应收款项减少数}\end{aligned}
$$

此外,还应当考虑减除本期计提坏账准备导致应收款项目减少额(资产负债表中的"应收票据及应收账款"项目是根据"应收票据及应收账款"和"坏账准备"科目的余额之差填列的)、本期实际发生的坏账损失(虽然减少了应收账款余额,但没有实际的现金流入)、与税法规定的视同销售业务相关的增值税销项税额等;考虑加上企业收回前期的坏账(虽然与营业收入没有直接关系且不影响应收款项的期末余额,但有实际的现金流入)。

【例 13-3】 某企业本期销售一批商品,开出的增值税专用发票上注明的销售价款为 100 万元,增值税销项税额 13 万元,以银行存款收讫;应收账款期初余额为 15 万元,期末余额为 5 万元;本期核销的坏账损失为 2 万元;本期因销售退回支付客户 3 万元(已转账支付)。则

本期销售商品、提供劳务收到的现金 = 本期销售收到的现金 + 本期收到前期的应收款
$$
- \text{本期销售退回付款}
$$
$$
= 113 + (15 - 5 - 2) - 3 = 118(\text{万元})
$$

【例 13-4】 某企业 2019 年度的报表资料如下:利润表中"营业收入"项为 300 万元;资产负债表中"应收票据及应收账款"项的年初余额为 50 万元、年末余额为 30 万元,本年度发生坏账损失 5 万元。则

本期销售商品、提供劳务收到的现金 = 营业收入 + 应收票据及应收账款本期减少数
$$
= 300 + (50 - 30) = 320(\text{万元})
$$

注意：资产负债表中的"应收票据及应收账款"项目是根据"应收票据及应收账款"科目余额和对应"坏账准备"科目余额之差来填列的，故本年度实际发生的坏账损失 5 万元，对"应收票据及应收账款"项目的期末余额没有影响，不应予以扣减。

（2）"收到的税费返还"项目，反映企业收到返还的所得税、增值税、消费税、关税和教育费附加等各种税费返还款，可根据"库存现金""银行存款""税金及附加""营业外收入"等科目的记录分析填列。

（3）"收到的其他与经营活动有关的现金"项目，反映企业经营租赁收到的租金、罚款收入等其他与经营活动有关的现金流入，金额较大的应单独列示。

（4）"购买商品、接受劳务支付的现金"项目，反映企业本期购买商品、接受劳务实际支付的现金，本期支付前期未付的现金款项及本期预付的现金（包括应向卖方支付的增值税进项税额），减去本期发生的购货退回收到的现金。企业购买材料和代购代销业务支付的现金，也在本项目反映。本项目数据可以根据相关账户的本期发生额计算填列，也可以根据利润表和资产负债表有关项目及部分账户资料分析填列。即

$$\begin{array}{l}购买商品、\\接受劳务\\支付的现金\end{array} = \begin{array}{l}本期购买商品、\\接受劳务支\\付的现金\end{array} + \begin{array}{l}以前期间购买\\商品、接受劳务\\本期支付现金\end{array} + \begin{array}{l}以后将要购买\\商品、接受劳务\\本期预付现金\end{array} - \begin{array}{l}本期购货\\退回的现金\end{array}$$

或

$$\begin{array}{l}购买商品、接受\\劳务支付的现金\end{array} = 营业成本 + 存货增加额（期末余额 - 期初余额）$$
$$+ 应付款项减少额（期初余额 - 期末余额）$$
$$+ 预付款项增加额（期末余额 - 期初余额）$$
$$- 债务人以非现金资产抵债减少的应付款项$$

此外，还应当考虑扣除计入本期存货成本的非材料费用，如工资费用、折旧费用等及存货盘盈；加上可能的存货盘亏数额。

【例 13-5】 某企业本期购买原材料收到的增值税专用发票上注明的价款为 30 万元，增值税进项税额 3.9 万元，款项已经支付；本期支付应付票据 15 万元，购买工程用物资 20 万元，款项已经支付。则

$$\begin{aligned}本期购买商品、接受劳务支付的现金 &= 本期购买原材料支付的现金\\ &\quad + 本期支付的应付票据\\ &= (30 + 3.9) + 15 = 48.9（万元）\end{aligned}$$

【例 13-6】 某企业 2019 年度的报表资料如下：利润表中"营业成本"项为 100 万元；资产负债表中"应付票据及应付账款"项的年初余额为 30 万元、年末余额为 10 万元，"预付账款"项的年初余额为零，年末余额为 15 万元，"存货"项的年初余额为 25 万元，年末余额为 30 万元。则

$$\begin{aligned}本期购买商品、接受劳务支付的现金 &= 营业成本 + 应付账款本期增加数\\ &\quad + 预付账款本期增加数 + 存货本期增加数\\ &= 100 + (30 - 10) + (15 - 0) + (30 - 25) = 140（万元）\end{aligned}$$

（5）"支付给职工以及为职工支付的现金"项目，反映企业实际支付给职工的工资、奖金、各种津贴、补贴和社保住房公积金等职工薪酬（包括代扣代缴的个人所得税），以及为职

工支付的其他费用，但不包括支付给离退休人员和在建工程人员的各项费用。该项目可以根据"库存现金""银行存款""应付职工薪酬"等科目的记录分析填列。

（6）"支付的各项税费"项目，反映企业本期发生并支付、前期发生本期支付以及预交的各项税费，包括所得税、增值税、消费税、印花税、土地增值税、车船税等，但不包括本期退回的税费。本项目可以根据"应交税费""库存现金""银行存款"等科目的记录分析填列。

（7）"支付的其他与经营活动有关的现金"项目，反映企业经营租赁支付的租金、支付的差旅费、业务招待费、保险费、罚款支出，支付给离退休人员各项费用等其他与经营活动有关的现金支出，金额较大的应当单独列示。

2）投资活动产生的现金流量

（1）"收回投资收到的现金"项目，反映企业出售、转让或到期收回金融资产、长期股权投资、投资性房地产而收到的现金（包括实际产生的处置收益），但处置子公司及其他营业单位收到的现金净额除外。本项目可以根据"交易性金融资产""债权投资""其他债权投资""长期股权投资""投资性房地产""库存现金"和"银行存款"等科目的记录分析填列。

（2）"取得投资收益收到的现金"项目，反映企业因各种投资而从被投资方分得的现金股利、利润和利息等。本项目可以根据"应收股利""应收利息""投资收益""库存现金"和"银行存款"等科目的记录分析填列。

（3）"处置固定资产、无形资产和其他长期资产收回的现金"净额项目，反映企业处置固定资产、无形资产和其他长期资产所取得的现金，减去为处置这些资产而支付的有关费用后的净额，包括由于自然灾害所造成的长期资产损失而收到的保险赔偿收入。本项目可以根据"固定资产清理""库存现金""银行存款"等科目的记录分析填列。

（4）"处置子公司及其他营业单位收到的现金净额"项目，反映企业处置子公司及其他营业单位所取得的现金，减去相关处置费用以及子公司或其他营业单位持有的现金和现金等价物后的净额。

（5）"收到的其他与投资活动有关的现金"项目，反映企业除上述各项外，收到的其他与投资活动有关的现金，金额较大的应当单独列示。

（6）"购建固定资产、无形资产和其他长期资产支付的现金"项目，反映企业购买、建造固定资产、取得无形资产和其他长期资产（如投资性房地产）所支付的现金，但不包括因购建而发生的借款利息资本化部分，以及融资租入固定资产支付的租赁费。本项目可以根据"固定资产""在建工程""工程物资""无形资产""库存现金""银行存款"等科目的记录分析填列。

（7）"投资支付的现金"项目，反映企业对外进行权益性投资和债权性投资所支付的现金以及支付的佣金、手续费等交易费用，但不包括支付价款中包含的已宣告发放但尚未领取的现金股利或已到付息期但尚未领取的债券利息，以及为取得子公司及其他营业单位所支付的现金净额。本项目可以根据"交易性金融资产""债权投资""其他债权投资""其他权益工具投资""长期股权投资""投资性房地产""库存现金"和"银行存款"等科目的记录分析填列。

（8）"取得子公司及其他营业单位支付的现金净额"项目，反映企业购买子公司及其他营业单位的购买价中用现金支付的部分，减去子公司及其他营业单位持有的现金和现金等价物后的净额。

（9）"支付的其他与投资活动有关的现金"项目，反映企业除上述各项外，支付的其他与投资活动有关的现金,金额较大的应当单独列示。

3) 筹资活动产生的现金流量

(1)"吸收投资收到的现金"项目,反映企业以发行股票等方式筹集资金所实际收到的现金(发行收入减去支付的佣金等发行费用后的净额),不包括因发行股份而由企业支付的审计、咨询等费用。本项目可以根据"实收资本(或股本)""资本公积""库存现金""银行存款"等科目的记录分析填列。

(2)"借款收到的现金"项目,反映企业举借各种长短期借款而收到的现金,以及发行债券实际收到的款项净额(发行收入减去直接支付的佣金等发行费用后的净额)。本项目可以根据"短期借款""长期借款""应付债券""库存现金""银行存款"等科目的记录分析填列。

(3)"收到的其他与筹资活动有关的现金"项目,反映企业除上述各项外,收到的其他与筹资活动有关的现金,如接受捐赠等,金额较大的应当单独列示。

(4)"偿还债务支付的现金"项目,反映企业为偿还债务本金而支付的现金,包括归还金融企业的借款本金、偿付企业到期的债券本金等,不包括企业偿还的借款利息、债券利息。本项目可以根据"短期借款""长期借款""交易性金融负债""应付债券""库存现金""银行存款"等科目的记录分析填列。

(5)"分配股利、利润或偿付利息支付的现金"项目,反映企业实际支付的现金股利、支付给其他投资单位的利润或用现金支付的借款利息、债券利息。不同用途的借款,其利息的开支渠道不一样,包括在建工程、财务费用等,均在本项目中反映。本项目可以根据"应付股利""应付利息""利润分配""财务费用""在建工程""制造费用""研发支出""库存现金""银行存款"等科目的记录分析填列。

(6)"支付的其他与筹资活动有关的现金"项目,反映企业除上述各项目外,支付的其他与筹资活动有关的现金,如以发行股票、债券等方式筹集资金而由企业直接支付的审计、咨询等费用、融资租赁各期支付的现金、以分期付款方式构建固定资产、无形资产等各期支付的现金等。金额较大的应单列项目反映。

4) 汇率变动对现金的影响

"汇率变动对现金及现金等价物的影响"项目,反映了以下两个金额之间的差额。

(1)企业外币现金流量折算为记账本位币时,采用现金流量发生日的即期汇率,或按照系统合理的方法确定的、与现金流量发生日期即期汇率近似的汇率折算的金额。

(2)企业外币现金及现金等价物净增加额按资产负债表日即期汇率折算的金额。

【例 13-7】 某企业当期出口商品一批,售价 10 000 美元,款项已收到,收汇当日汇率为 1:6.90。当期进口货物一批,价值 5 000 美元,款项已支付,结汇当日汇率为 1:6.92。资产负债表日的即期汇率为 1:6.93。假设银行存款的期初余额为 0,当期没有其他业务发生。

汇率变动对现金的影响额计算:

经营活动流入的现金	10 000(美元)
汇率变动	6.93−6.90=0.03
汇率变动对现金流入的影响额	300(元)
经营活动流出的现金	5 000(美元)
汇率变动	6.93−6.92=0.01

汇率变动对现金流出的影响额	50（元）
汇率变动对现金的影响额	250（元）
现金流量表中：	
经营活动流入的现金	69 000
经营活动流出的现金	34 600
经营活动产生的现金流量净额	34 400
汇率变动对现金的影响额	250
现金及现金等价物净增加额	34 650
现金流量表补充资料中：	
现金及现金等价物净增加情况	
银行存款的期末余额	34 650（5 000×6.93）
银行存款的期初余额	0
现金及现金等价物净增加额	34 650

从例 13-7 可以看出，现金流量表"现金及现金等价物净增加额"项目数额与现金流量表补充资料中"现金及现金等价物净增加额"数额相等，应当核对相符。在编制现金流量表时，对当期发生的外币业务，也可不必逐笔计算汇率变动对现金的影响，可以通过现金流量表补充资料中"现金及现金等价物净增加额"数额与现金流量表中"经营活动产生的现金流量净额""投资活动产生的现金流量净额""筹资活动产生的现金流量净额"三项之和比较，其差额即为"汇率变动对现金的影响额"。

3. 现金流量表附注

企业应当采用间接法在现金流量附注中披露将净利润调节为经营活动现金流量的信息。现金流量表附注也就是现金流量表的补充资料，包括将净利润调节为经营活动现金流量、不涉及现金收支的重大投资和筹资活动、现金及现金等价物净变动情况等项目。

1）将净利润调节为经营活动现金流量

通过列报以下导致企业净利润与经营活动现金流量不一致的因素（项目），并加以调整，计算出经营活动产生的现金流量净额。

（1）资产减值准备。资产减值准备是指当期计提扣除转回的减值准备，包括坏账准备、存货跌价准备、投资性房地产减值准备、长期股权投资减值准备、债权投资减值准备、固定资产减值准备、在建工程减值准备、工程物资减值准备、生物性资产减值准备、无形资产减值准备、商誉减值准备等。企业当期计提和按规定转回的各项资产减值准备，包括在利润表中，属于利润的减除项目，但没有发生现金流出。所以，在将净利润调节为经营活动现金流量时，需要加回。本项目可根据"资产减值损失""信用减值损失"科目的记录分析填列。

（2）固定资产折旧、油气资产折耗、生产性生物资产折旧。企业计提的相关资产折旧（折耗），在计算净利润时通过成本、费用项目予以扣除，但实际并未发生现金流出，所以在将净利润调节为经营活动现金流量时，需要予以加回。

（3）无形资产摊销和长期待摊费用摊销。企业计提的相关资产（费用）摊销，在计算净利润时已扣除，但实际并未发生现金流出，所以在将净利润调节为经营活动现金流量时，需要予以加回。

（4）处置固定资产、无形资产和其他长期资产的损失（减：收益）。企业处置固定资产、无形资产和其他长期资产发生的损益,属于投资活动产生的损益,不属于经营活动产生的损益,所以,在将净利润调节为经营活动现金流量时,需要予以剔除。如为损失,在将净利润调节为经营活动现金流量时,应当加回;如为收益,在将净利润调节为经营活动现金流量时,应当扣除。

(5) 固定资产报废损失。企业发生的固定资产报废损益,属于投资活动产生的损益,不属于经营活动产生的损益,所以,在将净利润调节为经营活动现金流量时,需要予以剔除。如为净损失,在将净利润调节为经营活动现金流量时,应当加回;如为净收益,在将净利润调节为经营活动现金流量时,应当扣除。

(6) 公允价值变动损失(减:收益)。公允价值变动损益反映企业交易性金融资产、投资性房地产等公允价值变动形成的应计入当期损益的利得或损失。企业发生的公允价值变动损益,通常与企业的投资活动或筹资活动有关,而且并不影响企业当期的现金流量。为此,应当将其从净利润中剔除。

(7) 财务费用。企业发生的财务费用中不属于经营活动的部分,应当在将净利润调节为经营活动现金流量时将其加回。

(8) 投资损失(减:收益)。企业发生的投资损益,属于投资活动产生的损益,不属于经营活动产生的损益,所以,在将净利润调节为经营活动现金流量时,需要予以剔除。

(9) 递延所得税资产减少(减:增加)。递延所得税资产减少使计入所得税费用的金额大于当期应交的所得税金额,其差额没有发生现金流出,但在计算净利润时已经扣除,在将净利润调节为经营活动现金流量时,应当加回。递延所得税资产增加使计入所得税费用的金额小于当期应交的所得税金额,二者之间的差额并没有发生现金流入,但在计算净利润时已经包括在内,在将净利润调节为经营活动现金流量时,应当扣除。

(10) 递延所得税负债增加(减:减少)。递延所得税负债增加使计入所得税费用的金额大于当期应交的所得税金额,其差额没有发生现金流出,但在计算净利润时已经扣除,在将净利润调节为经营活动现金流量时,应当加回。递延所得税负债减少使计入当期所得税费用的金额小于当期应交的所得税金额,其差额并没有发生现金流入,但在计算净利润时已经包括在内,在将净利润调节为经营活动现金流量时,应当扣除。

(11) 存货的减少(减:增加)。期末存货比期初存货减少,说明本期生产经营过程耗用的存货有一部分是期初的存货,耗用这部分存货并没有发生现金流出,但在计算净利润时已经扣除,所以,在将净利润调节为经营活动现金流量时,应当加回。期末存货比期初存货增加,说明当期购入的存货除耗用外,还剩余了一部分,这部分存货也发生了现金流出,但在计算净利润时没有包括在内,所以,在将净利润调节为经营活动现金流量时,需要扣除。当然,存货的增减变化过程还涉及应付项目,这一因素在"经营性应付项目的增加(减:减少)"中考虑。

(12) 经营性应收项目的减少(减:增加)。经营性应收项目包括应收票据、应收账款、预付账款、长期应收款和其他应收款中,与经营活动有关的部分,以及应收的增值税销项税额等。经营性应收项目期末余额小于经营性应收项目期初余额,说明本期收回的现金大于利润表中所确认的销售收入,所以,在将净利润调节为经营活动现金流量时,需要加回。经营性应收项目期末余额大于经营性应收项目期初余额,说明本期销售收入中有一部分没有收回现金,但是,在计算净利润时这部分销售收入已包括在内,所以,在将净利润调节为经营活动现金流量时,需要扣除。

(13) 经营性应付项目的增加(减:减少)。经营性应付项目包括应付票据、应付账款、预收账款(合同负债)、应付职工薪酬、应交税费、应付利息、长期应付款、其他应付款中与经营活动有关的部分,以及应付的增值税进项税额等。经营性应付项目期末余额大于经营性应付项目期初余额,说明本期购入的存货中有一部分没有支付现金,但是,在计算净利润时却通过销售成本包括在内,在将净利润调节为经营活动现金流量时,需要加回;经营性应付项目期末余额小于经营性应付项目期初余额,说明本期支付的现金大于利润表中所确认的销售成本,在将净利润调节为经营活动产生的现金流量时,需要扣除。

2) 不涉及现金收支的重大投资和筹资活动

不涉及现金收支的重大投资和筹资活动,反映企业一定期间内影响资产或负债但不形成该期现金收支的所有投资和筹资活动的信息。这些投资和筹资活动虽然不涉及当期现金收支,但对以后各期的现金流量有重大影响。例如,企业融资租入设备,将形成的负债记入"长期应付款"账户,当期并不支付设备款及租金,但以后各期必须为此支付现金,从而在一定期间内形成了一项固定的现金支出。

因此,现金流量表准则规定,企业应当在附注中披露不涉及当期现金收支但影响企业财务状况或在未来可能影响企业现金流量的重大投资和筹资活动,主要包括:①债务转为资本,反映企业本期转为资本的债务金额;②一年内到期的可转换公司债券,反映企业一年内到期的可转换公司债券的本息;③融资租入固定资产,反映企业本期融资租入的固定资产。

3) 影响企业现金流量其他重要信息的披露

(1) 企业当期取得或处置子公司及其他营业单位。现金流量表准则应用指南中列示了企业当期取得或处置其他营业单位有关信息的披露格式。主要项目包括:取得和处置子公司及其他营业单位的有关信息。其中取得子公司及其他营业单位的有关信息包括:取得的价格、支付现金和现金等价物金额、支付的现金和现金等价物净额、取得子公司净资产等信息。处置子公司及其他营业单位的有关信息包括:处置的价格、收到的现金和现金等价物金额、收到的现金净额、处置子公司的净资产等信息。

(2) 现金和现金等价物有关信息。现金流量表准则要求企业在附注中披露与现金和现金等价物有关的下列信息:①现金和现金等价物的构成及其在资产负债表中的相应金额;②企业持有但不能由母公司或集团内其他子公司使用的大额现金和现金等价物金额。

4. 现金流量表编制实例

【例 13-8】 沿用表 13-5 和表 13-9 的资料,新华公司其他相关资料如下。

(1) 2019 年度利润表有关项目的明细资料如下。

① 管理费用的组成:职工薪酬 102 600 元,无形资产摊销 360 000 元,折旧费 120 000 元,支付其他费用 360 000 元。

② 财务费用的组成:计提借款利息 69 000 元,支付应收票据(银行承兑汇票)贴现利息 180 000 元。

③ 资产减值损失的组成:计提坏账准备 5 400 元,计提固定资产减值准备 180 000 元。上年年末坏账准备余额为 5 400 元。

④ 投资收益的组成:收到股息收入 180 000 元,与本金一起收回的交易性股票投资收益 3 000 元,自公允价值变动损益结转投资收益 6 000 元。

⑤ 营业外收入的组成：处置固定资产净收益 300 000 元（其所处置固定资产原价为 2 400 000 元，累计折旧为 900 000 元，收到处置收入 1 800 000 元）。假定不考虑与固定资产处置有关的税费。

⑥ 营业外支出的组成：报废固定资产净损失 118 200 元（其所报废固定资产原价为 1 200 000 元，累计折旧为 1 080 000 元，支付清理费用 3 000 元，收到残值收入 4 800 元）。

⑦ 所得税费用的组成：当期所得税费用 556 800 元，递延所得税资产增加额为 45 000 元。

除上述项目外，利润表中的销售费用 120 000 元至期末已经支付。

（2）资产负债表有关项目的明细资料如下。

① 本期收回交易性股票投资本金 90 000 元、公允价值变动 6 000 元，同时实现投资收益 3 000 元。

② 存货中生产成本、制造费用的组成：职工薪酬 1 949 400 元，折旧费 480 000 元。

③ 应交税费的组成：本期增值税进项税额 254 796 元，增值税销项税额 1 275 000 元，已交增值税 600 000 元；应交所得税期末余额为 120 582 元，应交所得税期初余额为 0；应交税费期末数中应由在建工程负担的部分为 600 000 元。

④ 应付职工薪酬的期初数无应付在建工程人员的部分，本期支付在建工程人员职工薪酬为 1 200 000 元。应付职工薪酬的期末数中应付在建工程人员的部分为 168 000 元。

⑤ 应付利息均为短期借款利息，其中本期计提利息 69 000 元，支付利息 75 000 元。

⑥ 本期用现金购买固定资产 606 000 元，购买工程物资 1 800 000 元。

⑦ 本期用现金偿还短期借款 1 500 000 元，偿还一年内到期的长期借款 6 000 000 元；借入长期借款 3 360 000 元。

根据以上资料，采用分析填列的方法，编制新华公司 2019 年度的现金流量表。

（3）根据新华公司 2019 年度现金流量表各项目金额，分析确定如下。

① 销售商品、提供劳务收到的现金

＝营业收入＋应交税费（应交增值税—销项税额）＋（应收账款年初余额

　—应收账款期末余额）＋（应收票据年初余额—应收票据期末余额）

　—当期计提的坏账准备—票据贴现的利息

＝7 500 000＋1 275 000＋（1 794 600—3 589 200）＋（1 476 000—396 000）—5 400—180 000

＝7 875 000（元）

② 购买商品、接受劳务支付的现金

＝营业成本＋应交税费（应交增值税—进项税额）—（存货年初余额

　—存货期末余额）＋（应付账款年初余额—应付账款期末余额）

　＋（应付票据年初余额—应付票据期末余额）＋（预付账款期末余额

　—预付账款年初余额）—当期列入生产成本、制造费用的职工薪酬

　—当期列入生产成本、制造费用的折旧费和固定资产修理费

＝4 500 000＋254 796—（15 480 000—14 908 200）＋（5 722 800—5 722 800）

　＋（1 200 000—600 000）＋（600 000—600 000）—1 949 400—480 000

＝2 353 596（元）

③ 支付给职工以及为职工支付的现金 = 生产成本、制造费用、管理费用中职工薪酬
+（应付职工薪酬年初余额-应付职工薪酬期末余额）
-[应付职工薪酬(在建工程)年初余额
-应付职工薪酬(在建工程)期末余额]
= 1 949 400 + 102 600 + (660 000 - 1 080 000) - (0 - 168 000)
= 1 800 000(元)

④ 支付的各项税费 = 当期所得税费用 + 税金及附加 + 应交税费(应交增值税
- 已交税金) - (应交所得税期末余额 - 应交所得税期初余额)
= 556 800 + 12 000 + 600 000 - (120 582 - 0)
= 1 048 218(元)

⑤ 支付其他与经营活动有关的现金 = 其他管理费用 + 销售费用
= 360 000 + 120 000
= 480 000(元)

⑥ 收回投资收到的现金 = 交易性金融资产贷方发生额 + 与交易性金融资产
一起收回的投资收益
= 96 000 + 3000
= 99 000(元)

⑦ 取得投资收益收到的现金 = 收到的股息收入 = 180 000 元

⑧ 处置固定资产收回的现金净额 = 1 800 000 + (4 800 - 3 000) = 1 801 800(元)

⑨ 购建固定资产支付的现金 = 用现金购买的固定资产、工程物资
+ 支付给在建工程人员的薪酬
= 606 000 + 1 800 000 + 1 200 000
= 3 606 000(元)

⑩ 取得借款收到的现金 = 3 360 000 元

⑪ 偿还债务支付的现金 = 1 500 000 + 6 000 000 = 7 500 000(元)

⑫ 偿付利息支付的现金 = 75 000(元)

(4) 将净利润调节为经营活动现金流量各项计算分析如下。

① 资产减值准备 = 5 400 + 180 000 = 185 400 (元)

② 固定资产折旧 = 120 000 + 480 000 = 600 000(元)

③ 无形资产摊销 = 360 000 元

④ 处置固定资产、无形资产和其他长期资产的损失(减：收益) = -300 000 元

⑤ 固定资产报废损失 = 118 200 元

⑥ 财务费用 = 69 000 元

⑦ 投资损失(减：收益) = -189 000 元

⑧ 递延所得税资产减少 = 0 - 45 000 = -45 000(元)

⑨ 存货的减少 = 15 480 000 - 14 908 200 = 571 800(元)

⑩ 经营性应收项目的减少 = (1 476 000 - 396 000) + (1 794 600 + 5 400 - 3 589 200 - 10 800)
= -720 000(元)

⑪ 经营性应付项目的增加＝(600 000－1 200 000)＋(5 722 800－5 722 800)

$$+[(1\ 080\ 000-168\ 000)-660\ 000]$$

$$+[(1\ 360\ 386-600\ 000)-219\ 600]$$

$$=192\ 786(元)$$

（5）根据上述数据，编制现金流量表，如表 13-11 所示。

表 13-11　现金流量表

编制单位：新华公司　　　　　　　2019 年度　　　　　　　　单位：元

项　　　目	行次	本年金额	上年金额
一、经营活动产生的现金流量：	1		
销售商品、提供劳务收到的现金	2	7 875 000	
收到的税费返还	3	0	
到的其他与经营活动有关的现金	4	0	
经营活动现金流入小计	5	7 875 000	
购买商品、接受劳务支付的现金	6	2 353 596	
支付给职工以及为职工支付的现金	7	1 800 000	
支付的各项税费	8	1 048 218	
支付的其他与经营活动有关的现金	9	480 000	
经营活动现金流出小计	10	5 681 814	
经营活动产生的现金流量净额	11	2 193 186	
二、投资活动产生的现金流量：	12		
收回投资收到的现金	13	99 000	
取得投资收益收到的现金	14	180 000	
处置固定资产、无形资产和其他长期资产收回的现金净额	15	1 801 800	
处置子公司及其他营业单位收到的现金净额	16	0	
收到的其他与投资活动有关的现金	17	0	
投资活动现金流入小计	18	2 080 800	
购建固定资产、无形资产和其他长期资产支付的现金	19	3 606 000	
投资支付的现金	20	0	
取得子公司及其他营业单位支付的现金净额	21	0	
支付的其他与投资活动有关的现金	22	0	
投资活动现金流出小计	23	3 606 000	
投资活动产生的现金流量净额	24	－1 525 200	
三、筹资活动产生的现金流量：	25		
吸收投资收到的现金	26	0	
借款收到的现金	27	3 360 000	
收到的其他与筹资活动有关的现金	28	0	

续表

项　目	行次	本年金额	上年金额
筹资活动现金流入小计	29	3 360 000	
偿还债务支付的现金	30	7 500 000	
分配股利、利润或偿付利息支付的现金	31	75 000	
支付的其他与筹资活动有关的现金	32	0	
筹资活动现金流出小计	33	7 575 000	
筹资活动产生的现金流量净额	34	−4 215 000	
四、汇率变动对现金的影响	35	0	
五、现金及现金等价物净增加额	36	−3 547 014	
加：期初现金及现金等价物余额	37	8 437 800	
六、期末现金及现金等价物余额	38	4 890 786	
补充资料		本年金额	上年金额
1. 将净利润调节为经营活动现金流量：			
净利润		1 350 000	
加：资产减值准备		185 400	
固定资产折旧、油气资产折耗、生产性生物资产折旧		600 000	
无形资产摊销		360 000	
长期待摊费用摊销		0	
处置固定资产、无形资产和其他长期资产的损失（收益以"−"号填列）		−300 000	
固定资产报废损失（收益以"−"号填列）		118 200	
公允价值变动损失（收益以"−"号填列）		0	
财务费用（收益以"−"号填列）		69 000	
投资损失（收益以"−"号填列）		−189 000	
递延所得税资产减少（增加以"−"号填列）		−45 000	
递延所得税负债增加（减少以"−"号填列）		0	
存货的减少（增加以"−"号填列）		571 800	
经营性应收项目的减少（增加以"−"号填列）		−720 000	
经营性应付项目的增加（减少以"−"号填列）		192 786	
其他			
经营活动产生的现金流量净额		2 193 186	
2. 不涉及现金收支的重大投资和筹资活动：			
债务转为资本		0	
一年内到期的可转换公司债券		0	
融资租入固定资产		0	
3. 现金及现金等价物净变动情况：			

续表

项　　　目	行次	本年金额	上年金额
现金的期末余额		4 890 786	
减：现金的期初余额		8 437 800	
加：现金等价物的期末余额		0	
减：现金等价物的期初余额		0	
现金及现金等价物净增加额		−3 547 014	

13.5　所有者权益变动表

13.5.1　所有者权益变动表概述

1. 所有者权益变动表及其意义

所有者权益变动表是反映构成所有者权益的各组成部分当期增减变动情况的报表。所有者权益变动表应当全面反映一定时期所有者权益增减变动的重要结构性信息，特别是要反映直接计入所有者权益的利得和损失，让报表使用者准确理解所有者权益增减变动的根源。

需要注意的是，所有者权益变动表在一定程度上体现了企业综合收益。所谓综合收益，是指企业在某一期间与所有者之外的其他方面进行交易或发生其他事项所引起的净资产变动。综合收益的构成包括两部分：净利润和直接计入所有者权益的利得和损失。其中，前者是企业已实现并已确认的收益，后者是企业未实现但根据会计准则的规定已确认的收益。用公式表示为

综合收益＝净利润＋直接计入所有者权益的利得和损失

净利润＝收入－费用＋直接计入当期损益的利得和损失

在所有者权益变动表中，净利润和直接计入所有者权益的利得和损失均单列项目反映，体现了企业综合收益的构成。

2. 所有者权益变动表的列报格式和内容

所有者权益变动表上，企业至少应当单独列示反映下列信息的项目：①净利润；②其他综合收益；③会计政策变更和差错更正的累积影响数；④所有者投入资本和向所有者分配利润等；⑤提取的盈余公积；⑥实收资本或资本公积、盈余公积、未分配利润的期初和期末余额及其调节情况。

所有者权益变动表应当以矩阵的形式列示。一方面，列示导致所有者权益变动的交易或事项，即所有者权益变动的来源；另一方面，按照所有者权益各组成部分（包括实收资本、资本公积、盈余公积、未分配利润和库存股）列示交易或事项对所有者权益各部分的影响。

根据《企业会计准则》规定，企业需要提供比较所有者权益变动表，因此，所有者权益变动表还应当就各个项目再分为"本年金额"和"上年金额"两栏分别填列。所有者权益变动表的具体格式如表 13-12 所示。

表 13-12 所有者权益变动表

年度

编制单位：　　　　　　　　　　　　　　　　　　　　　　　　　　　　　　　　　　　单位：元

项目	本年金额										上年金额									
	实收资本（或股本）	其他权益工具			资本公积	减：库存股	其他综合收益	盈余公积	未分配利润	所有者权益合计	实收资本（或股本）	其他权益工具			资本公积	减：库存股	其他综合收益	盈余公积	未分配利润	所有者权益合计
		优先股	永续债	其他								优先股	永续债	其他						
一、上年年末余额																				
加：会计政策变更																				
前期差错更正																				
其他																				
二、本年年初余额																				
三、本年增减变动金额（减少以"—"号填列）																				
（一）综合收益总额																				
（二）所有者投入和减少资本																				
1. 所有者投入的普通股																				
2. 其他权益工具持有者投入资本																				
3. 股份支付计入所有者权益的金额																				
4. 其他																				

续表

项目	本年金额									上年金额								
	实收资本（或股本）	其他权益工具			资本公积	减：库存股	其他综合收益	盈余公积	未分配利润	所有者权益合计	实收资本（或股本）	其他权益工具			资本公积	减：库存股	其他综合收益	盈余公积	未分配利润	所有者权益合计
		优先股	永续债	其他								优先股	永续债	其他						
（三）利润分配																				
1. 提取盈余公积																				
2. 对所有者（或股东）的分配																				
3. 其他																				
（四）所有者权益内部结转																				
1. 资本公积转增资本（或股本）																				
2. 盈余公积转增资本（或股本）																				
3. 盈余公积弥补亏损																				
4. 设定受益计划变动额结转留存收益																				
5. 其他综合收益结转留存收益																				
6. 其他																				
四、本年年末余额																				

13.5.2 所有者权益变动表的列报

1. 所有者权益变动表主要项目的列报说明

(1)"上年年末余额"项目,反映企业上年资产负债表中实收资本(或股本)、资本公积、盈余公积、未分配利润的年末余额。

(2)"会计政策变更"和"前期差错更正"项目,分别反映企业采用追溯调整法处理的会计政策变更的累积影响金额和采用追溯重述法处理的会计差错更正的累积影响金额。企业应当根据会计政策变更和前期差错更正的影响,在上期期末所有者权益余额的基础上进行调整,得出本期期初所有者权益。

(3)"本年增减变动额"主要项目分别反映以下内容。

①"所有者投入和减少资本"项目,反映企业当年所有者投入的资本和减少的资本。其中:"所有者投入的普通股"项目,反映企业接受投资者投入形成的实收资本(或股本)和资本溢价或股本溢价,并对应列在"实收资本"和"资本公积"栏;"其他权益工具持有者投入资本"项目,反映企业发行的除普通股以外分类为权益工具的金融工具的持有者投入资本的金额,该项目应根据金融工具类科目的相关明细科目的发生额分析填列;"股份支付计入所有者权益的金额"项目,反映企业处于等待期中的权益结算的股份支付当年计入资本公积的金额,并对应列在"资本公积"栏。

②"利润分配"下的各项目,分别反映当年对所有者(或股东)分配的利润(或股利)金额和按照规定提取的盈余公积金额,并对应列在"未分配利润"和"盈余公积"栏。

③"所有者权益内部结转"下的各项目,反映不影响当年所有者权益总额的所有者权益各组成部分之间当年的增减变动,包括资本公积转增资本(或股本)、盈余公积转增资本(或股本)、盈余公积弥补亏损等项金额。

④"其他综合收益结转留存收益"项目,a.企业指定为以公允价值计量且其变动计入其他综合收益的非交易性权益工具投资终止确认时,之前计入其他综合收益的累计利得或损失从其他综合收益中转入留存收益的金额;b.企业指定为以公允价值计量且其变动计入当期损益的金融负债终止确认时,之前由企业自身信用风险变动引起而计入其他综合收益的累计利得或损失从其他综合收益中转入留存收益的金额等。该项目应根据"其他综合收益"科目的相关明细科目的发生额分析填列。

2. 上年金额栏的列报方法

所有者权益变动表"上年金额"栏内各项数字,应根据上年度所有者权益变动表"本年金额"栏内所列数字填列。如果上年度所有者权益变动表规定的各个项目的名称和内容同本年度不相一致,应对上年度所有者权益变动表各项目的名称和数字按本年度的规定进行调整,填入所有者权益变动表"上年金额"栏内。

3. 本年金额栏的列报方法

所有者权益变动表"本年金额"栏内各项数字一般应根据"实收资本(或股本)""资本公积""盈余公积""利润分配""库存股""以前年度损益调整"等科目的记录分析填列。企业的净利润及其分配情况作为所有者权益变动的组成部分,不需要单独设置利润分配表列示。

13.6　财务报表附注

13.6.1　附注概述

1. 附注及其必要性

附注是财务报表不可或缺的组成部分,是对在资产负债表、利润表、现金流量表和所有者权益变动表等报表中列示项目的文字描述或明细资料,以及对未能在这些报表中列示项目的说明等。附注主要起到以下两方面作用。

(1) 帮助报表使用者更准确地把握报表项目的含义。例如,报表使用者通过阅读附注中披露的存货计价方法、固定资产折旧政策等的说明,可以掌握报告企业与其他企业,或报告企业前后期在存货计价、固定资产计提折旧等方面存在的差异,以便对报告企业的经营业绩和财务状况做出更准确地比较、分析。

(2) 帮助报表使用者更全面地了解报告企业的财务状况。例如,报表使用者通过阅读附注中披露的存货增减变动情况、应收账款账龄明细情况等的说明,可以了解资产负债表中未单列的存货、应收账款分类信息。

2. 附注披露的基本要求

(1) 附注披露的信息应是定量、定性信息的结合,从而使报表使用者能从量和质两个角度对企业经济业务活动进行全面的了解和分析。

(2) 附注应当按照一定的结构进行系统合理的排列和分类,有顺序地披露信息。以便于报表使用者理解和掌握,也更好地实现财务报表的可比性。

(3) 附注所披露的相关信息应当与资产负债表、利润表、现金流量表和所有者权益变动表等报表中列示的项目相互参照,以有助于报表使用者能结合关联信息从整体上更好地理解财务报表。

13.6.2　附注披露的内容

附注应当按照如下顺序披露有关内容。

1. 企业的基本情况

(1) 企业注册地、组织形式和总部地址。

(2) 企业的业务性质和主要经营活动,如企业所处的行业、所提供的主要产品或服务、客户的性质、销售策略、监管环境的性质等。

(3) 母公司及集团最终母公司的名称。

(4) 财务报告的批准报出者和财务报告批准报出日。

2. 财务报表的编制基础

即企业财务报表是在持续经营基础上还是非持续经营基础上编制的。

3. 遵循企业会计准则的声明

企业应当声明编制的财务报表符合《企业会计准则》的要求,真实、完整地反映了企业的财务状况、经营成果和现金流量等有关信息。以此明确企业编制财务报表所依据的制度基础。

4. 重要会计政策和会计估计

根据财务报表列报准则的规定,企业应当披露所采用的重要会计政策和会计估计,包括重要会计政策的确定依据、财务报表项目的计量基础,以及会计估计中采用的关键假设和不确定性因素。不重要的会计政策和会计估计可以不披露。

会计政策的确定依据,是指企业在选择会计政策过程中所做的,对报表项目金额最具影响的判断,如企业应当根据本企业的实际情况说明确定金融资产分类的判断标准等,以利于报表使用者理解企业选择相应会计政策的背景。财务报表项目的计量基础,是指企业计量该项目时采用的是历史成本、重置成本、可变现净值、现值还是公允价值,这直接影响到报表使用者对财务报表的理解和分析。

由于会计估计中所采用的关键假设和不确定因素的确定依据在下一会计期间内很可能导致企业对资产、负债账面价值进行重大调整。例如,固定资产可收回金额的计算需要根据其公允价值减去处置费用后的净额与预计未来现金流量的现值两者之间的较高者确定,在计算资产预计未来现金流量的现值时需要对未来现金流量进行预测,并选择适当的折现率,而这些假设的变动对这些资产和负债项目金额的确定影响很大,有可能会在下一个会计年度内做出重大调整,故企业应当在附注中披露未来现金流量预测所采用的假设及其依据、所选择的折现率为什么是合理的等,以有助于提高财务报表的可理解性。

5. 会计政策和会计估计变更以及差错更正的说明

企业应当按照《企业会计准则第 28 号——会计政策、会计估计变更和差错更正》及其应用指南的规定,披露会计政策和会计估计变更以及差错更正的有关情况。

6. 报表重要项目的说明

企业应当以文字和数字描述相结合、尽可能以列表形式披露报表重要项目的构成或当期增减变动情况,并且报表重要项目的明细金额合计,应当与报表项目金额相衔接。在披露顺序上,一般应当按照资产负债表、利润表、现金流量表、所有者权益变动表的顺序及其项目列示的顺序。

7. 其他需要说明的重要事项

这些重要事项主要包括或有事项、资产负债表日后非调整事项、关联方关系及其交易等。

本 章 小 结

本章主要内容包括企业财务报表体系的内容、作用和编报要求;资产负债表、利润表、现金流量表和所有者权益变动表的结构、内容和编报方法;财务报表附注的基本内容等,同时通过例题演示和详细说明进一步介绍了上述报表的编制方法。

本章重点:资产负债表、利润表、现金流量表的内容和具体项目的填列方法。

本章难点:现金流量表的编制。

本章练习题

一、单项选择题

1. 下列各项,应在资产负债表"预付款项"项目中反映的是( )。

    A. "预付账款"明细科目的贷方余额

    B. "应付账款"明细科目的借方余额

    C. "应付账款"明细科目的贷方余额

    D. "应收账款"明细科目的借方余额

2. 某有限责任公司 2019 年 2 月初的资产总额为 1 800 000 元,负债为 1 000 000 元。2019 年 2 月发生下列交易或事项:①公司行政办公室职工因公出差,预借差旅费 2 000 元,以现金支付;②收到投资方投入设备一台,投资合同约定其价值(该约定价值是公允的)为 100 000 元(假定不考虑增值税);③开出并承兑面值为 60 000 元的商业汇票一份,抵付前欠某单位货款;④按规定分配给投资者 2018 年度利润 120 000 元,款项尚未支付;⑤以银行存款 10 000 元偿还前欠某单位账款。该公司 2019 年 2 月末的资产总额为( )元。

    A. 1 902 000   B. 1 890 000   C. 1 888 000   D. 1 790 000

3. 下列各项中,不影响工业企业营业利润的是( )。

    A. 计提的工会经费   B. 收到退回的所得税

    C. 发生的业务招待费   D. 处置投资取得的净收益

4. 下列各项中,不属于筹资活动产生的现金流量的是( )。

    A. 偿还公司债券支付的现金   B. 取得短期借款

    C. 增发股票收到的现金   D. 收到被投资者分配的现金股利

5. 某企业 2019 年度发生以下业务:以银行存款购买将于 2 个月后到期的国债 500 万元,偿还应付账款 200 万元,支付生产人员工资 150 万元,购买固定资产 300 万元。假定不考虑其他因素,该企业 2019 年度现金流量表中"购买商品、接受劳务支付的现金"项目的金额为( )万元。

    A. 200   B. 350   C. 650   D. 1 150

6. 下列各项中,属于企业现金流量表"经营活动产生的现金流量"的是( )。

    A. 收到的现金股利   B. 支付的银行借款利息

    C. 收到的处置固定资产价款   D. 支付的经营租赁租金

7. 甲公司为增值税一般纳税人,适用的增值税税率为 13%。2019 年 5 月甲公司外购一项固定资产,取得增值税专用发票注明:购买价款为 500 万元,增值税税额为 65 万元,取得货物运输业增值税专用发票,注明运输费 1 万元,增值税税额 0.09 万元,另发生相关费用 20 万元和安装费 29 万元,2019 年 6 月 30 日达到预定使用状态。该项固定资产采用年限平均法计提折旧,预计使用年限为 10 年,预计净残值为 50 万元,则 2019 年年末资产负债表中关于该项固定资产列示的金额为( )万元。

    A. 522.5   B. 550   C. 475   D. 525

二、多项选择题

1. 财务会计报告使用者包括( )等。

  A. 债务人   B. 出资人   C. 银行   D. 税务机关

2. 企业会计报表按其反映的经济内容分为( )。

  A. 资产负债表 B. 利润表   C. 现金流量表 D. 成本报表

3. 下列账户中,其期末余额应作为资产负债表中"存货"项目填列依据的有( )。

  A. 工程物资   B. 存货跌价准备 C. 周转材料   D. 生产成本

4. 我国企业的利润表采用多步式,分步计算的利润指标有( )等。

  A. 营业利润   B. 其他业务利润 C. 利润总额   D. 净利润

5. 某企业期末"应付账款"账户为贷方余额 260 000 元,其所属明细账户的贷方余额合计为 330 000 元,所属明细账户的借方余额合计为 70 000 元;"应付票据"账户为贷方余额 100 000 元;"预付账款"账户为借方余额 150 000 元,其所属明细账户的借方余额合计为 200 000 元,所属明细账户的贷方余额合计为 50 000 元。则该企业资产负债表中"应付票据及应付账款"和"预付款项"两个项目的期末数分别应为( )元。

  A. 480 000   B. 260 000   C. 150 000   D. 270 000

三、判断题

1. 资产负债表是反映企业在一定时期内财务状况的报表。   ( )

2. 会计报表应当根据经过审核的会计账簿记录和有关资料编制。 ( )

3. 编制会计报表的主要目的就是为会计报表使用决策者提供信息。 ( )

4. 报告式资产负债表中资产项目是按重要性排列的。   ( )

5. 资产负债表中的"流动资产"各项目是按照资产的流动性由弱到强排列的。( )

四、综合题

  甲公司为增值税一般纳税人,适用的增值税税率为 13%,适用的所得税税率为 25%。原材料和库存商品均按实际成本核算,商品售价不含增值税,其销售成本随销售同时结转。甲公司按净利润的 10%计提法定盈余公积。2019 年 1 月 1 日资产负债表部分项目如下表所示。

项 目	年初余额/万元	项 目	年初余额/万元
货币资金	200	应交税费	50
交易性金融资产	70	盈余公积	100
应收票据	60	未分配利润	30
应收账款	60		

  2019 年甲公司发生如下交易或事项。

  (1)购入材料一批,发票账单已经收到,增值税专用发票上注明的货款为 120 万元,增值税税额为 15.6 万元。材料已验收入库,款项已经支付。

  (2)销售库存商品一批,该批商品售价为 200 万元,增值税税额为 26 万元;该批商品实际成本为 140 万元,已计提存货跌价准备 10 万元,商品已发出。假定该批商品销售符合收入确认条件,款项尚未收到。

  (3)将尚未到期的面值为 60 万元的期初无息应收票据以不附追索权方式进行贴现,取得价款 58 万元;期初存在的应收账款本期收回 30 万元,该应收账款均系销售商品形成;转销无法支付的应付账款 30 万元。

（4）出售交易性金融资产，售价 100 万元，该交易性金融资产的账面价值为 70 万元，其中成本为 50 万元，公允价值变动收益为 20 万元。款项已经收到。

（5）购入其他权益工具投资支付价款 50 万元，购入后的持有期间取得现金股利 5 万元。2019 年年末该其他权益工具投资的公允价值为 65 万元。

（6）计提分期付息的借款利息 20 万元；本期偿付期初短期借款 100 万元，支付应付利息 30 万元。

（7）计提坏账准备 8 万元。

（8）计提行政管理部门用固定资产折旧 10 万元；摊销管理用无形资产 8 万元；长期待摊费用本期摊销计入管理费用 2 万元。

（9）计提并支付职工薪酬 15 万元，其中企业行政管理人员工资 10 万元，在建工程人员工资 5 万元。

（10）计算并确认应交城市维护建设税 3 万元，款项尚未支付。

要求：根据上述资料，不考虑其他因素，回答下列问题。

（1）计算甲公司 2019 年年末资产负债表中列示的"货币资金"项目的金额。

（2）根据资料（4），计算甲公司出售该项交易性金融资产时增加的利润表中"投资收益"的金额。

（3）根据上述资料，计算甲公司 2019 年度利润表中列示的净利润的金额。

（4）根据上述资料，计算影响甲公司 2019 年年末资产负债表中"未分配利润"项目的金额。

（5）根据上述资料，计算甲公司 2019 年年末现金流量表中"销售商品、提供劳务收到的现金"项目应列示的金额。

参 考 文 献

[1] 中华人民共和国财政部. 企业会计准则(合订本)[M]. 北京：经济科学出版社,2019.

[2] 财政部会计司. 企业会计准则第2号——长期股权投资[M]. 北京：经济科学出版社,2014.

[3] 戴新民. 中级财务会计学[M]. 北京：清华大学出版社,北京交通大学出版社,2008.

[4] 企业会计准则编审委员会. 企业会计准则讲解与实务[M]. 北京：人民邮电出版社,2020.

[5] 王华,石本仁. 中级财务会计[M]. 3版.北京：中国人民大学出版社,2015.

[6] 中华人民共和国财政部. 企业会计准则应用指南(2019年版)[M]. 上海：立信会计出版社,2019.

[7] 刘永泽,陈立军. 中级财务会计[M].6版.大连：东北财经大学出版社,2018.

[8] 杨有红,欧阳爱平. 中级财务会计[M]. 5版.北京：北京大学出版社,2019.

[9] 戴德明,林钢,赵西卜. 财务会计学(立体化数字教材版)[M]. 12版.北京：中国人民大学出版社,2019.

[10] 财政部会计资格评价中心.初级会计实务[M]. 北京：经济科学出版社,2019.

[11] 中国注册会计师协会.会计[M]. 北京：中国财政经济出版社,2019.

[12] 财政部会计资格评价中心. 中级会计实务[M]. 北京：经济科学出版社,2019.

[13] 全国税务师职业资格考试教材编写组.财务与会计[M]. 北京：中国税务出版社,2019.